本书为2016年度教育部人文社会科学重点研究基地重大项目『高考制度改革研究』（16JJD880029）之成果

高考改革的理论与历史

刘海峰／著

高考改革研究丛书

刘海峰／主编

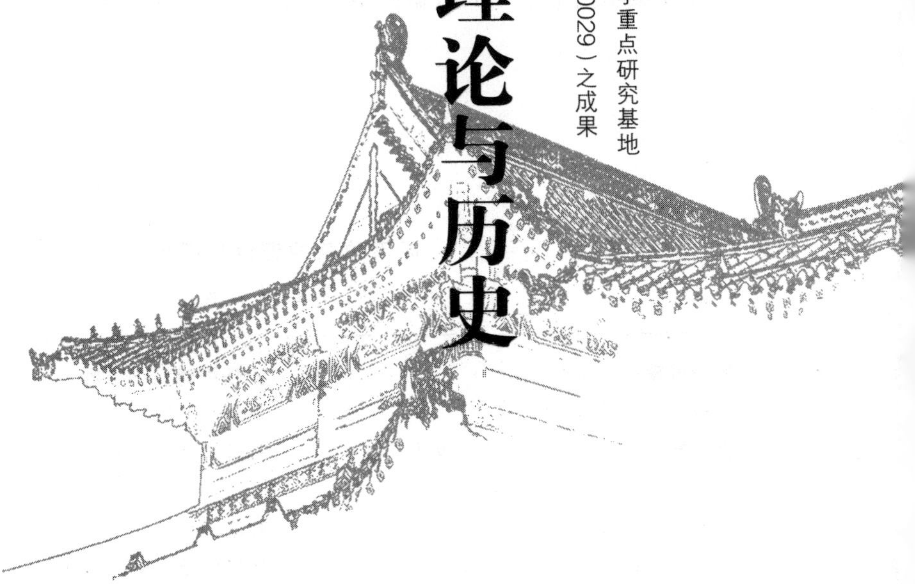

华中师范大学出版社

国家出版基金项目
NATIONAL PUBLICATION FOUNDATION

新出图证（鄂）字 10 号

图书在版编目（CIP）数据

高考改革的理论与历史/刘海峰著. —武汉：华中师范大学出版社，2016.12
（高考改革研究丛书/刘海峰主编）
ISBN 978-7-5622-7632-6

Ⅰ.①高…　Ⅱ.①刘…　Ⅲ.①高考—教育改革—研究—中国
Ⅳ.①G632.474

中国版本图书馆 CIP 数据核字（2016）第 315251 号

高考改革的理论与历史

责任编辑：冯会平　　责任校对：王　胜
编辑室：学术出版中心　　电话：027－67867792
出版发行：华中师范大学出版社　　社址：湖北省武汉市洪山区珞喻路 152 号
电话：027－67863426/3280（发行部）　027－67861321（邮购）
传真：027－67863291　　邮编：430079
网址：http：//press.ccnu.edu.cn　　电子信箱：press@mail.ccnu.edu.cn
印刷：湖北新华印务有限公司　　督印：王兴平
封面设计：甘　英　　封面制作：胡　灿
开本：710mm×1000mm　1/16　　印张：21.25
版次：2016 年 12 月第 1 版　　印次：2016 年 12 月第 1 次印刷
字数：350 千字　　定价：53.00 元

欢迎上网查询、购书

总　　序

高考是我国各类考试中最重要、影响最大的考试。高考改革不仅关系到国家创新人才的培养、学生的健康成长，而且关系到社会公平的维护、高等教育资源的分配，还涉及宏大的社会利益再分配问题，关系到维护我国改革发展稳定的大局，是一项“牵一发而动全身”的社会系统工程，具有综合性、系统性。高考改革事关教育全局，不仅已成为重大的民生议题，而且是教育领域中最复杂、最敏感的问题，受到民众和国家教育主管部门的高度关注。

2010 年 7 月正式颁布的《国家教育中长期改革和发展规划纲要(2010—2020 年)》列有关于招生考试的专门一章，即第十二章“考试招生制度改革”。在中国历次教育改革文件中，这是第一次将招生考试单独列出一章，足见此问题在现阶段的重要性。2012 年 7 月，国家教育考试指导委员会在北京成立，研究制定考试改革方案，指导考试改革试点。国家专门成立一个国家级决策咨询机构来指导高考改革实践，说明考试招生改革意义非常重大。2013 年 11 月，十八届三中全会通过了《中共中央关于全面深化改革若干重大问题的决定》，其中教育方面最主要的就是考试招生改革的内容。2014 年 9 月公布的《国务院关于深化考试招生制度改革的实施意见》，是恢复高考以来最全面、最系统的改革文件。以往也有各种各样的高考改革政策出台，但多数都是单项的或者某一个侧面的改革，而这次改革涉及考试招生的方方面面，是一个顶层设计的系统改革，标志着高考改革进入一个新阶段。

由于高考是一个至为复杂的大规模选拔性考试，是一项“横看成岭侧成峰，远近高低各不同”的制度，从某一特定的角度去观察，站在某一种特定的立场去评说，可能所见都是事实，所言也都有一定道理，但也可能会出现盲人摸象、各说各话的情况。因此，在评价高考时，重要的是全面和客观。

而要理性地、全面地评价高考，提出切实可行的改进意见，就应该对高考进行全面深入的研究。

中国是考试制度的发源地，不仅是一个考试古国，而且是一个考试大国。有些西方国家的大学入学考试只是一种测量手段，只是在小范围内引起关注，只是一个部分人关心的话题。然而，受传统和现实的制约，中国人却将高考变成了文化，变成了经济，变成了政治，变成了盛大的仪式，变成了一种备受关注的社会活动，变成了一种惯例式的全民动员。在有五千年悠久文化传统和千余年科举考试影响的中国，在一个幅员辽阔、人口众多、地域和城乡文化教育水平差异很大的中国，在民众高度重视甚至是过度重视教育的中国，高考既与世界各国的大学入学考试有相同的规律，也有不少独有的现象和问题。

长期以来，高考作为一项影响重大、关注度甚高的重要制度，总体而言是“三多三少”，即新闻报道多，理论研究相对较少；一般议论多，深入分析相对较少；零星探讨多，系统研究相对较少。近年来，情况有了一些改观，特别是2012年前后讨论异地高考政策问题，2014年《国务院关于深化考试招生制度改革的实施意见》出台以后，出现了研究高考改革的热潮，许多相关论文见诸报刊。但是，对于整个高考制度还缺少系统的研究，尤其缺少真正有分量的高考改革研究著作。

高考改革是一个谁都能说得上两句的话题，但又是一个专业性很强的问题。要谈谈自己关于高考改革的观点，发表一两篇文章不难，而要深入阐述自己的观点，发表不重复的系列论文或出版专著却很难。为了将高考研究推向深入，并为现实高考提供决策参考和理论依据，在深入研究的基础上，特组织一套“高考改革研究丛书”。

作为中国高考研究的重镇，厦门大学考试研究中心一直将高考改革作为重点研究方向之一，推出了一系列研究论文和专著，研究成果为全国性的和部分省市的高考改革提供重要的理论支持。本丛书是中国第一套较全面、深入研究高考改革的丛书，对高考从理论、制度、政策、法治、内容、形式，到招生考试的区域公平、民族政策、效度和评价等各方面进行全面的研究，同时对美国、英国、法国、俄罗斯、加拿大、澳大利亚、日本和我国台湾地区的高校招生考试制度等进行了探讨；既有对高考制度的理论剖析，又有对高考改革的一些热点问题的专题论述；是从理论到实践、从宏观到微观、从国内到域外，对高考制度及其改革进行的全面而深入的研究。

“高考改革研究丛书”是对高考的基础性、系统性研究。2015 年，该丛书获得国家出版基金资助，出版社与丛书主编将原来已出版的十多本著作加以修订，并扩充至 22 本，使之成为一个更全面、成气候的书系。本丛书基本上由我自己的著作和历年指导通过答辩的高考研究博士论文、博士后出站报告为基础构成。在我历年指导的众多博士论文或博士后出站报告中，以高考研究为选题的占大多数。要想真正为高考改革提供参考，我们的研究应力求建立在对招生考试历史与现实充分了解的基础之上。为了使这些论文的写作不至于陷入空谈，我总是要求博士生和博士后多了解高考实际。多年来，以高考为选题的博士生和博士后一般都要到部分省市教育招生考试院等考试机构实习，真正深入招生考试第一线，多与考试管理工作者接触交流，这样他们才不会太书生气，所写论文才能脚踏实地。凡是研究别国高校招生考试制度的博士生和博士后，都通晓所在国的语言文字，并尽可能到研究对象国去搜集资料和实地调研，多位博士生和博士后都在研究对象国留学多年或做访问研究一年以上。

丛书中每本著作各有专攻，希望都能切中肯綮，真正做到既有学术价值，也有现实意义；对高考改革的顶层设计，对高考改革的顺利推行，进而对维护教育公平和社会稳定起到一定的作用。恢复高考 40 周年即将到来，相信本丛书的出版能够为高考改革提供理论支撑，为完善中国的考试招生制度贡献绵薄之力，作为一名上世纪的 77 级大学生，我深感欣慰。

刘海峰

2016 年 10 月 6 日

目　　录

一、高考改革思考

二、坚持统一高考

三、推进高考改革

四、高考历史记忆

五、高考改革访谈

六、高考新制访谈

一、高考改革思考

高考竞争的本质与现象

目前，高考是典型的高竞争、高利害、高风险的大规模选拔性考试，是中国各类考试中最重要、影响最大的考试，也是争议最大的教育改革之一。在有关高考的议论中，多数都是对高考弊端的指责，如说高考造成了区域教育不公、高考导致了中小学学生沉重的学习负担等等。不过，我们应该看到，高考中出现的许多问题，在现象和本质之间存在着很大的区别。本文仅分析倾斜的高考分数线、高考竞争日趋激烈、高考科目与考生负担、追求高考升学率四个问题，从中可以看出有些问题从表面上看是高考造成的，但深入分析下去，便会发现其实问题的本质和根源并不在高考，高考只是使一些问题突显出来而已。

一、倾斜的高考分数线问题

现象：高考造成倾斜的高考录取分数线，这是中国教育的最大不公。本质：各省、自治区、直辖市经济文化发展的差异、高校布局不平衡，导致录取比例不平衡。

考试公平与区域公平的矛盾，是一个自宋代以来就争论不休的千古难题。考试公平是指完全依据考试成绩来公平录取考生，区域公平是指通过区域配额来调控各地区之间考中人数的悬殊差异。在中国这么一个人口众多、幅员辽阔、各地区经济和文化教育差异极大的国家，这是古今大规模考试都会遇到却不易解决的问题。

多年来，随着高考竞争的加剧以及几个直辖市与一些落后省区高考录取率差距的加大，高考的录取分数线向某些省区尤其是京、津、沪等几个主要城市倾斜，由此也引发了越来越多的议论与关注。特别是 2000 年二三月间的《中国青年报》专门设立了“倾斜的高考分数线”的讨论专栏以后，质疑和辩护的双方，言词都十分激烈。这个每年都必须面对的老问题，在 2004

年推广分省命题以后，虽然表面上不如以前那么突出，但实际上依然存在。最近几年来，几乎每年在全国人大和政协会议上，都有关于解决倾斜的高考分数线问题的提案。特别是近两年，与此相关的“高考移民”问题更是成为舆论关注的焦点。一些论者认为，倾斜的高考分数线是中国教育的“最刺眼的不公”，由此也引发不少人对高考制度的质疑。一谈到高考制度的公平性，就会有人举出此问题来反驳，将各省区之间高考分数线的失衡归罪于高考制度。

确实，考场如同赛场。高考分数线的差异，就好比田径场上的百米赛跑，选手们的起跑线相同，终点却因人设线。其结果可能是跑得快的被淘汰，跑得慢的反而拿奖牌。如此比赛，规则便形同虚设。① 难怪倾斜的高考分数线问题会引发激烈的甚至是十分情绪化的抨击。

但是，倾斜的高考分数线只是问题的表象，区域不公并不是高考所造成的。没有高考，区域录取不公问题照样存在，而且可能还更严重。从表面上看，因为高考制度，才造成倾斜的高考分数线问题，但实际上是高等学校分布不均、各省市高等教育资源不平衡所致，高考只是将招生考试中的区域公平问题突显出来罢了。

20 世纪 20 年代，各高校实行单独考试，完全凭考试成绩自行决定录取，而各校在全国各省的录取标准却是统一的。由于各地区经济、教育、文化发展水平存在很大差异，执行同一个录取标准导致了各省区之间升学率的不平衡，出现一些边疆及文化落后省区绝少考生考上北大、清华的现象。例如，1923 年，北京大学录取新生，云南、福建、甘肃、黑龙江、热河、绥远、察哈尔、蒙古等多个省份的考生均榜上无名。为了解决录取边疆省区及落后省区的升学机会严重偏低的问题，北洋政府教育部第十届教育联合会曾提出国立专门以上学校招生宜酌定各省区名额建议案，建议学校将招生名额的一部分分给各省区，各省区初试时布告分别录取。然而由于考试及录取权在高校，问题一直没有得到妥善解决②。1938 年—1940 年实行国立公立大学统一招生考试以后，特别是 1952 年建立高考制度以后，逐渐在统一考试的基础上进行各校之间的调配，或实行计划招生，在一定程度上缓解了地区

---

① 郑若玲：《考试公平与区域公平：高考录取中的两难选择》，《高等教育研究》2001 年第 6 期，第 53～57 页。

② 谢青、汤德用主编：《中国考试制度史》，黄山书社，1995 年，第 531 页。

之间的不平衡状况。

只是近30年来，随着高等教育的迅速发展和地区之间经济差距的拉大，各直辖市、省区之间的重点大学录取率差异明显加大，许多人因此对高考制度大加挞伐。其实，如果没有统一的高考制度，像有些论者所说的实行各校单独招生，区域不公的问题照样存在，而且高校自主权加大，反而可能加大区域录取不平衡，区域不公问题更容易被掩盖起来。

二、高考竞争日趋激烈问题

现象：高考竞争日趋激烈，导致不少负面影响。本质：就业和社会地位的竞争在考场上体现出来。

近年来高考竞争越来越激烈。尽管中央三令五申提出要减轻学生负担，但实际上，学生负担并没有减轻，在有的方面反而增加了。原来人们以为，进入高等教育大众化阶段以后，高考竞争的激烈程度将会有所减轻。然而，现在已经进入高等教育大众化阶段，在一些直辖市已接近高等教育普及化阶段，但升学竞争却依然非常激烈。的确，激烈的高考竞争对中小学教育确实产生不少负面的影响，如中学只抓智育而片面追求升学率，学生文理偏科、近视率攀升、体质下降，影响学生求异思维和个性发展，学校办不出特色等等。许多人因此将这些问题的出现归因于高考制度，以为高考制度的存在导致了激烈的升学竞争，部分人甚至认为应该废止高考制度以解决应试的弊端。

然而，高考导致竞争激烈只是问题的表象，究其本质，还是社会竞争激烈所造成。高考的竞争、接受高等教育机会的竞争归根到底是社会地位的竞争。高考竞争加剧，不是高考制度本身造成的，实际上是当今越来越激烈的社会竞争在教育和考试上的反映或表现①。特别是近20年来，社会竞争的激烈，大家在各行各业都能感受到。例如，媒体之间竞争越来越激烈，企业界、商业界、演艺界竞争也越来越激烈，大学之间的竞争也越来越激烈。如果整个社会的竞争都日益激烈，独独想让高考竞争的激烈程度降下来，是很难做到的。

高考竞争激烈存在着不以人的主观意志为转移的客观规律，有一定的必然性。而且不管采取什么措施、怎样改革高考，高考竞争在今后几年还可能愈演愈烈。当越来越多的家庭都希望子女上大学的时候，我们应该认识到升

---

① 刘海峰：《高考并非万恶之源》，《北京文学》2006年第1期，第125～127页。

学竞争是必然的，它不可能在短期内减缓，对此应该有一定的思想准备。

中华民族是世界上最重视读书、最重视子女教育的民族之一。我认为，中国人不仅高度重视教育，在一定意义上可以说是过度重视教育，许多家长在督促子女学习方面往往已不切实际。现在中小学生的学习和升学压力不只来自学校，更多的是来自家长。当初中改为划片就近入学之后，小学师生的课堂教学压力已明显减轻，但许多家长却要求学校对孩子多加管教，或在晚上及休息日另找家教补习。看看我们周围的家长如何牵挂子女的学习成绩，怎么为子女进重点学校奔走努力，如何以比子女更焦虑的心情陪同前往高考考场，如何放下一切事务到校参加学校召开的家长会……便会明白中国人积极向学的传统是多么顽强！即使是移居欧美国家的华人，在鼓励子女学习方面，也明显地比西方人更热切一些。这自然有积极的一面，但任何事情超过一定的“度”，就可能走向反面。不顾子女的实际条件，过高的期待、过严的要求都会给孩子造成过重的学习负担和心理压力。

导致未成年的中小学生起早摸黑地苦读的是我们成年人，是大人们喜欢或习惯逼迫小孩只有通过考试这种公平而刻板的竞争来见分晓。中国的中小学生可能是世界上最辛苦的人群之一，透过现象看本质，根源却在许多家长强烈的望子成龙的心态和教育价值观。

三、高考科目与考生负担问题

现象：高考科目多因而考生负担重。本质：竞争性考试考生力图将自己的能力发挥到极限所致。

长期以来，在高考改革议论中，有一种说法，认为高考科目过多导致学生学习负担过重，因而建议通过减少高考科目来减轻学生的学习负担。或者说通过设立会考来全面考查学生高中的学习，这样便可在不造成偏科的情况下减少高考科目，减轻学习负担。现在有的省份高考改革初步方案，将考试科目减少到最低限度的三门，理由也是减少高考科目可以减轻学生的学习负担。这又是有关高考改革的一个认识误区。

其实，高考科目的多少与复习备考的负担有一定的关系，但没有根本的关系。一些学生学习性向和爱好偏于文科或理科是客观事实，实行文理大综合的考试科目不仅难以命题，而且会加重学生的负担，尤其是心理负担。因此绝大多数省份经过对比实践，都放弃了大综合的考试科目。但分成文理两类考试以后，对多数考生来说，考试科目的增减对学习负担的影响并不很大，因为考一科与五科的竞争程度差不太多。尽自己最大努力、将自己的时间和能力发挥到极限，这是高考这类高利害的竞争性考试的必然现象。就像体育竞赛中，专跑一万米或专跑一百米的运动员，与五项全能或十项全能的运动员，平时训练的辛苦程度和实际竞赛时的激烈程度基本上没有多少差别，在高度紧张的赛场上，心理压力也没有多大区别。而且，练十项全能的运动员虽然专项不一定很突出，但更为全面，在赛场上的心理压力还可能比单项目的比赛稍小一些。

选拔性考试的一大功能便是要使考试群体的成绩保持一定的区分度，使不同层次的考试成绩使用者可以区别选择。要使层次差别巨大的高校能够选择到合适的学生，高考成绩必定要维持相当的区分度，否则大量考生扎堆在同一分数段，许多高校将无从选择学生。当考试科目较多时，较容易保持一定的区分度。命题是古今各种考试中非常关键的一环。在高考改革的诸多两难问题中，在以重要正大问题来选拔真才与维持试题难度以便区分录取之间始终存在着一对矛盾。从理论上说，最好是用一些教材中的重点问题或时事中的重要事件来设问，更可以体现学以致用或选拔有用之才。可从命题的实际情况来看，当多年考试之后，考生成绩全面提高，既然要保持考试的难度和区分度，就几乎是必然要出偏题甚至怪题，不如此则不足以防止猜题押题，也无法拉开距离从众多考生中挑选优秀者。而为了保持区分度和难度，出题者往往不按常规命题以扩大命题的范围，但出偏题势必增加考生的学习负担，使考生穷于应对，并随时迎合新内容和新题型想出新的对策，于是便会出现水涨船高、层层加码的命题趋难现象，这就有如一些国家之间的军备竞赛，最终增加到危险的程度。

如果考试科目较少，为了拉开考试成绩距离，只好不按常规命题。而不按常规命题虽然大大增加了命题的范围，扩充了题量，对防止考生猜题起了一定的作用，但偏题怪题层出不穷，使考生难以应对，增加了考生的学习负担。这并非命题教师有意为难考生，而是大规模选拔性考试迫使命题者走到这一地步。这就有如科举时代八股文的命题走势，八股文命题和作文逐渐从明白正大走向险僻偏难也体现了选拔性考试的内在演变趋势。《四书》、《五经》本是题量巨大的标准化作文考试题库，随便摘出其中的一段、一节、一句都可以作题目，评判的标准是“清真雅正”。在明朝中期以前，用正经明白的题目就可以不重复且保持区分度，士子作文也“纯正典雅”。但发展到后来，要避免雷同重复，考生作文力图出奇制胜，以博得主司的青睐，文风走向奇僻。考官命题也只好在不脱离教材的范围内不断花样翻新，因此那些偏难险怪之八股文题是在数百年的命题过程中自然演变出来的。正如康有为在光绪二十四年（1898年）所奏《请废八股试帖楷法试士改用策论析》中，猛烈抨击八股文的弊病，但也还说其“立法之始，意美法良”，只是“凡法虽美，经久必弊，及其弊已著，时会大非，而不与时消息，改弦更张，则隐溺人才，不周时用，更非立法求才之初意矣”①。只是《四书》、《五经》作为教材是几百年一贯制，命题范围不能越出，天长日久就逼着考官钻牛角尖，最终走到求才的反路上去。

因此，考生负担重并非由于高考科目多。在竞争性考试中，多数考生都会将自己的时间和能力发挥到极致，考一科如此，考五科亦然。仅靠减少几个考试科目，不太可能减轻学生负担，反而有可能会导致学生更加偏科。

四、追求高考升学率问题

现象：中学极力追求高考升学率。本质：家长和社会的期望所导致。

表面看片面追求升学率或应试教育的许多问题，如轻视德育、体育等现象是高考带来的，但透过现象看本质，这些现象的根源很多是重视教育和学习、信奉读书至上的社会传统文化造成的，根源在于许多家长强烈的望子成龙的心态和教育价值观。中国家长高度重视甚至过度重视教育、学习，如钢琴考级，虽然高考不考，但仍有很多人去参加。高考像一面镜子，照出了我们民族文化与心理的优点和不足。如果中国人过度重视教育的价值观不改变，升学竞争激烈程度就不可能降低，即使是录取率达到百分之百的时候也是如此。中华民族望子成龙的民族文化心理延续了几千年，要人们实事求是地降低对子女的期望值，并不是一朝一夕能做到的。这种情况的改变，有待于我们民族素质的进一步提高，文化心理的进一步成熟，需要全社会的共同努力。因此，面对公众和家长的强大压力，对应试和追求升学率的现象，不能仅靠管、卡、压，而要在疏导方面下功夫。因为围堵并不能解决问题，课堂上不加班加点，家长就让子女去补习学校上课，日本、韩国、我国台湾地区的情况便是这样。较好的办法是因势利导，将学生和家长的积极性引导到正确的轨道上来。

高考制度是遗传与环境的产物，是传统与现实作用的结果。高考改革不

① 《戊戌变法》第2册，神州国光社，1953年，第329～332页。

能脱离中国的历史文化传统和当代的社会现实，而必须植根于中国社会的深厚文化土壤。为了解决中学片面追求升学率问题，顺利推行素质教育，多年来许多论者主张将高考与高中脱钩，即高三毕业生不在自己的高中报考，而到户口所在地报考，把学生的报考程序全部放到居委会或者派出所。他们认为这样做能使升学率的统计与学校脱钩，各中学不再统计多少个学生考上“一本”高校，多少个学生考上“二本”高校，无法进行升学率的排名，对素质教育的实施会产生非常大的作用。其实，这只是一厢情愿的设想，改为社会报考解决不了问题。报名社会化对中学追求升学率只是试图用纸去包火而已。试想，即使是改为社会化报考，哪有一个中学对自己的毕业生考上重点大学会不知情的？哪有一个中学对考上北大、清华或其他重点大学会无法进行统计的？退一步说，假如一个学生考上了大学或考上了重点大学，连自己的老师和班主任都不告知一声，那么这个学生连基本的感恩都不懂，这样的教育也太失败了。现在的研究生报考就是社会化的，并不分散在各个大学，但没有哪个大学班级的主管不知道全班考上研究生的大体人数的。所以说，要想通过高考改为社会化报名来解决片面追求升学率问题，如扬汤止沸，不能从根本上解决问题。

中学追求高考升学率是一个必然现象，既然向高校输送优秀的人才是高中的主要任务之一，这种追求也就天经地义。现在的问题是，一些学校为了追求升学率，最拿手的就是对学生集中进行灌、练、训、测，大量地使用题海战术，非常功利而片面地应试。如何改变或减轻这种片面应试的状况，靠增加录取率并不可行。前些年许多人提出的“提高录取率可以解决片面追求高考升学率问题”等说法是不正确的，现在许多省市高考录取率的迅速提高已是有目共睹的。但片面追求高考升学率的问题还是没有多少改变。看来问题的关键还是要在考试的科学性上下功夫，真正使试题以考测能力为重，使死记硬背的训练不大起作用，使注重全面发展灵活思考的学生较有可能获得高分，这样才能减少片面应试的有效性。

高考是一个典型的高竞争、高利害、高风险的大规模选拔性考试。从表象上看，高考不过是高等学校招收新生的考试，但高考又不仅仅是教育考试，它同时还承担着巨大的社会责任。除了具有为高校选拔合适人才、以考促学等教育功能之外，高考也还具有维护社会公平、维护社会稳定、促进社会流动等社会功能。社会给高考加载了太多的重负。只要存在社会差别，就存在竞争。竞争乃无法消灭的客观存在，只是在高考制度下，将考生将来的社会地位和前途的竞争集中体现到考场上来罢了。将众多的社会矛盾集于一身，难免会有不能承受之重。因此，减少高考的负面影响是一项长期而艰巨的任务，需要从文化传统、人事制度、教育与考试制度等方面进行配套改革①。

总之，从高考竞争中的一系列本质与现象的差异，可以看出高考并非万恶之源，而是各种教育及社会矛盾的集合点。没有高考，这些矛盾和问题多数还照样存在，只是表现形式不同而已。透过现象看本质，高考制度虽有不少局限，也对中小学教育产生一些消极影响，但它公正客观地选拔人才，对中国教育和中国社会而言还是利大于弊。

（原载《高等教育研究》2006 年第 12 期）

① 张亚群：《科举革废与近代中国高等教育的转型》，华中师范大学出版社，2005 年，第 262 页。

高考改革的教育视角与社会视角

高考是一项具有鲜明中国特色的基本的教育考试制度。然而，当今对于高考这么一项影响重大、万众瞩目的重要考试制度，总体而言是新闻报道多、理论研究相对较少，一般议论多、深入探讨相对较少。即使是理论研究，也是从教育角度考察的多，从社会角度考察的少。本文拟从教育与社会两个视角分析高考的教育功能与社会功能，阐述高考改革应兼顾教育与社会因素的论点，力图使人们对高考制度有较为全面和深入的认识，以利于高考改革沿着正确的轨道顺利地推行。

一、高考的教育功能与社会功能

建立于 1952 年的高考制度，是高等学校招生考试发展到一定阶段的产物，是适应中国的政治、经济和文化国情而建立的招生考试制度。高考制度的建立与演变，与中国社会、政治的变迁及传统文化的制约等密切相关。综观高考 50 年的风雨历程可以发现，在高考建制与演变的过程中，从来就不仅仅是单纯的教育因素在起作用，而是具有复杂的社会动因，高考与社会政治形势变化密切相关，往往成为政治运动的重要内容，甚至成为社会变革的“突破口”①。有的论者认为：凡是强调经济建设，就重视文化科学的作用，高考也受到重视；凡是强调阶级斗争，突出政治，就贬低文化科学的作用，高考就受到攻击，甚至被取消。这几乎成为一种规律性的现象。② 当然，近 25 年来，总体而言，高考改革的政治色彩日渐淡化，而教育自身的因素则越来越起作用。

---

① 刘海峰、李立峰：《高考改革与政治经济的关系》，《教育发展研究》2002 年第 6 期，第 34～38 页。

② 杨学为：《中国高考与社会、经济的关系》，《中国考试》1997 年第 1 期，第 42～44 页。

从宏观的角度来看，考试可分为教育考试与社会考试两大类。教育考试是指教育系统的考试或具有教育性质的、与学历相关的考试，如高考、高中会考、高等教育自学考试等；社会考试一般是指非教育类的面向社会的考试，如公务员考试、律师资格考试、会计师考试、外语水平考试等。另一种划分法是将考试分为校内考试与公共考试，即学校内部考试与面向社会公众的考试。但教育考试与社会考试并非截然分开，有的考试既是教育考试，又是面向社会的开放性考试，高考即是一种兼具教育考试与社会考试性质的大规模考试。

作为高等学校的入学考试，高考无疑是一种教育考试。但参加高考者不限于应届高中毕业生，社会知识青年也可报考，在放开年龄和婚否限制之后，更是向全社会开放，因此在一定意义上说高考也是一种社会考试。同时，20 世纪 80 年代以前的高考实际上还兼有一定程度的公务员考试性质，因为在新中国成立后的长时期中，国家干部的选用未采用考试办法，而高考却部分地发挥了考试选官的功能，因为过去大学毕业生既然都成为国家干部，高考便起到了干部预筛选的作用，在一定范围内使干部的文化素质得到保证。

对高考的利弊评价，从教育视角与从社会视角考察，会有明显的不同。这牵涉到高考职能与功能的区别。高考的职能与功能存在着较大的距离和变异，高考的职能较简单，而功能则复杂得多，功能远远地超过了职能的范围。职能与功能有相同之处，但也有不小的差异。职能一般是对目标和应有的作用的表述，功能则更多倾向于实际效应；职能是使用者的期待，功能则是实施后的实际结果。高考的职能就是为高校选拔新生，但在重视考试的中国，其职能产生了巨大的效能，致使高考成为指挥棒，左右了中学乃至小学的教学。而且，高考功能还超出教育领域，对社会风气、社会秩序甚至政治产生影响，以至于高考制度往往成为教育竞争和社会竞争的矛盾集合点。以下分别分析高考的教育功能与社会功能。

1. 教育功能

被称为“天下第一考”的高考是典型的选拔性考试，又称常模参照性考试。这种考试注重考试的区分度，以便从全体考生中选拔出特定数量的优胜者。作为一种竞争激烈的大规模选拔性考试，高考的教育功能主要有以下三点。

第一，为高校选拔合格新生，保障高校生源质量。考试是一种测量工具，就像体能测试或体育比赛可以测出一个人的体能和体质强弱一样，高考让所有应试者接受相同的挑战，将个人的才学和能力放在首位，因而历来被视为可以客观公正地选取优秀人才的公平尺度，或称“量才尺”。与推荐制下新生良莠不齐、文化程度较低的情况大不相同，高考制度建立 50 年来，特别是恢复高考 25 年来，为高校选拔了大量合格的人才。他们中的许多人已成为现代化建设的中坚力量，“文革”后一度担心的文化断代和教育断代问题逐步得到解决。此方面的事实有目共睹，不必详论。总体而言，高考成绩与考生实际水平是正相关的，高分者不一定个个高能，但低分者很少高能。20 世纪 90 年代前期，高校招生曾实行公费与收费双轨制，一些重点大学同一班的学生中入学分数相差上百分，任课教师便可以很明显地感觉出学生之间水平的差别。高考分数具有很强的信度和效度，对保障生源质量起到了重要的作用。

第二，促进中小学生努力向学，提高民族文化水平。考试制度的好处甚多，其中之一是求己不求人。人生求人之处居多，而求人艰难，且成功与否取决于他人。考试则提供了一个反求诸已的机会，成功与否主要靠自己的奋斗，故考试选才能够促人向学、催人奋进。选拔性考试具有强大的以考促学的功能，考生水平全面提高后，为了保持一定的区分度，不得不再逐步提高试题难度，这种“水涨船高”的关系，促使高考试卷难度和考生水平扶摇直上。高考始终是激励考生奋发学习和中学不断改进教学的最实际、最强大的动力。许多参加高考的过来人认为：高考以它的公正，丰富了一代又一代人的梦想，赋予我们公正平等的竞争精神，冷静沉着的竞争意识，以及一种永恒的拼搏精神①。1977 年恢复高考，选拔了几十万人，却调动了几千万人。1997 年，多家中央报刊开展恢复高考 20 周年征文活动，从应征文章看出，无论是当时考上的，还是落榜的，都对恢复高考唱出发自肺腑的赞歌。不少人虽经历过高考失败，但由于受过高考总复习的煎熬，养成了坚毅的个性，得到了一笔精神财富②。

第三，引导、规范中学的办学方向和教学方向，即指挥棒功能。高考与中学教学的关系理应是教什么就考什么，但高考对中学教学又有强大的制约

① 武皓：《公正——我与高考》，《中国考试》1997 年第 5 期。

② 教育部高校学生司、《中国教育报》编辑部：《我的高考》，人民教育出版社，1999 年，第 183 页。

作用，实际上往往是考什么就教什么，这就使高考具有指导中学办学和教学的功能。从某种意义上说，高考是国家意志和政策与学校教育活动之间的一个中介，通过高考的科目设置和命题设计，国家可以将政治理论和思想意志贯彻到中学教育中去。比如在政治科考试中包括时事内容，便可以引导考生关心时事。也可以通过科目增减和考试内容的比重调整，来调控或促进某些学科的发展。在高考命题日益朝能力立意方向发展、材料解析题逐渐增多的情况下，高考内容往往越出教材范围，更是会出现考什么就教什么的情况。高考指挥棒如果运用得当，便可以将学生引导到身心健康发展、注重能力和素质的方向上去。因此高考对实施教育方针、引导办学方向具有重要作用①。

然而，高考是一把利弊兼具的双刃剑。在教育方面，高考的正面功能与负面功能都十分显著。随着高考制度的推行，高考也诱发了诸多问题：中学只抓智育而片面追求升学率，文理偏科，学生负担过重且近视率攀升，影响求异思维和个性发展，学校办不出特色等等。有考试就有应试，特别是竞争激烈的高考，更是引发考生尽力应试，考什么就学什么，不考什么就不学什么，这种片面应试的结果，造成智育一枝独秀。因此高考被批评为“黑色的七月”、“考试地狱”、“异化的高考”。此方面的观点学界论之已详，本文不再展开。总之，在高考的教育功能得到淋漓尽致地发挥之后，对教育的积极作用和消极影响充分显现，导致了人们对高考评价的强烈反差。

2. 社会功能

高考不仅是一种教育行为，而且是一种社会行为，一种社会大动员。如果说高考的教育功能是积极与消极错杂并存的话，那么其社会功能则以正面的居多。

第一，社会安定功能。维护社会公平、“平等竞争”乃是考试制度的灵魂和根本，“公平、公开和公正”则是考试制度的核心理念。有学者认为：从法理的视角讲，考试制度其实可以视为一种崇尚“程序正义”的程序制度，正是基于“程序正义”理念的运作，赋予了古代科举制度和现代高考制度毋庸置疑的权威性。尽管现行高考制度受到一些人的质疑及现实的挑战，但有一个事实是无法否认的：高考已经成为当代中国最成熟和最权威的人才

① 刘海峰：《以考促学：高等教育考试的功能与影响》，《厦门大学学报》（哲学社会科学版）2002 年第 2 期，第 5～7 页。

选拔机制，迄今尚没有任何一种制度可以取而代之[1]。“文革”后高考制度的恢复并不只是使教育恢复了正常秩序，更是带动了整个国家由乱而治。人心向学，人心思治。学生稳定与社会上的知识青年稳定之后，整个社会才有可能稳定下来走上正轨。高考是维护社会公平、坚持社会公正、稳定社会秩序的重要手段。而且，恢复高考是在粉碎“四人帮”这个大的政治背景下被作为拨乱反正的突破口而实行的重大举措，它使中国的人才培养重新走上健康的轨道，在使社会由乱而治的过程中发挥了至关重要的作用。由此可见，高考对恢复和稳定社会秩序具有重大的作用。

归因于高考制度的长期实行，在相当程度上形成了一种无论贵贱贫富，“在考试面前人人平等”或“在分数面前人人平等”的观念和社会文化氛围。实际上，千百年来，中国人都是不患寡而患不均，在考试方面则是不怨苦而怨不公。因为高考提供了公平竞争的机会，在激烈的考场较量之后，名落孙山者虽然会有挫折感，但多数考生只能怨自己水平不够或运气不佳，无法怪他人或社会，即使是离分数线仅差一两分亦如此。然而如果是因为不公平竞争而落榜，他们怨的就是政府和社会。在推荐制下，走后门盛行，无法上大学的学生眼见有权有势者的子弟能够接受高等教育，极易感到无助和愤懑，他们的不满就可能聚集起来针对整个社会，形成对现存秩序的反抗力量，影响社会的稳定。据报载，现在城市中小学升初中实行电脑派位的分配方法，但一些家长有钱有关系的学生往往能设法进入好学校，许多家长对此深感不满，认为“通过考试，娃娃没有考上，我们服气；通过金钱、拉关系进入好学校，我们不服气”。他们的情绪直接影响到子女，使不少被电脑派位的学生小小年纪就感受到社会的不公平，失去学习的上进心[2]。由于考生可以多次参加下一年的高考，考上较低层次高校的考生今后也还有考上其他名牌大学的机会，高考实际上并非“一试定终身”。在取消报考年龄限制以后，高考理论上成为一种终身考试，它为每一个落第者始终保留着下一次成功的机会与希望，这就为落榜考生提供了更多的选择，也使一些考生和家长的不满与失望不致积累到危险的程度。因此高考在一定程度上起到了社会的“减压阀”与“稳定器”的作用。

第二，社会流动功能。世界上各国大规模教育考试都有强大的评价和筛

① 刘武俊：《考试立法缺席》，《中国青年报》2000年7月14日。

② 李家杰：《小学升初中“电脑派位”亟待完善》，《光明日报》2002年2月19日。

选功能，也各有其重要的作用和影响，但在中国表现得尤为突出。在有五千年悠久文化传统和千余年科举考试影响的中国，在由计划经济体制向市场经济体制转变的中国，高考既有与世界各国相同的规律，也有与其他国家不同的特殊规律①。联合国下属的国际教育评价协会每次年会多注重考试的科学性问题，而1996年在北京举行国际教育评价协会第22届年会时，讨论的主题则为“大规模考试的作用及相关问题”，因为在中国，类似高考这样的大规模考试面临的主要问题不仅仅是考试的技术性问题，而更多的是考试的社会学问题。

社会流动分为社会阶层流动和区域流动。考试能在相当程度和范围内促进社会阶层流动，这在科举时代已得到证明②。传统社会所谓“茅屋出公卿”，“朝为田舍郎，暮登天子堂”，不仅是统治者对读书人的利诱和鞭策，也是当时科举造成社会阶层流动的历史的真实写照。科举时代的社会阶层流动能使社会保持一定的活力，使官僚结构不断得到更新。在现代社会，社会流动与政治稳定之间也存在着一定的关系，许多政治分析家认为，一个工业社会的政治稳定或不稳定由其社会流动率所决定，高流动率的社会是稳定的，反之则是不稳定的③。高考在促进社会阶层流动方面起着重要的作用，长期以来参加高考是中国农村学生获得城镇户口的一条重要渠道。虽然在城乡差距较大的情况下，高考在促进农村人口向非农转化过程中会使本来人才就稀少的农村人才更少，但它客观上促进了农村教育的发展，成为激发农村人口接受教育的无形动力，也在一定程度上促进了城镇化进程。在中国高等学校尚未全面收费之前，高考在促进社会阶层流动的作用尤其明显，多年来是许多农村青年改变命运、进入社会上层的主要甚至是唯一途径。寄希望于高考制度，许多家境清寒的学子经过大学深造，现今已成为中国各个部门各个行业的骨干力量，这是高考的社会流动功能的生动体现。

社会水平流动是指区域流动。区域流动（或区位流动）与阶层流动相关，区域流动可以说是社会阶层和职业流动的必要条件，也可以说是它们的先决条件。居住地区的改变往往是一个人生活和事业进程中的组成部分④。

---

① 杨学为：《中国考试改革研究》，北京大学出版社，2001年，第383页。

② 潘光旦、费孝通：《科举与社会流动》，《社会科学》第4卷第1期，1947年10月。

③ 许欣欣：《当代中国社会结构变迁与流动》，社会科学文献出版社，2000年，第61页。

④ 周荣德：《中国社会阶层与流动》，学林出版社，2000年，第273页。

由于高考长期实行全国统一考试，考生在当地就可以方便地报考全国各地重点大学或跨省区录取的大学，这一制度造成大范围的人才流动，为这些高校选拔来自不同省市、不同民族的人才，大大开阔了他们的视野，有利于各地文化的交流和国家的统一。比起过去高校单独招考时一般家境不好的学生较难到大城市报考著名大学的情况，高考制度在促进人才区域流动方面起着重要的作用。有研究者以云南一个省、一个少数民族自治州、一个县的实例和全国高校招生录取年度统计分析，证明高考是人才从农村向城镇流动或区域间流动的重要渠道，这种流动不仅促进了边疆地区、民族地区的教育发展，而且比较公平地控制、调节着向上流动的通道，深刻地影响着中国的社会结构①。

由此看来，高考的功能相当复杂，在发挥其教育功能的同时，也发挥出巨大的社会功能，我们在进行高考改革时，就应顾及高考改革的社会影响。

二、高考改革要顾及社会因素

在有关高考改革的各种争论中，最为根本、言辞最为激烈的争论是关于高考存废问题的争论。因为这不是关于高考如何改以及改什么的问题，而是牵涉到高考制度的生死存亡问题。近两年来，主张废高考的言论虽不如 20 世纪 90 年代后期那么激烈，但也始终不断。例如有的学者认为，统考制度使中国教育死水一潭，是直接扼杀人才、泯灭民族创造性的罪魁祸首……取消统考制，是中国民族更新教育文化功能，应答新世纪挑战、走向中兴的最关键的一环。如果说鸦片战争迫使我们废除科举制以图强兴国，那么我们今日主动改革以致废除统考制度，就是要避免鸦片战争的历史悲剧重演②。还有一些人认为，连长期实行大学联考的台湾地区也在 2002 年取消了联考制度，我们也应该考虑废止统一高考。

将高考类比为科举是废止统考论者常用的说法。多年来台湾当局主张“联考万恶论”者，一般也是“简单地把联考比喻为以前的‘科举’，这是一种要把欲打倒的对象‘妖魔化’的手段”③。高考与科举虽有相似之处，但

---

① 张宝昆：《大规模教育考试的社会控制功能研究》，云南大学出版社，1999 年，第 106 页。

② 冯增俊：《全国统一高考制度与中华民族创新精神》，《华东师范大学学报》（教育科学版）2001 年第 4 期，第 26～31 页。

③ 南方朔：《台湾改了“联考”就算“教改”吗》，《参考消息》2002 年 6 月 18 日。

也有根本差异，以历史上废止科举的事例作为当今废止高考的论据是不充分的，何况废科举时主要考虑教育因素而忽视社会因素，还给我们留下了深刻的教训。

在古代中国，科举不仅是一种教育考试制度，更是一种政治制度和社会制度，它“在传统中国的政治理论和社会实际结构中居于中心的地位”①。有的学者甚至认为科举制是“帝制时代中国最为重要的一项政治及社会制度”②。科举制在历史上是一项集文化、教育、政治、社会等多方面功能的基本体制，它上及官方之政教，下系士人之耕读，使整个社会处于一种循环的流动之中，在中国社会结构中起着重要的联系和中介作用。但清末在改革和废除科举时基本上只考虑到其教育功用并试图加以弥补，而科举制的其他重要社会功用一般不在时人考虑之列，结果造成长远的社会后果。科举既去，却无新的官吏养成体制，意味着为官不复要求资格。民国官场之滥，即由此开始；国无重心，也因官场之滥而强化③。

废科举造成许多问题的原因在于，在清朝末年，越到后来人们越是仅仅将科举看作是一种教育考试，注意其人才培养和选拔功用，而忽视或几乎忘了它也是一种社会制度，并具有社会和政治功能。科举制在各方面的强大压力下戛然而止，等于将维系传统社会秩序和支撑官僚系统以及促使儒家文化传承的制度根基突然铲除，所带来的社会震荡、政治混乱和文化断裂等后果，远远超出清末士人的估计和想象。钱穆在《中国历史上的考试制度》一文中指出，科举制“因有种种缺点，种种流弊，自该随时变通，但清末人却一意想变法，把此制度也连根拔去。民国以来，政府用人，便全无标准，人事奔竞，派系倾轧，结党营私，偏枯偏荣，种种病象，指不胜屈。不可不说我们把历史看轻了，认为以前一切要不得……”④。

中国是一个考试古国，又是一个考试大国。悠久的考试历史形成了中国

---

① E. A. Kracke, Religion, Family and Individual in the Chinese Examination System, John K. Fairbank (ed.), Chinese Thought and Institutions, University of Chicago Press, 1957, p. 268.

② 李弘祺：《宋代官学教育与科举》，（台北）联经出版事业公司，1994 年，第 14 页。

③ 罗志田：《清季科举制改革的社会影响》，《中国社会科学》1998 年第 4 期，第 185～196 页。

④ 钱穆：《国史新论》，（台北）东大图书公司，1984 年，第 114～115 页。

人倚重考试的传统。古往今来的实践一再证明，实行考试制度有其弊病，但废止考试制度必将造成更大的祸害。例如，对台湾大学联考的改革问题，许多人看了新闻报道，就以为台湾从 2002 年起已经废弃联合考试或统一考试，因此大陆也应考虑废止统一高考制度。实际上，台湾学者谢蓉倩在其发表的《民调七成家长赞成恢复联考》一文中指出："今年台湾实行大学多元入学新方案，并非完全放弃考试，只是增加推荐甄选和申请入学的比例，从这两条途径升学者也还需经过台湾大学入学考试中心组织的学科能力测试。通过大学联考者占录取人数的 73%，仍是升学的主要途径，而且在推荐甄选和申请入学的过程中已出现了不少造假问题，与大陆前几年保送生的问题类似，以至于现在又有许多人要求恢复原有的联考体制。"在重人情、关系、面子的中国传统文化环境中，发展到以高考分数为主要录取依据，体现一种不以人的主观意志为转移的客观趋势。因为若不以考试来竞争，就很可能用权力、金钱或关系来竞争，所以说统一高考是维护公平竞争、维护竞争秩序的有效手段，是适合中国国情的考试制度，它必须不断地加以改革，但不能废止。

每年的高考是一件教育大事，也是社会大事。小考场连着大社会，很少有其他教育问题会像高考改革这样长期引起全社会的广泛关注。只要存在社会差别，就存在竞争。竞争乃无法消灭的客观存在，只是在高考制度下，将社会地位和前途的竞争集中体现到考场上来罢了。高考竞争的根源是社会上客观存在的差别，如城乡差别、脑体差别，高考不仅具有区分能否上大学、上什么大学的职能，而且更重要的或从本质上说，高考实际上起着对高中毕业生进行第一次社会分工的作用。社会赋予高考太多的功能，众多的社会矛盾和教育问题集中于高考中体现出来，出现一种"应力集中"的现象。既然高考改革要顾及方方面面的意见和利益，自然会有很大的难度。

有一系列的内部和外部矛盾或两难问题存在于高考之中，如统一考试与考查品行的矛盾、统一考试与选拔专才的矛盾、考试公平与区域公平的矛盾、保持难度与减轻负担的矛盾、考测能力与公平客观的矛盾、灵活多样与简便易行的矛盾、扩大自主与公平选才的矛盾、考出特色与经济高效的矛盾，等等。除了以上教育方面的两难以外，还有一更大的两难，即教育与社会的两难，是侧重教育内部的人才培养角度，还是侧重教育外部即社会的角度来研究高考改革？当然，人才培养最终还是会对社会的发展和进步产生影响，这里所说的教育与社会的划分只是相对的。但在面对某些具体的改革时，的确可能出现教育与社会的两难选择。在这种情况下，只有兼顾教育与社会两方面的因素才是正确的选择。有的论者认为，在今天的中国，可以说很难有一件事情比高考更纯洁、更符合市场经济的公平竞争原则，高考怎么改一定要慎之又慎，“如果说不改将教无宁日，学无宁日，那么改得不好，就将是国无宁日的问题”。[①]“教无宁日”与“国无宁日”的矛盾关系，将高考改革中教育与社会两个方面可能的矛盾高度地概括出来。由于高考自身的局限和消极影响在教育方面体现得相当明显，因此通常情况下，人们多从教育的视角提出高考改革方案。我们不能脱离教育来谈高考改革，毕竟高考主要还是教育考试，但也不能仅从教育的角度来论高考，还需从社会角度来论高考，还应顾及社会公平与社会稳定，尽量避免改革中的失误。

“治大国若烹小鲜”，这是出自《老子》第六十章中的一句名言。“小鲜”是指小鱼，意思是治国要慎重和稳定，除去随意性，犹如烹制小鱼时不要随意翻搅。同样，“治”高考也如同“烹小鲜”。对高考这样影响重大的制度进行大的改革也应慎重为好，因为高考改革是牵一发而动全身的系统工程，若考虑不周匆忙改革，就可能像翻来覆去翻烧饼一样，改来改去又基本上回到原点，或者可能将“小鲜”给翻烂了。因此，高考改革须本着循序渐进的原则，重要改革措施的出台应经过充分的深入的研究，并在一定范围内试点成功之后方可逐步推广，不能受到一些压力就匆忙改革，以免出现为改革而改革的情况。

（原载《高等教育研究》2002 年第 5 期）

① 顾卫临：《高考：还有更好的路可走吗》，《瞭望》1997 年第 20 期，第 38 页。

高考与录取制度改革问题

高考确实是一把锋利的双刃剑，经过多年的施行，其优点和缺点都已经充分暴露出来了，尤其是高考的弊端在长期积累下来以后越来越显现。因此社会各界特别是教育界部分人士对高考批评非常多。但是高考怎么改？高考改革何去何从？这确实是更重要的问题。有的人提出要废止高考，但推倒了、破坏了、废除了，将来怎么办？一个关系千家万户利益的招考制度如果没有一个替代办法，造成的问题可能更大，但是高考不改又不行，因为关于高考改革的呼声非常大。

本文主要谈谈有关高考改革的三个问题：第一，高考改革是一个系统工程；第二，高考改革既要科学也要可行；第三，高考录取方面的改革问题。

一、高考改革是一个复杂的系统工程

我们应该充分认识高考改革的难度，高考制度是关系到我们国家整个教育系统乃至社会和政治稳定的一项重要的制度，可以说是中国最重要的国家考试制度。对这个制度进行改革，难度很大，是牵一发而动全身的系统工程。最近，我们组建了一个课题组，共同进行“高校招生考试制度改革的理论与实践研究”的重大课题攻关项目，准备组织全国相关的研究人员和招考管理干部，对高考进行深入的前瞻性研究，为下一步的高考改革提供理论参考。虽然有的人认为这些年高考制度好像没有什么改变，实际已经作了很大改动了，大部分中学校长和老师肯定感受很深。比如考试科目改革，有个别省份五年改革四次，结果导致中学的师生很难应对。这说明改革如果没有在全面研究和规划的基础上渐进地推行，而是朝令夕改，对学生和教师的教学都会造成很大影响。因为高考不仅仅是一个考试问题，甚至也不仅仅是教育问题，它还关系到社会的稳定。很多人认为改革开放以后最没有变动的是高考，实际上高考变动很大，从标准化考试到现在的具体科目的改革，还有考试内容改革的实验，但为什么高考在那么多激烈的抨击压力下仍然还能存在呢？这有它的必然性，有它自身的规律在起作用。

应该明确高考并不是计划经济的产物，不是政府管的就是计划经济的产物。1993年以后有些人提出，既然中国已经开始实行有中国特色的社会主义市场经济，就应该改掉由国家教育行政部门主管的高校招生考试制度。这是大错特错的。高考并不是计划经济的产物，也不是实行市场经济以后就要改掉高考制度。

从考试发展史来看，统一高考是招生考试发展到一定阶段或者说是高级阶段的产物。清朝末年民国初年是没有统一高考制度的，世界各国包括美国以前也没有SAT考试，现在日本、韩国、台湾等亚洲国家和地区都实行统一考试，但在20世纪70年代以前大部分国家和地区也没有统一考试。当然美国的考试跟我们有点不一样，主要是在录取时是否采用考试分数以及采用考试分数占多大的比重完全取决于大学。台湾地区的招考制度与大陆的最相似。为什么两岸政治制度完全不同，经济发展程度也有相当大差距，却不约而同走上统一高考之路？经过研究，我们认为主要是因为文化传统相同、社会传统相同。我们重视人情、关系、面子的社会文化氛围相同，考试是避免这一弊病的最简单、最高效的办法。现在其他国家也逐渐使用统一考试。比如日本在20世纪70年代末走上国立大学、公立大学统一高考制度，苏联根本没有统一招考制度（包括一些教育理论研究者以为高考是学苏联的产物也是想当然的），而自90年代中期以后，俄罗斯逐渐开始出现统一招生，且最近两年这个趋势越来越明显。日本的统一招生考试办法也不是政府强行规定私立大学要加入，但现在私立大学纷纷加入。这说明考试制度有它自身的发展规律和内在逻辑。考试是公平测量选拔的尺子，自古以来中国就把考试当成是一种“量才尺”。这是一个公平尺度。

因此，我们说统一考试制度并不是计划经济的产物，而是招生考试发展到一定阶段或者高级阶段的产物。总的来讲，高考一定要改革，但是怎么改非常重要。社会各界人士从某个角度出发都可以提出一些看法，各自讲出一些道道来，但如果进行一次全民、全体学生或者大部分民意测验的话，相信多数人都认为高考是中国目前相对公平的选拔制度。我曾经把科举考试称作是中国的“第五大发明”。明代是对科举抨击最厉害的时候，也有很多人承认科举是当时社会最公正的制度。当时有这么一种说法，如果科举不公，天下还有什么事情更公平？同样，我们现在的社会有多少事情比高考更公平？

很多人办事向来要看脸色、看关系，凡事都得求人，而高考提供了一个反求诸己的机会，就是人们必须靠自己的努力才可能改变命运。

总之，我们在研究高考改革的时候应该考虑到它是一个复杂的系统工程，难度非常大。不是说一改革就好了，也不是说把它推倒就可以解决问题，没那么简单。比如我们实行多年保送制度实际是为高考改革开了一个口子，原来保送生占3%的招生名额，结果出现的弊端是有目共睹的，前年缩减回来，提高条件，压缩比例。我指导的一位博士生去年写一篇关于保送生制度的文章，与我讨论时说保送生制度应该废除。我认为最好不要说完全废除，有一个保送生制度放在这，存在参照系，比较一下大家可以看得更清楚，看看实行理论上全面考核择优录取的办法会是什么样。保送生制度虽然口子开得很小，但我们可以把它与考试选拔进行比较，有比较才有鉴别，看看在没有刚性标准的情况下人情、关系、权势能够介入到什么程度，因此，就这点来看，保送生制度也有其存在的价值。高考改革的难度很大，一定要在全面研究和长期规划后慎重地推行。

二、高考改革如何进行

高考改革既要科学也要可行，要兼顾理想与现实，理想的高考制度应该说是使每一个学生进入自己最想进或者最适合自己的学校。

招生考试制度是对中学生进行全面考核的制度。现在有人提出向美国学习，我们的高校也采用高中学生的成长记录，或参考中学校长和教师的推荐信，对学生进行综合评价来录取新生。我认为对中国的国情而言，这只是一种理想的招生制度。我们现有招生制度从理论上说也是德智体全面考核，择优录取，这是纸面上的理想。改革时一定要考虑到现实可行性，如果不具有可操作性，这个改革就没法推行。在理想与现实之间要立足现实、追求理想，如果只是理论上说说而实行起来却走样则没法推行。现在高考制度名义上也是全面考核，因为所有关于招生录取的文件都说要德智体全面考核，择优录取，但是全面考核的结果是分分计较。分数线压得那么紧这是没有办法的办法。因为中国的国情毕竟跟美国不一样，美国行得通的东西在中国不一定行得通。有些很理想的制度没法推行。比如我们要求考核“德”，一般学生没有犯刑事案件都可以允许他报考，现在“德”方面的考核基本上变为一纸空文。为什么会这样呢？这是所有中国人都知道的，是我们的文化造成的。美国行得通的校长的评语、老师的评语在中国没用。因为我们的评语很可能不真实，包括我们给一些到美国读大学的研究生的推荐信，美国越来越多的学校根本不再参考。

有一个典型的例子，某重点高中有一个寄宿学生经常偷同学的东西，结果被抓着了，但还不到判刑的程度，于是被学校记过处分。他的学习成绩还可以，老师给他写评语时，很矛盾。老师希望他考上，因为他家庭也比较困难，如果写他偷过东西就会造成很大麻烦，记过一事完全不提也不大好，想来想去最后只好在评语中说这个学生“手脚特别灵活”，光看评语你可以说已表述了他偷东西的记录，但也可以理解为他很有动手能力，很会做实验。即使有大过还想加以隐瞒，这样，评语的真假在我们考试当中没有办法判断，因而评语就变得没有价值了。理论上说得再好，但是一到实际中就很难实行，诚信缺失的问题确实还很严重。中国社会中一些很好的设想一到具体操作时就走了样，好经都让歪嘴和尚给念歪了，于是不得不放弃。又如，有的地方实行对品德进行量化考核，做一次好事或者参加一次社区劳动加分，做成长记录，这个情况个别高校和个别省市已经在试图实行，结果可以说基本上行不通，因为没有办法判断行为的真伪。在中国若把中学成绩一起带到升学考核中来，学生成绩必将普遍上涨。

如果硬要像美国一些中学规定的那样排名，那么排名就会极大加重校长和班主任的权力，平时成绩一旦和高考挂起钩来就会失真，除非实行教考分离的考试，但那样又将大大加重平时学习和考试的压力。所以在中国很多问题我们想实行而没办法实行，在美国行得通的办法在中国不一定行得通。因此一切改革要从中国实际出发，追求一种切实可行的招生考试制度。

有些人提出像一些西方国家那样由学生写自传或申请入学报告，但这在我们这里也没有办法实行。在中国推行很多办法都碰到诚信问题、人情关系、面子问题，实际上常常是为了防10%的人作弊而不得不防所有的人。顾炎武曾经说科举制度是防奸之法有余而求才之法不足。在过度重视教育的国度里都会出现这样的问题，在这样一个情况下，考试改革不得不考虑这些问题。

考试改革必须考虑到中国的国情——文化、政治、经济因素。在我们经济还不够发达，城乡、地区之间发展差异很大的情况下，怎么推行高考制度改革是比较复杂的。我们讲高考改革既要科学也要可行，就应该考虑到这些因素，不能头痛医头脚痛医脚。招生考试制度的发展有其自身的发展规律和内在逻辑。

高考改革可以参考借鉴的是台湾地区的高考。台湾1954年建立统一高考制度，这两年有比较大的改进。很多人认为台湾去年取消了联考，事实却不是这样。实际上他们还是统一考试，80％的高校招生考试还是跟原来大学联招途径基本一样，只不过把原来考试科目稍做了一些变动，把国文、数学、英语演变成类似 SAT 考试，然后再加高校指定科目的考试。但是测验是统一的，指定科目考试也由台湾大学入学考试中心统一命题，推荐甄选的人也必须参加学习能力测试，统一考试还是招生的主旋律。去年因为申请入学推荐渠道有作假的，报纸上谈得沸沸扬扬，据民意调查，有 70％以上的家长要求恢复原来的联考制度，因为增加面试比重，导致出现最好的学生被淘汰掉的情况。一旦有面对面的考试，可能外力就要介入，就可能有金钱和权力的介入，只有背对背考试才能排除这些困扰。

所以我们说，考试改革的很多方面应该全面考虑。过去台湾要推翻统一考试的呼声比我们强烈得多，因为他们没有像我们“文革”时期多年废止招考制度的经历，我们有“文革”的惨痛教训。1958 年教育大革命时就曾试图废除高考，结果高考虽没废，但大量增加其他渠道入学的比例，造成教育质量下滑。从 1966 年到 1976 年 11 年高考中断，造成人才的断层。台湾的联考也是不断演变过来的，他们一直要求废除联考，但是一直没有废除掉，多数人都要求维持比较公平的竞争手段，一旦废除以后造成的人情介入没法解决。他们也实行课程改革，但改革之后问题比原来还多，于是有人这样的质问：谁作弄了台湾教改？

三、录取制度改革问题

录取制度应该要朝着招考分离的方向发展，现在基本上是招考合一。考试由一个测验机构或者将来有可能出现不止一个测验机构来进行，招生确实应该极大地下放自主权，但如果没有分数线挡住人情关系的介入，可想而知中国的高校招生会乱成什么样子。有的人认为各个学校独立招生考试更好，但不知道我们现在统一考试就是在解决独立招生产生的一些问题之后才建立的，在单独招考时各种问题不亚于现在。

比如高考分数线问题大家抨击得很厉害，这些年从人大到政协每年都有提案要求解决这个问题。有专家提出一些大学应该用全国统一分数线录取，但事实证明这有很大的问题。1926 年前后北大、清华主要根据考试分数在全国录取学生。当时中国大约有 30 个省，连续几年有 10 个省份北大、清华没有录取一个新生，这种情况造成了教育的区域失衡。1938—1940 年实行统一招生考试制度，当时国民政府教育部已经实行统一招生考试制度，能说当时是计划经济吗？高校各自招生且不仅造成人力、物力、财力的浪费，而且边远地区考生很难报考比较远的大学。前不久在武汉召开考试科研讨论会，澳门管理大学的代表讲到澳门现在有8所高校，最苦恼的就是没有统一招生考试制度，学生这个学校考一次那个学校考一次，总的录取比例对全体考生没有什么不同。像民国时期一样，很多高校录取同一个学生，但这个学生不知道自己被几所高校录取，而还有一些成绩较好的考生没有被任何一所大学录取。这里面两难问题不是那么容易解决的，我们要考虑对于一个幅员辽阔、人口众多的大国怎么取得一个相对平衡点。

招生录取方面要进行的改革应该是招考方式，应该扩大高校招生自主权，而不应该放在省市招生办或者考试院，分数线划定以后高校很难改变，比较理想的模式应该实行两次考试，而不是多次考试。如果有多次考试，很多学生会参加多次考试，这样就会人为地增加学生负担。

理想的招生考试应该是全国统一测评，然后各个学校最好是选择部分科目考试，第二次考试由各校单考，有点类似现在日本的两次考试。当然这种考试的推行有一定条件，也就是经济发展水平较高、交通较为便捷，边远地区和家境清寒的考生能在考前到大学了解学校情况，在考试时也能够到校参加考试。

在高等教育走向大众化时代，在招生录取率已经超过50%的时候，所谓“应试教育”只是面向少数人的教育已不符合客观事实。高考制度或者录取制度的改革应该考虑中国的国情，既要考虑前瞻性，又要在全面研究和长期规划的基础上渐进推行改革，这样改革才有可行性，才能使高考更好地发挥为国选才的功能。

总之，考试只是一个公平尺度，是衡量一个学生水平和学识才能的尺度。不是所有问题都是考试造成的，实际上很多问题是社会竞争造成的，不用考试竞争就有可能用其他方式竞争，现在高考只不过把学生将来在社会地位中的竞争提前反映到高考中来，通过高考考场体现出来。高考的改革如果硬要改成非全国统一的，我觉得是一种倒退。世界上许多国家的发展趋势是朝统一考试方向发展，但是考试分数在录取时所起的作用不一样。把分数作为唯一的标准，这个不合理，造成应试的后果比较明显，应该加以改革。

（原载《中国教师》2004年第2期。题为《高考与录取制度改革的教育与社会视角》，现改回原标题）

高考改革与政治、经济的关系[①]

作为高校选拔合格新生的有效手段和公平尺度，高考不仅是一种大规模的教育考试制度，而且是一项具有广泛影响的社会制度。高考从其诞生之日起就与社会政治、经济制度有着千丝万缕的联系，它既受政治、经济、教育、文化等方方面面的制约，又能动地促进和推动社会的发展。因此，对于高考改革这项复杂的系统工程，应在综合考虑各种因素的基础上稳妥渐进地推行。

一、高考制度建立的政治、经济背景

1949 年，中华人民共和国成立，举国上下欢欣鼓舞，各项事业百废待兴，艰难起步。为稳定全国政局，促进高等教育不断发展，各高校仍沿袭旧制，实行单独招考。但时过不久就暴露出种种弊端，各高校新生质量参差不齐，新生入学报到率很低，且造成了巨大的人力、物力和财力的浪费。为改变这一情况，教育部于 1950 年发布了《关于高等学校一九五〇年度暑期招考新生的规定》，要求各大行政区开始实行“全部或局部高等学校联合或统一招生”。1951 年，各大行政区普遍实行联合招生，统一招生的规模迅速扩大。在连续两年实行统一招生的基础上，1952 年 6 月 12 日，教育部发布了《关于全国高等学校一九五二年暑期招收新生的规定》，明确规定自该年度起，除个别学校经教育部批准外，全国高等学校一律参加全国统一招生考试，采取统一领导与分省、市、自治区办理相结合的招生办法。在经过了三年过渡时期后，统一高考制度这一现代教育的创举应运而生。

由此可见，统一高考制度的建立绝非一日之功，而是从民国时期的统一招考、联合招考和过渡时期的联合招考制度一步步发展而来的。它是在各种

① 本文与李立峰合作。

内、外因素的共同作用下，在完成了量变的积累之后实现的质的飞跃，并沿用和发展至今。从外部因素看，当时社会政治和经济建设的需要可以说是实行统一高考的重要历史契机。1952 年 7 月 21 日，教育部颁发了《关于实现一九五二年培养国家建设干部计划的指示》，强调指出各地高等学校严格实行统一招生是实现这一干部培养计划的关键。同年，中共中央还提出了过渡时期的总路线，制订了发展国民经济的第一个五年计划，各条战线都急需大量高级专门人才。而过去的经验证明，只有统一招考才能使高等学校招收到合格、足额的后备人才。因此，在高等教育尚十分薄弱的情况下，统一招生制度是快速发展国民经济、提高国民整体素质、公平而高效地选拔和培养出各条战线上合格人才的最佳选择。此外，1952 年进行的第一次大规模的高校院系调整也是一个不可忽视的因素。1952 年下半年，教育部根据“以培养工业建设人才和师资为重点”，对全国高等学校的院系进行了一次全面调整。为使调整后的各类院校能招收到合格、足额的新生，从而巩固这次全国范围内的高等教育重新布局的成果，也急需加强高等学校招生的计划性。由此可见，正是上述政治、经济建设的需要和教育结构的调整等外部因素，使得统一招生考试制度在 1952 年得以建立，并赋予其鲜明的时代性。从内部因素看，统一高考制度的出现受考试自身发展的内在动力的驱使，同时也受传统文化对现代考试制度的影响。从经济效益和保证考试的科学性与权威性来看，统一考试比各校单独招考都要高效得多。所以，统一高考既是特定时代背景的产物，又受传统考试文化的影响；既受制于当时社会政治和经济发展的需要，又受制于高等教育和考试自身的发展规律。

实行这一制度在当时来说具有重要的意义，它有利于统一标准，有利于考生的公平竞争，有利于各校招生数量、质量的平衡。统一高考制度的实行并非计划经济的产物，但招考合一的体制确实是适应了当时高度统一的计划经济体制的需要，它为新中国的社会主义建设培养了大批的专业人才和领导干部，对于巩固和维护新政权，稳定社会秩序和繁荣经济起到了重要的作用。

二、政治变迁中的高考制度

高考制度从其诞生之日起到逐步发展乃至牢牢扎根于中国社会这一过程并不是一帆风顺的，而是在跌宕起伏的政治洪流中一波三折、曲折前进的。高考制度与国家的政治、经济形势密切相关，政治领域中的风云突变可能会影响到高考这一极度敏感的制度，所以当政治方向摇摆不定时，高考改革就会出现曲折反复，甚至成为政治斗争的牺牲品。而高考制度经历的重大变革，往往也是政治、经济领域发生重大转折的反映。

1956 年，在完成了对农业、手工业和资本主义工商业的社会主义改造之后，我国进入了全面建设社会主义阶段。全国形势一片大好，各项事业蓬勃发展。高考制度在这一良好的政治环境中茁壮成长，并迅速发展和完善起来。1957 年，全国政治风云突变，形势急转直下，由于反右派斗争扩大化，对当时阶级斗争形势的估计过于严重，导致了对 1957 年以前高考的错误评价，严重干扰了 1958 年的高考。1958 年 7 月 3 日的《人民日报》社论说："在招生机构中，各级招生机构和高等学校没有紧紧依靠党的领导，没有政治挂帅，有严重脱离政治的倾向，不是以政治质量为首要条件，结合政治条件和学业成绩择优录取新生，而是单独按照学科考试成绩高低依次录取。政治考试的方向也不明确，脱离了现实斗争，思想性不强，确有鼓励青年死啃书本的现象。这些都是错误的。"这基本上否定了高考的正确路线和主要成绩，于是 1958 年的招生和考试工作就有了较大的变化。首先是改全国统一考试为各省、自治区、直辖市考试，改变大区组织录取为分省、自治区、直辖市组织录取。其次，规定招生考试应该主要考核政治，同时也考核文化程度，降低了文化考核在录取中的关键地位。最后，"贯彻阶级路线"，对于工人、农民、工农干部和工农速成中学毕业生，采取保送入学的办法。由于实行工农兵免试保送入学而导致新生质量的严重下降，1959 年重新恢复了统一高考的制度。这次高考受挫完全是政治运动的结果，是"左"倾错误路线第一次严重干扰高考制度，使社会政治身份开始取代文化考核成为大学入学的主要标准，为以后乃至"文革"中批判、废止高考埋下了伏笔。

1961 年后，国际上出现"反修正主义"之风，而这时又正是我国最严重的自然灾害时期。1962 年后由于政治、经济形势的影响，高考遇到了空前的困难，高中毕业生增加，高考录取率大幅下降，达到"文革"前的最低谷 27.43%。为此，社会各界对高考责难之声纷至沓来，人们开始攻击和批评"片面追求升学率"、高考作弊、走后门等现象。"左"倾势力则趁机大肆叫嚣"实行考试与推荐相结合，进一步贯彻阶级路线"的言论，以此来贬低考试，突出政治。围绕这些问题，人们展开了异常激烈的争论。从本质上说，这些争论是各种政治势力在教育领域斗争的充分体现，也是随着高考不断发展，其利弊得失充分暴露的情况下所必然遇到的问题。但高中毕业生的增加，高考录取率的下降，竞争激烈程度的加强，这不是高考所能解决的，而是高等教育规模和当时干部体制的限制所造成的问题。但少数别有用心的人正是利用了人们对这一问题的误解，以此作为抨击高考制度的有力武器。

1966年5月，中央政治局扩大会议通过了《五一六通知》，“文化大革命”全面爆发。而高考作为“教育革命”的“突破口”，理所当然地成为“四人帮”攻击的首要目标。他们借口“大专学校和高中的文化大革命正在兴起，资产阶级的统治还根深蒂固，无产阶级和资产阶级的斗争十分激烈”、“高等学校的招生考试办法基本上没有跳出资产阶级考试制度的框架”① 等，决定将1966年高等学校招生工作推迟半年，以便彻底改革招生制度。令人痛心的是，这次高校停止招生整整6年，而不是半年。我国的高等教育和高考制度遭到了极为沉重的打击，这正是脱离了正确轨道的政治运动对高考的灾难性影响，高考制度完全沦为政治斗争无辜的牺牲品。实践证明，取消高考代之以完全“推荐”的形式，是极端错误的，这一招生制度造成的恶果首先是耽误了一代青年的教育，使中国的科技和学术人才在年龄上出现断层，拉大了同世界先进水平的差距，成为世界科技潮流的落伍者②。这是荒唐愚昧的时代留给我们的惨痛教训。

1976年10月，党中央决定采取断然措施，一举粉碎了“四人帮”，“文革”结束。1977年6月，教育部在太原召开招生工作会议，但这次会议没有根本改变以政治标准为主的招考办法。8月，教育部再次于北京召开招生工作会议。在邓小平的主持下，开始扭转“左”倾的错误思想。会议争论非常激烈，会期达到45天，是新中国成立以来时间最长的一次招生会议。在邓小平的直接领导和干预下，果断地废止了“四人帮”在“文革”中推行的“三来三去”、“政治挂帅”等招生办法，恢复了“文革”前行之有效的招生政策。恢复高考的消息一经传开，广大群众特别是上山下乡知识青年欢呼雀跃，奔走相告。正如有的人形容说，恢复高考像爆炸了一颗原子弹，震撼了整个中国大地③。

① 杨学为：《高考四十年》，《中国考试》1997年第1期。

② 胡中锋等：《我国高考的回顾与反思——兼论构想“新高考制度”的出发点》，《江西教育科研》1997年第4期，第63～68页。

③ 杨学为：《恢复高考二十年——兼论高考与社会、经济的关系》，《中国考试改革研究》，北京大学出版社，2001年。

恢复高考是在粉碎“四人帮”这个大的政治背景下被作为拨乱反正的突破口而做出的重大举措。恢复高考不仅提升了高等教育质量，而且使中国的人才培养重新走上了健康的轨道，在使社会由乱而治的过程中发挥了至关重要的作用。同时还应看到，高考是在“两个凡是”还没有被打破的情况下恢复的，它的意义已远远超出了教育领域，成为纠正“左”倾错误，破除“两个凡是”的典型代表。它不仅是粉碎“四人帮”在教育领域的充分反映和体现，更是奏响了破除“两个估计”的陈旧思想、确立实事求是思想路线的序曲。所以，高考改革不仅受到政治因素的制约，而且也会能动地反作用于社会政治生活，两者息息相关，密不可分。

三、高考改革应考虑政治、经济因素

高等学校入学考试不仅是中等教育和高等教育的衔接点，也是高等学校与社会政治、经济生活联系的一个重要环节。它对高校选拔新生和中学的教育、教学均具有调节与指挥作用，并承担着整合教育系统、维系社会稳定的重任，因而历来是中国教育界乃至全社会关注的一个焦点。近几年来，尽管我们在高考的科目改革、内容改革和形式改革中都取得了很大的进展，但是对高考的非议和责难之声仍是此起彼伏，不绝于耳。究其原因，高考改革是个复杂的系统工程，它与政治、经济、文化制度都有千丝万缕的联系，牵一发而动全身。高考改革已不是单纯的教育问题，而是牵涉社会政治、经济生活的方方面面。因此高考改革应在综合考虑政治、经济、教育等一系列因素的基础上，稳妥渐进地推行。

1. 高考改革应顾及社会政治影响

高考在维护多民族国家的统一和社会安定团结方面发挥着重要的作用。它在全国采用相同的考试内容、考试形式和考试时间，使全国各地统一意志、统一步调、统一行动，有利于各地文化的交流与融合。另外，高考选才还具有促进社会流动的功能，中国传统社会的科举制度正是通过考试实现社会流动的，而被喻为“现代科举”的高考制度无疑在新的时代背景下更加凸显和强化了这一功能。它有助于国家的安定团结，在一定意义上起到调控教育秩序与优化社会风气的作用，只要政策制定得当，高考在一定程度上对消除城乡差距和解决地区差异也能起到积极作用。

近年来，倾斜的高考分数线已经严重地危害到教育公平而成为社会极为关注的问题。20 世纪 90 年代后期，高考录取分数线随着竞争的加剧和录取率差距的加大而越来越向京、津、沪等几个主要城市倾斜，由此引发了社会各界激烈的争论。质疑高考公平的声音越来越大，而极力主张实行全国统一录取的意见也多次在“两会”中出现。但这种强调全国录取分数线“一刀切”的意见也不尽合理，如果不顾各地经济教育水平发展的巨大差距而盲目地追求教育公平，势必带来新的地区不公平。造成这一现象的原因除了历史上遗留下来的教育资源严重不均的因素外，还与国家实行的对西部和少数民族地区的优惠政策和中部高考大省竞争日趋激烈有关，也与京、津、沪等中心城市多年来经济和高等教育的快速发展及扩大本市招生规模有关。若单纯追求考试公平，势必会造成发达地区和边远省区之间更大的不平衡，甚至会引起社会的动荡而影响政治稳定。所以，现代高考作为一种受制于社会、政治的教育考试制度，在追求考试公平的同时，也必须充分考虑到区域公平①。解决这一问题要受到政治、经济、文化、教育等诸因素的制约，具有很大的难度和重大的影响。面对考试公平和区域公平这个两难选择，我们不能轻易地舍此顾彼，而应在综合考虑政治、经济、人口诸因素的基础上，以求相对的公平。

高考作为公平选拔人才的“量才尺”，具有公平性和客观性，它摒弃了权力、出身和人际关系对选才的干扰，保证了个人凭才学平等地接受高等教育的权利。而正是高考制度的这一公平性和公正性，在有效地维护多民族国家的统一和社会安定团结方面发挥着重要的作用。任何危及高考公平和公正的因素都不利于多民族国家的稳定和团结。历史已经证明，只有公平竞争的考试制度才能广泛调动人们求学的积极性，才能实现人尽其才、才尽其用进而推动社会发展。毫无疑问，“公平”理应是高考制度的核心，高考应尽量朝科学公正的方向改革，避免人情因素的干扰。在“有利于高等学校办学自主权的扩大”这一高考改革的主导思想下，高校的招生自主权渐趋增大，这对高校自主地选拔合格新生有重要意义，但也不可避免地带来了人情因素的严重侵扰。某些大学的招生机动指标在一定程度上已经成为走后门的合法途径。还有近年来的高校保送生制度也是弊端丛生、漏洞百出，已经成为滋生教育腐败的温床。众所周知，平等参与是高考竞争的铁律，采取坚决行动制止和杜绝招生录取中的流弊与“黑洞”已经成为摆在我们面前的刻不容缓的

① 郑若玲：《考试公平与区域公平：高考录取中的两难选择》，《高等教育研究》2001年第6期，第53～57页。

任务。

另一方面，目前中国的高考改革还在朝多样化方向发展，一些直辖市和部分省份作为改革试点，从全国统一高考中脱离出来单独命题。如果全国各省、自治区、直辖市都走向单独命题，放弃全国统一高考，便可能从一个极端走向另一个极端。即使是在美国那样各州独立性很强的联邦国家，各大学还普遍采用学术能力测验和美国高校测验的分数作为录取新生的依据之一，实际上是采用两种全国统一的考试成绩，录取新生的测验分数还是美国大学排行榜的一项重要评估指标。假若中国各省市高考都各自为政，就可能出现高考分数比美国更少可比性的情况，那可真是过犹不及。在俄罗斯、美国高校招生都出现逐渐朝统一考试方向演变的趋势的时候，中国的高考改革多少还要考虑高考成绩的可比性，考虑中国的政治国情，考虑全国统一高考制度对维护多民族国家统一的重要作用。为了兼顾统一性与多样化，从长计议，可以规划采用全国统一测试之后各大学再进行单独招考的模式。

2. 高考改革应考虑经济发展水平的制约

高考改革与经济发展也是休戚相关，密不可分的。高等教育的招生规模归根到底要受到社会经济发展水平的制约，任何脱离经济基础的高考改革都注定逃脱不了失败的厄运。反之，高考制度正是通过促进人力资源转化为能使经济效益成倍增长的人力资本来推进国民经济的迅速发展的。恢复高考以来所取得的社会进步和经济发展就是对高考这一经济功能所做的最好注脚。

统一高考将原先各校单考中共性的东西集中起来，在经济方面可节约大量的人力、财力和物力，具有高效、省时、省力的规模效益，对广大考生来说也较为方便、节省。在单独招考的情况下，如果所有考生都集中到报考院校去应试，考生东奔西跑，经济负担加重，尤其是报考多所院校的考生会穷于应试。对一些偏远地区的考生而言，昂贵的交通费会使他们望而却步，很多很有深造前途的学生只好报考当地的高校。1952 年中国走上统一高考之路的一大优点便是方便考生，考生在本地一次报考可以填报多个志愿，高校也避免了招生不足额和报到率低的情况出现。当然，统一高考确有统得过死、个性不足的问题，许多人都希望招生考试能够考出特色，尤其是民国时期多数时间高校单独招生考试，不少名牌大学的招生考试试卷各具特色，让一些当代学者追慕怀想不已。如果像美国、日本等国那样，多数高校在参考考生的全国统一测试分数之后，再让考生到校参加第二次考试，便能使高校招生保持各自的特色。不过实行此种招考模式需有一定的经济条件，只有在交通较为便捷、经济较为发达的省市先行试点，在不致使家境清寒的边远地区考生无法与考的情况（民国时期便有此情况）下，才能推行此制。不过，以目前的经济、交通条件，多数省区一时还难以实行这种两次高考模式。台湾地区实行的大学多元入学新方案，采用招考分离、推荐甄选和申请入学的改革措施，而申请入学和报考多所院校需交给各高校的费用，远比原联考制度下的报考费用高得多。对此，已有学者提出尖锐的批评。因此高考改革既要考虑经济发展水平的制约因素，又要掌握好改革推进的速度和火候。

另外，不像私立大学经费自筹具有较大的自主权，在招生方面可以根据需要特殊照顾某些特定对象，国立公办大学为全民所有，经费来自全国或全省市的纳税人，招生自主权应有一定制约，应向所有公民开放，实行公平竞争，因此实行统一考试、实行招生指标分配是合理的。统一高考制度是有不少缺失，但并不是可以轻易废弃的过时旧物。正如一位学者所指出的："有的人站在批判考试弊端的立场上，全盘否定现有考试制度的长处，这无异于英国产业革命初期毁坏机器的运动。文明所带来的弊害不是通过消灭文明来消除，而应是更好地利用文明。"①

总之，高考是教育和外部社会政治、经济联系的重要桥梁。自高考诞生之日起，就与社会政治、经济因素有不可分割的紧密联系。高考发展至今，已经成为维护国家统一和社会秩序的不可或缺的重要制度，任何高考制度的改革都可能牵一发而动全身，影响到社会各界的利益并受到广泛关注。因此，高考改革要充分考虑到各种政治、经济因素对改革的制约作用，万不可轻率地进行改革，而应在全面研究和长期规划的基础上渐进地推行。

（原载《教育发展研究》2002 年第 6 期）

① 国家教育委员会考试中心：《美日法人才选拔与考试方法》，人民邮电出版社，1994 年，第 59 页。

高考并非“一试定终身”

自1977年以来，每年7月（现已改在6月）的7、8、9日三天，都有二三百万的高中生参加高考。这不仅是决定众多考生的前途命运的三天，而且是牵动着数千万考生家长、亲戚、教师以及地方官员神经的三天。高考历来为社会高度关注，甚至被称为“天下第一考”，就像四年一次的奥运会，备受国人的重视。在此前后各种新闻媒体都聚焦于这一教育热点，连篇累牍地加以报道、评论。

由于现行全国高校统一招生考试制度影响重大且利弊显著，因而对高考的评价争论总是相当激烈。多年来，在人们对高考制度的诸多批评中，很突出且极为流行的一点便是指责高考“一试定终身”。意思是一个考生的终身命运只取决于高考一次性考试和一次性选择，一旦被淘汰则终身难以弥补。许多人还提出要取消这种做法。

然而，我认为，“一试定终身”是既不准确、也与实际不符的提法，是有关高考诸多误解中最明显的一个。澄清这一误解，有助于我们更加全面、科学地认识高考制度，进而有利于高考制度的发展与改革。

一、高考机会不止一次

首先，让我们来回顾一下历史上对“一试定终身”的批评。以往人们在评价科举考试制度时，也经常抨击其“一试定终身”。而事实上，科举是一种开放性的终身考试，多数朝代没有年龄限制，也没有报考次数的限制，因而既有一举成名的少年进士，也有终身衔恨的白首童生。隋唐时期是每年开考，宋代以后一般是三年一科。倘若一个人活到80岁左右，其考试生涯可以有60年。那么，从理论上说隋唐时期考生有60次参加科举的机会，明清时期有40次童试机会，如果24岁考中秀才，则以后至少有18次乡试考举人的机会。从朱熹考中进士的一榜、南宋绍兴十八年（1148年）的《同年小录》统计来看，一举成名者 142 人，二举 73 人，三举 39 人，四举 43 人，五举 18 人，六举 11 人，七举 2 人，未详 3 人。这说明科举并非“一试定终身”，只要愿意报考，机会绝不止一次。韩愈便是考了四次才中进士的，他并没有因为第一次考试失败而甘于终身沉沦，而是发愤苦读，终于如愿以偿，并在文学上、政事上皆取得重大成就。

高考当然不同于科举。为了选择适龄青年进入高校深造，同时也避免让一些基础太差的考生花费太多的时间作无谓的拼搏，中国现行高考制度规定报考年龄一般在 25 岁以下。这样，从制度规定来看，高考并不是“一试定终身”的，若以 18 岁高中毕业，到 25 岁为止，其中有 8 次参加高考的机会。从实际情况来看，高考也并非“一试定终身”。1977 年恢复高考制度当年，全国有 570 万人报考，只录取了 27.3 万人；1978 年有 590 万人报考，只录取了 40.1 万人；1979 年有 468 万人报考，也只录取了 27.5 万人。[①] 许多参加 1978 年、1979 年乃至 1980 年高考并被录取的大学生都是参加两次以上高考的勇士，还有不少是第一年考上专科不读再于次年考上重点大学者。当时，人们根本不知有“一试定终身”这一说。后来重考生才逐渐减少，但就是在 1996 年参加高考的 270 万考生中，也还有 1/3 左右是往届生。那些考上高校的往届生用实际行动说明：有志者，事竟成。高考并非也无法“一试定终身”。

我们再来看看只参加过一次高考的情况。根据考分，一个考生有考上重点大学、一般本科院校、专科学校、落榜这 4 种可能。现在京、津、沪 3 个直辖市的高考录取率已超过日本、韩国和我国台湾地区高校招生的平均录取率，全国平均录取率也已超过 35%，考上高校的机会已比 80 年代以前大多了。而且，我们年年在劝导落榜生不要灰心气馁，“条条道路通罗马”，考不上大学还有其他许多成才的途径。如果想接受高等教育，现在也还有成人高考、高教自学考试、电视大学、民办高校（大多暂未认可学历）等多种途径。其中仅自学考试一项 1997 年上半年就有 500 余万报考者，单从规模上说已超过高考。就制度规定而言，所有高中毕业生皆可参加完全开放的高教自学考试。因此，高考落榜者并不一定终身没有受高等教育的机会。“五大”生、自考毕业生中也有许多作出突出贡献的一流人才。

---

① 国家教委学生司：《高等学校招生工作年鉴》，人民教育出版社，1990 年，第 175 页。

就是对考上较低层次普通高校的学生来说，他们也不见得“永世不得翻身”。为了通过激烈的高考竞争，必须具备较为扎实的基础文化知识。取得高分者总体水平一般要比低分者高，考取重点大学学生的文化素质一般要比考取专科学校的高，考上大学的学生的素质总体而言要比落榜者好。高分低能和考试成绩很低而素质良好的学生毕竟是少数。当然，一般不排斥个别，确也有少数学生因临场发挥不好或受考试本身的限制而未能进入较高层次的大学。然而，十多年来，有相当多的专科毕业生再通过各种方式升读本科，或以同等学力考上了研究生，几乎在每所招收研究生的大学都可以找到这样的例子。至于一般本科大学的毕业生考上名牌重点大学的硕士生、博士生的例子就更是不胜枚举了。这些后来居上的有志者绝没有屈从于高考那一次的暂时定位。因此，所谓“一试定终身”并非高考制度固有的弊病，高考虽然一年只有一次，但并不是所有人就会被其决定终身，关键还是看考生的素质和实力，看考生的主观努力和选择。

二、一决胜负的现实合理性

抨击高考“一试定终身”的另一种说法，是指责高校招生考试制度只凭一次统一考试成绩而不考虑学生平时的成绩和表现来决定是否录取，这样“一锤定音”不科学、不全面、不公正。因为有一些平时学习成绩好的学生高考却没能考好，还有个别考生因身体原因或意外事故耽误而错过了高考，如有人举例说某个考生因迟到而不能进入考场，其“青春之旅无疑已横出第一道本不应出现的沟壑”①，因此需要改变现行办法。从感情上说，这类考生确实值得同情；从理论上说，确实是既凭高考分数又看考生平时成绩和操行来录取最为科学、最为理想。但从理智上说，现行高考制度有其存在的合理性，如迟到超过一定时间不能入场等规定恰恰是维护国家考试的严肃性所必需的；从实际上看，主要依据高考一次性分数录取，是出于公平选才不得已而为之，且行之有效的办法。

对于依据一次性的竞争考试来决定去留的办法优劣如何，在中国考试史上是有过反复比较和争论的。唐代科举考试原先“皆以一场之善，登进科目，不尽其才”，欧阳修的《新唐书》记载此事说改革前“取人以一日试为高下”，也就是我们今天说的以一场考试来决定录取与否。唐玄宗天宝元年

---

① 杨晓升：《试一试：高考不再以一次定终身》，《中国青年》1995 年第 9 期。

(742 年)，主持科举考试的礼部侍郎韦陟对之加以改革，先令举子在考前呈送平日所作诗文，以便了解其水平和特长，然后再按常规考试，综合录取，据载，当时取士“片善无遗，美声盈路”①。考虑到一次考试之好坏不能考查其终身的抱负，主考官一时的判断也无法准确了解考生的底蕴，因而改为考试与推荐、自荐相结合，当时称之为通榜、公荐。此办法刚实行时效果很好，但实行一段时间后问题随之而来。一是走后门现象、依靠权势求取科第的做法大行其道，“公荐”实际上变为“私荐”；二是考生呈送的平时诗文作品有许多是假手他人而无法判明。为了改变权贵豪门操纵科举、杜绝弄虚作假的现缘，宋代不得不废止了通榜与公荐的做法，采用“一切以程文定去留”，即按考卷成绩来决定录取与否。这一改革虽然未顾及考生平日表现和水平，但维护了公平竞争原则，对公正录取起到了很好的作用，因此在以后900 年左右的时间里相沿不改。

现行高校录取形成主要取决于高考成绩的状况也是有其客观原因的。由于实际上很少考虑考生的平时表现和学业成绩而凭高考分数高低依次录取新生，“文革”前高考曾被指责为没有坚持政治方向和“以学生为敌”等，并导致“文革”中停废统一高考。然而，取消考试，实行推荐上大学后，“走后门”成风，高教质量严重下降，其恶果大家至今仍记忆犹新。1977 年恢复高考后，我们知道在所有高校招生考试文件中差不多都有“德、智、体全面考核，择优录取”这一条原则规定，可实际操作起来，很自然地就演变成目前这种“以分取人”的状况。由于学生、教师、家长和社会各界都将上大学视为最好的选择，努力追求升学率，因此，为了对升学有利，学校和单位给学生的表现评语都尽量写好一些，即使实际上有明显缺点，也想方设法轻描淡写。因此，高校录取自然无法依据操行评语来考核，不得不采取“唯考分是取”的办法。在重人情、关系、面子的中国传统文化环境中，发展到以高考分数为主要录取依据，体现出一种不以人的意志为转移的客观趋势。

为什么推荐制总要走样，考查平时表现和成绩总是无法坚持？究其原因，主要还是由于在竞争性的高校招生中，平时表现难有客观标准，也很难加以量化比较。人的道德品质是不易客观评定的，只有通过言行加以考查，而一个人的言行又不一定完全代表其真实思想品德。当不带有功利目的时，多数人还是能言由衷、行由实的；而当与升大学这类关系到个人前途命运的

① 见《旧唐书》卷九二《韦安石传》附《韦陟传》，中华书局 1975 年，第 2 959 页。

大事挂起钩来时，以操行来评判一个学生是否适合升大学则很可能异化。当一些人为超过他人以求得入仕或升学时，便可能弄虚作假，矫言饰行，人们又难以判断其真伪，这是为汉代的荐举及科举时代偶尔实行以德行取士的后果所一再证明过的事实[①]。现在高考报表中对考生思想品德、劳动表现的评语有许多空洞不实之词，迫使高校录取基本上不再参考此类评语，而只看考分及尚可以量化的"三好"学生或体育尖子之类，就是"三好生"和体育尖子加分中也有不少作假现象。至于中学平时成绩，由于各校之间没有统一标准，也难以比较择优。若与之挂钩，实行一段时间以后多数中学会让毕业生的成绩几乎全优。若规定出名次或高低分控制比例，权力与金钱等就必然会介入中学成绩评判。而若与中学会考"硬挂钩"，实际上又变成多一重升学考试竞争，会大大加重中学生的学习负担。

说到底，高考的竞争实质上是高校学生毕业后的社会地位与物质待遇的竞争。只要存在社会差异，就存在竞争，竞争是客观存在的，是消灭不了的[②]。只是在高考制度下，将社会地位和前途的竞争集中体现到考场上来罢了。若不以考试来竞争，就很可能用权力、金钱或关系来竞争。因此，改变一年一度的高考并不会真正改变升学竞争的实质，统一考试是维护公平竞争的有效手段。我们对改掉以高考成绩定录取的做法的可能后果应有清醒的认识，因为没有制度化的硬性规定，没有这"一次性"的把关，高校招生无疑将更容易遇到权力的干预和金钱的腐蚀，此时高考改革理论便显得苍白无力，一些理想便可能流于空想。

以一次性考试定当年录取的办法是有其明显缺点的，但不如此"一刀切"就很难操作。而且，就总体而言，一年一度的高考还是能反映出考生的真实水平的，超常发挥者和临场失误者毕竟只是少数，绝大多数考生的平时学习成绩与高考成绩还是正相关的。这就好像体育竞赛，获得奖牌者的体能、素质总的来说要比未获奖牌者更高，平日训练成绩优异而在大赛中因偶然失误而痛失良机者不是没有，但总是极少数，而且往往与心理素质还不够健全有关。确实优秀者还可在下次大赛中脱颖而出，荣登奖牌榜。要比出最优秀的运动员，不光要看平时的训练，很难想象平时水平不高者能在赛场上成为强者，而获得奖牌者肯定是经刻苦训练且具有实力的高手。

① 刘海峰：《科举考试的教育视角》，湖北教育出版社 1996 年，第 269 页。

② 为之：《关于高考几个问题的思考》，《中国考试》1995 年第 1 期。

高考也是对考生平时学习成绩和水平的大检阅，是考生知识、能力、心理素质甚至体能的大较量。如果一次高考发挥失常，以后还可参加多次，如果每次都临场生病或失误，则很难说其文化素质、身体和心理素质很高、很强了。个别考生因生病或其他意外而错失高考良机确实不幸，是一种偶然，但对一个有数百万人参加的大规模选拔性考试而言，这又是一种必然，企望百分之百的考生都调整到最佳状态，都正常或超常发挥是不可能的。我们所要考虑的是应面向绝大多数考生保持公平。所以说，以高考一次性成绩来选拔高校新生的办法有其存在的合理性。

三、多次考试有无必要

关于所谓高考“一试定终身”必须改变的另一种看法，是认为高考一年一次机会太少，建议增加考试次数，改为一年两次或多次，使考生有更多的机会。这一设想有一定道理，但我认为并无多大必要。

首先，我们必须明确并不是一年考两次或多次，升学机会就会更大。因为普通高校总是一个相对常数，尤其是本科和重点大学招生人数有限，名牌大学这一社会稀缺资源并不会因一年多考一次或数次而有所增加。也就是说，无论怎样扩招，招生数都不可能超过学校所能负荷的限度。再大的烙饼也大不过烤饼的锅。因此，增加考试次数只可能增加考生的学习负担，这是由常模参照考试的竞争性和选拔性的性质及特点所确定的。为了考出最佳成绩，只要其他同学不止一次参加考试，自己一般也不会只考一次，搞到最后，绝大多数考生都会一年考几次便参加几次，而实际录取机会还是与一年一次高考一样多，何必多此一举？

其次，考多次会增加高校招生考试的难度和工作量。现在高考在每年7月的7、8、9号这三天，接下来是集中试卷、评卷、公布分数、各校分批录取及入学报到，一环紧扣一环，也要忙到9月初，时间跨度整整两个月，工作量已非常大。若一年中再增加一次高考机会，至少前后要有一个月左右的时间来考试和评卷等，安排在何时为好？除非改变春秋两学期的大格局，否则将会对中学的学习秩序造成一定的冲击。而且，像高考这类选拔性考试不同于水平性考试，招生名额相对固定，一定得差额淘汰一部分。既然主要是靠考试成绩决定去取，两次或多次高考的成绩等值和换算并不容易，即使采用标准分也会有许多问题。曾经也有人提出世界杯足球赛和奥运会每四年一次间隔时间太长，要求改为每两年一次，但后来考虑到这类大赛的权威性和经费等问题，还是坚持四年一届。高考之所以被人们称为“天下第一考”，就是由于其权威性和严肃性以及影响重大，改为一年两次或多次，在一定程度上会降低其权威性，且大大增加国家经费和招考工作量。因此，权衡得失，我认为没有必要改为一年多次考试。至于考虑改为一年两次考试，第一次为针对全国重点院校和面对全国招生的第一批录取学校，第二次为一般院校和专科学校，这一改革设想倒是有其合理之处。不过这并非我们所讨论的原来意义的高考，而可能会走向类似我国台湾地区的大学联考与专科联考两种考试。

再次，高考一年一次还有一附带的好处便是可以减少替考作弊。有考试就可能有作弊，而替考是最为严重的作弊手段之一。现在成人高考、自学考试以及“托福”等各种考试中都存在一些替考作弊现象，但在高考作弊中，替考却很少见。这部分是由于高考竞争激烈，试题覆盖面广且具有较高的科学性，每年在试题难度相当的情况下内容不断翻新，除外语以外，上一年的高考尖子或在校大学生甚至研究生若无专门的复习准备也很难在下一年的高考科目中考出高分，这就在很大程度上减少了替考的可能性和必要性。若一年有两次或多次高考，情况就会有所不同。因为在第一次高考中考出优异成绩稳获录取或可能已被录取的考生，在相隔时间不长、知识尚少遗忘的情况下，在替考中就可能考出高分。这就增大了高考防止替考作弊的难度。当然，这只是一年一考附带的好处，不必改为一年两次或多次高考主要还是基于前面两方面的理由。

总之，所谓高考“一试定终身”是一种似是而非的、不科学的说法。因为一试失利而终身不振并非高考制度的错误，而主要是取决于考生自己的态度和选择。采用一年一次的考试来决定录取高校新生有其合理性和可操作性，可以继续施行。

（原载《高等教育研究》1997 年第 5 期）

传统文化与两岸大学招考改革

作为教育体系中的一个重要环节，高校招生考试对高等学校人才培养具有基础性作用，对基础教育则具有导向功能。因此，它是教育研究中一个带有全局性的重大问题，是深化教育改革、全面推进素质教育的关节点。由于高考涉及学生、家长、教师、中学、大学各方面利益，并与教育制度以及现实的政治、经济、科技、文化等密切相关，高考改革具有相当大的难度，成为一项复杂的、牵一发而动全身的系统工程。笔者曾就高考改革与社会政治、经济的关系作过分析，并对高考与文化的关系作过探讨。本文将结合中国大陆与台湾地区近年来的大学招考改革，进一步研究大学招考改革与传统文化的关系。本文所说的大学招生考试，包括大陆的高考与台湾地区原先的大学联考及现行的多元大学入学考试。

一、大学统一招考制度建立的缘由

任何一种制度的出现都有其产生的客观原因。中国大陆和台湾以往互为隔绝，政治制度迥异，经济发展程度也不一样，却殊途同归，不约而同地于20世纪50年代初在世界上率先走上大学统一招考之路，建立基本相同的统一招考制度，这除了当时各自的政治原因和大学招考发展的内在动力驱使以外，还有中华传统文化的因素在起作用。具体分析，主要有以下几方面的缘由。

其一，统一招考是在清末、民国时期高校各自招考出现不少问题之后才做出的改进措施。清朝末年，中国开始引进西方的教育制度。从1862年建立京师同文馆开始，一批近代新式学堂陆续建立。由于学堂数量不多，且各学堂的性质、层次、规模差异较大，因此皆为独自招考入学。这与世界上其他统考入学的国家和地区一样，在近代高校初建阶段一般都是单独招考而不可能产生统考制度，统一招考制度是高校招生考试发展到一定阶段或高级阶段的产物。民国时期，起初也是各高校单独招考。当时各高校自行命题，考试科目不同，且一些高等学校往往用外语命题，难度差异很大，虽各有特色，但出现了高校招考内容与中学教学不相衔接，中学教学无所适从的问题。而且，各校自行招生，考试命题的难度不同，评分标准及阅卷的宽严不一，因此无法保证考生在同等的条件下公平竞争，较难保证高校录取新生的质量。此外，各校完全自主招生还存在一个问题，便是高等教育畸形发展，易于开设且报考人数较多的文、法、商科专业数量偏多，而社会经济建设所急需的理、工、农、医类专业却发展缓慢。为了纠正文理专业失衡，国民政府教育部于 1933 年起实行计划招生。后来建立的统一招考体制在很大程度上解决了上述问题。

其二，抗战时期统一招考的示范。1937 年，抗日战争爆发，为适应战时需要，提高大学教学水平，教育部在中央大学、浙江大学和武汉大学三校试办联合招生。在此基础上，1938 年起实行国立各院校统一招生，颁布《国立各院校统一招生办法大纲》、《国立各院校统一招生命题及评分标准的规定》，教育部设统一招生委员会，在武昌、长沙等设立了 12 个招生区，各区按照部定标准命题，分科评卷，成绩送教育部，由部决定各处录取学生人数。是年参加统一招生的院校有 22 所。1939 年改由教育部统一命题、统一考试，参加的院校增至 28 所，1940 年扩大到省立大学和独立学院，共有 41 所高校参加统一招考①。后因抗战形势紧急，交通困难，1941 年被迫中止了统一招生。抗战胜利后，因为受内战等环境的限制，全国统一招考仍无法进行。此时期各高校主要采用联合招生、委托招生、单独招生、成绩审查、保送免试等办法。1938—1940 年的统一招考制度虽然存在时间不长，而且是在民族救亡战争特定历史条件下所出现的制度，但这是中国自清末引入西方教育制度后第一次统一招考，有利于促进中学按部颁课程标准组织教学，督促中学教学目标的实现。它为 20 世纪 50 年代初中国走上统考之路积累了经验，提供了示范。

其三，招考制度发展演进的必然结果。以文化考试为主的高校招考制度的演进，存在着自身发展的内在逻辑。统一招考制度的建立，部分是受传统文化中大一统观念的影响和抗战初期统一招考的启示，部分是由于考试制度自身发展的内在逻辑要求从分散走向联合，以达到高效、公平和具有可比

① 见《教育通讯》第 3 卷第 17、21 期，1940 年 5、6 月。

性。1949 年大陆各高校遵照中央“维持现状，立即开学”的方针，实行单独招生。在单独招考的情况下，考生必须自费前往高校所在地或少数几个考点参加考试，这对许多偏远地区的考生尤其是家境清寒的考生而言是一个沉重的负担。另外，当时名牌大学经过一次或两次招考，即可招足学额，而其他许多高校虽经多次招考仍不足额。由于有的学生被多所学校同时录取等原因，各高校录取新生的报到率最高的仅达录取额的 75%，最低的只有 20%。1950 年，规定全国多数高校实行联合招生，大部分高校均一次招满足额。1951 年，进一步改变了各校自行招生所产生的混乱状态，实行各大行政区统一招生，收到了良好的效果。在此基础上，1952 年 6 月 12 日，教育部发布了《关于全国高等学校一九五二年暑期招收新生的规定》，规定指出所有高等学校实行统一招生考试。这是在总结前两年分区联考和统考经验的基础上采取的重大改革。从此，广大考生可以在本县报考各地的高校，既方便了考生，又俭省了报考的费用。而从各高校来说，节约了大量的人力、物力和财力，有利于高校在全国范围内招生择优录取，有利于提高命题水平和试卷质量，也便于以高考成绩来比较各高校的生源质量。考试是一种公平尺度，将各校招考中的具有共性的工作统一起来进行，可以体现集约化管理的规模效益，提高效率。这便是为什么后来许多国家的高校招考也出现从分散走向联合的原因所在。统一招考制度的建立，是考试发展的一种必然选择①。总体而言，从高校招考的历史演进来看，实行统一考试已成为许多国家高校招生制度发展的大趋势，只是各国的大学采用统考成绩作为招生录取的依据有所不同而已。

其四，科举考试的传统渊源。为什么统一招考制度首先会在中国而不是在其他国家出现，这有其深层的文化和传统因素。日本学者大塚丰认为，不可否认，作为统一考试典型代表的科举考试，对新中国成立之初高校统一考试制度的建立来说，至少是一个远因。在有着上千年科举传统的国家，统一考试应该是最具有中国本土性的典型。② 从考试形式以及作用影响等方面来看，高考与科举确实明显具有许多相似之处。当然，20 世纪 50 年代，科举

---

① 郑若玲、杨旭东：《高考改革：历史与现实的思考》，《厦门大学学报》2003 年第 1 期，第 108～114 页。

② 大塚丰著：《现代中国高等教育的形成》，黄福涛译，北京师范大学出版社，1998 年，第 266、356 页。

在绝大多数人的印象中还是一种落后的封建的取士制度，建立高考制度时不会有意去模仿科举，但我们却可以说高考制度的建立至少间接地受到了科举制的影响。因为传统文化是客观存在、无法选择的，不论对科举制 1 300 年中的功过得失如何评价，中国知识分子的思维和观念都或多或少留有科举文化的烙印。即使建立高考制度时没有直接考虑借鉴古代的考试形式，但科举文化作为民族传统文化的一部分已在传统文化中积淀下来，因此生活在此文化背景中的个体或群体多少都带有考试传统的“遗传因子”。中国向来是一个讲究人情与关系的国度，而考试成为制约人情泛滥的有效手段，科举时代在长期的考试实践中形成了在考试成绩面前人人平等的公平竞争观念（当然是指相对的平等），这是在等级森严的中国传统社会中难能可贵的一个闪光点。正是因为中国有着采用统一考试来选拔人才的传统，中国才会在世界上率先采用统一考试方式来选拔高校新生。因此，高考制度的建立有着深远的历史渊源和深厚的文化土壤。

以上主要以大陆高考制度的建立过程来论述统一考试的建制缘由，台湾地区原来的大学联考制度建立的原因也基本相同。从世界范围来看，当今已有许多国家和地区采用统一考试来选拔高校新生，而中国是世界上最早采用统考办法的国家。中国在世界各国各地区率先走上高校招生统考之路，是体现历史发展方向的重大改革和创举，在世界高校招生考试史上占有重要的地位。我们今天在谈论改革大学招考制度时，必须了解这一制度的来龙去脉，知道为什么会出现统一招考制度。

二、传统文化对大学招考改革的制约

统一考试自身有诸多的局限，特别是实行多年之后引发了一系列的问题，这些问题日积月累愈加显露，因此多年来两岸都尝试以其他招生方式来代替，但大陆废止统一考试的尝试都以失败而告终，推荐保送办法一再出现异化；台湾多元入学制度改革出现许多问题，并合并一度实行的申请入学方式。这都说明由于文化环境不同，在欧美一些国家行得通的大学招考办法，在两岸却不一定能够顺利推行。

两岸具有相同的文化传统和历史经验，大学入学考试制度十分相似，所遇到的问题也大体相同。影响两岸大学招考改革的传统文化因素，主要有以下几个方面。

（一）重视教育、读书至上的传统

儒家文化高度重视教育，信奉读书至上，科举时代形成的重视（甚至是过度重视）教育和考试的传统，使中国在大学招生和其他社会生活中十分倚重考试。着重以考试成绩作为大学招生的主要依据，这已成为包括中国在内的东亚地区高等教育区别于西方高等教育的一大特色。

受科举取士以考促学的推动，中国古代形成了读书重学的浓厚风气，“为父兄者，以其子与弟不学为咎；为母妻者，以其子与夫不学为辱”①。即使是农、工、商家庭子弟，家长也督促其及早向学。现今中国社会的多数父母，除非万不得已，一般都不愿让孩子失去升学机会。家长对孩子读书成长的期望值很高，希望他们成龙成凤。台湾作家黄春明曾形容台湾的年轻妈妈都是“教育狂热分子”②，大陆的年轻母亲又何尝不是如此。在子女教育方面，许多家长在督促子女学习方面往往已不切实际。现在中小学生的学习和升学压力不只来自学校，更多的是来自家长。当初中改为划片就近入学之后，小学师生的课堂教学压力已明显减轻，但许多家长却要求学校对孩子多加管教，或在晚上及休息日另找家教补习。看看我们周围的家长如何牵挂子女的学习成绩，怎么为子女进重点学校奔走努力，如何以比子女更焦虑的心情陪同前往高考考场，如何放下一切事务到校参加学校召开的家长会……大家便明白中国人积极向学的传统具有多么强大的影响！③ 即使是移居欧美国家的华人，在鼓励子女学习方面，也明显地比西方人更热切一些。

如果中国人高度甚至过度重视教育的价值观不改变，升学竞争的激烈程度就不可能降低，即使是录取率达到百分之百的时候也是如此。因为社会永远是分层的，社会职业也永远是分类的，当多数或所有适龄青年都有机会接受高等教育的时候，社会便会从重学历变为重“学校历”了。这是水涨船高的结果，也是学历社会高等教育发展的必然规律。④ 中国多数家长都不甘心让孩子读名不见经传的大学，只要有可能，总希望上更好的大学，而其深层原因便是社会生存压力的竞争。中国人讲面子、光耀门楣的心理格外强烈，

① 洪迈：《容斋随笔·四笔》卷五《饶州风俗》，吉林文史出版社，1994 年，第 532 页。

② 李慧菊：《教育：下一代会更好吗》，（台北）《远见》1992 年第 7 期。

③ 刘海峰：《科举考试的教育视角》，湖北教育出版社，1996 年，第 253 页。

④ 刘海峰：《高等教育的大众化与精英性》，《东南学术》2002 年第 2 期，第 31 页。

“及第早争先”的传统、家长不甘人后或希望子女出人头地的心理也顽强地存在，这在督促子女学习钢琴、英语、绘画、书法等方面表现得十分明显。有的台湾学者认为，美国的大学全部都实行申请入学制，能够大体堪行，放在台湾却搞得鸡飞狗跳、人仰马翻，差别除了美国“人情”观念淡薄外，恐怕就在于他们的家长自然放得开，台湾家长“放不下”①。美国人对于就读大学与否或就读名校大学与否抱持比较轻松的态度，仅少数人因升学而补习；而中国人十分看重升学，一心只想挤入名牌大学，于是造成升学渠道愈多元，补习项目愈增加的现象②。可见，在高度重视子女教育的社会文化氛围中，改变统一考试方式并不能减轻学生的负担和压力。学生学习和升学的压力主要来源于家长和社会，而不仅仅是统一考试制度。没有统一考试制度，学生的压力并不见得会减轻。

（二）依托人情、好走关系的传统

中国传统文化重视家庭和人际关系的协和，但这种亲友关系扩大之后，便形成了错综复杂的人际关系网，使人们十分看重人情和关系，有时甚至将人情凌驾于国法之上。国人办一件事情往往首先想到有没有熟人可托，希望能够托关系、走后门业已成为许多人的习惯性思维。因此可以说中国向来是一个人情社会，人情与关系在中国人的社会生活中起着十分重要的作用。

为了有效地制衡人情与关系的困扰，使人情不至于泛滥，使社会不至于无序和失衡，中国首先发明了考试制度。采用考试选才便是采用公平竞争手段。由于能破除血统论、解脱人情困扰，考试选才让所有应试者接受同样的挑战，将个人的才学和能力放在首位，因而历来被视为可以客观公正地选取优秀人才的公平尺度。早在晋代，葛洪就在《抱卜子外篇·审举》中指出考试可以杜绝“人事因缘”和“属托之冀”。从宋代以后，中国既是一个人情社会，也是一个考试社会，结果中国人逐渐将考试强调到无以复加的程度，虽带来了种种弊病，但却成为社会的减压阀，成为维护社会公平和社会稳定的重要机制。

在当代中国，凡是竞争激烈的地方仍然是人情与关系最希望介人的地方。而大学招生是教育界竞争最为激烈的一个领域，如何防止人情与关系的

① 陈柔缙：《多元人学才是怪兽中的怪兽》，（台湾）《新新闻周报》2002 年第 795 期。

② 周祝瑛：《谁作弄了台湾教改》，（台北）心理出版社，2003 年，第 192～193 页。

干扰便成为招生考试首先必须面对的问题。子女升学通常是一个家庭所面对的各种问题的重中之重，在这方面只要有托关系的可能，很少有人会不加以利用的。每到大学招生季节，许多家庭往往动员一切可以动员的力量，为自己子女的升学问题奔走联系，希望能够为其争取尽量可能理想的学校和专业。各大学单独招生、面试或采用中学成绩作为大学录取新生的依据，很容易受到人情的困扰。台湾地区的多元入学方式，其公平性屡屡遭受学生及家长的质疑，甚至有学生在问卷中哀怨地指出其“弊端丛生，不见有效改善，沦为有心及特定人士的升学快捷方式，如此不公的入学方式，应尽早结束”，“多元入学非常不公平，可以让有关系或门路的学生考上理想的学校”①。

大陆也曾多次尝试改变主要依靠考试分数决定升学的做法，如实行推荐制度或保送方式，但都因无法抵挡人情与关系的困扰而告失败或缩减。但采用教考分离的统一考试成绩，人情与关系基本上无法介入。因此，统一招考便成了在激烈的升学竞争中防止人情关系，保证大学招生质量的一种相对公平的办法。

在重人情、关系、面子的中国传统文化环境中，发展到以考试分数为主要录取依据，体现一种不以人的主观意志为转移的客观趋势。如果说考试是一种罪恶的话，那么也是“必需的罪恶”。理论上说考试不一定是最好的选才方式，大家也明明知道这种办法有诸多弊病，但实际上却找不到更好的可操作的公平竞争方式，而考试的办法至少可以防止最坏的情况出现。因为若不以考试来竞争，就很可能用权力、金钱或关系来竞争，所以说统一考试是维护公平竞争、维护竞争秩序的有效手段，是适合中国社会和国情的制度，它必须不断地加以改革，但不能废止。

（三）诚信缺失、防范作弊的传统

在两岸的大学入学改革中，许多论者或政策制定者经常不由自主地会以美国的教育和大学入学方式作为榜样。确实，美国的大学既参考申请入学者的 SAT 或 ACT 分数，同时也很看重其中学的学习成绩和表现、学生自撰申请文章、社区服务等成长记录，许多大学十分重视申请者在中学的排名以及校长的推荐信，也不时有学术能力测验分数很高的学生未被名牌大学录取的情况出现。在这种录取方式下，学生一般没有中国的“应试教育”问题，

① 国民党政策说帖：《变调的多元入学》，2002 年 5 月 20 日。

较能够注意全面发展和各种能力的提高。因此，一些人在讨论招生考试改革方案时，往往自觉或不自觉地就举出美国的例子。

可非常令人遗憾的是，美国行得通的这种录取方式在中国社会却很难照搬。其中原因除了上述高度重视教育和人情关系介入的因素以外，还有一个我们不得不面对的现实——诚信缺失问题。或许因为中国社会是一个较为早熟的社会，由于战乱频仍并不时有饥荒出现，人们的生存环境较为严酷，竞争较为激烈，诚信缺失问题自古以来就很突出。近代以来，鲁迅等许多思想家都曾对包括诚信缺失在内的一些民族劣根性作过反省和批判。这类问题其他国家和民族也不同程度存在，但不可否认中国的诚信缺失问题相当突出，当代中国社会仍然面对着诚信缺失的问题。在考试领域，作弊问题也与中国考试的历史几乎一样悠久，从未完全杜绝。

实行申请入学或其他参考中学成绩、表现及老师或校长的推荐信作为录取依据的方式，有一个基本的条件是需要较高的道德水平作为前提，否则再好的设想都会出现走样和异化。因为中学生的在校成绩多是由科任老师评定，随意性较大。即使同一年级的统考，当考试成绩与升学挂钩而竞争对象却不是局限于本校学生时，多数情况下这种考试便失真而变得虚高起来。若规定必须以同校或同班学生中的排名作为录取依据时，权力、关系、金钱等就很容易介入其中。同样，中学生的在校表现因为没有可操作的刚性评价指标，也很容易失真，而推荐信的普遍夸大现象已到了使人不太相信的地步。在美国，人们很重视个人的信誉，中学成绩和表现较少弄虚作假现象，但在中国，家长替孩子捉刀做作业，假的竞赛作品和成绩，包括台湾实行多元入学后假的志工证明等等，一般人又难以判断其真伪，这种办法便不易长久实行。

为求公平起见，即使是防止极少数人作弊，也不得不对所有的人严格防止，采取可以排除作假的方式来选拔人才，这便是中国历史上为什么考试越来越被人们倚重的原因。而且，考试中防范作弊的方法还越来越严密，并衍生出八股文这种具有一定防止作弊的标准化作文考试文体来，到后来，防止考试作弊甚至走到求才的末路上去。对这种情况，明末清初的顾炎武在《日知录》中曾感叹说是“求才之法不足而防奸之法有余”。在公平选拔同时存在刻板的竞争与全面考核却同时存在舞弊不公之间，几乎存在着非此即彼的关系。

正是人们痛恨采用弄虚作假来竞争，而考试的办法至少在形式上和程序上较为公平，造成中国人的考试崇拜心理，并形成人们信奉在分数面前人人平等的观念。当有人企图通过不正当手段进行竞争，企图破坏游戏规则时，那些理论上很好而实际上无法防止作弊的招生办法便无法持久实行了。这实在是没有办法的办法。

三、理性推进大学入学制度改革

诚然，统一招生考试对中小学教育确实产生不少负面的影响，如学生学习压力过大，智育一枝独秀，教改难以推行，近视率攀升体质下降等等，这也是为什么许多人大声疾呼要彻底改革大学招考制度的原因。这些改革建议的出发点都很好，可关键的问题是有没有可行的更好的方式来取代统考制度。如果考虑不周全，实行之后可能出现更多更大的问题。

例如，台湾从 2002 年开始实行的大学多元入学新方案，本意良善，却因移植美国的制度未考虑文化背景差异而导致弊端丛出，因而主张恢复大学联考之声音一再出现。“多元入学方案的创立，就是为了解除联考带来的桎梏，如今压力不减反增……曾几何时，我们眼中的魑魅魍魉——联考，竟然成了这一代青少年怀念的旧时物……超过七成的民众赞成恢复联考，怀念的不是伴随而来的压力，而是行之多年、制度化、明确又较能取信大众的选才方式，能够减轻家长的经济负担、缩短学生的痛苦期，更让社会中下阶层有公平的立基，借由联考改变原有的弱势。联考与多元入学方案，孰优孰劣已显而易见。”①有台湾论者认为，联考固为“怪兽”，但多元入学更是“怪兽中的怪兽”，两害相权，许多人觉得无奈，才宁愿回到从前②。而实际上，多元入学也并不是完全不用考试，多数人还是需要经过大学入学考试中心统一命题的学科能力测试和指定科目的考试。2003 年台湾的大学招生，虽也实行多元入学新方案，但无论是推荐甄选、申请入学，还是考试入学，三种途径的招考都已朝统一简化方向回归许多，而且 2004 年仍然继续这一回归趋势。

我们应该认识到，高考并非万恶之源，而是各种教育及社会矛盾的集合

---

① 国民党政策说帖：《变调的多元入学》，2002 年 5 月 20 日。

② 陈柔缙：《多元入学才是怪兽中的怪兽》，(台湾)《新新闻周报》2002 年第 795 期。

点。没有高考，这些矛盾和问题多数还照样存在，只是表现形式不同而已。不要以为只要废止了统一招生考试制度，许多教育问题就可以迎刃而解。有的论者认为高考压抑了创造才能，并将高考制度与诺贝尔奖联系起来，说中国之所以至今还没能得到诺贝尔奖，就是因为实行高考制度导致中国人缺乏创新能力①。取消统考制度，实行课程改革之后，中华民族的创新精神就必然会像火山一样爆发出来，那时，一切关于诺贝尔奖离中华民族有多远的言谈就会自然消失②。然而，实际上问题并没有那么简单。

将中国人在本土未获得诺贝尔奖归咎于高考固然简单省事，但解决不了创新人才的培养问题。与其说当今中国创新性人才的缺乏是由于学校的考试制度、高考的影响，毋宁说这是教学制度、学术管理以及其他非教育因素综合作用的结果③。在统一考试制度之下，求异思维是会受到一定的影响。但同时也应该看到，高考将优秀人才选拔出来，输送到高水平的大学进行高等教育，为他们进行创造性的研究提供了途径，这是科研创新的必要条件。中国至今没有获得诺贝尔奖原因很多，其中最重要的原因之一是原有的研究水平较低、基础太差，长期以来，中国在多数领域落后于发达国家十几年甚至几十年的情况下，企望做出世界领先水平的原创性成果是不现实的。这就像希望在中国落后的乡村产生出全国领先水平的物理和化学科研成果一样。没有处于学科的前沿和高水平的科研平台是很难做出世界领先水平的创新成果的。存在激烈的考试竞争不见得就没有可能获得诺贝尔奖。众所周知，日本的升学考试竞争激烈，向来有“考试地狱”之称，但近年来日本接二连三获得诺贝尔奖的人都是在“应试教育”体制下成长的。如果将中国大陆 1977 年至 1997 年的教育都归结为“应试教育”的话，我可以大胆预言：将来中国大陆培养的第一个科学方面的诺贝尔奖获得者，很可能就是在所谓“应试教育的轨道”上考上大学者。没有公平合理的升学考试制度将优秀人才选拔出来，没有高考制度，中国人离诺贝尔奖也许会更遥远。

理想的招生考试制度，是使所有的高校挑选最合适的生源，使所有的学生选择最合适的高校，体现双向选择原则的制度。但考虑现实中国的国情，

---

① 郑晓江：《又是质疑高考时》，《粤海风》2002 年第 5 期，第 40～42 页。

② 冯增俊：《全国统一考试与中华民族的创新精神》，《华东师范大学学报》（教育科学版）2001 年第 4 期，第 26～31 页。

③ 张亚群：《理性认识高考的负面影响》，《粤海风》2003 年第 2 期，第 37～41 页。

不可能很快建立理想的招生考试制度。教育决策要和文化背景相结合，大学招考改革应充分考虑文化因素的制约，才能使改革不致引发更大的社会和教育问题。不全面考虑文化国情全盘移植外国的大学入学制度，可能会因水土不服而难乎为继。由于高考改革相当敏感且影响重大，一方面，决策者应有“因时制宜”的强烈的改革意识；另一方面又必须保持循序渐进的平稳心态，对其中任何一项改革，都应进行充分论证和小范围试点，证明可行后方可全面铺开。① 只有在充分考虑包括传统文化在内的各种制约因素之后，理性地稳步推进招生考试制度改革，才能逐步建立起以全国普通高校招生统一考试为主，与多元化考试评价和多样化选拔录取相结合，政府宏观指导、调控，高校自主招生、自我约束，社会有效监督的高校招生考试制度。

（原载《高等教育研究》2004 年第 2 期）

① 郑若玲：《高考改革应循序渐进》，《粤海风》2001 年第 6 期，第 59～60 页。

高考并非万恶之源

不研究高考的人往往是高考改革的激进派，研究高考的人往往是高考改革的稳健派。

高考是一个高利害、高风险的考试，也是一个长期受到高度关注的焦点话题。高考还是一个谁都可以说上两句的话题。又因为其利弊都十分显著，人们从不同的立场、不同的角度论说高考，往往会得出不同的看法。但是，对高考这样一个影响重大的国家考试制度，不能只凭一腔热情和激愤，还需要冷静和理性，否则所发言论就可能变得情绪化。抓住高考的弊端，对高考大加批判，要求废除高考，出发点虽不坏，也可以警醒社会，但无法解决问题。

由于高考改革十分复杂，若不是在认真研究或全面思考的基础上，所言便可能脱离实际。典型的例子，如关于高考并非计划经济的产物的问题，十年前在教育学界早已辨析清楚，但最近还不时有一些论者说“高考是计划经济的最后一个堡垒”，既然中国已走向市场经济，就应该废除统一高考。他们不清楚日本、韩国、台湾地区甚至美国等实行市场经济的国家和地区早都在采用统一考试，只是统考分数在录取时权重不同而已。而过去实行计划经济的苏联，却从未实行统一高考，倒是在实行市场经济之后的俄国，最近几年也走上了统一高考的道路。统一考试方式越来越为许多国家所采用，主要是因为它具有公平、高效、经济和具有可比性的优点。

又如，提出高考以水平考试代替选拔性考试，也是一厢情愿的善良愿望。在高等教育扩招的背景下，社会大众最希望扩招的是名牌大学。社会永远是分层的，社会职业也永远是分类的，当多数或所有适龄青年都有机会接受高等教育的时候，社会便可能从重“学历”变为重“学校历”了。这是水涨船高的结果，也是学历社会高等教育发展的必然规律。比如新中国成立初期高小毕业生在一些地方可能当干部，现在连本科毕业生都不易就业。当大家都能进重点大学读书时，也就无所谓重点大学了。物以稀为贵，名牌大学永远是一种社会稀缺资源。社会的自组织规律迟早会起作用，高等学校自身和社会大众总是会区分出大学的层次来，这就像现在大学中教授遍地都是的情况下，实际上又以终身教授、特聘教授、重要岗位津贴的等第将教授再分出三六九等来一样。即使顶尖大学培养的人才有所增加，但终究有限。既然多数学生都希望就读名牌大学，这些大学的招考就一定是具有竞争性的，尽管你可以称申请美国大学的托福考试或 SAT 是水平性考试，但只有高分才能进好的大学或获得奖学金，实际上也一样具有选拔性质。

既公平客观又不诱导片面应试，这是人才选拔中的一个千古难题。早在北宋时期，就已发生过科举存废之争，一些人主张废科举以革除应试的弊端，甚至曾采用直接从学校取士以代替科举的办法，结果出现免试入学者多为当官子弟的现象。为此，苏轼力主坚持以考试取士的办法，认为尽管科举有不少局限和弊端，但“立法取士，不过如是”。

古往今来的实践一再证明，实行考试制度有其弊病，但废止考试制度必将造成更大的祸害。理论上说考试不一定是最好的选才方式，实际上却找不到更好的可操作的公平竞争方式，而考试的办法至少可以防止最坏的情况出现。

两利相权取其重，两害相权取其轻。统一高考确有诸多的局限和弊端，特别是实行多年之后引发了一系列的问题，这些问题日积月累愈加显露，因此多年来两岸都尝试以其他招生方式来代替，但大陆废止统一考试的尝试都以失败而告终，推荐保送办法一再出现异化，台湾多元入学制度改革出现许多问题，且合并一度实行的申请入学方式，皆说明由于文化环境不同，在欧美一些国家行得通的大学招考办法，在两岸却不一定能够顺利推行。

现在一谈到高考制度，很多人总是强调高考制度存在的诸多弊端。的确，这种高考制度导致应试教育的问题确实很大，但也不要把高考说得一无是处。现在的高考除了具有为高校选拔合适人才、以考促学等教育功能之外，还具有维护社会公平、维护社会稳定、促进社会流动等社会功能。恢复高考 29 年来，高考在促进中学生努力学习、提高民族文化水平、维护社会稳定等方面起了巨大的作用。通过高考的公平竞争，为高等学校选拔了千百万合格的学生，经过培养教育，许多人已成为各行各业的骨干力量。我国近二十余年来的经济腾飞与高考制度的恢复和不断改革密不可分。统一高考是适合中国社会和国情的制度，它必须不断地加以改革，但不宜废止。

试问“将高考送进坟墓”之后，中国的大学要用什么行之有效的方法来选拔新生?《高考殇》的作者没有回答，相信也很难有灵丹妙药。美国式的招考办法固然很好，但在中国不可行。而理论正确的不一定是可行的，只有实际可行的才是有效的。

在当代中国，凡是竞争激烈的地方几乎都是人情与关系最想介入的地方。而大学招生是教育界竞争最为激烈的一个领域，如何防止人情与关系的干扰便成为招生考试首先必须面对的问题。子女升学通常是一个家庭所面对的各种问题的重中之重，在这方面只要有托关系的可能，很少有人不加以利用。每到大学招生季节，许多家庭往往动员一切可以动员的力量，为自己子女的升学问题四处奔波联系，希望能够为其争取尽量可能理想的学校和专业。各大学单独招生、面试或采用中学成绩作为大学录取新生的依据，很容易受到人情的困扰。

过去我们也曾多次尝试改变主要依靠考试分数决定升学的做法，如实行推荐制度或保送方式，但都因无法抵挡人情与关系的困扰、无法有效防范弄虚作假而告失败或缩减。而采用教考分离的统一考试成绩，人情与关系基本上无法介入，因此为了防止在激烈的升学竞争中人情关系的介入，避免因诚信缺失造成弄虚作假的弊端，保证大学招生的质量，用一种相对公平的办法来选拔录取大学新生，不得不采用统一考试的方式来排除人情的困扰。

因此，在一定意义上说，是许多想走后门和弄虚作假的成年人，逼得我们的少年儿童只好在高考的重压下学习和生活，是大人的“过”要小孩去受。

要解决或减少高考竞争所带来的消极影响，只有不断改革高考的内容和形式，但不应企望取消高考制度。要想再回头去找推荐举送制度的办法，在现实中必然会出现比高考制度更多、更严重的弊病。高校招生考试中存在着一系列的两难问题，公平选才与全面考核之间往往难以兼顾，在以分取人与舞弊不公这对矛盾之间，人们往往宁愿公平竞争而接受艰苦的考试，而不愿接受理论上全面考核实际上容易为特权把持的推荐。在有关高考存废问题的争论中，有一个值得注意的现象，即许多主张彻底改革高考制度或主张废止高考的人，往往只看到高考的消极面，却很少考虑到废止高考后的替代办法是否会出现比实行高考更大的弊端，有的人激烈反对标准化考试，甚至提出语文高考就专考一篇作文以便真实地考查学生的语文水平，他们忘了以往对作文这类主观题的评分误差很难控制曾进行激烈抨击，指出误差十几分是

“草菅人命”。

高校招生考试是一个世界性的难题，其中问题很多，改革难度也很大，不存在十全十美或两全其美的招考办法。1998 年 1 月，在厦门大学举行的“两岸大学教育学术研讨会”上，台湾与大陆学者皆感到大学招生考试是中国教育改革的一个关节点，甚至认为如果谁能解决中国的大学招生考试中的一系列难题，应该得到教育的“诺贝尔奖”。

历史往往会出现惊人的相似。当今一些人对高考的看法很类似于 1966 年人们对高考的看法。“文革”前夕，很多人确实觉得高考应该废除——许多高中生在废除高考后也真正觉得相当喜悦轻松。可是，随着时间的推移，痛定思痛，人们终于觉悟，其实中国社会还是离不开高考。竞争性考试就是这么奇怪，在竞争十分激烈的情况下，会产生许多应试的弊端，当你身处其中时，会感到巨大的竞争压力，巴不得解脱出来。可是当你挣脱考试的锁链以后，往往会发现连同公平竞争的机会一同失去了。当陷入无序的恶性竞争环境之后，你又会变得很怀念过去那么痛恨的考试制度了，“文革”前后“老三届”中学生对高考的看法转变便是这样。

总之，高考并非万恶之源，而是各种教育及社会矛盾的集合点。没有高考，这些矛盾和问题多数还照样存在，只是表现形式不同而已。高考的竞争、受高等教育机会的竞争归根到底是社会地位的竞争。高考竞争加剧，实际上是当今越来越激烈的社会竞争在教育和考试上的反映。不要以为只要废止了高考制度，许多教育问题就可以迎刃而解。若不以考试这种具有刚性标准的办法来竞争，就很可能用权力、金钱或关系来竞争。那么，应试的弊端解决了，其他恶性竞争又随之泛滥起来。因此，我认为，如果高度重视甚至过度重视教育的文化传统没有改变，如果重人情与关系的社会氛围没有改变，如果诚信体系没有建立起来，即使“将高考送进坟墓”，不久后也还得将它重新请出来。

（原载《北京文学》2006 年第 1 期）

二、坚持统一高考

传统文化与高校招生考试改革

近年来，随着中国高等教育研究的不断深入，在着重探讨经济、政治与高教关系的同时，部分学者也将研究视角投向文化与高等教育的关系层面。中国当代高等教育既不仅仅是经济形态的产物，又无法仅用政治体制的制约这一点来解释，还应探寻较为深隐的传统文化因素。当我们进行高等教育改革时，不可只从经济或政治角度出发，而应顾及传统文化的深层影响。

传统文化在两千多年以来，已融入中国人的思想意识和行为规范里，积淀为一种遗传基因，成为民族心理的一部分。我们每个人都在一定的传统文化中生活、成长。我们既不能脱离传统，也无法自由地选择传统，不管我们是否喜欢，传统文化都存在于我们的现实生活中，而且无论是精华或糟粕，都在起作用，想要全面否定和彻底抛弃传统文化，既不足取，也不可能。中国传统文化造就了我们民族生存的社会文化环境和氛围。我们在继承传统文化的同时可以有所改造、有所革新，但文化的变迁是缓慢的、渐进的，甚至是保守的，一些旧传统不可能在短时间内被改造而脱胎换骨。我们可以看到或预见到，符合民族传统文化和中国国情的改革较易推行并取得成功，而与传统文化特别是与中国国情不相适应的改革则往往行不通。因此，我们在进行各种改革，包括高校招生考试改革时就应考虑到中国的传统文化。以下仅对与传统文化有关的高校统一招生考试及“宽进严出”两个问题加以论述。

一、关于高校统一招生考试的改革

高等学校招生考试处于普通教育与高等教育的衔接点上，历来是整个教育改革的重要环节，也是整个教育界乃至全社会关注的一个焦点。近年来，随着市场经济的发展，不少论者以为全国统一高考是计划经济的模式，限制了高校的办学自主权，为了将市场机制引入高考，应该打破全国统考统招的现状，改为各校自主招生考试，或者主张以高中会考成绩和在校表现等综合因素作为高校招生录取的依据，以便克服千军万马争过高考独木桥、片面追求高考升学率的弊端。实际上，这是不符合中国国情的，也是未考虑中国传统文化制约因素的主张。若真的推行，其弊端将超过全国高校统一招生考试。

中国传统文化重视家庭和人际关系的和谐。这对中国人的社会行为有相当深远的影响。传统文化以家庭为本位和重视五伦关系，是一种具有“社会取向”和“集体主义”的价值观念和行为，这当然有其长处。但另一方面，它又使得中国传统的家庭和亲友关系可以无限膨胀，形成纵横交错的社会关系网，使人们信服人情高于一切，人际关系决定一切。因此，托关系、走后门的裙带风盛行不衰，许多人往往会不由自主地陷入“人情困境”之中①。高校招生考试要做到公平、公正、公开，关键在于排除人情的困扰和权力的介入，而要达到这一点，最好的办法还是实行统一考试。在这方面，以往已有很多的教训。且不说“文革”后期实行推荐上大学出现的弊端，就是现在的研究生入学考试也充分说明了采用统一考试的必要性。本来硕士生招考五门科目，政治、外语两门为全国统考，原本的用意是作为水平考试，另外三门专业科目是考查考生的专业知识和能力，具有选拔考试的用意。实施的结果是，各校单独组织命题的专业课考试多数考生都能取得及格或优良成绩，很难起到选拔性考试的作用，而具有水平考试性质的政治和外语两科却不由自主地变为关键性的科目，不对此划线就难以掌握复试人数，外语和政治几乎成了选拔性考试科目。这种状况的出现，一方面有中央宏观调控的原因，另一方面是因为各校各专业单独命题、单独评卷，较难做到保密和公平。实行市场经济体制以后，国家教委将起初由各校单独命题的考试一度改为由全国统一测试，实在耐人寻味。

与我们具有相同传统文化背景的台湾地区，从 1954 年以来，也实行大学联合招生考试。这种统招统考的办法，虽然难免导致片面追求升学率等弊端，并且在 1984 年进行过一次全面的改进，但直至现在统一考试的格局还是没有改变。台湾的大学联考制度既受中国大一统观念的影响，又受在实行科举制的 1 300 年间所形成的公平竞争观念的推动。中国古代社会独特的社会结构是家庭宗法制，家长统治、任人唯亲、帮派活动、裙带关系等皆为家

① 黄光国：《人情与面子：中国人的权力游戏》，见张文达、高质慧编：《台湾学者论中国文化》，黑龙江教育出版社，1989 年，第 173～195 页。

庭宗法制的派生物。此传统文化的糟粕部分影响到现代台湾社会便是人际关系的错综复杂和特权盛行。台湾大学联考存在的首要价值是其公平性，可以排除人情关系对大学选才的干扰。社会大众对大学入学方式关注最多的就是公正公平。因此，尽管一些教育行政部门和部分专家力图改变统一考试方式，最后还是将大学联考维持了下来①。

据台湾《教育资料文摘》记载：1992 年初，台北市教育局决定在 1992 年 9 月开始提前全面实施中学生自愿就学方案，以就近入学代替高中联合招生考试，台湾教育主管部门也表示“乐观其成”，结果却掀起轩然大波。许多专家学者旗帜鲜明地表示反对。台湾“救救下一代行动联盟”、大学教育改革促进会等多家团体联合声明表示反对提前实施此方案。在对大学教师、教育行政人员、中学教师、学生家长以及学生进行的问卷调查显示，有 55% 的受访者仍然不愿废除高中联考。尽管实行此方案可舒缓升学压力、促进教学正常化，但有 57%的人认为以初中的成绩决定升学，教师给定的成绩会影响升学机会，会造成家长送礼及人情、特权介入等现象。其他民意调查也显示有七成以上的受访者认为“自愿就学方案”会使教师权力过大，无法真正做到公平。最后台北市教育局只好取消全面试办方案。这说明无论是高中联考还是大学联考，各界人士都很看重考试的公平性。

在人际关系错综复杂的中国社会，为了能够客观地选拔人才，历史上从隋唐至明清都是实行统一的科举考试。科举制的长期实施，形成了注重统一考试的传统。废科举后，清末、民国时期，各高校一般独自招考学生。20 世纪 50 年代初期，大陆和台湾的高校不约而同地走上统一考试的轨道，既能减少各校分别命题的麻烦，节省人力物力，又可排除人情困扰，收公平竞争之效，故受到社会各界的普遍欢迎。大陆和台湾政治制度迥异，经济发展程度也不一样，为什么却殊途同归，形成基本相同的高校招生考试制度呢？究其原因，主要还是受传统文化因素的制约。而且，受中国传统文化影响，同属儒家文化圈的新加坡、韩国、朝鲜、日本等国的高校入学考试形式也与中国类似。因此，统一考试并非计划经济体制的产物，我们不能因噎废食，为改革而改革。如果没有周密的配套措施，不顾传统文化的制约，贸然将高校统考改为各校单考，所引发的弊端将远远超过统一考试的局限，而且最后还必将回到统考的老路上来。

---

① 刘海峰：《变革中的台湾大学联考制度》，《中国高校招生》1993 年第 1～3 期。

二、高校“宽进严出”论辨析

与改革统一招生考试密切相关的是有些高校实行“宽进严出”的办法。持这种观点的人认为，高等学校要尽量向适龄青年开放，不要以“一考定终身”。要改革统一考试模式，扩大高校招生自主权，让更多的青年入学。在校期间学校教师严格要求，用高淘汰率来保证毕业生的质量。一个时期以来，主张高校“宽进严出”的论者还着实不少。然而，面对现实和中国国情，笔者认为，高校“宽进严出”是很难实行的。勉强推行“宽进”，很可能导致“宽出”，其后果是教育质量的严重下降。而其主要根源也可以归结到中国传统文化的影响。

中国传统文化的核心精神是“和”。“和”即追求和谐的中和主义。“和”的人生观，表现在古人以中庸为准则的处世哲学上。中庸的本义是要求人们在处理问题的过程中，注意避免“过”或“不及”两个偏向，以便保持各种矛盾和关系的和谐统一①。古代“和”的人生观一方面使中国人注重个人品格修养，待人接物讲究礼节，养成了谦和善良、温柔敦厚的品格。另一方面，中庸之道却由争取积极的“和”，异化为追求消极庸俗的“同”，“与人方便，自己方便”、“人情留一线，久后好相见”一类世故的庸人哲学也因此盛行。古代社会流传极广的《增广贤文》一再提倡“得饶人处且饶人”的格言，极力劝导人们尽量不要与他人过不去。在这种传统观念的影响下，能够坚持在教学过程的各个环节铁面无私严格把关的教师为数并不多。这便是为什么不少学生的许多课程成绩都恰好是60分的原因。即使有些学生离及格线还差得较远，面对学生的求情，有些教师也会萌发恻隐之心，在补考时让其过关，除非实在是差到离谱的程度，多数补考者总有办法补考合格。

难以做到“宽进严出”的另一原因是受对大学生身份的传统看法的影响。历史上，中国是一个官本位的国家。在官本位的体制中，士为四民之首，所有职位都有官品区别。与此相应，中国古代将进官立高校学习视为入仕的预备阶段，学生具有“准官员”的身份和地位，不仅可以免去赋役负担，免交学费，而且可享受政府供给的免费食宿待遇②。20世纪80年代以

---

① 郑师渠编著：《中国传统文化漫谈》，北京师范大学出版社，1991年，第24～25页。

② 刘海峰：《传统文化与中国古代高等教育的特点》，《机械工业高教研究》1994年第4期，第6～11页。

前，中学生一旦考上大学便等于端上了铁饭碗，成为国家干部的预备力量。农村学生考上大学等于拿到了城市户口，跳出了“农门”。这样，大学毕业与未能毕业两种选择之间的差别太大，因严格要求而导致学生退学将严重影响学生的前途，于是，一些教师自然会手下留情。在实行收费上大学的招生改革后，许多教师体恤学生求学的艰辛，更不忍让学生中途辍学。要真正做到“宽进严出”谈何容易！

还有一个导致高校“宽进严出”难以实现的原因便是中国人的面子观念。中国人向来好面子。林语堂曾说：面子、命运和人情是支配中国人社会生活的三位女神①。在多数人眼中，进了高校却因学习成绩差而无法毕业是一件丢面子的事情，不仅自己没面子，就连自己的父母家人也脸上无光。看看各个高校，有多少学生是因为学习成绩不合格而退学的。少量的退学者基本上是因为违反了纪律或身体原因，而不是因为学习成绩不合格。在 20 世纪 80 年代后期不少高校推行的中期选拔或中期淘汰制，曾作为一项重要的高等教育改革措施加以宣传，然而因中期淘汰制与中国传统文化中的讲人情、重面子观念相冲突，真正能从本科淘汰下来按专科毕业的寥寥无几，这项改革最后只能流于形式或无疾而终。

与此类似的是研究生的中期分流制。一些大学曾规定特别优秀的二年级硕士生可提前攻读博士生或推荐免试攻读博士学位，学位课程成绩不合格或研究能力较差者则提前按研究生班毕业，其他则进入硕士学位论文阶段。实行多年之后，分流实际上只体现了提前“攻博”和进入论文阶段的区分，而分流机制渐渐地名存实亡。特别是在取消研究生班毕业这一层次，规定读完两年课程离校者只能按研究结业或肄业以后，中期分流就更是形同虚设了。以厦门大学为例，厦门大学从 1989 年开始实行研究生中期分流制，起初还有一定的效用。1989 年分流出去 4 名，其中包括 1 名博士生；1990 年分流 6 名；1991 年分流 5 名。此后因阻力越来越大，从 1992 年至 1995 年，除了 1 名因考试作弊违纪被分流以外，4 年中没有一个被分流出去的，成绩较差或科研能力较弱的最多只给“筛选警告”。导致中期分流走过场的原因还是前述的讲人情、重面子的社会行为和观念。这就难怪多年来研究生素质不见得逐年上升，而分流离校的人数却逐年下降了。

传统文化对高等教育的作用虽然是隐蔽的、潜在的，但又是持久的、深

① 林语堂：《中国人》，学林出版社，1994 年，第 199 页。

刻的①。传统文化对高等教育的改革与发展具有促进或阻碍作用。当高等教育改革与传统文化相一致，至少不相抵触时，传统文化就会成为一种促进力量，推动高等教育改革的顺利进行；反之，当高等教育改革与传统文化相冲突时，传统文化就会成为一股强劲的阻力，阻碍着高等教育改革的进程，或者使高等教育改革偏离预定的目标。中国传统文化无论是精华或糟粕都对现实生活起着一定的作用，在重人情、面子和关系的传统文化氛围中，是不宜改全国高校统一招生考试为各校单独招考的，也是难以做到“宽进严出”的。在传统文化未见根本变革的情况下，各校单独招考必将增加权力干预、金钱贿买的现象和高校“低门槛入，低门槛出”。只有当中国传统文化不再像过去和现在这样重人情、面子和关系的时候，只有当社会风气出现明显好转的时候，才能减少以统一考试分数作为高校录取依据的权重，才能真正做到“宽进严出”，才能保证高等教育的水平和质量。

（原载《上海高教研究》1995 年第 3 期）

① 参阅潘懋元、朱国仁：《高等教育的基本功能：文化选择与创造》，《高等教育研究》1995 年第 1 期，第 1～9 页。

再论传统文化与高考改革

考试是一把双刃剑，尤其是大规模选拔性统一考试，其利弊得失都十分显著。因此，自从中国人发明考试制度以来，有关考试的争论历来不断。现行全国普通高校统一招生考试制度关系到千家万户以及地方、学校等各方面的利益，其改革牵涉面广，不仅对高等教育而且对中等教育乃至整个教育系统都有重大影响，而其影响又是复杂而多方面的，因此，人们很容易见仁见智，产生歧义的观点。

1995 年 3 月，笔者在汕头大学召开的全国高等教育学研究会第三次学术研讨会上，提交了论文《传统文化与高校招生考试改革》并做了大会发言，引起了一定的反响与共鸣。随后《上海高教研究》于 1995 年第 3 期发表了该文。限于版面，原稿经编辑部作了部分删节。《上海高教研究》1995 年第 5 期刊出唐安国同志的《改革是向传统文化的挑战——与刘海峰同志商榷》(以下简称唐文）一文，对笔者前文有关坚持统一招考和不宜实行“宽进严出”的观点提出了异议。细读之后，觉得还有进一步讨论的必要。这里先就传统文化与高考改革问题再陈管见，以就教于高教学界的同仁，并回答唐先生的商榷。

一、传统文化的两重性

中国传统文化具有明显的两重性，它既有一些精彩的要素和闪光的方面，又有不少落后成分和消极因素。传统文化的优点和缺点、正面和负面常杂糅在一起，难分难解。我们在传统文化中既可以从汉唐勇于吸收外来文化的历史上找出健全自信的开放品格和文化特性，又可以从清初闭关锁国的史实中找出明显的封闭性和排他性；传统文化既有革新进取的一面，也有保守固执的一面；既重视家庭和人际的和谐，又常使人不得不面对人情的困扰等等。传统文化是一笔巨大的精神财富，也是一个不小的文化包袱，它的某些方面可能促进我们民族的振兴腾飞，某些方面也有可能阻碍社会的前进发展。

文化的变迁一般是缓慢的、艰难的，对传统文化加以创新、改造并非是一朝一夕的事。如过去我们提倡“破四旧”，但今天一些封建迷信之类的落后习俗仍然在社会生活中时常可见。传统文化中的积极方面应加以弘扬，而对其消极方面则需作长期的、艰巨的斗争，而且往往需要靠法律、靠制度化的手段来克服传统文化中的落后因素。

笔者在《传统文化与高校招生考试改革》一文中，强调了与招生考试有关的传统文化中重人情、面子和关系的一面；同时也提到了台湾大学联考制度既受中国大一统观念的促成，又受在实行科举制的1 300年间所形成的公平竞争观念的推动。科举制的长期实行，在中国形成了注重统一考试的传统；中国传统文化无论是精华或糟粕都对现实生活起一定的作用。多数读过笔者前文的人，应该不至于像唐文那样以为笔者的归纳是“重人情、面子和关系这一类传统文化氛围能促进高等教育改革”，而会明白笔者的主旨是讲改革要考虑到传统文化各方面的制约因素。这里要补充说明的是，科举时代在考试实践中形成了在考试成绩面前人人平等的公平竞争观念（当然是相对的平等），是在等级森严的中国封建社会中难能可贵的一个闪光的要素，也是传统文化中值得我们批判继承的一个方面。统一高考正是继承了传统文化中的公平竞争观念，在选拔人才时从制度上防止人情关系、裙带关系的大量出现，防止走后门的现象随意发生。

在目前高等教育还未进入大众化的发展阶段和社会风气并不太好的情况下，改掉统一高考看来确是对公平竞争传统的挑战，而非对重人情与关系的传统的挑战。这种“改革”恰恰是迎合了传统文化中人情泛滥这一糟粕部分，使金钱与权力更加方便地进入高校招生环节，加剧社会的不公，使高考这块现今难得的一方“净土”也消失于无形中。即使提出“改革”者的初衷是美好的、理想化的，但实行之后很容易偏离预定的目标。

二、统一高考的由来

讨论现行高考改革问题，首先必须真正了解统一高考的由来。唐文说：“人所共知，大陆统一考制是模仿苏联的结果，带有一点‘洋’味，而台湾地区的大学联合招生与大陆的统一考试并不相同，相当一部分私立大学（60%以上）仍然各自招生。即使纳入联招的大学，也都是学校与学校之间的协调行为，并非完全由政府强制。”这里，唐文搞错了两个基本的事实。

其一，大陆的统一高考并非是模仿苏联的产物，而是带有中国味或中国特色。不能想当然地以为有什么样的政治经济制度就有什么样的考试制度。一直实行计划经济的苏联从来没有实行过统一高考。十月革命后，苏联取消了俄国原有的大学入学考试，高中没有毕业的工农干部也可推荐入学。20世纪30年代以后，为保证高校学生的质量，开始恢复了各高校单独招生考试的制度，由于大批高中毕业生涌向大学窄门，为应对升学难的问题，补习家教十分普遍，大学办的考试讲座班也很多，走后门入学、行贿受贿事件时有发生。为了保持区分度，一些名牌大学的入学试题经常越出正常的教学大纲范围。各大学录取新生时，一般实行大学入学考试总分加中学毕业平均分的方式决定录取。然而，由于没有相应有效的制度来约束中学考试和操行评定，中学生考试成绩和评语虚报掺假的情况屡见不鲜。① 50年代初，中国学习苏联的教育制度，却在大学入学考试方面发展出独具特色的统一高考，其原因恐怕还应部分归因于传统文化的潜在作用。

其二，唐文认为台湾60%以上的私立大学仍然各自招生，用大陆与台湾具有相同的传统文化来概括两岸形成相同（笔者前文为“基本相同”）的高校招考制度“似乎太简单了”。可是，笔者不知唐文所指的60%以上未参加大学联考的是哪些私立大学。能否具体举出几所？据笔者所知，从1956年起所有台湾公私立大学都参加联合招考，台湾“大学入学考试中心”1992年公布的《大学多元入学方案》中明确说至1991年所有的47所大学和独立学院均参加联招。我们只要翻阅一下历年台湾大学联考各校系的最低录取分数表，就可看出各私立大学和学院参加联考的各科系具体最低录取总分和最低原始总分。台湾各大学为什么会走上联考之路？曾经在大陆和台湾从事教育及联考工作多年的原台湾师范大学教务长宗东亮教授曾指出：从1954年起，台湾教育主管部门鉴于各校单独招考，考生须参加多次考试，费用负担甚重，精神压力也大，且以往大陆大学联招的绩效显著，为省时省事，节省人力物力计，乃有举办联招之议。“试办之后，社会上各界的反应都很好。在此之前，私立大学多自行招生，各校遭遇人情困扰很大，许多有钱有势的人，无不想尽办法不由正道将子女送入大学，搞得社会风气太坏。”因为联

① 贾非：《各国大学入学考试制度比较研究》，辽宁教育出版社，1990年，第182～191页。

合招考效果很好，于是从 1956 年起，台湾教育主管部门强制规定所有的公、私立大专院校都参加联招。如此一来，官宦和富家子弟不通过联考便无法进入大学①。台湾与大陆一个是实行资本主义制度，一个是实行社会主义制度，经济发展水平也不一样，为什么会在世界各国各地区中形成最为相似或基本相同的高校招生考试制度？如果说主要用具有相同的传统文化来分析是“太简单”，笔者倒很愿意听听更为复杂详实的解释。

唐文又说，废除科举制以后的四五十年间，中国的大学不论是公立还是私立“都实行自主单独招生，也没听说此举伤害了中国老百姓追求公平、公正的心理，也没听说这些大学因为招生中的营私舞弊而招致国人唾骂关门了事的”。唐文还追问笔者，“回避了这一段重要事实，是什么原因呢?”对此，我们有必要弄清楚一点，并不是科举废除后的四五十年间所有高校都一直自主单独招生，而是有部分高校曾经实行过联合招考。笔者也未回避清末、民国时期各高校主要实行独自招考的史实，限于篇幅，只是点了一句“废科举后，清末、民国时期，各高校一般独自招考学生”。所谓“一般”，便是也有例外，笔者是了解到 1949 年以前有些高校实行过联考才使用“一般”之词的。抗日战争爆发后，国统区实行战时教育方针，并在 1938 年 7 月由国民政府教育部颁布《国立各院校统一招生办法大纲》、《国立各院校统一招生命题及评分标准的规定》，1940 年又设立了公立各院校统一招生委员会②。抗战胜利后，政府允许各高校采用联合招生、单独招生或委托招生等招考形式，但提倡尽量采用联合招生方式，设法减少单独招生的高校，并要求确需单独招生时应为便利学生起见，于尽可能范围内多设招生分处。这样，抗战胜利后仍有一些高校实行联合招考办法。

不过，清末、民国时期的多数时间内，各高校还是采用独自招考的办法，因此，笔者前文才说“各高校一般独自招考学生”。然而，人们是否都像唐文那样“没听说”各高校独自招考伤害中国老百姓追求公平、公正的心理，“没听说”有何高校因为招生中的营私舞弊而招致国人唾骂甚至关门了事的？前引宗东亮教授之语实际上便有指陈私立大学自行招生引致舞弊不公的内容。1931 年，黄炎培便说：“中国一部学制史，最早是贵族教育。——国学就是国子学。——科举倒是贵族和平民两种教育过渡时代的制度。科举

① 宗东亮：《翻开一页联考沧桑史》，《教育资料文摘》1989 年 3 月号。

② 见《教育通讯》第 3 卷第 17、20 期，1940 年 5 月。

罢斥，当然完全是平民教育了。可是这二十余年来，学校的设置，既偏于都市；学费的征取，更足使中等以下社会人家，无力送他的子女就学……等到后来科举废、学校兴，总不免带多少贵族教育的意味。”① 此类言论不必详举。清末、民国时期的高校，除抗战时期以外，多数时间内收费较高，家境清寒的子弟很难就读多数高校的多数专业，其平民性远不如实行统一高考后的大陆和实行联考后的台湾地区的高校。

至于清末、民国时期因为招生中营私舞弊、独自招考宽进宽出而招人唾骂的高校还实在不少，关门了事的也不在少数。对这类高校的唾骂之声可以说不绝于耳，雅则称为“学店”、“文凭工厂”，俗则称为“野鸡大学”，其招生质量远未达到应有的标准。以下仅举一例。民国初年，北洋政府《教育部咨广东民政长私立广东、粤东、岭南、国民、宏治各法校均难准予立案文》说：“查有私立广东法政专门学校，内分预科、别科等班，其所招预科学生，确有中学毕业程度者不及二十余人，其别科学生，国文不甚明了者，乃居十之三四。按之各项部令，显有违背。私立粤东法政专门学校，合格学生不及十之一二，而教授功课又多在夜间，揆诸专门学校性质，殊属不合。私立岭南法政专门学校，借会馆为校舍，借学费为基金，调阅试卷，乃竟有讹字满纸亦取为别科生者，冒滥情形已可概具。私立国民法政专门学校，预科生多系在高等小学二三年级肄业，别科生竟有年在 15 岁以下，名为试验（即考试，引者注。）入学，实则来者不拒，朦胧敷衍，莫此为甚。”② 此类事例不胜枚举。清末、民国初年昙花一现而后关门了事的高校达数百所，其原因，一是由于头脑发热不顾社会客观需要盲目开办，二是由于独自招生营私舞弊宽进宽出，最后难免关门大吉。

1949 年中华人民共和国成立后，仍实行各大学自行考试招生。当时高中毕业的人数少，考生要到各地去参试，大学招不满。1950 年 5 月，教育部提倡各大学以大区进行联考。因大区联考发挥了群体优势，减少了各高校分别命题的重复和麻烦，且方便了考生，节省了经费，故于 1952 年过渡到全国统一招考。这是在比较统考与单考的利弊优劣的基础上，并吸收抗战以后一些高校实行联考的经验而形成的制度，在中国高校招生考试发展史上是一重大的进步。尽管也出现了不少弊端，也有过很多的争论，但除了“文

① 黄炎培：《中国教育史要》，商务印书馆，1931 年，第 145～146 页。

② 《教育周报》第 31 期，1913 年 10 月。

革”十年中断以外，直至现在，统一考试仍然行之有效。

三、应该坚持统一高考

正是因为统一考试具有其优越性和进步性，所以第二次世界大战后，许多国家的大学招生都出现了统考的趋势。唐文以为笔者前文以日本、韩国等东亚国家受共同儒家文化的影响，高校入学考试形式也与中国类似，是“说得不准确”。笔者前文原稿中业已指出：“日本原先实行各校单独招考，1978年在各校单考前实行国立和公立大学的入学第一次共同学历考试，后来许多私立大学看出统一考试具有的优越性，也纷纷自愿加入共同试。”尽管这段话未能正式刊出，但笔者前文所引参考文献中所列笔者《变革中的台湾大学联考制度》一文（后收入《传统文化影响下的台湾教育》一书，福建教育出版社 1993 年 12 月），已比较过日、韩与英、美、法、德及中国大陆和台湾地区大学招考制度的异同，其根据是台湾众多研究高校招生考试的专家在《大学多元入学方案》中的研究结果。说日、韩高校入学考试形式与中国“类似”，台湾与大陆的高校招考制度“基本相同”，这本身是加以区别的提法。从世界范围来看，如果说日、韩高校入学考试“与中国类似”的提法不准确，难道说与英、美等西方国家的高校招考制度会更类似吗？世界各国的情况千差万别，高校入学方式也很少有完全相同的，按大类别来划分，日、韩现行高校招考制度显然只能归入东亚类型。

而且，日本“考试地狱”之称在实行第一次共同试之前早已出现。原先实行大学单独考试与中学也有矛盾，为了适应不同的大学的招考，中学的教学纲要只好围着大学转，如报考哪一所大学就根据该校的考试大纲而定。这就像民国时期多数时间中国高校的招考一样。如 1926 年北京大学的入学考试科目，文科要考数学、逻辑学等，而清华大学在必考科目之外，选科第三类（文科）考试科目为世界历史、世界地理、经济学、心理学、政治学。你想报考该校，你就得准备该校的考试科目。各校招考的特色是有了，但中学的教学秩序却受到干扰，影响了教育质量。日本在 1963 年至 1968 年的试行和多年的讨论之后，详细比较了统一考试的优缺点，最终于 1978 年走上了国立、公立大学第一次统考之路。现今还陆续有私立大学自愿加入第一次共同试。

美国原先也没有统考，各高校主要依据中学成绩等决定取舍，后来逐渐采用由教育测验服务中心和美国高校测验计划中心两个权威性入学考试机构的学习性向测验成绩作为录取的依据之一。法国教育部有 29 个考试中心，全部实行统考形式，虽然不是全国统考，但分区统考的统考性质也与全国统考大体相同。其他一些南美国家如智利等国，也逐渐走上了高校招生统考之路。当然这些国家统一考试分数在高校录取新生时的重要性不如中国那么大，但比起过去完全靠各校单考或只凭中学成绩来录取，毕竟增加了统考的因素。归根结底，考试是一种测量手段，具有客观性和公正性，统考比较有利于比较各地各校考生的学业优劣，尽管也有很大的消极作用，但在入学选拔中还是利大于弊。

统一考试在一定程度上是考试制度发展的内在要求，而中国受传统文化的制约，比西方国家更需要采用统一高考。在重人情、关系的传统文化氛围中，高校入学实行单考很容易为走后门者大开方便之门，较难做到保密和公平。现在研究生入学专业课实行单考，每到考试季节，不少考生往命题教师家跑动“讨教”，希望能指点“复习范围”。评卷环节也常有人情关系的介入，结果个别水平很一般的考生专业科目却可获得高分。再有一些高校招考应用类研究生，连政治和外语也由各校独自命题，又多举办收费的考前辅导班，考试的状况和结果大家有目共睹，以致从 1994 年起国家教委只好对各校单考录取的硕士生进行外语统一测试，其考试难度已比全国硕士生入学外语统考低了不少，却有一些人竟然只考了十几分。一些高校大量招收的应用类及学位课程班研究生的招生往往是交足了高额的学费就收。这里可借用唐文的商榷句式来分析：至于各校单考宽进会引起什么消极后果？如何补救？唐文却不愿回答。可是，在许多不甘看到教育质量严重下降和学位贬值的教师与管理干部的强烈要求下，国务院学位办及有关高校及时于 1995 年规定，从 1996 年起单独招收的学位课程班需通过国家英语六级统考和考教分离的专业学位课程考试才能申请学位，以行动作出了回答。如果现阶段本专科招生也实行各校单考，只要是竞争激烈的高校，其托关系走后门的情况可能不亚于上面列举的现在某些高校研究生招考的严重程度。

三年前，针对有些人对统一高考的怀疑，笔者已在《光明日报》上发表文章指出：高考的首要功能是用统一的尺度去客观公正地区分选拔人才。任何考试制度都不可能十全十美，当各种考试选拔方法都不可避免地带有消极面时，我们只能取其较好者加以改进，或者说只能众害相权取其轻者。[①]

① 刘海峰：《选拔专才可另辟途径》，《光明日报》1992 年 12 月 16 日。

1982 年，在教育大讨论中，有人发表意见，认为统考不见得好。原教育部认为可以让各大学单独举行招生考试，但没有一所高校想尝试。[①] 近年来，中国改革的领头人广东省也曾组织有关单位和人员拟定了“广东省高校不进行入学统考的论证与对策”课题计划，研究的结果是放弃了该计划。实行高中会考与高考改革的先行军上海市也有个别高校进行过单独招考尝试。上海市教育考试院胡荣根、何顺华在唐文刊出的《上海高教研究》同一期上发表的《略论上海高中会考和高考制度的改革》一文中，对是否有必要再坚持统一的会考和高考问题，得出如下看法：“三年过去了，人们在改革实践中认识到，如果把统一考试制度说成是高度集中的计划体制的产物，进而要求取消统一考试，那么这既不符合逻辑，也与事实不符。”这足以令人深思。笔者认为，目前高考改革应考虑改进考试内容、命题形式和考试科目等，而不应轻言放弃统一高考制度。

本文仅就传统文化与高考改革问题谈了上述看法，且言犹未尽。因而与之相关的“宽进严出”问题，只好容另文专论。

（原载《上海高教研究》1996 年第 1 期）

① 刘媛：《高考面面观》，《中国教育报》1994 年 7 月 3 日。

为什么要坚持统一高考

在高等学校招生考试与毕业就业两个重要环节上，高等教育研究界以往偏重于研究“出口”而较少关注“入口”。近年来，伴随着高校招生体制的改革，人们像世界各国一样将注意力也放到高校招考方面的研究上来。不少论者提出改统一考试为各校单独招考，甚至主张取消考试而凭中学成绩入学。对此，我曾就传统文化对高考改革的制约等问题发表了一些看法，认为统一高考在防止人情困扰、维护公平选才方面有其优越性。本文将从高校招生考试方式的演变历程、统考具有规模效益等优点诸方面，进一步论述现在为什么要坚持统一高考。

一

中国是考试制度的发源地。作为一种公平尺度，将考试用到学校选才方面具有重大的进步作用。春秋战国以前，学在官府，入学者皆为贵族子弟。汉代以后，中央太学招收博士弟子，经常需要考试甄别，使汉代的太学颇具平民色彩。魏晋南北朝时期，国子学的出现取代了太学的最高学府地位，而所谓“国子学”即招收国家高官子弟，当然不会面向平民。唐代中央六学等级森严，平民俊士子弟只能考取四门学及律、书、算学而不可能问津国子学与太学。宋代以后，教育机会下移，中央官学一般皆可招考平民俊秀。北宋时期也曾一度取消入学考试而采用推荐举送办法，结果得以免试入学者多为官家子弟，最后不得不恢复入学考试。中国古代教育史一再表明，采用考试来选拔人才较公正客观，而采用推荐方式入学往往变成权力关系及金钱的竞争。

从 1862 年建立的京师同文馆开始，一批近代新式学堂陆续建立。由于学堂数量不多，且各学堂的性质、层次、规模差异较大，因此皆为独自招考。这与世界上其他统考入学的国家和地区一样，在近代高校初建阶段，一般都是单独招考。统考是高校招生发展到一定阶段的产物。

民国时期，起初也是各高校单独招考。而命题的难易和中学的教学息息相关，且一些高等学校招生考试往往用外语命题，出现了高校招考内容与中学教学不相衔接的问题。为此，1919 年 1 月北洋政府教育部公布《各专门学校大学校中学校招生办法训令》[①]，规定高校招生的考试命题须依照中学毕业程度，勿使太过或不及。另外，各校单考竞争程度不一，某所高校以一个标准择优录取新生，导致了各省区升学率不平衡。如 1922 年北京大学录取的新生，云南、福建、甘肃、黑龙江、热河、绥远、察哈尔、蒙古等省的考生均榜上无名[②]。为了解决录取边疆省区及落后省区的考生问题，教育部第 10 届教育联合会曾提出国立专门以上学校招生宜酌定各省区名额建议案，建议学校将招生名额的一部分分给各省区，各省区初试时布告分别录取。然而由于考试及录取权在高校，问题一直没有得到妥善解决[③]。而且，各校命题的难度不同，评分标准及阅卷的宽严不一，因此无法保证公平竞争和新生的质量。此外，还存在一个高等教育畸形发展的问题，易于开设且报考人数较多的文、法、商科专业偏多，理、工、农、医类专业却发展缓慢。为了纠正文理专业失衡，教育部于 1933 年起实行计划招生。

1937 年抗日战争爆发，为适应战时需要，提高大学办学水平，国民政府教育部在中央大学、浙江大学和武汉大学三校试办联合招生。在此基础上，1938 年起实行国立院校统一招生，教育部设统一招生委员会，设立了 12 个招生区，各区按照部定标准命题，分科评卷，成绩送教育部，由部决定各处录取人数。该年参加统一招生的院校有 22 所。1939 年改由教育部统一命题、统一考试，参加的院校增至 28 所。1940 年扩大到省立大学和独立学院，共有 41 所高校参加。1941 年因抗战形势紧急被迫中止了统一招生。抗战胜利后，受内战等环境的限制，全国统一招生仍无法进行。

1938 年—1940 年的统一招考制度是中国自清末引入西方教育制度后的第一次尝试。它有利于促进中学按部颁课程标准组织教学，督促中学教学目标的实现[④]。它为 20 世纪 50 年代初中国走上统考之路积累了经验。

---

① 《教育杂志》第 11 卷第 3 号，1919 年 3 月。

② 《北京大学本年度招生统计》，《教育杂志》第 15 卷第 12 号，1922 年 12 月。

③ 谢青、汤德用主编：《中国考试制度史》，黄山书社，1995 年，第 515、531 页。

④ 谢青、汤德用主编：《中国考试制度史》，黄山书社，1995 年，第 574 页。

1949年新中国成立，实行学校单独招生。1950年实行全国多数高校联合招生。1951年实行各大行政区统一招生。1952年走上了全国统一高考之路。1958年，根据“教育革命”新形势，改变全国统一招生制度，实行学校单独招生或联合招生，然而只实行一年就不得不回到统考老路上。1966年“文革”，统一高考制度被废止，直至1977年拨乱反正。

二

大规模统一考试一经推行，便带来巨大的社会效益，其对推动民族文化的发展、促使人才辈出功不可没。然而，有利必有弊，其消极影响也日渐显现：中学只抓智育而片面追求高考升学率，学生负担过重，学校办不出特色……于是，“黑色的七月”、“异化的高考”、“考试战争”等批评多了起来。“素质教育”提出后，更有不少人指责高考制度下“应试教育”的危害，认为统一高考是计划经济的产物，不适应时代的要求。

“贡举者，议论之丛也。”这是明末清初思想家王夫之《读通鉴论》在论述古代科举考试时发出的感叹。考试选才制度历来处在政治与教育制度的关节点上，往往成为议论的中心。中国的高考制度建立40多年来，曾经受到政治的冲击、市场经济的压力，如今又面临传统文化和教育本身的压力。到底是否要坚持统一高考，还将不断引发激烈的争论。就我个人的看法，可以旗帜鲜明地主张：中国应该坚持统一高考。理由如下：

其一，统一高考公平、公正、公开，可比性强。在现实社会生活中，大概很难找到比高考更为公平的竞争了。正如明代万历十七年（1589年）礼部郎中高桂所说：“我朝二百余年公道，赖有科场一事。”① 统一高考有利于消除特权，使肯努力的学生怀有希望。而各地教育行政部门可根据高考成绩这一较客观的依据来评价各地的教育水平，各高校之间也可通过高考录取分数比较生源的质量。美国大学排行榜便历来将招收新生的“学术评价测验”(Scholastic Aptitude Test，简称SAT）和“美国大学测验”（American College Test，简称ACT）分数作为评估的主要指标之一。

其二，统一高考具有规模效益，节省人力、财力、物力。公平与效益常常是矛盾的两个方面，而统一高考则在相当程度上兼顾这两方面。从教育经济学的角度来看，大规模统一考试效益较高，节省了大量的人力、财力和物

① 王世贞：《弇山堂别集》卷八四《科试考》。

力。1982 年，已有人提出改革统一高考，教育部主管领导表示可以让大学单独招考，结果没有一所高校尝试。北京大学曾算了一笔账，如果单独招考，从命题、印发试卷到评卷、录取等各个环节，工作量不知要增大多少倍，即使是委托各地招办主持监考，整个招考工作的费用将成为一笔沉重负担。如果考生都集中到报考高校去应试，东奔西跑，经济负担沉重，且十分不便。有人认为单考可以多一些选择机会，实际上并不见得。因为重点名牌大学招生数不会因单考就无限扩大。统一高考会在一定程度上影响大学、中学的多样性，但也是有限的，因为中学的教学就是语文、政治、外语、数学、物理、化学、生物、历史、地理 9 门学科，只要不超出教学大纲，中国 1 000 多所高校都单独招考，考这 9 门学科，岂不是大大的重复浪费？这还不说各校从命题水平到考试质量都很难与统考制下命题的权威性、科学性相比。当然，某些高校若考一些 9 门课之外的科目是能考出特色，但这又不可避免地会干扰中学的教学。中学生若不打好上述 9 门学科的基础，却忙于备考某高校的特殊考试科目，实在是舍本逐末。因此我认为，即使改统一高考为各校单独招考，受考试制度发展的内在动力驱使，高校必然还是会自动走向联合招考，最终走向各省统一考试或加入全国统一高考。

其三，统一高考在维护多民族国家的统一和社会安定团结方面发挥着重要的作用。它在全国采用相同的考试内容、考试形式和考试时间，使全国各地统一意志、统一步调、统一行动，有利于各地文化的交流融合。而分省市定额录取的办法虽然从考试公平的角度来看有所不足，但从区域公平的角度来说则有合理之处。从考试公平逐渐趋向于区域公平是中国 1 000 多年考试史的发展规律。高考选才还具有促进社会流动的功能，在一定意义上起到调控教育秩序与减缓社会风气变坏的作用，有助于国家的安定团结。至于统一高考在选拔人才、振兴科教、发展文化方面的作用，已在恢复高考以来的 20 年中充分体现。

统一高考具有不少优点，尽管也有很大的局限性，但还是为多数人所接受和维护，日益成为许多国家大学招生的发展趋势。如以往英国只有一些地区性的考试机构，最近已成立全国性的考试委员会。日本近年来适龄青年减少，而参加大学招生第一次共同考试的人数却有所增加，原因是有一些私立大学自愿加入全国统一考试。一贯单独招考的俄罗斯 1995 年在推广统一测试制度方面做了大量的工作，单在莫斯科就有 31 所高校，将考生参加国立莫斯科师范大学考试中心举行的测试成绩作为其入学考试成绩。根据俄罗斯联邦国家高等教育委员会和莫斯科市教育局会议的决定，制定出在普通中学毕业生中组织统考（包括毕业会考与高校入学考试）的建议。① 而西非五国考试委员会组织的统一考试成绩，一直为五国各高校作为录取新生的主要依据……在此潮流中，中国的统一高考也需不断改革，但不应轻易考虑推翻高考制度。

统一高考不应是一成不变的，从考试科目内容到命题形式等都要积极改进。统一高考也不一定非要永远全国一张试卷，以往如 1977 年即为分省市高考，前些年三南（湖南、海南、云南）的“新高考”和上海现行的高考就非全国统考，实质区别在于统考与各高校单独招考的不同。当然现在也没有必要都走分省统考之路。将来条件许可，一些高校在依据高考分数初步录取之后，也可像日本的许多高校那样让预选生到校举行第二次考试。我国现行硕士生招生的面试便与此类似。总之，只要坚持改革，统一高考制度便能克服逐渐积累的弊端，为培养人才和提高民族文化继续发挥强大的生命力。

（原载《上海高教研究》1997 年第 5 期）

---

① 阿法纳西耶夫著：《1995 年俄罗斯高等学校的招生》，黄训经译，《外国高等教育资料》1996 年第 3 期。

论坚持统一高考的必要性

高考改革是一个十分复杂且关系重大的问题，对高考作出重大改变应在全面研究和长期规划的基础上渐进推行。而要使高考改革健康、稳妥地进行，则必须走出一些认识误区。在有关高考的诸多误区中，我曾对“统一高考乃计划经济的产物”、“改掉统一高考是一种进步”、“高考为一试定终身”等似是而非的观点进行过有力的辩驳①。本文将在澄清有关高考的另一误解——“统一高考是素质教育的障碍”的基础上，沿着我已发表的几篇论文的思路，再进一步论述当今中国坚持统一高考的必要性。

一、高考并非“素质教育”的对立物

最近几年来，“素质教育”成为上下提倡和鼓励的教育方针或口号，“应试教育”似乎成了人人喊打的过街老鼠。在抨击“应试教育”的同时，有一些同志将现行的统一高考制度看作是推行“素质教育”的绊脚石，认为不改统一高考为各校单考或考试加推荐方式就无法贯彻“素质教育”。个别论者还以清末民初的教育改革是以废除科举为突破口为由，认为今天教育改革的突破口则在于彻底改革高考制度，甚至有对“文革”期间高校招生实行推荐选拔或推荐与文化测试相结合的尝试没有坚持到底感到惋惜②。四川一家出版社还出版了一本名为《废除高考：行得通吗》的专著，集中指责高考的弊病。

---

① 刘海峰：《再论传统文化与高考改革》，《上海高教研究》1996 年第 1 期；《为什么要坚持统一高考》，《上海高教研究》1997 年第 5 期；《高考并非“一试定终身”》，《高等教育研究》1997 年第 5 期。

② 沈骊天：《中国古代教育制度的历史反思》，《南京大学学报》（人文社科版）1996 年第 1 期，第 173～179 页。

高考制度果真是“素质教育”的障碍吗？

实际上，为应试而进行的教育并非与“素质教育”完全对立，高考制度更不应被视为“素质教育”的障碍而加以废止。我们知道，考试是教育过程的重要环节和组成部分，是一种测量工具和评价手段，它本身并无善恶之分，主要取决于使用者和应试者的目的与态度。使用得当，考试可以发挥其积极的评价功能，引导和促进教学。通过考试检验学生掌握知识的程度和能力的高低，教师也可根据考试所反馈的信息估价自己的教学效果，改进教学方法。若使用不当，也可能加重学生的学习负担和焦虑感，逼迫学生偏科发展。同样，作为校外考试或社会考试的高考制度也无善恶之分，它既可能被作为片面应试的目标，也可能成为促使学生素质迅速提高的有效手段。正如南宋哲学家、教育家朱熹所说的：“非是科举累人，自是人累科举。”① 他认为若是见识高远之士，虽然日日应举，也不见得会被科举所累，关键还是看应试者自身的态度。考试不一定会累人，“人累科举”往往是竞争过于激烈所造成的，特别是这种竞争年复一年积累之后造成的。

目前的高考制度确实成为不少“应试教育”实践者的追求目标，从表面上来看，“应试教育”的一些问题是由高考所引起的，为应付高考所进行的教育教学活动也确实存在着学习负担过重、相对忽略德育和体育、偏科发展的现象，这与我们所提倡的“素质教育”具有对立的一面。但透过现象看本质，这些现象产生的根源并不是高考制度，而是重视教育和学历、信奉读书至上的社会传统文化。高考制度的推行，也可以成为提高广大青少年各方面素质的巨大力量。大家应该还记得，1977 年恢复高考及以后的最初几年，高考极大地调动了千百万青年的学习积极性，有力地促进了中华民族文化素质的迅速恢复和提高。1977 年，即高考头一年，尽管各省试题都不难，但有许多考生连最基本的题目都不会答。可是几年之后，试卷难度提高不少，从答卷反映出考生的文化水平已大大提高。当时高考不仅提高了青少年的文化素质，而且在很大程度上促进了人们政治素质和道德素质的提高，以往社会上流行的“读书无用论”被一扫而光，为振兴中华“攻书不畏难”、“苦战能过关”的学习风气十分浓厚，大家的爱国热情和政治觉悟空前高涨。要说“素质教育”，当时为高考而应试所进行的教育，实实在在是一种提高全民族文化和政治、道德素质的教育。

① 朱熹：《朱子语类》卷十三《学七·力行》。

同样是高考制度，怎么现在就成了推行“素质教育”的障碍，变成众矢之的了呢？尽管难度有所提高，并进行标准化考试和科目改革等试验，但就制度而言，高考还是高考，与过去并没有什么本质区别。可见围绕高考所出现的诸多问题，根源并不在高考本身，甚至也不在教育本身，而是有更深刻的社会、经济和文化根源。

社会分工、“三大差别”是客观存在，在人们普遍追求更高的社会地位和经济收入，而就业更多依据学历的情况下，要想成为“白领”，主要从事脑力劳动，要想获得较高的物质待遇和社会地位，人们自然会努力争取接受高等教育特别是进入名牌大学。我国普通高等学校招生数与适龄人口比例还十分悬殊，要想获得上名牌大学这一社会稀缺资源，就得通过激烈的竞争。实行推荐上大学，曾表现为关系、权势的竞争；实行高考，则将社会地位和经济待遇的竞争及其矛盾集中体现到考试上来，也就是表现为学业知识和能力的竞争。中国传统文化中读书至上的观念又加剧了这一竞争的激烈程度。自古以来，“贫者因书富、富者因书贵”的客观现实，促使人们相信受教育是最好的投资，信奉“万般皆下品，唯有读书高”的观念，至今，“学而优则仕”、“读书至上”的观念在中国人中还有相当的遗存。许多家长虽希望孩子的少年时代轻松快乐，但更希望他们将来出人头地，即使负担沉重也在所不惜。只要看一看多少城市的家长鼓励或逼迫独生子女在周末去学钢琴、绘画、书法，我们就会明白中国的家长们望子成龙望女成凤的心理是多么强烈。而当学习内容与高考及将来的前途息息相关时，其期望和压力自然会十分巨大。在这种社会文化背景下，高考必然成为竞争的矛盾焦点。

竞争是客观存在的，是消灭不了的。竞争不在考试中展开，就可能在“走后门”等方面展开。高考的竞争有积极作用，也有消极影响，我们应当立足于管理竞争，惩罚不正当竞争，而不应幻想取消竞争①。为高考应试所进行的教育与“素质教育”有对立的一面，但也有统一的一面。高考可以调动人们努力向学，为了通过激烈的竞争，必须具备较为扎实的基础文化知识，取得高分者总体而言文化素质要比低分者高，高分低能和考试成绩很低而素质良好的学生毕竟是少数，在近几年高考题型朝考能力方向发展的情况下更是如此。就像体育比赛一样，考试的人数越多，竞争越激烈，程度便越高。不搞体育比赛，则很难不断刷新成绩。不必经过考试竞争就可以升学的

① 为之：《关于高考几个问题的思考》，《中国考试》1995年第1期，第1～2页。

教育体制可能导致素质低下。依靠推荐的办法升学，结果多是权力、关系或金钱的竞争，变成学生家长能耐的竞争而非学生能力和文化素质的竞争。一千多年科举史上的短暂中断说明了这点，新中国成立后停止高考的深刻教训也证实了这一点。交白卷也能上大学谈不上什么文化素质，到 18 岁还承受不了选拔性考试竞争的压力则说明其心理素质还不够强健，而学生眼见为升学而搞特权、弄虚作假和请托送礼盛行，很难想象能培养出多好的道德素质。[①] 因此，不采用统一高考，并不见得就能达到“素质教育”的目标。

从理论上说，谁都知道德、智、体全面考核，既看考生考试成绩又考察其平日操行表现、参考平时成绩来录取高校新生最好、最科学，而且作为教育理论工作者和实践工作者也都希望能达到这种理想。可真正实行起来，事实则一而再、再而三地证明，在重人情与讲关系的传统文化氛围中，在社会风气并不太好的情况下，很难做到这一点。德育很难进行量化比较，平时成绩若与升学挂钩则很容易失真，这便是为什么考生档案中表现评语率多雷同，人们更相信高考的权威性和有效性的重要原因，也是为什么以文化考试分数来录取新生人们最信服、且已选拔了大量高素质人才的重要原因。所以我认为，高考并非“素质教育”的对立物，它虽有不少局限和弊病，但通过改革和完善，可以为公平有效地选拔素质较高的人才继续发挥作用。

二、考试走向统一的必然趋势

统一考试是高校招生发展到一定阶段的产物。在近代高校初建阶段，是不会有什么统一招考制度的。随着高校数量的增加和招生规模的扩大，招生考试中共性的东西逐渐显现。将各校招考中的共同性工作统一起来进行，便体现出集约化管理的规模效益。这就有点像企业经营从分散走向联合的过程，考试制度自身发展的内在逻辑要求从分散走向联合，以达到高效、公平和具有可比性。走向统一已成为考试制度发展的必然趋势。

受传统文化中大一统观念的影响和以往科举考试的启示，加上抗战和新中国成立初期特殊形势的驱动，中国在世界各国各地区中率先走上高校招生联考和统考之路，这是在清末民初高校各自招考出现不少问题之后才提出的改进措施，是体现历史发展方向的进步改革和正确选择。统一高考体现出了不少优越性：有利于国家宏观调控招生规模，可以节约人力、财力、物力，

① 刘海峰：《科举考试的教育视角》，湖北教育出版社，1996 年，第 284～285 页。

方便考生就近应试，减少考试次数和负担；有利于高校在全国范围内招生择优录取，也便于以高考成绩来比较评估各高校的生源质量；有利于提高命题水平和试卷质量，特别是有利于摆脱人情困扰以减少舞弊而保证公平竞争；还有利于培养学生适度竞争求上进的心理和合理安排时间的能力。尽管统考也带来了在一定程度上加重学生的学习负担、相对忽视德育和体育、学校较少特色等弊病，但两相比较还是利大于弊。因此，1958 年试图改全国统考为各校单考，但结果也还是实行各省统考，“文革”中推荐上大学的做法也以失败而告终。

不仅高校招收本、专科生从分散走向统一，而且在其他层次的招生考试和其他行业部门的考试中也呈现出朝统考发展的必然趋势。如硕士生招生考试开始是各校单独命题，后来为了宏观调控各校招生的基本水平和招生数量，提高规模效益，并维护公平竞争，便将各校各专业的共同考试科目外语和政治改为全国统考，再到后来连部分共同专业基础课也改为全国统考。为了保证博士生的培养质量，现在连各校的博士生入学考试外语课程也在考虑改为全国统一命题。高校自学考试也在朝增加全国统考科目的方向发展，目的在于真正做到教考分离，提高命题的水平和节省重复命题的花费。至于律师资格考试、会计师资格考试、汉语水平考试，也无一不是实行全国统考，公务员录用考试也明显地呈现出朝集中统一发展的趋向。就连评审职称的外语考试，原来完全是各高校自主行为，现在也朝统考演变。一些重点大学按规定是自行命题组织考试，但是，如厦门大学规定从今年起职称外语考试一律参加全国的外语水平考试（WSK），这种自愿加入全国统考的动因也不外乎追求公平、简便、可信、省力。这说明走向统一考试在一定程度上是考试发展的内在要求。

我国的高考制度也需不断改革，才能跟上时代发展的步伐，克服日积月累的问题。现在有关人士也在研究各种改革方案，如取消文理分科考试，改为公共基础科目加综合科考试方案；一年两次不同层次的高校招考方案；试卷多样化的方案等等。为了扩大高校自主权，将来也可考虑让高校不是完全按高考成绩录取新生，而是在不同专业分别出不同的考试科目计分权重。如果社会风气明显好转，监督和制约机制能跟上，也可让高校自主决定依赖统一高考成绩的程度。不过在目前的国情下，还很难一下子走到这一步，即使像今天这样统一划定高考录取分数线，都有不少人挖空心思上下联手将自己上线分数较低的关系户招进高校，如果现在就降低考分在招生录取中的重要性，可想而知不正之风会有多大的可乘之机。因此，目前应在坚持统一考试的前提下改进考试内容和形式，而不是改掉统一高考制度这一根本。正如一位学者指出的："有的人站在批判考试弊端的立场上，全盘否定现有考试制度的长处，这无异于英国产业革命初期毁坏机器的运动。文明所带来的弊害不是通过消灭文明来消除，而是应更好地利用文明。"①

全国统一高考在选拔人才、振兴科教、维护国家的稳定统一方面发挥着巨大的作用。尽管中国疆域辽阔、方言众多、风俗各异，但参加高考均采用相同的试卷、相同的时间，这有利于各地文化的交流融合。而分省划定录取分数线虽不尽合理，但优待边疆文化相对落后地区是中国历史上总结出来的一条有效经验，科举考试分区定额录取，便收到了全国各地对中央政府向心力加强的效果。有些外国学者认为古埃及、古希腊、古罗马，作为民族都已先后灭亡，其中古罗马灭亡的各种因素中国也有，但中华民族却始终生生不息，所以然者，一是由于独尊儒术思想理论统一，二是中国有古罗马所无的科举考试选拔人才的制度。中国未分裂成欧洲那样的小国，也应部分归因于统一的科举考试。因此，目前中国也不应都走分省统考之路，因为各省统考仍有全国统考的那些弊端，又无各校单考具有某些特色和简政放权的好处，还在相当范围内造成重复浪费，各省命题的科学性还难与全国统考相比。在当今西方敌对势力企图分裂中国、国内少数分裂主义分子企图搞"独立"的情况下，坚持全国统一高考对维护多民族国家的统一和团结尤有重要意义。

如果说现在因激烈的升学考试竞争而在一定程度上加重了学生的学业负担的话，那么贸然废止统一高考，则"读书无用论"必将再度抬头，所出现的问题将远远大于目前统考的弊端，而且还迟早必将回归到统考的老路上来。到时，就像 1977 年邓小平主持恢复高考一样，拨乱反正恢复统考，倒会真正成为教育改革的"突破口"。殷鉴不远，我们的教育决策部门对此应有清醒的认识。十全十美的高校招考制度是没有的，我们只能选择相对较好者加以改进，而坚持统一高考制度便是必然的正确选择。

（原载《中国考试》1997 年第 3 期）

① 国家教委考试中心编：《美、日、法人才选拔与考试方法》，人民邮电出版社，1994 年，第 59 页。

在理想与现实之间

——三论坚持统一高考

大学招生考试既是连接大学与高中的枢纽，又是大学与社会联系的一个重要环节。它对大学选拔新生和中学的教育教学均具有调节与指挥作用，并承负着整合教育系统、维系社会稳定的重任，因而历来是中国教育界乃至全社会关注的一个焦点。尤其是当这种大规模选拔性考试的利弊得失皆充分显露出来之后，更是受到各方面的关注。在有关高考改革的各种争论中，最为人们关注的问题之一便是要不要坚持统一招考，以及如何改革现行统考制度。探讨高考制度的发展历程和改革方向，不仅可以看出大学招考制度自身的发展规律，而且有利于我们更加冷静审慎地推进高考改革。本文将在笔者以往研究高考的系列论文的基础上，进一步申论当今中国应该坚持统一高考的观点。

一、中国招考制度的历史演变

清末、民国时期，各大学一般独自招考学生，只是在抗日战争前期（1938—1940年）曾实行过联合招生和国立公立院校统一招考制度。1941年至1949年间，各大学或实行单独招生，或实行委托招生、联合招生等多种招考形式。1949年以后，大陆与台湾互相隔绝，但却先后不约而同地走上大学统一招考的道路。

大陆各地区的大学1949年为单独招生。但北大、清华、南开三所大学和北京师范大学、北洋大学分别采取了联合招生的形式；上海市则率先成立“上海市国立大学、专科学校统一招生委员会”，采用统一招生考试的办法，上海交通大学、上海法学院、上海商学院等16所高校于当年8月11日使用统一试卷同时进行考试。当时上海市在实行统一招考方面走在全国的最前列。1950年，实行各大行政区分别在适当地点定期实行全部或部分高等学校联合或统一招生。考试科目定为国文、外国语（英语或俄语）、政治常识、数学、中外历史、中外地理、物理、化学。除各系科共同必考科目之外，各校还可根据系科之性质，分别加试一些科目。结果，全国201所高等学校中，有东北、华北、华东三大区73所大专院校联合招生。为进一步改变各校自行招生所产生的混乱状况，减少人力、物力及时间上的浪费，1951年又规定各大行政区争取实行全部或部分高等学校统一或联合招生，如有困难，得斟酌情形，允许各校单独招生。是年，五大区普遍实行联合招生。但东北、西北地区的高校无法招满足额，而按大区统考成绩不可比，难以彼此调剂录取。

1952年6月12日，教育部发布了《关于全国高等学校一九五二年暑期招收新生的规定》，明确规定全国高等学校实行统一招生考试。这是在前两年分区联考和统考的基础上总结经验采取的重大改革，从此开辟了中国高校招生考试史的新纪元。为了便于组织统一招考工作，成立了全国高等学校招生委员会。考试时间定于8月15、16、17日3天举行，全国统一命题，制定统一的参考答案和评分标准。受传统文化中大一统观念的影响和以往科举考试的启示，加上抗战和20世纪50年代初期特殊形势的驱动，中国在世界各国、各地区中率先走上高校招生统考之路。这是在清末、民国时期高校各自招考出现不少问题之后才提出的改进措施，是体现历史发展方向的重大改革，在世界高校招生史上占有重要的地位。

不过，早期的高考也存在统得过多，对学校、系科、考生的特点体现不够的缺点，再加上人们还不习惯，因此，从1953年至1957年，几乎每年招生前都开展一场“统一招生好，还是单独招生好”的争论。争论的核心是在统一招生考试的前提下，如何体现学校、系科和考生的特点。这一共性与个性的矛盾贯穿于高考的全过程，它们之间对立统一关系的发展推动着统一招考工作的不断进步①。但是，1957年反右扩大化的影响，导致了1958年对1957年以前高考的错误评价。为了贯彻政治挂帅、消除“唯考分是取”的现象，1958年改变全国统一考试为分省市组织考试，并在录取时强调考生的政治表现。然而这一做法严重地降低了高校招收新生的质量，1959年又不得不恢复了全国统一高考。此后便没有招生考试是“统”好还是“独”好的争论了，这种统一招考体制一直实行到1965年，为高校选拔了大批合格

① 杨学为：《高考四十年》，《中国考试》1997年第1期。

新生。

1966年，“文化大革命”爆发，在文化教育界则将废止高考制度作为“突破口”。1972—1976年，大学招生基本上采用推荐办法，招收有社会经验的青年上大学。1977年，恢复了中断11年的高校招生考试，千百万知识青年欢欣鼓舞，奔走相告。是年由各省市组织考试，1978年则恢复了全国统一高考。恢复高考制度，使一代青年的精神状况发生了重大变化，一批有为青年为之奋起，渴求知识、重视读书；使社会风气发生了很大变化，对稳定社会秩序、振兴国民经济起了重大作用。在最初几年，人们对重建统一高考制度是一片赞誉之声，只是1982年在《文汇报》上有过一点小小的议论。但是，随着高考年复一年地举行，统一招考制度自身固有的某些局限，如排斥个性、诱导片面应试和加重考生的学习负担等逐渐显现出来，因此1985年前后教育界曾展开克服片面追求高考升学率问题的大讨论，并在此后开始了对高考制度的改革。

或许是由于历史的必然，曾经在20世纪50年代初建立统一考试制度时起过带头作用的上海市，于20世纪80年代中却成了变革统一高考制度的急先锋。1985年，上海市首先开始了高中会考和高考科目组改革试点，从此脱离了全国统一命题和考试的阵营而改为本市自行命题统一考试。1989年湖南、云南、海南，1990年河南、贵州、湖北也进行了会考及高考科目组改革实验，但后来都未脱离全国统一高考轨道。1992年，随着市场经济的发展，不少人认为，全国统一高考是计划经济的产物，为了将市场机制引入高考，扩大高校的办学自主权，应该打破全国统考统招的局面，改为各校自主招生考试，或者主张以高中会考成绩和在校表现等综合因素作为高校招生录取的依据。1993年，上海工业大学甚至经市政府批准不参加全国和全市统一高考而按会考成绩招收新生，然而仅实行了一年便随着该校并入上海大学而终止。此后，《上海高教研究》杂志发表了一系列有关高校招生考试制度改革的调查报告和论文，对高考改革及是否要坚持统一招考展开了充分的讨论。近年来，在社会大众要求增加接受高等教育的期望日益升高，提倡“素质教育”、反对“应试教育”的呼声日益高涨的情况下，统一高考制度面临着许多压力，从考试内容到形式都酝酿着进一步的改革。

二、对高考恢复20年的评价

对高考制度来说，刚刚过去的1997年是不平凡的一年。在高考恢复20

周年的时候，社会舆论和有关部门又使高考制度处在改革的十字路口。高考制度究竟何去何从？是坚持全国统一高考，还是改为各省或各校单考，抑或是考试加推荐或者依据会考和平时学习成绩及表现？各方面的争论和建议空前增多，意见纷纷，莫衷一是。

首先是 1997 年 2 月邓小平逝世后，报刊上发表了不少回忆和缅怀邓小平在 1977 年 8 月果断作出立即于当年恢复高考的重大决策的文章。接着《中国教育报》于 3 月份开始推出国家教委学生司与该报联合主办的“我的高考”征文活动，以纪念邓小平 8 月 8 日关于恢复高考讲话 20 周年，《中国考试》杂志则从 1997 年第 1 期起开展恢复高考 20 周年“我与高考”征文活动，一批 1977 年考上大学而今成为各行各业骨干的人，情真意切地回顾了通过高考的公平竞争出现人生转折的难忘历程。《瞭望》周刊从 1997 年第 19 期起在“知识界视野”栏目中开辟“高考改革话题”专栏，连篇累牍地刊登有关高考改革的报道和言论，从 5 月至 11 月延续半年之久，引起了读者的热烈反应。1997 年 7 月 19 日的《中国青年报》刊出了《回首话高考》的调查问卷，调查统计结果于 9 月 26 日在该报第 8 版上发表。调查表明，在 6 652 份有效问卷中，有近 60％的人认为目前的高考制度较为合理（其中有 53.2％的人认为目前高考对于合理选拔人才利大于弊，认为有利无弊的占 5.4％），认为利弊参半的占 37.1％，觉得利小于弊或有弊无利的仅占 4.3％。与此同时，有 88.3％的人认为目前的高考制度应该进行改革。在应该如何改革的多项选择中，有 35.8％的人选择“变全国统考为高校单独考试或联考”，仅次于选择改革“考试科目”（36.2％）的比例，而高于“全国统一录取分数线”（30.9％）、“命题标准及题型”（30.5％）的比例。可见在公众中有相当一部分人主张变全国统考为高校单考。

有 1/3 略多的主动回答问卷调查者主张改全国统一高考为各高校单考是不足为奇的。由于最近几年来，整个教育界上上下下都在提倡和宣传“素质教育”，不少人自觉不自觉地将“应试教育”的根源归罪于现行的统一高考制度，以为改全国统考为各高校单考或联考便可减轻学生过重的应试压力，克服片面追求升学率的弊端，而统一高考制度确实也有明显的弊病，因此人们自然认为高考制度应该改革。至于改为各校单考是否可行，是否会出现比统考更大的弊病，却不是专门研究人员会去深入思考的。而且，我们应该注意到，尽管“应试教育”被反对了这么多年，“黑色的七月”、“苦夏”、“异化的高考”被批评了这么多年，但大多数人仍认为高考对于合理选拔人才利大于弊，这说明高考制度具有旺盛的生命力。

1997 年是提倡“素质教育”的高潮年。为了避免给“应试教育”推波助澜，并淡化高考指挥棒的影响，各省尽量不再渲染“高考状元”，不公布“高考状元”姓名和毕业学校。7 月 7 日高考第一天，原国家教委副主任张保庆在检查北京考点时强调，要继续深化高考改革，“最终目标是把高考权下放到地方和高校。将来逐步做到由各高等学校根据各自专业特点选择考试科目和门数，考生可根据自己的意向，选择要报考的高校及专业所要求的科目和门数，从而使学生和学校都增加选择的范围和余地”。《中国教育报》1997 年 7 月 8 日头版以《二百八十四万考生酷暑进考场》为题对此作了报道。而在 8 月 8 日邓小平提出恢复高考制度 20 周年纪念日，原国家教委主任朱开轩在北京高校招生录取现场视察时则指出：“恢复高考制度的决策，是对文化大革命拨乱反正的重要标志，是对重视知识、重视人才、重视高等专门人才培养的重申，具有非常重大的意义。……高考制度的实行，确定了一个选拔人才的公正原则，进大学，要考试，一定程度上是衡量的尺度。”①在 9 月 2 日召开的全国中小学素质教育经验交流会上，朱开轩也提到高考改革的最终目标为：随着各方面配套改革条件的不断成熟，高校招生工作的权力要逐步由以政府为主转到高校手中。1997 年也可称之为“高考年”。各种新闻传播媒体评论高考的内容骤然增多，人们对高考改革的议论也比往年升级了，大有“山雨欲来风满楼”之势。或许是出于不要给“高考热”火上加油的考虑，有关人士要求新闻界不要过多报道高考问题，在高考恢复 20 周年之际也未举办大的纪念活动。

对此情形，我认为对统一高考制度恢复 20 年来功绩的评价总的来说是偏低的。高考制度的恢复实际上并不只是使教育恢复了正常秩序，更是带动了整个社会由乱而治②。在有关高考改革“统独之争”中，笔者明确属于“统派”。为了澄清一些模糊认识，有利于高考改革健康、稳慎地进行，我曾在《上海高教研究》1997 年第 5 期上发表《为什么要坚持统一高考》、在《中国考试》1997 年第 5 期上发表《论坚持统一高考的必要性》两篇论文，捍卫统一高考制度，本文则再三阐述现今中国为什么还应该坚持统一高考。

---

① 朱文琴：《考试要为全面发展创造条件》，《光明日报》1997 年 8 月 9 日第 6 版。

② （作者不详）《功德无量选英才——恢复高考二十周年三人谈》，《知识窗》1997 年第 10 期。

三、立足现实，追求理想

招生考试改革是一个非常复杂且影响深远的改革，成功的改革方案既要具有科学性，也要兼有可行性；既应追求理想，又应考虑现实。理想的招生制度是能在德、智、体、美几方面考核的基础上择优录取，既有利于大学选拔人才，又有利于中学教育的正常进行，促进学生全面发展，同时还能促使学校办出特色，学生发展个性。然而，古往今来的实践证明，这一理想是很难完全达到的。

中国是世界上最早采用考试方法来甄别选拔人才的国家。即使从狭义的科举——进士科举出现的公元 605 年算起，至 1905 年停罢科举，科举制也在中国整整存在了 1 300 年之久。科举制是在以往察举推荐无法客观公正选才、难以为继之后发展出来的必然产物。在科举选才积极功能充分发挥的同时，其消极影响也十分突出。为此，历代对科举的批评从无间断，而且从唐代至清代在当时的最高决策层中发生过 6 次科举存废之争，有的皇帝甚至下令停废科举，但总是旋罢旋复，回归到科举考试取士的老路上来。其原因不外乎考试选才具有客观标准，提供公平竞争机会，且确实也能选拔人才。而停废科举代之以荐举制，却难免出现比科举更多、更大的弊病，“圣人不能使立法之无弊，在因时而补救之”①。而科举制相对来说却是较公平合理的选才方式，所以尽管它有缺陷，但仍然得以长期存在②。

科举虽已停罢，但考试这种选才方式却没有而且也不可能被废止。正如有的论者所说的：“人类社会的实践表明，一个正常的社会，必定是一个‘考试社会’。一个废除了考试制度的社会，必然会由失范、失序而演变成一个‘有枪便是草头王’的混乱世界。”③ 选择人才不采用考试成绩，往往是依据血统、家庭出身、背景、关系、权力、金钱以及弹性极大的“表现”作为录取标准，容易导致“上品无寒门，下品无势族”。一个人的道德操行是十分重要却又很难客观评估的东西，以德行来推荐人才往往为不正之风提供可乘之机。选拔人才是对选拔者和被选拔者的重大考验，不能企望简单地依靠人的觉悟。以往正反两方面的经验告诉我们，建立监督和制约机制，远比

---

① 《清史稿》卷一〇八《选举志》，中华书局，1977 年，第 3 150 页。

② 刘海峰：《科举制长期存在原因析论》，《厦门大学学报》（哲学社会科学版）1997 年第 4 期，第 1～6 页。

③ 雷颐：《珍惜考试》，《大学生》1997 年第 10 期，第 25 页。

信任更为重要。理想的招考办法是既看考试成绩又参考其平时操行表现和学力，而现实的情况却是如此实行多数会走样。在我国经济尚不够发达，接受大学教育尚为社会稀缺资源，升学竞争激烈，人们的道德水平还未高到能公正无私地推荐考核的现实条件下，以统一高考成绩来决定录取与否无疑是最公平可行的办法，具有一定的必然性。

理想长期无法实现毕竟还只是理想。科学的态度应该是实事求是，从实际出发去追求理想，不躐等超前，也不保守滞后。在目前的经济发展阶段和高等教育尚未进入大众化阶段的情况下，升学的管道还相当狭窄，“千军万马争过高考独木桥”的状况还会在相当长的一段时间内存在下去。在理想与现实之间，当今考虑现实显得比追求理想更为迫切和重要。“文革”中推荐上大学的失败和现在推荐保送上大学出现异化的事实充分说明：理想归理想，现实总是这么无情。连在统一高考的情况下，都还有少数人绞尽脑汁、想方设法通过不正当手段来挤入大学窄门，倘若实行各校单独招考或普遍搞推荐保送，又怎能真正做到公平择优？招生中的舞弊是高等学校中最容易出现的腐败现象之一，在全社会上下一致反腐倡廉的情况下，健全的统一高考制度是防止招生舞弊的铜墙铁壁。过去高考制度下流行的“学好数理化、走遍全天下”，在推荐制度下曾演变成“学好数理化，不如有个好爸爸”，充分说明所谓考查平时品学的推荐制是滋生“走后门”的温床。因此，现实情况下不要轻言推翻统一高考制度，而应多考虑如何改进这一制度。

以文化考试为主的大学招考制度的演进，存在着自身的内在逻辑。与大陆具有相同文化传统和历史经验的台湾，以往互为隔绝而现在却殊途同归，也于 1954 年走上大学联合招考之路。这部分是由于受中国传统文化的制约①，部分是由于考试制度自身发展的内在逻辑要求从分散走向联合，以达到高效、公平和具有可比性。由于没有发生像大陆高考制度那样的 11 年中断，台湾的大学联考层累下来的积弊暴露得也较早且较为明显，社会大众对联考的责难和改革建议也从未间断。1970 年以后，关于大学联考的利弊存废争辩及各次大的改进，都略比大陆的高考早十年左右。两岸的大学招考制度发展存在不少惊人的相似之处，也体现出某种客观规律。1981 年，台湾的大学入学考试委员会设立了由 5 位专家组成的专案研究小组，花了一年半的时间，研议了三个改进方案。第一方案，依学院类别分 9 组招生，考生就

---

① 刘海峰：《再论传统文化与高考改革》，《上海高教研究》1996 年第 1 期，第 42～45 页。

其中1组或2组选填志愿，统一分发；第二方案，各校自行分别招生；第三方案，兼顾大学要求及学生志趣，考生先考试后填志愿，再统一分发。最后决定采用较为可行的第三方案，也就是1984年以来实施的新制联招。而大学入学考试中心1992年拟订的《大学多元入学方案》核心构架还是保留统一考试的“改良式联招”，台北、高雄等市试行中学生自愿就学方案步履维艰、难以为继，也都说明在一个重视教育且读书至上观念深入人心的社会中，在一个十分讲究人情与关系的社会中，多么需要用考试来提供公平竞争机会。①

台湾最近几任主管教育的，如毛高文、郭为藩、吴京都曾有意革除大学联考制度，以期达到高中教学正常化、减轻学生升学压力的目的，吴大猷、李远哲也先后提出过废止联招的设想。但就像一些人所形容的，与联考制度这一“怪物”的较量有如唐·吉诃德与大风车的战斗，总是不能获胜。这实际上表明大学入学考试制度的发展、改革要受社会政治、经济、文化的制约，其中存在着不以人的主观意志为转移的客观内驱力。正如台湾学者刘源俊先生所指出的：“有许多人一谈到教育改革，就会把症结归诸升学主义，甚至以为只要驱散这一‘恶魔’，一切问题都迎刃而解。我个人并不作如是想。升学主义的根源其实是政府文凭主义的用人制度，是职业证照制度的不健全，是‘学仕’带动的‘博士政治’风气，是僵硬的学制，是社会上‘唯有读书高’的心态。不在这些方面化解升学主义，而侈谈取消联招，只不过会使‘恶魔’变形，或散为更多‘恶魔’，而无助于问题的解决。”② 近年来台湾的大学入学方式推荐甄选一途日趋扩大，是否能长期保持公平无弊，改良联招将如何实施，值得关注和参考。

中国是一个典型的东方国家，儒家传统文化在社会生活和人们心目中还有深刻的遗存。考虑到中国的文化国情，我们绝不能照搬美国等西方国家的大学招生方式，何况中国的经济和高等教育发展水平与西方国家相比还有相当大的差距。尤其是在美国为提高中学教学水平、避免大学“高中化”而实行某种程度的统考动向的情况下，我们更不应因噎废食，匆忙考虑抛弃行之有效的统一高考制度。对高考作出重大的改变应经过周密的研究和在长远规划的基础上进行。即使高考改革的最终目标是将高考权下放到地方和高校不

① 刘海峰：《变革中的台湾大学联考制度》，《中国高校招生》1993年第1～3期。

② 刘源俊：《侈谈取消联招无助解决问题》，（台湾）《联合报》1995年4月8日。

失为一科学的方案，但在目前来说还只能是一种理想。现实情况是，由于社会风气还不尽如人意，对高校自行招考的制约与监督机制还未形成，也就是说在各方面配套改革的条件还不成熟的情况下，在短期内是难以达到这一“目标”的。就算达到这一最终目标，高校自行决定考试科目和门数，为求省力与科学，也还应采用国家专职考试机构的命题试卷。公平是考试制度的灵魂和根本，现阶段的高考改革需要怀有理想，但更重要的是立足现实。因此，当今中国招生考试改革正处在十字路口，应把握好方向，坚持统一高考并不断加以改进，为高等学校的发展和民族的昌盛富强选拔出更多的优秀人才。

（原载《高等教育研究》1998 年第 2 期）

高考存废与科举存废

广为社会关注的高考制度，经过 1997 年恢复高考 20 周年的纪念和争论之后，又在批评和改革中走过了两年。1998 年 3 月，在全国人民代表大会和全国政协大会期间，对素质教育，“两会”代表中“传统派”与“素质派”的看法尖锐对立，激进者一言惊人：“取消高考!”[①] 到 1998 年春夏之交，由对语文高考试题的不满引发了一场对高考制度的批判，有的论者甚至指责高考是“人神共愤的考试”，文章标题用《废除全国统一高考体制》，包括在“文革”后难得一见的火药味十足的“炮轰”一词也用上了[②]。在批判高考、主张废除高考的论著中有一共同特点，即不约而同地将高考与科举相提并论，似乎科举在人们印象中是十恶不赦的封建取士制度，而高考既然可以与科举作类比，则可等量齐观，高考也不是什么好东西，应该加以废除了。

科举对教育所造成的消极影响与高考对教育所造成的消极影响确有某些类似之处。但科举本身并不是什么坏制度，以往人们头脑中对科举所形成的坏印象是不全面、不够客观的，近年来学术界对科举制尤其是科举革废的研究已大大改变了以往对科举简单批判所造成的片面印象，而且高考与科举还有不少根本差异，以历史上废止科举的事例来作为当今废除高考的论据是不充分的。全面了解科举考试存废演变的历史，只能证明高考制度有其长期存在的价值和合理性。

---

① 林丹等：《激进者一言惊人：“取消高考”》，《羊城晚报》1998 年 3 月 14 日第 2 版。

② 孙绍振：《废除全国统一高考体制》，《艺术·生活》双月刊，1998 年第 6 期。该文改头换面又以《炮轰全国统一高考体制》为题发表于《粤海风》1998 年第 9 期，并广为其他报刊所转载。

一、科举与高考的异同

从考试形式和其作用影响来看，在一定意义上说，科举有如古代的高考，高考有如现代的科举。

现代高考与古代科举有许多共同之处。首先，两者都是竞争性的选拔考试，采用公开考试、择优录取的公平竞争方式，以考试成绩作为取舍的依据，只认成绩不认人，在分数面前人人平等。科举是等级森严的封建社会中难得的一项具有公平精神的制度。唐末五代时，就有人感叹科第之设，使有才干的草民得以出人头地，无其才的王孙公子沉迹下僚[①]。考试取才造成的社会阶层流动，使“茅屋出公卿”成为可能。到了明代，科举制已被人们视为天下最为公平的一种制度，甚至有这么一种说法：“科举，天下之公；科举而私，何事为公?”[②] 韩国（朝鲜）历史上也曾模仿中国长期实行科举考试制度，李朝光海君统治期间（1609—1623），也有“我国公道，唯在科举”[③] 的说法。在当代中国，高考制度是社会上最为公平的制度之一，考试选才所遵循的是能力本位原则，就像游泳一样，游得过去就游过去，游不过去，权力、出身、金钱等其他办法都救不了你。因此，科举和高考都可以选拔出文化素养较高的人才。

其次，科举与高考都是国家考试，由国家举办。尤其是科举会试和殿试，是全国各地的举人集中到京城参加考试，有统一的科目，采用相同的考试内容和形式，统一命题、统一评卷。乡试一级虽是分省统考，但由中央统一组织、委派主考官员，使用全国统一规格的专用考场贡院和号舍。具体试题各省不一，但题型和标准划一，且全国各省统一在秋天考试，明清时期乡试固定在八月初九、十二、十五这三天考试，五百多年一成不变，第三场考试必定在中秋节举行，显示出“国家抡才大典”的稳定性与权威性。科举乡试、会试皆实行分省定额录取，具体名额由中央政府根据各省人口多寡和文风高下而定。高考也是由国家主考，即使有的情况下是分省命题，也还是全国统一考试时间，从 1978 年以来固定在每年 7 月 7、8、9 这三天，而且也实行省级常模，以省、自治区、直辖市为单位划分数线定额录取。

---

① 王定保：《唐摭言》卷三后论。

② 张萱：《西园闻见录》卷四四《礼部》三《选举·科场》。

③ 韩国史籍《增补文献备考》卷一八七《选举考·科制》四。

再次，两种考试都有严密的考试程序，科举考试所实行的编号、闭卷、密封、监考、回避、入闱、复查等办法还为现代高考所沿用。科举时代对考试作弊尤其是考官与考生串通作弊惩罚严厉，有些科场案的处理甚至达到残酷的程度。高考试题在考试前属于国家绝密级文件，若泄漏试题也要处以严厉的刑罚。两者都是具有严肃性的国家考试，因而在当时社会上享有很高信誉。

最后，从考试的作用与影响来看，两者也有类似之处。一方面，科举调动了民间办学的积极性和士子学习的积极性，急剧地扩大了知识分子（读书人）阶层，推动了文化教育的普及，同时有利于澄清吏治，以任人唯贤取代任人唯亲。另一方面，科举考试也束缚了人们的思想，压抑了人们的个性和求异思维。考试既成为教育的手段，也成了教育的目的，各地方和学校片面追求中举及第率。片面应试的后果是考什么就学什么，科举考人文知识，自然科学知识便无人问津，强化了重治术轻技术的观念，巩固了官本位体制。而现代高考激励青少年努力学习科学文化知识，发奋读书，在选拔人才、振兴科教、发展文化方面起了重大的作用。不过，高考制下“千军万马同挤独木桥”的现象也造成了片面追求升学率的后果，造成智育一枝独秀，忽视德育、体育和美育，中小学生学习负担过重，近视率不断攀升。可以说，科举与高考都是一把锋利的双刃剑。从抽象意义来看，古今两种选拔性考试是同构的，在某种程度上可以说科举是高考的前身。

然而，高考毕竟不是科举。尽管两者具有惊人的相似之处，但还是不可画等号。只要稍加分析，便可看出高考与科举具有以下不同之处。

第一，考试目的不同。科举具有教育考试性质，而且具有古代高等教育考试性质①，但它首先是一种文官考试（武举除外）。科举考试的目的是选拔从政人才，即考选政府官员。当时学校的培养目标是“储才以应科目”，可以说科举也是学校毕业考试和任职资格考试，考中者具有科名，或者说获得秀才、举人、进士等古代学位，获得入仕资格。因此科举既是一种教育考试制度，又是一种人事考试制度。高考则是高校新生入学考试制度，考试成功者只是获取高校入学资格而无其他政治待遇。科举时代应举入仕几乎成为读书人实现人生抱负的唯一出路，中举及第率极低，明清时代乡试中举率往往仅有1%左右，因而金榜题名成为士子梦寐以求的头等大事。高考虽也是

① 刘海峰：《论科举的高等教育考试性质》，《高等教育研究》1994年第2期，第86～90页。

许多人一生中的重要转折，但现代社会成才途径比古代宽广许多，高考录取率也远比科举及第率高，现在不少省区已接近50%，直辖市更高达80%以上。现代社会的复杂多样，不像古代严格按士农工商分等，因此高考只是高中毕业生的最好选择而非唯一选择。

第二，考试内容不同。这是科举与高考的明显区别。科举一般只考儒家经典和文史辞章，其内容大体不超过人文政法学科知识。唐代科举有明算科，但只是科举考试的支流。明清科举的八股文和试帖诗更属古典考试题型，加上对策、判文等，主要是测试应考者的人文知识和属文作对能力，也能起到智力测验的作用，并能选拔出智商较高的从政人才，不过往往考用脱节，所学非所用。现代高考科目分语文、数学、外语、政治、历史、地理、化学、物理、生物9门，测试的并非为官所需的各种知识和能力，而是测试一个人进入高校学习前应具备的基础知识和技能，考试科目为现代科学、文化的主要分科，内容不仅包含文科而且涵盖自然科学知识，即与现代社会相适应的基本知识。

第三，报考条件不同。科举既然是选官，便按官的条件要求应考者。封建社会各级政府中没有女性官员，因此报考者只能是男性；必须身家清白，没有残疾。除此以外，倒是十分开放，没有年龄、种族、民族、婚否等限制，这与现代高校自学考试的开放性很接近。高考没有性别和残疾的限制，但有年龄、婚否等限制。

另外，高考的题型、考试模式、评分办法、阅卷手段等等与科举也有不少差异，限于篇幅，不一一列举。科举在整个社会政治和教育结构中的地位远比高考重要，高考指挥的是中小学教育，对高校只起影响作用，科举制约的是当时所有学校，包括近代的京师大学堂和同文馆这样最高层次的学校。总之，高考与科举既十分相似，又有重大区别，只有在深入了解两者异同的基础上，才能科学地比较科举存废与高考存废问题。

二、科举存废

中国是世界上最早采用考试方法来甄别选拔人才的国家。在科举选才积极功能充分发挥的同时，科举的消极影响也十分突出，而且越到后来，弊端暴露得越明显。为此，历代都有一些人批评过科举，甚至有的皇帝还下令停废过科举，但最终仍行不通，总是旋罢旋复，回归到科举取士的老路上来。

历史上6次有关科举存废之争都发生在封建时代最高决策层。作为“国家抡才大典”，科举取士制度关系重大，因而无论是要废除或恢复科举，都要由皇帝本人最后作出决断。在科举时代，因为考试选官比其他选举取士方法更适应社会的需求，所以各个朝代皆将其作为选取人才的首要途径。在1 300 年的科举史上，虽然也有过几次中断，不过少则几年，多则 30 余年便重新复活了，因而一些封建知识分子认为“终古必无废科目之虞”①。然而，鸦片战争以后，伴随着坚船利炮的冲击，欧风美雨强劲东来，中国社会的政治、经济和文化环境起了急剧的变化，中国人在内忧外患的压力之下，求变的要求日趋强烈。尽管在 19 世纪末 20 世纪初，科举制已有所改良革新，逐渐向现代文官考试制度转化，但还是无法适应风驰电掣般变迁的时世，因此，在张之洞等人一再要求废科举兴学堂的情况下，清政府不得不于光绪三十一年（1905 年）下诏停废科举。这标志着一个时代的终结，也预示着君主制度的覆亡。

科举废止后，新式学堂大量兴办起来了，但在教育发展的同时，政治方面的消极后果却日渐显示出来。“新型的学者在成批地产生，留学外国的科学家在一船船地回来，但管理他们的官员又是从何产生的呢？而如果没有优秀的行政管理者，一切学者、科学家都会在无序状态中磨耗终身，都会在逃难、倾轧、改行中折腾得精疲力竭，这已被历史反复证明。”② 科举废止后，由于政府用人缺少标准，于是讨官跑官、任人唯亲、植党营私等弊端也随之而来。有的学者认为，北洋军阀时代与后来的官制也未见得优于科举时代甚至常常是劣于科举，而现代文官制中的考试制度却有许多类似科举的程式，因此为科举制“平反”的呼声也越来越高了③。经历了近一个世纪的政治风云与官制兴革，人们回首发现：科举制采用的考试选才办法要优于世卿世禄制和察举推荐制，“学而优则仕”原则有其局限性，但远比“血而优则仕”好，也肯定比“学而劣则仕”或“不学而仕”更好。

20 世纪 80 年代以来，随着思想的解放和学术环境的宽松，科举研究也空前活跃起来。随着时间的推移，人们已不再像 20 世纪初那样为激愤的情绪所左右。也许部分是由于离清末废科举更为久远的缘故，许多学者开始对科举进行冷静的分析和理性的判断。而更重要的是高考选才存废正反两方面

---

① 梁章钜：《科目》，《浪迹丛谈》第 5 卷，福建人民出版社，1983 年，第 69 页。

② 余秋雨：《山居笔记》，文汇出版社，2002 年，第 256 页。

③ 秦晖：《科举官僚制的技术、制度与政治哲学涵义》，《战略与管理》1996 年第 6 期，第 60 页。

的经验以及没有制度化的遴选官员或公务员的程序所显现出来的弊端，促使人们更加深刻地反思科举制的是非功过。经过客观的研究，人们这才知道对科举的坏印象原来是清末为废科举而矫枉过正地将其说得一无是处而形成的。科举制并不完全像以前我们中小学课本所描述的那样片面，它不仅造就了范进、孔乙己这样的腐儒，也造就了文天祥、林则徐这样的民族英雄，白居易、苏东坡这样的文学家，包拯、海瑞这样的清官，甚至还有沈括、宋应星、徐光启这样的古代科学家，而且连我们熟知的韩愈、朱熹、蔡元培一类的教育家也是进士出身。1 300 年间，多数政治家也是科第中人，连清末激烈批判科举的康有为、梁启超、张之洞等人也是科举出身，而且张之洞后来还为自己废科举的行为感到懊悔，梁启超则曾于 1910 年鼓吹恢复科举。

废止科举是当时复杂的政治、教育形势下的历史必然。然而，科举虽已停罢，但考试这种选才方式却没有而且也不可能废止。为了弥补废科举所造成的选官制度的真空，清政府曾计划于 1910 年颁布《文官考试任用章程》。孙中山先生更是认为“任官授职，必赖贤能；尚公去私，厥唯考试”，主张考试权独立、设考试院。民国时期一度实行的国立高等院校统一招考办法和现代的高考制度，应该说在形式上皆与科举有一定的渊源。在当今讲求公平竞争的市场经济条件下，各行各业越来越多地依靠考试来测试人才。历史与现实皆说明：考试选才具有恒久的价值。

三、高考存废

20 世纪 70 年代以前，人们读的书、听的课几乎都说科举不好，所以，“文化大革命”取消高考，以致取消一切考试也就顺理成章了。但结果是造成“读书无用论”泛滥，“走后门”成风，人才出现断层。这时候，许多人才认识到，没有考试是不行的。邓小平再次复出之后，当机立断，恢复高考。恢复高考 20 年后，1997 年 11 月，《人民日报》在征文后的综述中说：“恢复高考，挽救了我们的民族和国家。”1998 年 12 月，《中国青年报》的一项社会调查说，当被调查者对 20 年来的历史大事，从其影响“个人前途和命运”的角度进行评价时，“恢复高考”以 55.5％的获选率被排到了第一位。在当前关于高考的争论中，有人批评“应试教育”进而主张取消考试，于是又把对科举的认识提到了议事日程①。

① 杨学为：《中国需要“科举学”》，《厦门大学学报》（哲学社会科学版）1999 年第 4 期，第 17 页。

对高考存废这样事关重大的问题，人们争论的观点总是有很大的歧异。有的论者说，“当我们回忆起清末民初的教育改革是以废除科举制为突破口时，也就会联想到今天教育改革的突破口在于彻底改革高考制度”，“‘文革’期间，高等学校招生制度进行过推荐选拔或推荐与文化测试结合选拔方式招生的尝试，终因推荐程序的不够完善合理及‘走后门’的干扰而发生较大偏差，导致‘文革’后高等学校招生考试制度的全面恢复”，流露出对这种尝试“没有能按照正确的方针坚持到底”而感到惋惜的情绪[①]。反对废除高考者的言辞也相当激烈，认为“文革”中的“推荐”成了“走后门”的同义语。“考试废，道德堕”，社会风气的败坏，道德的失范，实际上是从废除考试制度开始的。当然，考试必然会有种种弊病，对此绝不能忽视。但在恢复高考制度多年后的今天，“某些人似乎更多地看到了考试制的各种弊病，因而患了‘历史健忘症’，忘记了废除考试制必然带来更大的弊病，甚至荒诞不经、费尽心机要为当年的‘推荐制’寻找某种‘合理性’。想再以此来补考试之弊，的确是吃错了药”[②]。

高考是中国教育的一项基本制度，是适应中国的社会政治、经济、文化而产生的高校新生选拔制度。高考制度是有不少局限，也对中小学教育产生了一些消极影响，但它能公正客观地选拔人才，对中国教育和中国社会还是利大于弊。1958 年和“文革”中废止高考都以失败告终，充分证明高考在现代中国具有顽强的生命力。

实践是检验真理的唯一标准。选拔人才的方式从大的方面来说不外两类：一为推荐，二为考试。从理论上说，结合考生中学的表现与平时成绩的推荐保送制度最能选拔出品学兼优的人才，但实践却一再证明推荐制受人为因素干扰太大，无法真实客观地反映出被推荐者的水平和表现。中国人做事向来考虑“天理、国法、人情”三个方面，人情与关系在中国社会生活中往往起着十分重要的作用，甚至出现“人情大于天”、“人情大于法”的现象。在选拔人才方面，受人情与关系的制约，古代的察举推荐逐渐演变成植党营私的手段，“文革”中的“推荐”几乎变为“走后门”的同义语，现在高校招收的推荐保送生在部分地区从“送良不送优”变为“送官不送民”，以至

---

① 沈骊天：《中国古代教育制度的历史反思》，《南京大学学报》（哲学·人文·社会科学）1996 年第 1 期，第 178 页。

② 雷颐：《珍惜考试》，《大学生》1997 年第 10 期，第 25 页。

于不得不于1998年规定保送生必须参加教育部考试中心统一命题的综合考试，以考试来甄别保送生的真假优劣。可见推荐制难以做到择优录取，却可能异化成为"择权录取"或"择钱录取"。实际上，除了特招少数中学生奥林匹克学科竞赛的尖子和优秀运动员以外，为了堵住歪门邪道，我认为不必要再实行保送生制度。因为既然理论上说保送生是推荐重点中学的优秀毕业生，在高考录取率已大幅度提高的今天，这部分学生凭自己的实力是完全可以考上理想的大学的，如果参加高考分数不如其他同学，连普通本科分数线都考不上，又怎能说其优秀？因此与其推荐，不如考试。

为了有效地制衡人情与关系的困扰，客观公平地选拔人才，中国人发明了考试。由于能破除血统论、解脱人情困境，考试选才让所有应试者接受同样的挑战，将个人的才学和能力放在首位，因而历来被视为可以客观公正地选取优秀人才的公平尺度，或称"量才尺"。当今中国普通老百姓盼望的高考改革是以公平为本，也就是说，高考改革首先要改掉的就是人为因素的干扰，保证高考竞争的公平性和高招录取工作的公正性。①

然而，激烈的高考竞争导致试题难度逐年加大，这是保持选拔性考试区分度、水涨船高的必然后果，而其消极影响便是片面应试，考什么便学什么，不考什么便不学什么，这在一定程度上造成知识褊狭的弊病和学业成绩至上的功利心态，扭曲了高中教育的目标与理想。尤其是"升学主义挂帅"向下延伸至小学甚至幼儿园时，少年儿童不堪学习重负，就更令人担忧。

要解决或减少高考竞争所带来的消极影响，只有不断改革高考的内容和形式，但不应幻想取消高考制度。企望再回头去找推荐举送制度的灵丹妙药，在现实中必然会出现比高考制度更多更严重的弊病。高校招生考试中存在着一系列的两难问题，公平选才与全面考核往往难以兼顾，在以分取人与舞弊不公这对矛盾之间，人们往往宁愿公平竞争而接受艰苦的考试，而不愿接受理论上为全面考核实际上容易为特权把持的推荐。在有关高考存废问题的争论中，有一个值得注意的现象，即许多主张彻底改革高考制度或主张废止高考的人，往往只看到高考的消极面，却很少考虑到废止高考后的替代办法是否会出现比实行高考更大的弊端。文学界有的人士激烈反对标准化考试，甚至提出语文高考就专考一篇作文以便真实地考查学生的语文水平，他们忘了以往对作文这类主观题的评分误差很难避免曾进行激烈抨击，指出误

① 顾卫临：《勿忘"公平"》，《瞭望》1997年第42期，第34～35页。

差十几分就是“草菅人命”；而教育学界尤其是对高校招生及考试较有研究的学者，却对高考改革问题较为慎重，很少轻言废止高考。高校招生考试是一个世界性的难题，其中问题很多，1998 年 1 月，在厦门大学举行的两岸大学教育学术研讨会上，台湾与大陆学者皆感到大学招生考试是中国教育改革的一个关节点，甚至认为如果谁能解决中国的大学招生考试中的一系列难题，应该得到教育的“诺贝尔奖”。

历史上科举考试与学校教育的矛盾互动最后以废科举、兴学堂为结局，那是因为科举考试的内容不合理，跟不上时代发展的步伐，而今天的高考是与时代的要求相适应的。在改革招生考试的问题上正确的做法不是废除高考，而是改进考试的内容和方式，使其更好地促进中学教育和教学的发展①。历史虽有惊人的相似之处，但绝不会重复。只要中国还是一个讲究人情与关系的社会，只要中国还坚持尊重知识、尊重人才的政策，只要中国还要以公平的方式选拔优秀大学新生，高考就有其继续存在的必要。

（原载《高等教育研究》2000 年第 2 期）

① 郑若玲：《科举启示录——考试与教育的关系》，《清华大学教育研究》1999 年第 2 期，第 16 页。

高考改革的统独之争

高考改革是一个聚讼纷纭、见仁见智的大问题。近年来，关于高考改革有各种各样的争论，对高考制度也有诸多的质疑，但最为尖锐、最为根本的、牵涉高考生死存亡问题的，是要不要坚持统一高考的问题，即关于统一考试与单独考试之争，以下简称为高考改革的统独之争。本文拟在分析一些抨击高考制度的言论的基础上，论述高校招生从分散走向统一的大趋势和高考竞争的必然性，认为兼顾统一性和多样性是高考改革的发展方向。

一、对高考制度的抨击

由于高考的利弊得失都十分显著，人们从不同的立场、不同的角度论说高考，往往会得出不同的看法。社会各界、各行各业的人，任何家长、任何学生都可以发表看法，站在不同的立场和角度都可以谈出自己的道道，但是对高考制度整体的评价，应该在相对比较全面研究和深入思考的基础上来进行。有的论者看到学生学习负担沉重等一些弊端，仅凭一腔热情和激愤，就对高考大加批判，说高考应该彻底改革，乃至于推翻，这种考虑是不大全面的，包括有论者前不久提出的废止统一高考的观点，我认为也是在没有深入研究的基础上提出来的。例如其论据之一，就是说统一高考制度是计划经济的产物，现在中国既然走市场经济道路，就不应该再实行有计划的统一的高考。这个问题实际上在教育学界特别是考试研究界大家早就辨析清楚了，统一高考不是计划经济的产物，它和计划经济没有必然的联系。许多实行市场经济的国家和地区，也都实行统一考试，只是在录取新生时采用统考成绩的权重不同而已。

近十年来对高考制度的抨击此起彼伏，多数批评高考的人都是出于善意，希望消除应试教育的弊端，振兴中国的教育。但是有些言论非常激烈，比如说曾经有人用“文革”中的词语主张废除或“炮轰”全国统一高考体制，甚至说高考是一个“人神共愤的制度”。前年《南方周末》发表了一篇文章，题目就叫《论高考的不能统一》。也有学者说高考是人人都认为不合理的制度。还有一个学者，在《光明日报》的一篇文章中甚至说，高考阻碍素质教育是“庆父不死，鲁难未已”。《北京文学》2005年第10期发表了一篇长篇报告文学《高考殇》，对高考大加批判，结论是“把高考送进坟墓”。又有学者声称自己不是反对高考，只是反对统一高考。这些观点，我觉得他们的出发点都是为中国教育着想，但是有些言论是未经认真思考的。

什么是高考？在多数情况下，高考就是指全国普通高等学校统一招生考试，如果没有统一考试，就不称之为高考。1952年中国建立高考制度之前，就有各个高校的招考，“文革”后期推荐工农兵上大学，个别大学也有类似的考试，不过不叫高考，因为没有统一性。当然有留美学者撰写《“高考”在美国》的论著，那里的“高考”一词一定要加引号，不是我们严格意义上的高考。笔者认为：高考是一个特有名词，是特指的，通常情况下，邓小平恢复高考制度，指的是恢复统一高考制度，所以，不反对高考但反对统一高考的说法实际上是混淆了高考的概念。

高考实际上除了能为高校选拔合格人才外，还有很重要的维护社会公平和社会稳定及促进社会流动的功能。这表明高考不单单有教育功能，还有政治功能，包括社会功能以及文化功能等。恢复高考近30年来，高考在促进中学生努力学习，提高我们民族文化水平，包括维护社会公平、社会稳定等方面，已经起过巨大的作用。通过高考这种形式的公平竞争，为我国高等学校选拔了千百万合格的新生，经过高等学校的培养造就，多数成为各行各业的骨干力量。中国近二十几年来经济的腾飞，与高考制度的恢复及不断改革密切相关。很难设想如果没有高考将人才选拔出来，配置到合适的高校中接受高等教育，中国社会这二十几年的经济发展能有现在的情况。所以我们对高考的研究，应该说既要看到它的弊，也要看到它的利。总的来看，我觉得对中国教育和社会而言，高考制度是利大于弊。

二、从分散走向统一

世界各国因政治、经济、教育发展水平、文化传统不同，在高校招生考试制度选择上各有差异，但无论是采用高中毕业考试成绩，还是另行举办招生考试，统一考试已成为许多国家或地区大学入学的重要环节。美国虽然没有全国统一的高中毕业考试，但却有全国基本统一的两种大学入学考试，即

“学术评价测验”（SAT）和“美国大学测验”（ACT），作为大学招生的重要依据之一。法国、日本、韩国、新加坡等国的高校招生考试则由政府所属的考试服务机构统一承办。

20世纪世界各国高校招生情况从宏观来看，从分散走向统一是一个大趋势，其间存在一定的规律性。有的学者说，因为我们中国50年代初期学苏联，所以我们实行了计划经济，在招生方面就实行了统一高考，实际上基本的问题都没有搞清楚。50年代的时候，苏联并没有实行统一高考，在90年代末以前，他们一直是各校单考的，反而他们开始市场经济的时候，却实行统一高考了，大部分高校参加俄罗斯的统一高考。为整治高校招生腐败，扩大贫困生的入学途径，提高生源质量，开始试行一定范围的统一考试。2001年4月，俄罗斯成立具有联邦主体性质的国家考试委员会，教育部也成立了专门的统一测试中心，采用统一测试成绩作为许多高校招生的条件。2001年至2003年，俄罗斯高校参加统考招生的地区分别有5个、16个、47个；通过统考的高中毕业生各有3万人、30万人、63万人；中学科目共20科，三年间统考科目各为8科、9科、12科。到2006年，大多数大学已加入统考行列。

日本在1979年以前没有统一考试，1979年以后开始了国立和公立大学统一命题的考试，现在越来越多的私立学校也主动加入了这种统一考试，韩国等国家也实行统一入学考试。英国以前都是各地方的考试局、考试委员会主办考试，现在也在筹备成立全国的统一考试招生委员会。日本、韩国都不是实行计划经济，当然它们的政府是有调控功能的，其他市场经济发达的西方国家也有不少实行统一考试制度的，只是实行统一考试的分数在进入高校时权重不一样，使用的目的不一样。

包括研究生招考，部分专业课也是从独立走向统一。早先数学一、数学二是没有的，是后来高校要求开设（当然，并非所有研究生专业课都应走向统考）。法官考试与律师考试起初是分开的，现在还是统一成司法考试了。原来MBA最初都是各校单独考试，后来变成联考，也就是统一考试。为什么会出现这种情况？主要原因是将单独招考中的共性方面统一起来，可以达到公平、高效和具有可比性。而且统一考试可以极大地方便全国各地的考生，减轻考生的负担，可以用比较少的经费来报考，高校也可以用比较少的经费，节省人力、物力和时间来招生，如果各校单考，成本非常大。

统一招生考试是在高校发展到一定规模和程度的时候才会出现的，是招考制度发展到较高阶段的产物。清朝末年，中国开始引进西方的教育制度。由于刚开始学堂数量不多，且各学堂的性质、层次、规模差异较大，当时只能采用单独考试的办法，因此皆为独自招考入学。这与世界上其他统考入学的国家和地区一样，在近代高校初建阶段，一般都是单独招考而不可能产生统考制度。1952 年中国高考制度的建立，既受传统文化中大一统观念的影响，也有古代科举考试的传统渊源，并受到抗战初期统一招考的启示，同时也是考试制度自身发展的内在逻辑所致。从分散走向联合，将各高校招生考试中具有共性的部分统一起来，以达到高效、公平和具有可比性，是考试制度发展的内在要求。

三、高考竞争的必然性

中国社会有重视人情与关系的传统习惯，重视面子，重视关系，办什么事都很讲究人情关系，讲情、理、法，有时候人情最重。文化传统的变迁是缓慢的，传统习惯并非短时期能完全改变。在这种文化传统不改变的情况下，要维护中国社会的公平，特别是高考录取的公平，统一考试是行之有效的办法。统一考试是适应国情的主要招考办法和基本形式，我认为还会长期坚持下去。

激烈的高考竞争导致中小学生学习负担沉重。尽管中央三令五申发了许多红头文件提出要减轻学生负担，但实际上，学生负担并没有减轻，在有的方面反而加重了。原来人们认为，进入高等教育大众化阶段以后，片面追求升学率的情况将会有所好转。然而，现在已经进入高等教育大众化阶段，在一些直辖市已接近高等教育普及化程度，但升学竞争还是非常激烈。参照具有高度重视教育传统的日本、韩国和我国台湾地区的经验，即使高等教育毛入学率进入普及化阶段，名牌大学的入学考试竞争仍然很激烈。这其中存在着不以人的主观意志为转移的客观规律，有一定的必然性。

因为社会永远是分层次的，职业永远是分类的。即使不断“扩招”，扩大到所有人都能够上大学的时候，社会还是分层的，社会分工是必然的。假使所有人都成为博士，也还是有人要做管理工作，有人要从事蓝领工作。由于高等教育大众化，人们已经从重视“学历”转变为重视“学校历”（即重视学生是从哪所学校毕业）。因为对一个人的宏观判断，最直观、最外显的就是“学校历”。这种情况下必然会出现竞争重心上移，重“学校历”愈演愈烈，也就是名牌大学或重点大学的竞争程度不亚于过去。这是水涨船高的结果，也是学历社会高等教育发展的必然规律。高考的竞争、受高等教育机会的竞争归根结底是社会地位的竞争。近年来，许多行业的竞争日趋激烈，高考竞争加剧，实际上是当今越来越激烈的社会竞争在教育和考试上的反映。在这种社会背景下，想使升学考试竞争程度单独降下来很难。而且，中国人高度重视甚至过度重视教育的价值观短期内很难改变，尤其是独生子女进入上大学年龄以后更严重。过去一个通常家庭有两个以上的孩子，当一个孩子没考上大学时，还可以把希望寄托在另一个孩子身上，可能对一个孩子的升学希望只有百分之五十。但独生子女不同，考上就是百分之百的成功，没考上就是百分之百的失败，因此对孩子的期望和压力比过去更大。

减轻学生学习负担的多次努力为什么总不见成效？主要是有不以人的主观意志为转移的因素在起作用。你可以说这是高考或台湾所称的大学联考这头“怪兽”在作祟，但也可以说是某种规律在起作用，或者说是强大的传统的教育价值观、家长望子成龙望女成凤的期望在起作用。与我们文化传统类似的日本，盛行为应试而进行的私塾教育。日本有家杂志每年进行名牌高中高考升学率的排行。他们民间有个说法，叫“四上五落”。意思是说，一个高中生如果准备考名牌大学，晚上睡四个小时的，才能考上，睡五个小时的，就要落第，可见升学竞争多么激烈。

在升学竞争十分激烈的情况下，公平会成为全社会高度关注的问题，而要维护公平，需要有比较刚性的制度来加以规范和约束，采用统一考试是最好的选择。好的制度能限制坏的行为泛滥，坏的制度却使好人也跟着学坏。高考如果不能说是防止大学招生腐败的铜墙铁壁，也至少是阻止人情与关系干扰的坚实屏障，或者说是制约人情泛滥的有效手段。

四、高考改革的发展方向

兼顾统一性和多样性是高考改革的发展方向。的确，统一高考制度的最大优点和最根本问题均出在“统”字上。随着高等教育大众化进程的加快和终身教育体系的构建，高等教育对象的集中性也被打破，考生将来自各种年龄段和各行各业。高考若不“与时俱进”，“统一”的优点则可能逆转为其生命力的扼杀者①。总体而言，世界高等教育正在趋同存异，在高校招生考试

① 郑若玲、杨旭东：《高考改革：历史与现实的思考》，《厦门大学学报》（哲学社会科学版）2003 年第 1 期，第 111 页。

改革方面出现一种趋同现象。原来实行高校统一考试的国家或地区，特别是考试竞争激烈的东亚国家和地区，随着高等教育大众化的发展，入学机会的增多，开始扩大高校和考生的选择权，实行入学方式的多元化。

2006 年复旦大学和上海交通大学举行自主招生考试，是高考改革的有益尝试。真正要触动过于统一的高考制度，仅靠部分高校试行单独招考还不够，需要有更多一流大学的加入才能真正引起整个社会的重视。单独命题考试、采用面试方式，都能在相当程度上考出特色和能力。不过，我认为，在采用面试方式的情况下，考生还是应该参加统一高考。这并非多此一举，而是可以对新生的文化素质有个基本的掌握，至少可以作为参考。美国、英国和我国香港地区的名牌大学，在实行单独招考或申请入学方式的同时，也要求申请者提供 SAT 或 A Level（高级水平考试）统一考试成绩。美国实际上也有统一考试，当然跟我们现在的高考不大一样，美国主要是两个民间考试机构在组织这种考试，不过其考试成绩有可比性，这两种测验分数也成为每年公布大学排行榜中衡量学生质量的主要指标之一。美国大学排行榜中一个重要的指标即学生素质的指标，其中很重要的一个方面是 SAT、ACT 的排名，即统一测试的排名。实际上美国大学新生成绩，在一定程度上已经比中国高校的新生成绩更有可比性。中国目前由十四五个省市命题，其成绩的可比性已经不如美国这种多元化的国家了。

中国大学追求个性特色，勇于实践，值得鼓励，然而没有必要走到另一个极端，走到完全不依靠统一考试的道路上去，有的方面多样化发展也要适可而止。高校自主办学、自主招生，并非都要自行举办招生考试。由专业化的考试机构实施统一招生考试，尽管存在偏重共性测量等不足之处，但它能够在较大范围内为各校提供衡量考生文化水准和能力的标准尺度，具有可比性；可节省人力、物力、财力和时间，提高入学选拔的效率与信度，减少因经济因素和招生舞弊所衍生的考试不公平现象①。比较理想的招考方式是既有统一考试成绩，又有各校单考成绩的复合式两次考试录取模式。

高考改革不得不面对一系列的两难选择，如考测能力与公平客观的矛盾、灵活多样与简便易行的矛盾、扩大自主与公平选才的矛盾、考出特色与

① 张亚群：《高校自主招生不等于自行考试》，《教育研究》2005 年第 3 期，第 34～36 页。

经济高效的矛盾①。不论招考如何改革，都会遇到一些两难问题。分省命题、各省市统考，与全国统一命题、统一考试，只有量的区别，本质上还是统考，而各校单考则与统考有质的区别。

统一高考全国一张试卷有其弊端，没有照顾各地的差异，且考试安全风险很大。但完全由各个省独自命题，比如三十几个省区市都独立命题，也不一定是一个理想的选择。分省命题虽然比各高校单独招考更为高效，但各省花费总数比全国统一命题更大，且省内泄题的可能性也会增加。应逐步建立若干个区域性的高校入学考试中心或考试院，负责大区内的高考命题。为提高试卷的科学性和稳定性，使高考分数更具有可比性，并提高命题效率，减少泄题的概率，在教育部考试中心命题的同时，促使水平较高的考试院承接临近省份的委托命题。各个省可以自己选择，既可采用教育部考试中心的命题，也可使用临近省区的命题，或用大区的命题。

高考改革应在全面研究和长期规划的基础上渐进地推行，这样对社会造成的影响和教学方面的影响会小一点。在坚持统一高考的基础上不断改革，积极而又稳妥地推进改革，使高考逐步走向多样化。从长远的目标来看，中国可能在相当一段时间里，还是将朝兼顾统一与多样的方向发展，逐步建立起以国家统一考试为主，与多元化考试评价和多样化选拔录取相结合，高校自主招生、自我约束，政府宏观指导和调控，社会有效监督的具有中国特色的高校招生考试制度。

中国具有独特的传统文化，许多情况与西方国家不太相同，因此在高校招生考试方面没有现成的模式可供借鉴。现实中很难有最完美的制度，只有最合适的制度。理论上说存在最理想的招考制度，现实生活中却只能实施最可行的招考制度。理论上说高考不一定是最好的招生办法，但实践中却没能找出更好的可行的办法。找不出更好的制度之前，就不要轻言废弃现存的制度。经过反复比较，可以看出，统一高考至今还是适应中国国情的招考办法。

（原载《教育发展研究》2006 年第 11A 期）

① 刘海峰：《高考改革中的全局观》，《教育研究》2002 年第 2 期，第 21～25 页。

高考改革何去何从

高考关系到千百万青年学子的前途和千家万户的切身利益，关系到高等教育的质量和基础教育的改革，承载着众多学生、家长、老师的期望，承载着维护社会公平和社会稳定的重任，承载着太多的社会舆论压力，高考应如何改革因而越来越引起人们的广泛关注。在有关高考改革的各种议论中，大体上可分为主张彻底改革高考的激进派与主张维护统一高考的稳健派，两派观点相当对立。激进派认为高考制度的弊端已是积重难返，对“素质教育”的推行和中小学课程改革起阻碍作用，因此要彻底改革或废止高考制度；稳健派认为高考并非教育的万恶之源，只是各种矛盾的集合点，以其他招生方式取代高考，矛盾和问题更大，统一高考还有存在的必要，因此对高考应该是改良而不是颠覆。

高考改革何去何从？在中国高等教育进入大众化的时代背景下，我认为高考改革比以往更具有迫切性，但还是应该在坚持统一高考的大前提下，积极而又稳妥地推行。大体而言，高考改革总的趋势是从统一走向多样，从招考合一走向招考分离，最终建立符合中国国情的以统考为主的多元招生考试制度。

一、从统一走向多样

统一高考制度在中国建立 50 多年来，特别是 1977 年恢复高考以来，高考制度在高校选拔优秀新生、促使青少年努力学习、鼓励公平竞争、维护社会稳定等方面起了重大的作用。全国统一高考具有权威性、科学性、高效性等方面的优点，但也存在统得过死、无法体现各地区各高校特色、加重应试的激烈程度等方面的局限。多年来，要求改革高考的呼声此起彼伏，高考制度在许多方面也进行了改良，不过，总体而言，高考制度还是保持了其基本的框架。

如何进一步推进高校招生考试制度改革，是关系到中国高等教育现代化、中华民族振兴的大问题。中国高校招生考试制度既受政治、经济、科技、文化传统等外部因素的制约，又受教育思想、教育体制、管理制度、教育经费以及学科特点等内部因素的影响。在中国高等教育已经进入大众化阶段和全面建设小康社会的历史时期，以往为选拔少数精英的高考模式必然要发生变化。随着中国高等教育现代化、大众化、终身化、国际化等趋势的到来，以及基础教育课程改革的进展，高校招生考试的内容、形式、录取办法等方方面面也必将随之进行调整。

随着高中课程改革的推进，课改实验省份的许多人更为迫切地提出高考改革问题。确实，中国的高考具有指挥棒功能，对中学教育影响巨大，高考不加改革，高中新课程就很难如设想中的那样顺利推行。但高校招生考试与中学教育的关系是一个复杂的问题，它牵涉到大学与中学的关系、考知识与考能力的关系。到底是考什么就教什么，还是教什么就考什么，从来都存在着争论。从理论上说，高考的目的是为高校选拔合格的新生，主要应考虑大学的需要；从实际出发，由于中国的高考对中学教学有强大的制约作用，因此要根据中学的教学内容和程度进行命题。美国最重要的“高考”（SAT）主要考测学习能力性向，出发点是大学选拔人才的需要，而不是中学的学习内容。现在既然高考命题权逐渐下放到省、自治区、直辖市，实验省份有自主权可以提出各自的改革方案，以体现高考改革的多样性，并看看是否有可行性。

从世界范围来看，许多国家的高校招生考试出现了趋同的现象，一些原先完全分散由各高校单独招生的国家，高校逐渐采用统一考试成绩作为录取新生的重要依据，而原先实行统一高考制度的国家和地区，高校招生则朝多样化方向发展。总的说来，中国高考改革的发展趋势也是从统一走向多样。具体而言，多样化应该包括考试组织形式的多样化，如从全国统一命题到分省命题。这是在考生急剧增加、考试安全风险增大的情况下，为体现各省区市差异而推出的改革。如何既照顾到地区之间的差异，又使考试组织尽量做到经济和高效，且保持较高的权威性和科学性，持续防止出现泄题事件，避免试题不利于非省会地区的考生等问题是值得我们慎重考虑的。我认为应该允许省区市有各种选择，允许经济和文化发展水平相近、地缘接近的省区市实行大区联考，或委托教育部考试中心和命题质量较好的省份代为命题。

考试内容则可以在现有的基础上进一步多样化，科目组也可以渐进地走向多样，以体现特色和差异，但要掌握推进的范围和进度，应充分考虑到考试成绩的可比性以及考试成本。考试层次的多样化，可以考虑由现在一次考试定层次的模式变为大学统考和专科统考两次高考。考试时间的多样化，不是简单的增加考试次数，变成一年两次或多次高考，在招生人数不变的情况下，这样的区分意义并不大，增加考试机会的同时也是增加考试压力和考试成本。时间多样化是指在全国统一考试之后，各个高校再进行一次单独招考，将统考成绩与单考成绩结合起来进行录取。全国统一高考采取标准化命题以便于快速准确评卷，各高校单独招考的命题则可以采取各种主观试题以显特色。两次考试的好处是既有统一的测试分数以便于各大学比较评估生源质量，又能体现各校招考的特色，而且还可以在一定程度上遏制高考集体舞弊的现象，两次考试显然增加了作弊的难度以及泄题的风险。

另外，现在的高考体制基本上是招考合一，将来也可考虑从招考合一走向招考分离，往扩大高校自主招生的方向发展。考试可委托专门的考试机构负责命题和评卷，而由高校自主决定录取模式。也可参考台湾地区的做法，将分数化为级差，按级差录取。这样做的好处是避免分分计较，但不如现行办法来得直观准确。高校院系可指定考试科目，或可增加某一特定学科分数的权重，例如数学系对考生的数学考试原始分数按 150%计算后再录取。当然，现行高校录取、省市招办监督体制也有其合理性，使录取新生在相当程度上有章可循，避免招生人员录取低分的关系户，以保证高考制度的公平性。

二、建立以统考为主的多元招生考试制度

近年来，有的论者出于对“应试教育”弊端的深恶痛绝，对高考制度也进行了激烈的抨击，认为高考阻碍了素质教育的推行，阻碍了基础教育的改革，阻碍了创新人才的培养，必欲除之而后快。有些论者提出应该模仿美国的大学招生方式，以“三合一”的方案来代替目前的高考模式，既看高考考分，又看高中成绩，还看社会活动、文体活动、公益义工等德行表现和成长记录，以综合成绩来决定是否录取。确实，从理论上说这种选拔人才的方式最为全面、更为理想，但实际上在目前的中国却很难做到。橘生淮北则为枳，不同的环境会使相同的东西变味。因为国情不同，文化传统不同，从美国移植招生方式需要有相应的制度环境和文化土壤，否则就会“水土不服”，“无法生长”。

自从公元 605 年实行科举制度以后，1 300 年间，不断有人提出通过考察德行表现来选拔人才，力图改变考试选才造成的问题。包括 20 世纪 50 年代高考制度建立以后，也多次尝试过推荐保送的办法，但在中国这个人情社会中，几乎所有这方面的努力都因人情与关系的困扰而无法坚持下去，不得不回到考试的老路上来，这有点类似物理实验中人们对“永动机”的追求，总是无果而终。

有些论者将现在教育问题都归罪于高考，似乎高考是对基础教育罪大恶极，甚至比喻为“庆父不死，鲁难未已”，必须进行根本的改革。而实际上，若没有高考的把关，中国的教育和社会问题可能比现在的应试问题更为严重。2004 年 8 月新闻媒体披露的几起招生录取环节的腐败事件，再一次提醒我们，即使有高考这道铜墙铁壁把关，还有一些人挖空心思企图谋取私利走后门，若采用弹性极大的招生方式，可想而知会出现多少营私舞弊。除了一向就有的人情与关系的干扰以外，现在招考改革还遇到了道德水平滑坡、诚信缺失所带来的挑战，这是我们推行改革时不得不考虑的问题。

高考不仅是一个教育问题，而且是一个社会问题。不像有些高等教育改革，讨论的范围主要局限在高等教育界，高考改革的话题是整个教育界乃至社会各界人士都经常发表看法的问题。然而有些论者并未深入思考高考改革的复杂性，因此提出的看法主观愿望虽好，但不可行。高考除了具有为高校选拔合格人才、以考促学等教育功能之外，还具有维护社会公平、维护社会稳定、促进社会流动等社会功能。有些改革设想从教育的角度看十分理想和合理，但却可能危害公平竞争机制，进而影响社会稳定。学校教育是一个春风化雨的过程，升学考试则是一个决定学生前途的转折关口。高考对教育的影响是渐进的、长时段的，而不当的高考改革引发的社会矛盾则是突发的、显性的，当从教育理想出发推出的某些高考改革办法与社会公平产生矛盾并可能影响社会稳定之时，平民大众和决策者基本上是从社会公平的立场解决问题。

当然，主要依靠分数录取新生的办法确实有其不足，从长远来说，是应逐步把综合评价列入招生评价体系。是否可考虑先在统一考试大格局不变的情况下，单独开辟一条类似台湾地区大学入学新方案中的“推荐甄选”途径，探索在测验能力的基础上，综合评价高中生的成绩和德、智、体、美等各方面的表现，择优录取大学新生。若有大学愿意，应该可以允许少量大学进行试点，看看是否有可行性。只是我们一再看到公平选才与扩大自主权之间的两难选择，现在部分重点大学实行自主招生，已经遇到了很多因说情而难以招架的问题。只有在高校招生基本上能够自律或受到有效监督的条件下，综合评价择优录取才有现实性和可行性。

现行的高考制度有其局限，尤其是录取环节问题较多，但许多问题并非制度设计问题，而是人的问题，是具体操作人员的问题。即使是被一些人抨击得最多的高考划定分数线办法，也非一无是处。目前这种由省区市招生委员会和行政部门划定各层次高校录取分数线的办法，从表面上看高校没有自主权，以前我也这样认为。不过，仔细一想，其实多数高校的实际录取分数线并非由省区市招生办越俎代庖划定的，而是由各高校自身的学术声望和报考人数尤其是第一志愿的考生数所决定的。高于本批次分数线很多的高校，省区市所划定的分数线也只是参考分数线或最低保障分数线。真正在上线考生中录取不足的高校，大多数还是可以降分录取，部分生源缺乏的高职院校和民办高校实际上不用分数线，等于申请入学。因此，划定分数线在很大程度上是防止不正之风的泛滥或保证基本的水准，实质上对高校的自主权并没有多少侵害。高考体制中有不少做法也与此类似，它的出现和存在有一定的必然性和合理性。

总之，高考改革应在全面研究和长期规划的基础上渐进地推行，在稳中求进，因为渐进的改良往往要优于休克疗法式的突变，对社会和学校造成的震荡较小。特别是制度的改变，应该循序渐进，掌握火候。先在一定范围内进行试点，积累经验后才可推开。在现阶段的中国，统一考试还是适应国情的招考办法，我们应在坚持统一高考的基础上不断改革，逐步建立起全国普通高校统一招生考试为主，与多元化考试评价和多样化选拔录取相结合，政府宏观指导、调控，高校自主招生、自我约束，社会有效监督的高校招生考试制度。

（原载《教育研究》2005 年第 3 期）

三、推进高考改革

高考改革中的两难问题

作为高校与中学之间的桥梁，高校招生考试既是高等教育的起点，也是高校与社会各界联系最密切的方面之一。高考改革是教育改革的关节点，因此它相当敏感且易引起人们的讨论，家长、教师、考生、教育管理人员以及其他人士都从不同的角度经常提出自己的看法。大规模选拔性统一考试是一把锋利的双刃剑，尤其是在高考长期实行之后，其利弊得失都充分显露出来，某些问题逐渐沉积下来，影响特别重大和突出，因而要求改革高考制度的呼声日渐高涨。迫于社会舆论的强大压力，近年来高考从内容、科目到形式等各方面都在不断改革。但是，改革又引起新的矛盾，某些改革甚至根本无法实现其初衷。之所以如此，部分原因是一些改革的呼吁者并没有充分认识到高考改革中存在着一系列的两难问题，若只注意问题的一面而未看到问题的另一面，有的改革反而会出现比原先更大的消极后果。只有理清这些两难问题，才能使高考改革沿着正确的轨道顺利进行。

有一系列的内部和外部矛盾存在于高考之中。从表面上看，高考不过是高等学校招收新生的考试，但实际上高考竞争有着深刻的社会、经济、文化根源，承担着巨大的社会责任，高考竞争的实质是高校毕业生的社会地位与物质待遇的竞争。高考中反映的许多问题，如学习负担过重、片面重视智育等，固然有考试中的问题、教育中的问题，但根本原因是竞争，是社会问题，即教育以外的问题①。众多的社会矛盾和教育问题集中于高考中体现出来，自然使高考改革处于一系列的两难选择之中。具体而言，高考改革中主要有以下几个两难问题。

① 为之：《关于高考几个问题的思考》，《中国考试》1995 年第 1 期，第 1 页。

一、统一考试与考查品行的矛盾

要保证统一考试的公平性，就必须以考试成绩为标准，即不管家世出身和平时水平如何，在考试分数面前人人平等，这好比体育竞赛中，只凭比赛时发挥出的水平而不考虑平时训练成绩来决定谁可获取奖牌一样。这种办法的好处是唯才是举，公正客观，排除了人为因素的干扰，不足的是这种“才”只是考场上发挥出来的才学，更大的缺点是可能重才轻德，因为单凭考试成绩无法判断考生的德行。考试的局限，却恰好是推荐的长处。因为从理论上说推荐可以考查学生平日的品行表现，可以选拔出德才兼备的人才，不致出现高考制下唯分数是求、智育一枝独秀而忽视德育的局面，只是推荐制实行起来很难有客观标准，很容易弄虚作假，在中国重视人情与关系的传统文化氛围中，只好两害相权取其轻，以统一考试来解脱人情困扰。

不过，高考也并非全无德育因素。考生通过高考所表现的差距，不仅是知识与能力的差距，还有对竞争特别是激烈竞争态度上的差距。高考的公平竞争精神，对考生的毅力和拼搏勇气是一种磨练，还有助于学生养成合理安排时间的能力。学生夜以继日地发奋学习，以优异的成绩参加高考，接受国家和社会的挑选，表现了有志青年为祖国的富强、为科学文化的繁荣而奋斗的决心，表现了年轻人对社会、对父母、对家庭的责任感。这是政治素养，也是思想品德。至于选报志愿，更表现了考生对社会分工、对国家需要、对个人利益与国家利益的态度，也反映了考生的人生观、责任感，因此，高考选才并非单纯的智育①。

同时，才学与品行二者之间有分离的一面，也有统一的一面。学问才能优秀而品行不端的例子可以找到，而品学兼优的考生却有许多。历史上通过科举考试获得进士科名者多数是德才兼备的，作恶多端的进士不是没有，但比起为数众多的杰出进士来，毕竟只是少数。由于进士入仕者长期受“尊德性、道学问”教育的熏陶，一般而言要比通过捐纳保举或门荫、胥吏之途入仕者廉洁正直。金朝世宗皇帝就曾说从“吏途起家者”虽有行政能力，但“廉介之节，终不及进士”。金朝末年、南宋末年、元朝末年誓死捍卫朝廷国家者往往是进士出身之人。一般而言，进士出身者较为熟悉历代兴衰的经验

① 杨学为：《莫把高考当作单纯的“智育”》，《求是》1996年第22期，第32页。

和做人的道理，具有较好的政治素质，因而较重视名节、清正廉洁①。关于现代高考优胜者道德水平是否较高的问题，虽没有大规模的实证研究，但前几年一些城市试行无人售报办法，在某些城市中出现了一种规律性的现象，即越是文化水平高的社区自觉交钱取报的比例越高，其中大学的无人售报点收款率最高。这在一定程度上说明，文化水平较高的群体在整体上社会公德和文明观念可能较强。当然，就考试选拔本身而言，仅凭卷面成绩是无法看出考生的思想态度和道德水平的，因此，采用统一考试以防止舞弊不公与参考平时表现以考查德行往往是难以兼顾的一对矛盾。

二、统一考试与选拔专才的矛盾

高考最大的好处是公平择优，不足之处是无法测出个性独特及具有某些方面特别专长的人才。作为一种“公平尺度”，高考用统一的标准去衡量几百万个性差异的考生，会在一定程度上压抑考生的个性和求异思维，这是大规模统一考试固有的局限。公平客观与选拔专才往往成为两难选择。一千多年的中国考试史表明，要么追求公平客观却可能遗漏某些特殊人才，要么注重选拔专才却可能出现录取不公的现象，在这两者之间，绝大多数考生和家长宁愿选择前者，选择平等的竞争。多年来为了照顾某些特长生，如有体育特长的考生，在招生中允许获得地区及以上体育竞赛奖者降分录取，结果有的地方地区级运动会一年开几次，一些曾经获奖者升入大学后运动成绩平平，或以身体不好为由不参加校系组织的运动队。在这方面，与我们具有相同文化传统的韩国，也出现不少假体育选手混入大学校园的现象②。

竞争性考试注重普通学识而非专门科目，这样有利于公平比较。若考试科目分组太细，“个性”太强，甚至于难以跨组录取，则体现不了高考升学机会均等的公平原则。1985 年以后的几年，有一些省区市实行新高考科目组合，虽打破了通常文理两大类的划分办法，设置了 4 个以上科目组合，但由于科目太少、分组过多，实行起来遇到许多问题，几年后实验便告结束。1999 年广东省的“3＋X”科目组合也遇到类似问题，由于多数考生选择了“3＋1”，而这“1”科考试的报考人数、考试难度差别相当大，造成新的不

---

① 刘海峰：《科举考试的教育视角》，湖北教育出版社，1996 年，第 271～273 页。

② 《韩国大学体育中的怪现象：特长生并非都有体育专长》，《参考消息》1998 年 10 月 14 日。

公。有的论者不明白公平客观与选拔专才往往难以兼顾的道理，提出要让高考促进学生个性的发展，或设置一些针对某些专门领域的考试科目以突出个性并决定取舍。实际上，要求高考在统一测试的同时，又能在促进学生个性发展方面起重要作用，是难以成功的。专才的选拔只能通过非统一考试的方式进行，较理想的是在全国统一高考之后再由各高校举行专门的考试或面试。

三、考试公平与区域公平的矛盾

实行统一考试，各地各校的考生必须接受相同的测试标准，其中脱颖而出者总体而言当然要比名落孙山者具有更高的文化水平。因此，科举中式人数的多寡是中国一千多年间衡量一个地区文化教育发达水平的最重要、最客观的指标之一，科名也就成为地方集体追求的对象而不仅仅是个人奋斗的目标。中国科举史上曾多次出现了分区取士与凭才取士之争，其中尤为著名的是北宋中叶的大争论，司马光主张分区定额录取，欧阳修坚决反对，认为考试应一切以程文定去留，以保证考试的公平性和客观性。发展到明代，从最初完全按考试分数高下来决定录取逐渐演变为分区分省定额取中。分区定额录取的办法带有优待照顾边疆和文化教育相对落后地区的用意，从自由竞争的角度来看，是与考试的公平原则有些矛盾之处，但从调动落后地区读书人的学习积极性、促进当地人文教育水平提升以及维护中华民族的统一等角度看，则有其合理之处。所以这一两难选择的发展规律为：越到后来越是从考试公平趋向于区域公平。这一传统一直影响到近代以来中国高等学校的区域布局和高考分省区市定额划线录取制度的实行①，只是当今京、津、沪 3 个直辖市由于高校集中、考生人数相对较少而出现新的区域公平问题，与科举时代的区域公平问题又有所不同。

近年来，北京、天津（实际上也包括单独命题的上海）的高考录取重点、本科、专科各档最低分数控制线比湖南、湖北、河南等“高考大省”要低 100 分左右，以致同样分数的考生在北京可能上重点大学，在有的省份却连大专也上不了。对这种失衡的高考分数线的强烈不满不时见诸报端，2000 年二三月间的《中国青年报》更是设立了“倾斜的高考分数线”专栏刊发大

① 刘海峰：《科举取才中的南北地域之争》，《中国历史地理论丛》1997 年第 1 辑，第 167～169 页。

量言辞激烈的争论文章，全国政协提交了不止一份关于“高考应在全国范围内按分数高低统一录取”的提案。在讨论中，北京的论者与外省的论者形成鲜明的两派。北京的论者一般认为 100 分的差异并不见得有 100 分的含金量，北京、上海学生分数低，但综合素质高①。各省的论者多数则认为省区市录取分数不同是高考中最大的不公，高考分数差是应试教育的祸根之一，应该废除现在按地域录取新生的办法，用一到三年的时间在全国范围内逐步实行从高分到低分的录取方式②。在讨论中，多数人并未意识到考试公平与区域公平的矛盾是一个无法完全解决的两难问题。20 世纪二三十年代，各大学实行单独招考，完全凭考试成绩录取，结果出现边疆及文化落后省区极少考生考上北大、清华的问题，因此，当时教育部第 10 届教育联合会曾建议各主要大学将招生名额的一部分分给各省区。然而现在分数在向教育落后、经济贫困地区倾斜的同时，却出现了向教育资源丰富的大城市倾斜的情况，而这些直辖市录取分数线较低，是因为这些地方国家重点大学多而考生数量相对较少。这些国家重点大学重点投入的又多是全国纳税人的钱，自然会使人心理不平。只是我们要明白，900 余年来关于这一两难问题的讨论观点如出一辙，不存在绝对的公平和完美的解决之道，只能在兼顾两端的情况下求得相对的平衡。

四、保持难度与减轻负担的矛盾

如何在保持考试的难度和区分度的同时，不加重考生的课业负担是大规模选拔性统一考试的又一两难问题。从理论上说，考试应该用教材中的重大问题或重要的知识要点来命题，这样可以学用一致，选拔有用之才。可是从命题的实际运作来看，考试制度实行较长时期后，若教材和考试大纲未变而又不允许超纲，则几乎是必然要出偏题甚至怪题，不如此则不足以防止猜题押题，也无法拉开距离，从众多考生中挑选较优秀者。为了保持区分度和难度，出题者往往不按常规命题以扩大命题的范围，但出偏题势必增加考生的学习负担，使考生穷于应对，并随时迎合新内容和新题型想出新的对策，于是便会出现水涨船高、层层加码的命题趋难现象。这就有如一些国家之间的军备竞赛，最终增加到危险的程度。科举考试中八股文命题从正大典雅走向

① 臧铁军：《100 分的差异是不是 100 分的含金量》，《中国青年报》2000 年 3 月 7 日。

② 郑琳：《全国政协委员建议高考应统一分数线》，《中国青年报》2000 年 3 月 15 日。

偏难险怪，最后使八股文这种中国古代的标准化考试文体走到了穷途末路，给我们留下了深刻的教训。前两年语文高考试卷受到文学界的激烈批评，也是因为防止主观试题评分误差和为了保持区分度而导致命题过于琐碎。

如何在不超出教材范围和考试大纲的前提下，保持试题的区分度，是高考这样一种大规模选拔性考试需要认真思考的问题。减轻学生过重的学业负担，就高考来说有其局限性。因为高考是常模参照性考试，决定考生是否录取、上什么大学是根据其在考生中的相对分数位置，所以多数考生都会尽全力去积极备考，这种竞争态势造成试卷难度总要维持在一定水平之上。只要我们明确认识高考竞争实际是社会竞争的浓缩，考试和命题中有些问题是难以兼顾的必然现象，就不会指望仅靠高考改革来解决所有减轻学业负担问题，而是注意进一步改进命题技巧，并在考试内容和增加录取率、转变教育观念等根本问题上多下功夫，使高考改革日益走向科学和理性。

以上所谈只是高考改革中几个主要的两难问题，足见高考改革是一项复杂的系统工程，具有很大的难度和重大的影响。如果只看到问题的一面而忽视另一面，就有可能使高考改革走弯路，或者像一个失眠者，怎么翻身都难以安眠，而即使是一个省一年的改革不当，也会影响十多万考生的前途和机会。在高考改革中的一些两难问题上，不应企望十全十美或两全其美的办法，只能在两难之中求得平衡，把握一个度。千万不能受到一点压力就为改革而改革，对高考作出重大改变应在全面研究和长期规划的基础上渐进推行，才能使高考改革健康稳步地前进。

（原载《高等教育研究》2000 年第 3 期）

高考改革中的全局观

高考是中等教育和高等教育之间的衔接点和关节点，参加高考是中国学生从高中晋升到大学的一个关键步骤，因此高考历来不仅受到中学校长和师生的重视，而且是高等教育和整个教育界乃至全社会关注的一个焦点。作为中国的一项基本教育制度和复杂的系统工程，高考改革具有相当大的难度，往往是牵一发而动全身。高考实行多年以后利弊得失充分显露，使得近年来改革高考的呼声日渐高涨。在社会各方面舆论的强大压力下，高考从内容到形式都进行了一系列的改革。然而，有些改革却不尽如人意，经常是改了一方面的问题，又出现了另一方面的问题，甚至改来改去又基本上回到了原点。之所以会出现这种情况，原因之一是对高考改革的难度和复杂性认识不足，对高考改革中的两难问题不够了解。而要避免头痛医头、脚痛医脚，使高考改革积极稳妥地进行，就必须把握高考改革中的全局观。

由于高考不仅发挥着选拔大学新生、引导高中教学的作用，而且承负着整合教育系统、维系社会稳定的重任，因此高考往往成为教育竞争和社会竞争的矛盾焦点，高考改革不得不面对一系列的两难选择。在《高考改革中的两难问题》一文中，我曾对统一考试与考查品行的矛盾、统一考试与选拔专才的矛盾、考试公平与区域公平的矛盾、保持难度与减轻负担的矛盾等问题做过分析。实际上，高考改革中还存在其他一些两难问题，本文将探讨高考改革中的另外四对矛盾，并提出改革高考制度的一种设想。

一、考测能力与公平客观的矛盾

中国自古以来就有以考促学的传统。高考制度的建立和恢复极大地调动了广大青少年的学习积极性，有力地促进了全民族的文化素质和知识水平的提高。近年来，随着“素质教育”的提倡，人们日益要求高考从考知识向考能力方向转变。这样，考生不仅应具备宽广的知识面，而且需具有较强的能力，包括理解、综合、分析等能力。考测知识主要采用标准化的客观试题，考查能力偏重于使用主观试题，这在语文科目考试中表现得尤为明显。然而，过于强调考测能力往往会与高考的公平客观原则产生矛盾。

为了公平客观地检测考生的基础知识，20 世纪 80 年代以后语文高考逐渐引进标准化考试题型，这对促进学生掌握扎实的语文基本知识起到了一定的作用。但年复一年命题之后，为了拉开区分度，只好不按常规命题，甚至钻牛角尖出一些偏题，带来了部分试题支离破碎的问题，导致 1998 年前后对语文高考的激烈抨击。于是，1999 年语文高考作文出了《假如记忆可以移植》这么一个十分灵活的题目，而且可以用除了诗歌以外的任何一种文体，这使考生得以充分发挥其个性和想象，受到许多人的好评。不过，也有一些人尤其是中学语文教师认为这样出题“不规范”，很难掌握评卷标准。命题作文与平日的文学创作是有所不同的，考场中所写作文应有一定的规范性，这是大规模选拔性考试维持可比性和客观评卷的公正性的必然要求。有的人认为，现代化的教育不应该压抑学生的个性，但是，公正的考试却又不能不压抑考生的个性，这就是为什么具有最自由的教育的国家却又普遍采用最无个性的规范化、标准化考试。命题作文考的是实实在在的作文能力，也就是表达、说理的能力，而不是想像力，在考场上一般不能任意发挥“白发三千丈”的奇思异想，而应根据命题来发挥。语文教育的目的是传授语言文字的实用技能，而不是培养文学家，写作也不是文学创作。相对应的，作文考试不应该提倡文学创作。因为对文学作品的评价是见仁见智的，并无确定的标准，必然会使评卷者无所适从，答卷的个性化必然导致评卷的不确定性，这对考生是不公平的①。2000 年高考作文题为《答案是丰富多彩的》；2001 年高考作文要求以“诚信”为话题写一篇文章，立意自定，文体自选，题目自拟。如此开放的命题作文为考生驰骋想象、尽情发挥提供了广阔的空间，但也带来套路问题。近年来发现某些高分作文原来却是报刊文章的翻版，这便从反面提醒我们作文题目不宜过于开放。如果作文题目过于开放，没有一定的约束范围，考生较容易进行作文套路训练，事先背一些范文去套用应试，反而不利于客观公正地考测出考生的真实水平。

另外，由于中国存在相当大的城乡差别，农村学生受教育的条件远不如城市学生，在高考竞争中从一开始就处于不同的起跑线上。在过去偏重考查

① 方舟子：《不动声色的变迁》，《书屋》1999 年第 6 期，第 9 页。

知识面和记忆力的情形下，刻苦攻读、记诵不辍也可能取得高分。而当高考日益倾重于考测能力的时候，包括外语加试听力的时候，应该承认勤奋刻苦的因素在高考成绩中所起的作用有所下降，而受教育的条件和环境所起的作用有所上升。加大考测能力的力度、引导高中教育注重培养学生能力是高考改革坚定不移的正确方向，高考将不断增加应用性和能力型的试题，体现把以知识立意转变为以能力立意为主的命题原则。不过，高考既然是一个公平尺度，是一个维护社会公平和公正的重要手段，我们在加大考测能力比重时就不得不考虑到各种复杂因素，在考测能力与公平客观之间寻求一个平衡点。命题时应注意客观试题与主观试题的分配比例，在思想自由和客观规范之间把握一个度，在采用测试能力的综合试题时把握推行的速度和火候。

二、灵活多样与简便易行的矛盾

兼顾统一性与多样性是高考改革的一个原则，但传统的高考是大一统考试模式，不管省区和高校层次的差别，全国一套题，考试科目也一样。近年来，随着“3＋X”高考科目改革的实行，原先大一统的局面开始改变，具有一定的开放性与可选择性。“3”是指语文、数学和外语，是每个考生必考的基础科目，“X”是文科综合或理科综合，也可以是文理的大综合，前两年试点省份的“X”还可以是 1 至数门学科，“X”是变化的、灵活的。2001 年高考有 18 个省份实行“3＋X”科目设置改革，其中广东、河南、上海实行“3＋大综合＋1”，黑龙江、福建、海南等 15 个省市实行“3＋文科综合或理科综合”。科目改革一直是高考改革的重点，它不仅关系到中学的教学和备考，而且影响到某些学科的发展前途及其在中学的地位，高考科目设置的一个基本原则应是保持一定的学科覆盖面[①]。现今的“3＋X”科目改革已体现出一定的多样性和灵活性，综合科目的开设在一定程度上也有利于学科交叉和考测能力，但同时也出现了操作纷繁复杂和教学无所适从的问题。

在原来大一统的高考模式下，各省区市之间的高考成绩具有可比性，且管理操作简便易行。省时、省力、省钱、公平、高效是统一高考的突出优点，为了培养和检测学生的能力并增加高考的灵活性和多样性，科目设置和命题变得较为复杂灵活，有的省市报考科目和选填志愿也变得纷繁复杂，尤

① 郑若玲：《高考竞争与科目改革》，《高等教育研究》2000 年第 4 期，第 41 页。

其是那些频繁改革的省份，不仅一般大学教师和社会大众难以弄清高考科目与大学系科之间的对应关系，高中学生、家长、老师对此也心中无数，管理操作更是复杂费事。而且，如果过于强调试题的综合性，还会造成高中组织教学的困难，现在的中学师资原本就是分科培养出来的，当大学生和中学教师都还不易进行跨学科的学习和讲授的时候，对高中生的跨学科综合分析能力也不能要求过高，否则会加重他们的学习和心理负担。在灵活多样与简便易行这对矛盾之间，高考改革的目标应是朝灵活多样努力，但也应尽量考虑方案的可操作性，不可完全忘记简便易行这一原则。

此外，在各省区市采用各种科目改革方案的时候，国家教育行政部门多少还要考虑高考成绩的可比性。即使是在美国那样各州独立性很强的联邦国家，各大学还普遍采用学术能力测验和美国高校测验的分数作为录取新生的依据之一，新生的测验分数还是美国大学排行榜的一项重要评估指标。假若中国各省市高考各自为政，就可能出现高考分数比美国还更少可比性的情况。矫枉不可过正，实行全国大一统的高考是有统得过死的问题，但如果各省市都强调各自的特殊性而放弃全国统一高考，便可能从一个极端走向另一个极端。

三、扩大自主与公平选才的矛盾

高考改革的指导思想是三个“有助于”，即一要有助于高等学校选拔高质量、高素质的新生；二要有助于中学的素质教育，克服应试教育的倾向；三要有利于高等学校办学自主权的扩大。这是三个很不容易同时兼顾的方面。

作为全国高等普通学校统一招生考试，高考首先是一种教育考试。然而，高考又不仅是一种教育考试，它还是一种校外考试或社会考试，在报考年龄完全放开之后，其社会考试的性质更加明显。在为高等学校选拔人才的同时，高考还承负着维护社会公平、维系社会稳定的重任。公平选才是社会大众对高考最为关注的一个方面，也是高考制度的基本功能和精神之所在。不患寡而患不公，不患苦而患不均。自古以来，中国人在考试方面一直强调公平性，不怕竞争，就怕不公。不怨竞争激烈，不怨刻苦学习后考不上，就怕不公平竞争。在公平竞争的情况下，只差一两分没能上大学，考生和家长怨的是自己而不怨别人。如果是因为不公平竞争而落榜，他们怨的则是高等学校和教育行政部门，还可能对政府和社会产生对抗心理。在“高考考学生，录取考家长”的风气下，许多老百姓很担心扩大高校招生自主权会给人为因素大开方便之门①。公平选才与全面考核之间往往难以兼顾，在“以分取人”与舞弊不公这对矛盾之间，人们往往宁愿选择公平竞争、接受艰苦的考试，而不愿选择接受理论上较能全面考核，实际上容易被走后门者利用的扩大自主权。

扩大高等学校办学自主权是中国高等教育的改革方向。《中华人民共和国高等教育法》第三十二条规定：“高等学校根据社会需求、办学条件和国家核定的办学规模，制定招生方案，自主调节系科招生比例。”从理论上说，各高等学校有权自主决定招生考试的方式，但从中国目前的实际情况看，要由各高校单独举行考试，操作起来会有很大的难度。因此，现在的办法是采取在统一高考的大格局下，扩大高校的自主权，近年来主要采用了以下几个办法。

办法之一是多年来实行的按高校录取名额的120%调阅档案录取，使高校在上线考生中有一定的选择余地。但这一办法却出现了上线考生家长千方百计托关系求人，以免孩子落在20%不录取的考生中，结果有的高校为避免人情困扰，放弃20%的调档权利，只按录取名额调档录取。

办法之二是让高校有权选择一些考试科目。在一些省份，“3＋X”中的“X”科目便是由招生学校决定的，不同类型不同层次的大学可以选择不同的科目，高水平的大学、一般的本科院校、高等专科学校就可以选择不同的考试科目，学生也可以根据自己的志趣、特长去选择高考科目和高等学校。实行的结果，多数高等学校的多数专业选择“3＋1”，多数考生也只选考1科，许多中学为了提高升学率，从高一起便让学生按所选科目对口学习。为了防止更大范围地造成学生的偏科，克服不同科目难度不同而影响高考公平的问题，现在许多省份采用“3＋文科综合或理科综合”的模式。

办法之三是教育部允许进入“211工程”的部分重点大学每年可以有2%的招生比例作为机动指标，以便高校根据自己的实际情况自主招收部分学生。但录取的结果，许多高校多将这2%的机动名额用在了关系户和“条子生”上，真正招收特长生和优秀生的并不多。为此，2001年教育部明令取消了所有高校2%的机动指标，要求高校在制订招生计划时要充分考虑办

① 顾卫临：《勿忘“公平”》，《瞭望》1997年第42期，第34～35页。

学能力，把计划做足，招生时只能按照经过审批的计划进行，如果学校私自做主在已经审批的计划之外增加招生数量，那么对于所增加的学生一不承认学籍，二不追加经费。不过，也有人认为取消机动指标，反倒可能影响一部分考生的利益，带来新的不公，高校根据报考的多少在适当范围调整名额分配计划，这对集中报考同一高校的高分考生是一种保护，当然对指标的使用也应制定明确的规定①。

办法之四是实行保送生制度。高校招收保送生是对统一高考制度的补充，目的在于弥补单一统考制度的局限、激励中学生争创“三好”、扩大高校自主招收优秀中学生的权力。但是，多年来，招收保送生的弊端日趋严重，在一些地区从“送良不送优”到“送官不送民”，以至在1998年规定保送生必须参加教育部考试中心统一命题的综合考试，以考试来甄别保送生的真假优劣②。可是这一措施还是不能解决弄虚作假和走后门等问题。为杜绝不正之风，2001年3月教育部对保送生工作做出了“压缩规模，严格标准，严格管理”的规定，将2001年的保送生压缩控制在5 000人，并在较大程度上提高了保送的标准和条件，在保送程序上也有了更严格的规定③。

以上四点只是在统一高考大前提下扩大高校自主权与公平选才原则产生的矛盾，若完全由各高校单独举行招生考试，可想而知会产生多大的问题。在中国社会重人情、关系与面子的传统文化氛围中，一般人很难解脱人情困扰，当扩大自主权与公平选才原则产生矛盾时，通常的情况是限制高校自主权。而这又往往与扩大高校自主权的改革方向背道而驰，因此这也是一个两难选择。

四、考出特色与经济高效的矛盾

为了体现学校个性，办出学校特色，并充分发挥各高等学校的积极性和创造性，人们都希望招生考试能够考出特色。尤其是民国时期多数时间高校单独招生考试，不少名牌大学的招生考试试卷各具特色，让一些当代学者追

① 翟帆、唐景莉、范绪锋：《公平录取和自主招生不可得兼》，《中国教育报》2001年7月9日。

② 刘海峰：《高考存废与科举存废》，《高等教育研究》2000年第2期，第42页。

③ 朱文琴：《为何对保送生一压二严》，《光明日报》2001年3月8日。

慕怀想不已。确实，统一高考采用相同的试卷、相同的题目和标准答案，其结果是千校一面。要真正考出特色，体现招生考试的多样性，就必须实行各校单独招考，这又与高考的经济高效原则产生矛盾。统一高考的一大好处是具有规模效益，可以比单独考试节省大量的人力、财力、物力，从经济角度来看具有很好的效益，在“穷国办大教育”的情况下尤其如此。20 世纪 80 年代以来，教育界不时有人提出要改革统一高考，教育部也曾允许愿意进行尝试的大学进行单独招考改革试点，结果没有一所大学想尝试。因为如果单独招考，从各科命题、印发试卷到组织考试、评卷、录取等各个环节，工作量要增大许多倍，即使是委托各地招办主持监考，整个招考工作的费用将成为学校的一笔沉重的负担。实际上，对所有面向全国或全省招生的高校而言，单独招考工作都将付出成倍的经费，前几年一些高校为招收少数的保送生而支付巨额的招生经费便是明证。

另一方面，统一高考对广大考生来说也较为方便、节约。在单独招考的情况下，如果所有考生都集中到报考院校去应试，考生东奔西跑，经济负担沉重，尤其是报考多所院校的考生会穷于应试，十分不便。对一些偏远地区的考生而言，昂贵的交通费会使他们望而却步，许多很有深造前途的学生只好报考当地的高校。1952 年中国走上统一高考之路的一大优点便是方便考生，考生在本地一次报考可以选报多个志愿，高校也避免了招生不足额和报到率低的情况出现。单独招考是可以为少数优秀考生多提供一些选择机会，不过对大多数考生而言，在单独招考的情况下能够考上自己想上的大学的考生并不见得会比统考的情况下多多少，因为重点名牌大学招生数并不会因实行单考就无限扩大。当今各国各地区逐渐采用统一考试成绩作为大学招生的依据，是受考试制度发展的内在动力驱动，是为了追求公平可比和经济高效。但统一高考在做到经济高效的同时，确实在一定程度上影响大学和中学的多样性，使其缺少特色，这也是不易兼顾的两难问题。

五、解决矛盾的出路

以上诸多矛盾多数可以归结为高考中统一性与多样性的矛盾。兼顾统一性与多样性，是高考改革的努力方向。世界高等教育正趋同存异，在高校招生考试改革方面出现一种趋同现象。原来高度统一的国家和地区，招生考试在朝多元和分散方向发展；而一些分散、自由的国家，则逐渐强调统一考试的重要。不过，从世界范围来看，20 世纪各国各地区招生考试的发展趋势总体上是朝统一考试的方向发展①。统考是高校招生考试发展到一定阶段的产物，在近代高校初建时期，一般都是单独招考而不可能产生统考制度的。中国大陆和台湾地区不约而同于50年代初建立统一招考制度，这是世界上最早采用统一招考的国家和地区。后来，韩国、日本、智利、瑞典等国及西非五国、渐次走上统考道路，美国、英国等实际上也使用统一考试成绩作为大学录取新生的重要依据，只是没有像中国这样作为决定性的录取条件而已。2001年4月，俄罗斯成立具有联邦主体性质的国家考试委员会，教育部也成立了专门的统一测试中心，采用统一测试成绩作为许多高校招生的条件②。在中国的现实国情下，为了防止招生工作中的腐败，给广大考生提供公平竞争的机会，提高招生考试的效益，还是必须坚持统一高考。而为了兼顾多样性，我认为可以考虑两次高考模式。

这里说的两次高考不是指春秋两次高考，因为春季招考对第一次高考的落榜生意义和吸引力并不大，只会增加招考工作量和考生负担，实际上却不能增加录取机会。设想中的两次高考有两种含义。第一种含义是指分成大学统考和专科统考两次高考。由于高职高专院校与大学培养目标不一样，采用相同试卷，造成低分者入高职高专，不利于高职高专教育的发展。而且所有不同层次的高校使用同一张试卷会增加命题的难度，为了拉开分数距离以保持较大的区分度，使重点大学能够录取到优秀学生，试卷要求有一定的难度，这会迫使试卷出现偏题甚至怪题。如区分不同层次的高校分别命题，实行两种高考，或将专科层次的高考下放到省一级管理和实施，大学层次的高考着重考测学术发展性向和能力，专科层次的高考侧重考测理解和运用能力，两种高考各司其职，体现出一定的多样性，就能在相当程度上解决这一问题。

两次高考的第二种含义是指在全国统一高考之后，各高校再进行一次单独招考，将统考成绩与单考成绩结合起来进行录取。日本的所有国立、公立大学和大多数私立大学均采用这种招考模式，美国的大学一般也是依据全国性的学术能力测验分数，再参考其申请推荐材料和面试表现以决定取舍。这种两次高考的好处是既有统一测试分数以便各大学比较评估生源质量，又能体现各校招考的特色，如在中国实行还可以在一定程度上制止高考作弊的现

① 刘海峰：《为什么要坚持统一高考》，《上海高教研究》1997年第5期，第46页。
② 淑霞：《俄罗斯改革高考入学方式》，《科学时报》2001年7月12日。

象，因为在全国统考中作弊者到高校参加第二次考试时，脱离了原来的环境和关系，很容易反映出其真实水平。为了减少考生无为的奔忙，大学可以在依据第一次高考分数初步录取之后，按一定的比例让预选生到校参加第二次考试。当然，采用此种招考模式也有一定的条件，只有在交通较为便捷、经济较为发达的省市先行试点，在不致使家境清寒的边远地区考生无法参加考试的情况下，才能推行此制。

不过，以目前的经济和交通条件，多数省区一时还难以实行本文所设想的两次高考，上述所说的四对矛盾还将存在。而且即使是实现了两次高考模式，有些两难问题也不会完全消失。既然是两难问题，就很难有两全其美的解决办法，但只要我们具有高考改革的全局观，还是可以避免改革出现偏颇，选择最佳方案，或至少将消极因素减至最少。要较好地处理上述四对矛盾，则应本着渐进和兼顾的原则，既积极又稳妥地进行高考改革。如在处理考测能力与公平客观这对矛盾中，逐年渐进地加大考测能力的力度，以使农村考生也能慢慢适应；在处理灵活多样与简便易行这对矛盾中，一步步地朝灵活多样方向改革；在处理扩大自主权与公平选才这对矛盾中，逐步下放高校招生自主权；在处理考出特色与经济高效这对矛盾中，逐渐朝考出特色的方向努力。高考制度必须不断改革，与时俱进，才能适应日益变化的教育和社会形势。但由于高考改革的影响和难度都很大，在推行改革时尤其应该循序渐进，以免操之过急出现重大失误，或出现进一步退两步的情况。在目前中国高考具有高度统一性的情况下，改革的方向无疑是朝多样化发展。不过，欲速则不达，真正要做到多样化，比如扩大高校自主权这一点，并不能一蹴而就，只能采取渐进的方式，从现实出发，逐步推行。同时，在改革中也要兼顾矛盾的另一端，否则就有可能出现过犹不及的后果。

总之，事物总是在不断的矛盾运动中向前发展的。有利必有弊，高考中一系列矛盾对立的两面往往是并存和共生的。一般大众从不同的角度、立场出发，容易见仁见智，各执一端。而我们在研议高考改革时则不可攻其一点，不及其余，对一些两难问题应兼顾两端，掌握平衡点，把握全局观，尽量避免改革中的失误，使高考制度继续为高校选拔人才、维护社会公平发挥出积极的作用。

（原载《教育研究》2002 年第 2 期）

高考改革中的公平与效率问题

公平与效率问题在人类社会生活的许多方面普遍存在。按照辩证法的观点，矛盾无所不在，从矛盾运动的双方，往往能发现公平与效率的对立和两难问题。就高等教育学的视角来考察，中国高等教育也存在着大量的公平与效率问题。本文仅以教育界和社会高度关注的高考改革为例，来探讨高等教育中的公平与效率问题。通过融会古今的研究，可以看出考试选才中存在着一系列的公平与效率矛盾，在高考改革的各个环节，都会遇到是考虑公平还是侧重效率的问题。充分认识高考改革中的公平与效率问题，对我们全面客观地了解高考、科学地推进高考改革具有重要的意义。

一、考试选才中公平与效率问题的历史考察

公平与效率是人们在社会生活中追求的两大目标，要维护一个社会的存在和发展，就既要讲求效率，也要追求公平。提高效率、维护公平是人类进步的两大动力。公平与效率是一对从西方引进的现代概念，但中国古代社会也存在着公平与效率问题。虽然中国自古以来就是一个讲究等级的国度，但同时也是一个注重以考试来进行公平竞争的社会，考试在人们的社会生活中占有十分重要的地位。一部中国考试史，实际上是一部中国人追求公平与效率的历史。古代中国对公平曾有过不懈的追求，并出现了“至公”的理念。在考试选才方面，甚至可以说中国是一个过度追求公平的国度。

考试的基本原则是公平、公正，从隋唐至明清的科举时代，许多人将科举考试看成是一种“至公”的制度。不管科举是否真正做到“至公”（实际上世上没有绝对的公平），至少成熟期的科举考试从制度上说是提倡公平竞争的。唐宪宗元和三年（808 年），白居易在主持制科考试的复试时便说自

己“唯秉至公，以为取舍”[①]。唐宣宗大中元年（847 年）复试进士敕文也声称“有司考试，只在至公”[②]。科举考试“至公”观念到宋代以后有所发展，特别是普遍采用弥封和誊录法之后，其公平客观进一步得到保障，以至欧阳修认为：“国家取士之制，比于前世，最号至公。……无情如造化，至公若权衡。”[③] 元明清时期，各省贡院中都有一座名为“至公堂”的建筑，将“至公”理念具体化，也是考试公平性的象征。

与“至公”概念相近的另一个概念是“尽公”。北宋真宗大中祥符元年(1008 年)，糊名法开始用于中央举办的省试中，宋真宗对宰相王旦等说：“今岁举人颇以糊名考校为惧，然有艺者皆喜于尽公。”[④] 仁宗庆历四年(1044 年)，包拯在反对范仲淹提出的废止科举弥封誊录之制时指出：“封弥誊录，行之即久，虽非取士之制，稍协尽公之道。”[⑤] 所谓“至公”、“尽公”，意为公平的极致，是一种理想状态或境界，在实际社会生活中是很难做到的，但“至公”这一理念体现中国古代对公平的一种崇高而执着的追求。

在明代，科举已被人们视为天下最公平的一种制度，因而有“科举，天下之公……科举而私，何事为公”[⑥] 之说。当然，追求细节上、形式上的公平有可能偏离考试取才的根本意图，因此也有人认为采用各种严防考试作弊的办法不一定就是符合公平的真正意义。北宋熙宁二年（1069 年），苏颂就曾上书说：“弥封、誊录本欲示至公于天下，然徒质疑于士大夫，而未必尽至公之道。”[⑦]

考试一直把追求公平视为当然的目标，但公平并不是考试的唯一目标，讲求效率也是考试的重要方面。有效地选拔人才和配置资源，最大限度地发挥考试的测验选拔功能，也是考试的重要职能。维护公平竞争、杜绝考试作弊、准确区分优劣，归根到底都是为了提高选拔人才的效率，或者说通过维护公平而达到提高效率的目的。

---

① 白居易：《白居易集》卷五八《论制科人状》。

② 《旧唐书》卷一八下《宣宗纪》。

③ 欧阳修：《欧阳文忠公集》卷一一三《论逐路取人札子》。

④ 徐松：《宋会要辑稿·选举》三之九。

⑤ 包拯：《孝肃包公奏议》卷二《请依旧封弥誊录考校举人》。

⑥ 张萱：《西园闻见录》卷四四《礼部》三《选举·科场》。

⑦ 李焘：《续资治通鉴长编》卷一三三。

公平与效率往往是两个难以同时兼顾的方面，人们经常会遇到公平优先还是效率优先的两难选择。在公平与效率之间，主考者较注重效率，应试者较关心公平。考试制度的设计者最初一般都是注重考试的效度、效率，考虑的是如何更有效地选拔真才，而应试者关心的则是考试竞争的公平性和录取程序的公正性。在考试实际中，当求取真才与公平客观产生矛盾时，基本上是效率让位于公平，也就是公平优先。

科举制实行之初，唐代实行通榜、公荐之法，主考官可以参考举子平时的水平和声望来录取进士，确实选拔了一批才士，如杜牧就因为《阿房宫赋》被吴武陵赏识推荐而进士及第，但由于这种办法导致请托盛行、舞弊不公，宋代以后便实行糊名誊录办法，“一切以程文定去留”也就是完全依据考试成绩来决定是否录取，舍弃其他可能有人为因素介入的参考依据。到明清时期，更是发展为八股文这种将防止作弊推向极端化的标准化考试文体。这样，虽然在相当程度上防止了考试作弊，但也存在只以卷面成绩取人而遗漏真才的可能。在舞弊不公与僵化刻板之间，考生宁愿公平竞争而接受死板的考试，即所谓两害相权取其轻者，这就容易驱使考试制度走向违反设科求才本意的死胡同。正如顾炎武在《日知录》卷十七《糊名》中说：“国家设科之意本以求才，今之立法则专以防奸为主，如弥封、誊录一切是也。”

还有很多事例可以看出考生只关注考试是否公平而不论考试的效率如何。据元代刘祁《归潜志》卷十载，金朝泰和、大安（1201—1211）以后，因为考官谨小慎微，阅卷只看是否符合时文考试程式而不顾其内容，“其逸才宏气喜为奇异语者，往往遭黜落，文风益衰”。有一次赵秉文主持省试，见举子李钦叔所作赋文虽然不太符合格律，但辞藻庄严，清新绝俗，大为欣赏，将其录取为第一名。于是众举子哗然，投诉状告赵秉文坏了文格，并作诗加以讥讽。据《清史稿》卷一〇八《选举志》载，康熙六十年（1721年）会试副总裁李绂鉴于用糊名誊录考试方法使一些有名望的才士落榜，于是改用唐代的通榜法，拔取举人中的知名才士，结果引起落第举人闹事，喧哄于其门外，致使李绂被弹劾革职。尽管“是闱一时名宿，网罗殆尽，颇为时论所许”，但李绂还是因此而被迫下台。此次事件足见公正客观的考试虽有局限，但一般考生宁愿接受公平而刻板的考试，也不愿接受可能走后门的变通办法，即不管结果是否合理，关键要保证程序公平。不过，长期固执地维护程序公平有可能将考试推向穷途末路。科举时代从众多科目发展到只剩进士一科，考试内容从多样走向统一，八股文命题从明白正大走向偏难险怪，都是部分受维持公平的压力的驱使。

公平是一个复杂的概念。在考试选才中不仅存在着公平与效率的矛盾，而且有时还存在着两种公平之间的矛盾。例如考试公平与区域公平的矛盾(即古代的倾斜的“高考分数线”问题)，就是一个自宋代以后就争论不休的千古难题。考试公平是指完全依据考试成绩来公平录取考生，区域公平是指通过区域配额来调控各地区之间考中人数的悬殊差异，在中国这么一个幅员辽阔的大国，这是古今大规模考试都遇到的一个棘手的问题。

在科举取士的初始阶段，就已实行各地定额报考制度，规定各州县按人口多少可以贡举解送一至数人到中央参加考试。不过因为有“有其才者不限其数”的变通办法，实际上还是完全的自由竞争，绝大部分考中者都是北方人士，南方各地考中者很少。唐代尽管也存在着严重的区域公平问题，但由于当时中原与边远地区政治势力和经济水平还存在着巨大的差距，人们的认识水平也有限。科举竞争的弱势群体或弱势区域要么根本就没意识到区域公平问题的存在，要么就以为科举及第者高度集聚现象是自古而然、天经地义的。只有当原有的优势群体或区域变成弱势一方后，区域公平问题才凸显出来，人们也才认识到应该解决此一问题。

到了北宋中叶，出现了科场及第优势的南北易位，北方士子及第人数越来越少，南方举子占及第者的绝大多数，因此引发了中国科举史上著名的南北地域之争。当时司马光和欧阳修各执一端，互不相让。司马光指出北方一些地区省试及第比例很小，甚至全无及第者，以此比较京城和南方一些地区的及第人数，“显然大段不均”，他认为应按省试与考人数分区定额录取，“所贵国家科第，均及中外”①。欧阳修则针锋相对，指出东南地区往往是一个州二三千人只解送二三十人到中央参加省试，是百人取一人，而西北地区一个州报考取解多处不过百人，解送十余人的话，已是十人取一人。东南之士初选已精，故至省试合格者多，西北之士学业不及东南，初选已滥，故至省试不合格者多。若一律以一比十的比例录取，则东南之人应合格而落选者多，西北之士不合格而得者多，这样是取舍颠倒。“故臣以为且遵旧制，但务择人，推朝廷至公，待四方如一，惟能是选，人自无言。”② 由于双方的观点相持不下，因而取士办法还是维持现状，实际上宋英宗是采纳了欧阳修

① 司马光：《司马温公文集》卷三〇《贡院乞逐路取人状》。

② 欧阳修：《欧阳文忠公集》卷一一三《论逐路取人札子》。

的意见。

明洪武三十年（1397 年）血腥的“南北榜”事件这一极端的南北地域之争中，起初的春榜依据会试殿试成绩所取 52 人全为南方人士，经北方举人告状之后，夏天再次举行考试，朱元璋亲自阅卷录取了 61 人全为北方的考生，考试公平不得不让位于政治需要。到宣德二年（1427 年）形成南北卷制度，开始分南、北、中三个大区定额录取。此后分区逐渐细化，最终在清康熙五十一年（1712 年）代之以分省定额取中制度，一直延续到科举制的废止。总的看来，在 1 300 年的中国科举考试史上，是从考试公平逐渐向区域公平发展。

实际上这是一个考试公平（或教育公平）与政治公平的关系问题。考试公平往往是一种理想、理论或原则，区域公平则是一种政策或手段。定额贡举和录取制度的设立，显然是为了达到一定的政治目的。科举取士具有深远的地缘政治的考虑，而不仅是为了达成考试技术上的公正。“突出考试的公正是适当的，因为它能在考生中均等地分配机会。但对主持考试的政府来说，这种制度要达成另外可能更为远大的目标，它必须满足社会的、地缘的，尤其是道德评判的要求。”① 这种“远大的目标”，便是统治者所共同认定的“公平分配利益”的公道理念。而这种以达成地域平衡、照顾弱势群体的“天下之大公”为表现形式的政治和社会理念背后，则隐藏着统治者维护和巩固政权的深远考虑。然而，考场如同赛场，考试成绩的差异，就好比田径场上的百米赛跑，选手们的起跑线相同，终点却因人设线。其结果可能是跑得快的被淘汰，跑得慢的反而拿奖牌。如此比赛，规则便形同虚设。因此，在考试公平与区域公平上，应寻找一个相对平衡的支点。②

当然这两种公平中的一种，即区域公平在一定意义上还是较接近于效率方面，即不完全按考试成绩而按区域定额录取有违公平原则，但对促进文化教育相对落后地区的发展、维护国家的统一则有积极的意义，这也可以说是一种效率。因此，考试公平与区域公平的矛盾典型地反映出公平与效率的冲突，在当今高考倾斜的录取分数线问题的争论中，也还有相似的体现。

---

① Thomas H. C. Lee, Government Education and Examinations in Sung China, The Chinese University Press, 1985, p. 204.

② 郑若玲：《考试公平与区域公平：高考录取中的两难选择》，《高等教育研究》2001 年第 6 期，第 53～57 页。

二、高考改革中公平与效率的矛盾

有的学者认为，从根本上说，效率和公平是统一的。效率的提高有助于公平的实现，社会的公平也有助于提高效率。然而情况又是复杂的，在现实生活中，效率和公平也有不一致的时候，有时为了提高效率影响了公平，有时为了维护公平影响了效率。在效率和公平之间，效率优先、兼顾公平具有普遍的意义，效率是矛盾的主要方面和在现实中必须优先考虑的问题。但这并不意味着公平无足轻重，公平是影响效率诸因素中的一个重要的因素①。

效率的含义很丰富，可以有多方面的效率，如微观效率、宏观效率、规模效率等。有关高考改革的效率也有两种，一是指人才选拔方面的效率，即如何提高考试的信度、效度和区分度，最准确地测验出应试者的实际水平，将优秀者选拔出来供高等学校挑选；二是指如何使考试本身做到高效、经济，能够使考试简便易行，省时、省事、省力。从这两方面的效率来看，高考作为大规模的统一考试，在第一种效率方面是优劣兼具，在第二种效率方面则是优点突出。当经济条件还不够好时，高考改革应同时考虑两种效率问题。1953 年以后连续几年教育部都提出“是否单独招生”供各高校讨论，想将招考责权放归各高校，但应者无几②。因为当时各高校都不愿意再回归到单独招考的老路上去。这与 1982 年教育部曾允许个别大学进行单独招考试点，但没有大学愿意进行尝试类似，都是基于省事省力的考虑。在经济大为发展、条件大为改善之后，则应更多地考虑满足第一种效率的问题。因为毕竟高考本身的最终目的是更好地选拔高校新生。

现代高考中也有许多与中国考试史上十分相似的公平与效率问题，如考试公平与区域公平的两难问题。另外，高考改革的许多方面，如科目、内容和录取模式改革等都存在着公平与效率问题。科目的多与少有所不同，科目多趋向于注重效率，科目少趋向于注重公平。一般说来，科目繁多有利于选拔专才，科目少有利于公平比较。英国人帕金森在《官场病》一书中谈道：“中国考试制度以强调文学修养为特点。考试内容包括了经典著作，(诗歌和

---

① 袁贵仁：《效率与公平》序，万光侠：《效率与公平》，人民出版社，2000 年，第 1～5 页。

② 杨学为：《纪念高校招生实行全国统考 50 周年》，《湖北招生考试》2002 年 6 月下半月。

散文）写作能力，以及坚持把每场从头到尾考完的顽强作风。据说，经典著作的修养和文学水平，对任何人从事任何行政工作都同等重要。……事实上，大家同时参加几门科目不同的考试，结果是排不出名次的，因为无法判断某人的地质学成绩是不是胜过另一人的物理学成绩，所以把这两门科学统统作为没有用的东西排除在外，至少还方便一点儿。”① 中国科举史上从唐代的众多科目演变为元代以后的单一进士科，就含有便于用统一的标准去衡量众多考生的用意，在一定意义上说，也就是公平的考虑压倒了效率的考虑。既然是大规模考试，就必然要侧重其可比性，不可能再强调其多样性。多年来，高考科目改革也体现出注重公平比较的规律和趋势。在文理分科的大格局下，高考分数便于调剂录取。1985 年以后的几年中，部分省市实行新高考科目组实验，设置了 4 个以上的科目组合，结果因科目分组过细，各组之间竞争激烈程度差别较大，造成难以调剂录取，最后放弃了这种改革方案。近年来实行的“3＋X”科目改革，多数省市都选择了 3＋文科综合或理科综合，也有部分省市选择 3＋文理大综合，很少省市采用 3＋综合＋1 的方案，其中部分原因就是不同科目的“1”报考人数和难度差别较大，可比性不强，调剂录取时不便于操作，勉强调剂则会出现不公平的现象。

2002 年大学招生中发生的一件个案典型地体现了公平与效率的取舍问题。武汉一个颇有文学才华的高中毕业生正式出版了一本文学作品集《愤青时代》，这位学生希望能免试被北京大学中文系录取，由此引发了一场争论。主张北大中文系应该录取他的人，认为既然他确实表明具有突出的文学才能，就应不拘一格降人才破例录取。反对者认为一个人不可能什么好处都得，既然他在高中阶段将许多精力放在写作上而不顾其他学科，已经获得了与出书相应的名声，就不应录取他而让其事事都占好处，否则对其他全面认真学习各门学科而艰苦应考的考生而言就不公平，如果可以这样不经高考而上北大，其他同学今后是否也可以不顾其他学科的学习，写一本小说就申请进北大中文系？赞成派是从效率的角度考虑问题，反对派则从公平的角度考虑问题。最后北大还是没有录取他，结果武汉大学中文系录取了他。在一定意义上，北大的决定体现了公平精神，武大的决定则体现了效率优先。

高考内容改革方面也存在公平与效率的两难问题。内容改革应体现能力

① 诺斯古德·帕金森著：《官场病　帕金森定律》，陈休征译，生活·读书·新知三联书店，1982 年，第 17～18 页。

立意还是顾及公平问题，在命题时考测能力与考测知识何者为重，往往是摆在高考改革决策者面前的一道难题。鼓励创造性、求异思维与公正客观、防止作弊有时会产生矛盾，客观题与主观题掌握多大的比例，控制评分误差与鼓励创新开拓的平衡，两者之间都存在着公平与效率的张力。一方面，试题应给考生发挥创造性的空间；另一方面，试题应避免出现性别、城乡及文化背景的歧视内容。高考录取模式方面的公平与效率问题，如同扩大高校招生自主权与保证录取公平公正客观也往往存在着矛盾。对此，笔者曾作过专门的论述①，本文不再展开。

统一高考在一定意义上兼顾了公平与效率的矛盾。统考在比单考更有规模效率的同时，也比单考更为公平，更具有可比性。不过，有的人认为统一高考只是维持一种表观的公平，而实质上并不公平。确实，公平的含义十分复杂，通常分为起点公平、过程公平与结果公平。教育和考试都有促进社会阶层流动的功能，但由于中国城乡之间、地区之间、社会阶层之间差别很大，学生受教育条件存在着相当大的落差，而高考制度完全不考虑各个考生的教育资源和文化条件差异，每年参加高考的几百万考生实际上不是都站在同一个起跑线上。家庭经济和文化条件较好的考生比较容易考上高校或进入名牌大学，高考筛选的结果往往是延续或“复制”阶层不平等，因而高考被有些人看成实际上是不平等的，他们认为高校入学制度改革应尽量考虑起点公平。然而，笔者认为在现阶段这是一个很难实现的善良愿望。

为了实现“教育机会均等”的理想，改变考试领导教学的状况，台湾从2002年开始实行大学多元入学新方案，在联考途径以外，扩大申请入学和推荐甄选的比例，希望能改变联考“一试定终身”和弱势家庭子弟的不利处境。但刁诡的是，申请入学过程有几个关卡可能会对中产以上阶层出身的学生比较有利，其中以课外活动社团参与和口试两项为最。用法国社会学家布迪厄（P. Bourdieu）的话来说，这些能力都和文化资本有关。文化资本指的是像博雅教育与举止风范这些方面，比如面对教授考官泰然自若、侃侃而谈的能力可能与“见过世面”的经历息息相关。曾嬿芬在《教改与社会平等》一文中指出，文化资本通常很难在正式的学校教育中取得，大半通过父母较优越的社会经济教育背景所创造的家庭教育与资源来形成。实行多元入学新方案，看来不见得就会使教育机会更为均等。

---

① 刘海峰：《高考改革中的全局观》，《教育研究》2002年第2期，第21～25页。

对高考或台湾大学联考“不公平”的责难，具有一种强调实质性机会平等的倾向。要实现结果公平，即实质性教育机会平等，不分民族、性别、出身、禀赋等，都可以同等地获得进入大学的机会，这在现实社会中显然是不可能的。当今世界还没有任何一个社会或制度能够完全消灭经济和文化条件的差别，而人与人之间的天资和非智力因素也有无法完全扯平的差异。美国曾实行补偿教育政策，由政府拨款向少数人种、弱势群体实施各种倾斜政策，如规定不利人群的入学比例、校车接送、经济援助等，但后来发现效果不好，教育结果的不平等仍然存在①。受政治、经济和文化的制约，当今中国还很难做到起点公平和结果公平。公平只能是与社会发展水平相适应的公平，在中国也就是初级阶段的公平。高考是不能够达到理想的公平的，然而在没有其他更公平且能够操作的制度可以取代它时，高考便是最可行的相对公平的制度。

另外，最大限度地发挥优质教育资源的作用，将最有天资、最具有深造前途的学生招收到最好的大学加以培养，即合理配置人才和教育资源，是中国培养英才和建设世界一流大学的重要保证，因而也最符合效率原则。就像为残障学生设立特殊学校一样，将资优生选拔招入好的大学，这也是另一种意义上的公平。

总之，高考改革中存在着一系列的公平与效率问题，如最常议论的全面考核与公平客观的矛盾，实际上也就是一种公平与效率的矛盾。综合考察德、智、体、美各个方面来选拔大学新生，应该说最能选拔全面发展的优秀人才，也就最符合效率原则。然而，这种考核方式却容易损害公平原则，因而往往行不通。与在许多领域“效率优先、兼顾公平”有所不同，在考试选才方面，通常的情况是，选拔性考试最初虽也是效率优先、兼顾公平，可是在长期实行之后，往往会演变为公平优先、兼顾效率。这种公平只是程序公平而非实质公平，因为在现实社会中，很难做到起点和结果都公平。总的看来，高考改革的发展趋势是从效率优先走向公平优先，继而走向公平与效率的兼顾与平衡。

（原载《教育研究》2002 年第 12 期）

---

① 翁文艳：《美国与日本教育公平的理论与实践》，《教育评论》2002 年第 4 期，第 104 页。

高考改革应稳步推进

中国的全国高等学校招生统一考试（简称高考）是典型的高竞争、高利害、高风险的大规模选拔性考试，是中国各类考试中最重要、影响最大的考试。作为教育体系中的一个重要环节，高考对高等学校人才培养具有基础性作用，对基础教育则具有导向功能。作为牵动千家万户神经的大事，高考改革是上至高层国家领导人、下至基层老百姓都关心的重要话题。高考应如何改革也越来越引起人们的广泛关注，各种观点互相歧异，甚至十分对立。我认为，在现阶段，对待高考改革，既应积极进取，也应慎重稳健。

一、评价高考应一分为二

高考是一个影响重大、至为复杂的大规模选拔性考试，是一个“横看成岭侧成峰，远近高低各不同”的制度，站在某一种特定的立场去评说，从某一特定的角度去观察，可能所见都是事实，所言也都有一定道理，但也可能会出现盲人摸象、各说各话的情况。我认为，在评价高考时，重要的是应全面和客观，对其功能和影响应一分为二地看待。

在高考指挥棒的影响下，中小学教育确实出现了许多不良现象，如中学只抓智育而片面追求升学率，文理偏科，学生学习压力过大，负担过重，且近视率攀升体质下降，影响求异思维和个性发展，学校办不出特色，教改不易推行，等等。有考试就有应试，特别是竞争激烈的高考，更是引发考生尽力应试，考什么就学什么，不考什么就不学什么，这种片面应试的消极影响，便是一定程度上造成智育一枝独秀，形成知识褊狭的弊病和学业成绩至上的功利心态，扭曲了高中教育的目标与理想。

激烈的高考竞争导致试题难度逐年加大，这是保持选拔性考试区分度、水涨船高的必然后果，而“升学主义挂帅”向下延伸至小学和幼儿园时，少年儿童不堪学习重负，就更令人担忧。有的人说，中国的中学生成了世界上压力最大、最不快乐的群体之一。多年来，高考造成的弊端日益凸显，人们要求改革高考的呼声也越来越大，从 20 世纪 80 年代批评“片面追求高考升学率”，到 90 年代批评“应试教育”，到近年来进一步强调“素质教育”，都有不少人对高考制度进行了猛烈的抨击。特别是近年来，有的论者认为高考阻碍了基础教育的改革、阻碍了创新人才的培养；或者将现存的许多教育问题都归罪于高考。似乎高考对基础教育罪大恶极，是推行素质教育的羁绊，并以“庆父不死，鲁难未已”比喻不废止高考制度基础教育改革就无法进行。有的激进者甚至扬言“把高考送进坟墓”。①

一段时期以来，批评高考制度、指责高考的弊端似乎已成为舆论主流，变成了一种流行话语，若是对高考不加批判，好像便显得没有改革精神。但我认为这类批评意见，大多类似一种“单边论证”。具体表现在对高考改革的看法上，便是只说出自己的“正确意见”，或提出有一定道理的设想，但很少顾及意见的可行性，较少从系统和整体的角度考虑问题的意识，也相对缺乏比较的意识。在有关高考改革的争论中，有一个值得注意的现象，即许多主张彻底改革高考制度或主张废止高考的人，往往只看到高考的消极面，却不能提出更好而可行的办法来代替高考，或很少考虑到废止高考后的替代办法是否会出现比实行高考更大的弊端。高考是有很多弊端，也对中学教育造成了一些负面影响，但目前还找不到更加科学而可操作的办法来替代它，因此，多年来，伴随着连绵不断地批评，高考还是在选拔大学新生中起主要作用。高校招生考试是一个十分复杂的系统工程，是一个世界性的难题，其中问题很多，改革难度也很大，不存在十全十美或两全其美的招考办法。我们在各种选拔方式中，只能众利相权取其重，众害相权取其轻。

我以为对高考的评价应当公正全面客观，不能就高考而论高考，甚至不能就教育而论高考，还需兼从社会，包括政治、经济的视野来论高考。在当代中国，凡是竞争激烈的地方几乎都是人情与关系最想介入的地方。而大学招生是教育界竞争最为激烈的一个领域，如何防止人情与关系的干扰便成为招生考试首先必须面对的问题。子女升学通常是一个家庭所面对的各种问题中的重中之重，在这方面只要有托关系的可能，很少有人不加以利用的。每到大学招生季节，许多家庭往往动员一切可以动员的力量，为自己子女的升学问题奔走，希望能够为其争取尽量可能理想的学校和专业。各大学单独招

① 舒云：《高考殇》，《北京文学》2005 年第 10 期，第 1 页。

生、面试或采用中学成绩作为大学录取新生的依据，很容易受到人情的困扰。从某种意义上说，高考只是将升学竞争从暗箱操作或关系博弈，改为在光天化日之下公开进行公平的竞争罢了。因此，高考制度是适应中国国情的人才选拔制度。

要解决或减少高考竞争所带来的消极影响，只有不断改革高考的内容和形式，但不应企望取消高考制度。要想再回头去找推荐举送制度的办法，在现实中必然会出现比高考制度更多更严重的弊病。高校招生考试中存在着一系列的两难问题，公平选才与全面考核之间往往难以兼顾，在以分取人与舞弊不公这对矛盾之间，人们往往宁愿公平竞争而接受艰苦的考试，而不愿接受理论上全面考核实际上容易为权钱把持的推荐。假如不经过考试就可以上自己想上的大学，大概没有人会喜欢参加考试，但这是不可能的。高考这种选才方式是有不少局限和弊端，但它可以防止更坏的情况发生，即用金钱、权力、关系竞争，如果那样，对弱势群体、社会资本较少的农村家庭的孩子，没有高考，要想上大学会更难。

2007 年是恢复高考 30 周年，我们应该如何评价高考制度的是非功过？我认为，尽管高考有其局限和弊端，但总体而言，恢复高考 30 年来，通过高考的公平竞争，为高等学校选拔了千百万合格的大学生，经过培养造就，许多人已成为各行各业的骨干力量。中国近二十余年来的经济起飞，与高考制度的恢复和不断改革密不可分。而且，高考制度还具有以考促学的功能，它在促进民族文化和教育水平，包括维护社会公平，社会稳定等方面，也起着巨大的作用。我们在看到高考弊端的同时，也应充分肯定高考的积极作用。

二、素质教育与高考改革

在讨论素质教育问题时，高考经常被当作素质教育的障碍。其实，高考与素质教育既有对立的一面，也有统一的一面。我们不能笼统说高考是素质教育的羁绊，也不应将高考的弊端绝对化或扩大化。高考制度与提高素质的关系是双重的，既有影响素质教育的一面，也有促进学生素质提高的一面。我认为高考至少可以提高考生以下几方面的素质。

其一是以考促学，提高学生的文化素质。考试制度的好处有不少，其中之一是求自己而不求他人。采用其他选才方式往往需要求人，而求人最难，要看别人脸色，且成功与否取决于他人；考试则提供一个反求诸己的机会，能否成功主要靠自己的努力，因此考试选才能够促人向学、催人奋进。记得1977年刚刚恢复高考第一年，尽管各省的试题从现在来看都较简单，但有许多考生连最基本的题目都不会答。仅几年之后，试卷的难度大幅度提高，从答卷来看，考生的文化水平已有了很大的提高，这主要应归功于高考以考促学的功能。可见高考极大地调动了千百万青年的学习积极性，有力地促进了中华民族文化素质的迅速恢复和提高，被“文革”摧残的文化教育很快得以恢复。考上一所好大学，是广大中学生刻苦学习的强大动力。再不肯学习的孩子，在这种氛围下，也要硬着头皮学一些文化知识，这对提高全民族的知识水平是有积极意义的。因此，高考已成为提高广大青少年文化素质的巨大推动力量。

其二是高考可以提高考生的学习能力。作为大规模的竞争性考试，高考是集中进行多科考试，将高中三年所学知识和能力水平在两三天时间内体现出来，这就要求学生提高学习能力，包括合理安排时间的能力。特别是在临近高考的几个月，每一科都要复习，怎样做到既系统梳理，又突出重点；既配合学校的安排，又针对自己的弱点；在时间安排上，每科什么时间复习，各占多少时间；什么时间学习，什么时间睡觉，什么时间锻炼身体，都需要合理安排。所以很多经过高考历练的学生，比以前成熟了。今后再遇到什么艰难复杂的考试或其他需要统筹安排时间的活动，也能较好应对。

其三是高考可以锻炼考生的心理素质。关键性的考试会给考生造成相当大的心理压力，要想在高考中正常或超常发挥，需要调适和磨炼自己的心理。多数高考成功者不仅文化素质较高，一般情况下，他们的心理素质也比那些每到考场就紧张或发挥失常的考生更好。面对人生中最重要的考试之一，面对家长的期望、埋怨，面对升学或落榜，可以说高考为在顺境中长大的孩子提供了一个真枪实弹检验和磨炼自己心理素质的机会，也为他们将来走上社会参与竞争提供了一次锻炼的机会。不畏艰难、刻苦学习，具有坚强的意志，则表现出一些重要的非智力因素。

其四是高考对考生的品德也是一次教育的契机。如何以诚实的态度、顽强拼搏的精神、平和的心态，发挥出应有的水平，接受大学的挑选，报效祖国、报效父母、报效乡梓；如何在复习过程中发挥团队精神、互助友爱；如何选择学校和专业，如何面对成功与失败……处理这些问题的过程，都渗透着良好品德的培养。因此，高考不仅可以促进文化素质的提高，在某些方面也能促进政治素质、道德素质的提高。

考试是一种测量工具和评价手段，是教育过程中的重要环节和组成部分，它本身并无善恶可言。考试使用得当可发挥它的积极的评价功能，通过考核检验学生掌握知识的程度和能力的高低，教师也可根据考试所反馈的信息来估价自己的教学效果；使用不当也可能加重学生负担，造成偏科。高考也是这样，利弊并存，既可能诱导片面应试行为，也可能用来促进学生提高素质。

三、稳步推进高考改革

高考并非万恶之源，而是各种教育及社会矛盾的集合点。没有高考，竞争引发的各种矛盾和问题多数还照样存在，只是表现形式不同而已。高考的竞争、受高等教育机会的竞争归根到底是社会地位的竞争。高考竞争加剧，实际上是当今越来越激烈的社会竞争在教育和考试上的反映。不要以为只要废止了高考制度，许多教育问题就可以迎刃而解。若不以考试这种具有刚性标准的办法来竞争，就很可能用权力、金钱或关系来竞争。那么，应试的弊端解决了，其他恶性竞争又随之泛滥起来。因此，我认为，如果高度重视甚至过度重视教育的文化传统没有改变，如果重人情与关系的社会氛围没有改变，如果诚信体系没有建立起来，高考制度就还有长期存在的必要。

当然，高考制度也必须与时俱进，不断改革。高考制度既受政治、经济、科技、文化传统等外部因素的制约，又受教育思想、教育体制、管理制度、教育经费以及学科特点等内部因素的影响，并涉及学生、家长、教师、中学、大学各方面的利益。因此高考改革具有相当大的难度，成了一项牵一发而动全身的系统工程。如何进一步推进高校招生考试制度改革，是关系到中国高等教育现代化、中华民族振兴的大问题。对于高考改革，社会各界、各行各业的人，任何家长、学生都可以发表看法，站在不同的立场和角度都可以谈出自己的观点。但作为决策者，则应站在全局的高度，选择一种能够照顾大多数人的利益，便于操作和易于规范的办法，选择一种弊端相对较少的选才方式。

目前我国的高校招生在主渠道高考之外，实际上还开辟了其他一些选拔渠道。比如，保送生制度、艺术体育类的招生，还有些特殊专业的单招、特长生等。但这些渠道在推行中问题较多，也有些就退了回去或有所缩减。例如保送途径，就存在有的中学“送良不送优”，还有的是“送官不送民”，特别是一些热门专业，除非有一些刚性指标，否则很难顶住压力。考生的平时成绩和平时表现都不是刚性的指标，有的甚至是可以更改的，标准也不一致，而最公平的竞争就是统一考试。

理想的招生考试制度，是使所有的高校挑选最合适的生源，使所有的学生选择最合适的高校，体现双向选择原则的制度。但考虑中国的现实国情，不可能很快建立理想的招生考试制度。教育决策要和文化背景相结合，高考改革应充分考虑文化因素的制约，才能使改革不致引发更大的社会问题和教育问题①。不全面考虑中国国情，想简单移植外国的大学入学制度，可能会因水土不服而贻害无穷。只有在充分考虑包括传统文化在内的各种制约因素之后，高考改革才有可能顺利推行。

非新无以为进，非旧无以为守。由于高考改革相当敏感且影响重大，一方面决策者应有“因时制宜”的强烈的改革意识，另一方面又必须保持循序渐进的平稳心态②。不能翻来覆去，看到问题就想改，改了以后问题更大又倒退回去。特别是现在有的省份科目改革，在没有充分调研和深入探讨的基础上就贸然进行，改得太快太频繁，令中学教学无所适从，对中学教育及师生会造成很大影响，不得不朝令夕改，走回头路。我认为，不研究高考的人往往是高考改革的激进派，研究高考的人往往是高考改革的稳健派。在目前的社会和文化环境下，高考改革应稳中求进。所谓稳中求进，并非不思进取，无所作为，而是指改革高考这样重要的制度，应该在全面研究和长远规划的基础上渐进地推行。作为教育主管部门，应鼓励积极探索科学可行的改革方案。只要有省市或高校愿意进行改革试点，就应允许其积极进行实验。若确有可行性，才能在更大范围内推广。

实践是检验真理的唯一标准，在高考改革方面也是如此。理论正确的不一定是可行的，只有实践可行的才是有效的。总体而言，中国高考的走势是朝多样化、多元化的方向发展，改变完全凭一张试卷检测所有层次、所有地区、所有类别的考试的大一统状况。对不同层次的高校区别对待，高端（重点本科）多元（自主选拔录取）、中间（本科）稳定、低端（高职高专

---

① Haifeng Liu and Qiong Wu, Consequences of College Entrance Exams in China and the Reform Challenges, Journal of Educational Policy (Korean), Volume 3, No. 1, 2006, pp. 7-21.

② 郑若玲：《高考改革应循序渐进》，《粤海风》2001年第6期，第59～60页。

等）放开，形成一种科学、公正、合理、分层次、多元化的选拔人才的招生考试体系。只有积极稳步地推进高考改革，才能逐步建立起以全国普通高校招生统一考试为主，与多元化考试评价和多样化选拔录取相结合，政府宏观指导、调控，高校自主招生、自我约束，社会有效监督的高校招生考试制度。

（原载《中国高等教育》2007 年第 2 期）

高考与女性接受高等教育的现状与展望

女性接受高等教育是提高自身素质进而提高其社会地位的主要手段之一，也是她们履行重要社会职责的有力保证。性别差异是客观存在的，中国自古以来便存在着教育上的男女不平等，女性在接受高等教育方面更是处于劣势。但是，在1949年以后女性接受高等教育的状况有了不小的改变，总的看来是机会越来越多，在全体接受高等教育人数中所占比重越来越大。本文拟在介绍近二十年来中国女性接受高等教育的变化的基础上，分析有关"女状元"增多与高考改革关系的争论，并探讨考试社会中女性接受高等教育的发展趋势。

一、近二十年女性接受高等教育的发展变化

教育对提高人的社会地位具有巨大的作用。中国古代以文教立国，在奉行学而优则仕的科举时代，读书应考是改变一个人前途命运的主要途径。早在宋代，王安石便对个人受教育的投资回报作出过精当的论述，他在《劝学文》中说："读书不破费，读书利万倍。……贫者因书富，富者因书贵。"读书便是受教育，用现在的话说，受教育可以使贫者变富，富者变贵。而宋真宗的《劝学诗》说"书中有女颜如玉"，则典型地反映出在中国传统社会中，读书是男子的事业，女性是完全被排斥在正规教育和科举考试之外的。直到19世纪末，在西学东渐的大潮中，女性才开始进入外国人在华所办教会学校中就读。至于中国人自己所办高等学校招收女生，则是20世纪初才开禁的，此后，接受高等教育的人数渐次增加，至1947年，在所有154 612名高校学生中，有女生27 604人，占总数的17.8%①。

① 张建奇：《我国普通高等教育中女性地位的研究》，厦门大学高教所学位论文，1996年。

1949 年以后，政策规定妇女在政治、经济、文化教育和社会生活各方面，均享有与男子平等的权利，并制定了一些高等学校助学金办法，少数高校实行完全公费制，1952 年以后又走上了全国普通高校统一招生考试（简称高考）的道路。这些办法的实施，在一定程度上有助于女性接受高等教育人数的增加。1952 年，高校女生有 45 356 人，占全体学生总数的 23.7%，此后直到 1965 年，女生的比例超过 20%，1965 年达 26.9%，为此前的最高比例。

1966 年“文化大革命”开始，以废止高考为“突破口”，所有高校停止招生达 4 年之久，1970—1976 年间，以推荐的办法招收具有二年以上实践经验的“工农兵大学生”。当时为了维持男女平等的表象，在推荐招生中人为地提高女大学生的比例，1973—1976 年在校女大学生数占学生总数的比例均超过 30%，1974 年甚至达 33.8%①。但是，这些数字并不能真实地反映出当时女性受教育的实际状况。

从 1977 年恢复高考以来，高等教育步入了良性发展轨道。1978 年初，“文革”后第一批通过高考公平竞争的大学生入学，二十年来女性接受高等教育的人数有了长足的增长，占全体学生总数的比例也稳步增加。根据历年《中国教育事业统计年鉴》制成表 1。

表 1　1978—1997 年普通高校女生人数及比例变化表

年度	高等学校学生总数	女生人数	百分比	年度	高等学校学生总数	女生人数	百分比
1978	856 322	208 472	24.3	1988	2 065 923	689 406	33.4
1979	1 019 950	245 704	24.1	1989	2 082 111	701 593	33.7
1980	1 143 712	268 137	23.4	1990	2 062 695	695 137	33.7
1981	1 279 472	312 390	24.4	1991	2 043 662	682 450	33.4
1982	1 153 954	305 374	26.5	1992	2 184 376	735 942	33.7
1983	1 206 823	324 926	26.9	1993	2 535 517	852 158	33.6
1984	1 395 656	399 821	28.6	1994	2 798 639	964 258	34.5
1985	1 703 115	510 586	30.0	1995	2 906 429	1 029 286	35.4
1986	1 879 994	593 488	31.6	1996	3 021 079	1 100 474	36.4
1987	1 958 725	646 636	33.0	1997	3 114 362	1 184 647	38.0

① 赵叶珠：《建国后我国女性接受高等教育之研究》，厦门大学高教所学位论文，1993 年。

从表 1 可见，近二十年来高等学校女生人数及比例从总的趋势来看是不断增加的。1978 年至 1987 年十年间增加很快，比例平均每年增长约 1%。此后进入一个稳定期，1987 年至 1993 年间有七年都徘徊在 33%。看来当女生占全体高校学生总数的三分之一时，要有一个巩固期才会有所突破。近四年来，又出现了逐年增长的势头。

从绝对人数来看，在校女大学生人数增加很快，1997 年比 1978 年增加了 5 倍多，超过同时期男生的增长速度，男女性别差异在逐渐缩小。但是，女性的入学机会还是大大少于男性。以 1996 年为例，男生与女生的比例为 63.6%比 36.4%，也就是说在高等教育阶段，相对于 100 名入学男生，仅有 57 名女生入学。男女性别差距远远高于发达国家，只相当于发展中国家 20 世纪 80 年代中期的平均水平。20 世纪 80 年代中期，发达国家相对于 100 名男生有 92 名女生在高等学校学习，而发展中国家一般相对于 100 名男生有 56 名女生在高等学校学习。90 年代以后，一些发达国家如美国、加拿大女性接受高等教育的比例已开始高于男性，发展中国家男女性接受高等教育的差距也在逐渐缩小。因此，比较而言，中国大陆女性接受高等教育的机会还不算很多。

二、有关“女状元”增多与高考改革的争论

随着女性接受高等教育人数和比例的渐次增加，尤其是高考成绩高分数段女生增多和“女状元”频繁出现，近年来围绕“女状元”和高考改革问题展开了许多争论。

现行高校招生考试制度是统一命题考试，但分省区市评卷统计分数并定额录取。一般各省区市文理科高考总分第一名便被称为“状元”。实际上，这是不太准确的比喻，若以科举时代的科名来类比，各省区市高考头名应称为“解元”才是，状元应是总分全国第一，文科考生和理科考生各一名，有如过去的文状元和武状元各一名。只是因为分省区市评卷和定额录取高校新生，所以习惯上人们皆称各省区市高考第一名为“状元”。这样，每个省区市每年皆会产生文理各一名“状元”。加上外语类考生单独计分和某些省区市高考科目组的改革，某些省区市一年会有三名或四名“状元”。从 1994 年以后，不少省区市连续出现“状元”为女性的现象。北京市 1994 年四名“状元”为女性，1995 年为三女一男，1996 年文理科“状元”又是女生。陕

西 1996 年三名“状元”均为女性，其他各省区市文科“状元”也多为女性。上海 1995 年文科前十名有八名为女性，1996 年有七名为女性。高考成绩，尤其是文科“男不如女”已是各大城市的普遍现象。① 为了淡化高考竞争，有关部门要求各省尽量不再渲染高考“状元”，1997 年各省多未公布高考“状元”姓名，但估计“女状元”和高分女生仍然很多。

这种高考高分段“阴盛阳衰”的现象影响到一些大学的招生录取。例如北京市 500 分以上的文科高分数段，女生占压倒优势，1994 年录取女生 532 人，占文科录取总数的 69%；1995 年录取女生 780 人，占文科录取总数的 70%；1996 年北京各重点大学录取的文科学生中，女生占 73%。北京外国语大学 1994 年招收的男女生比例，已为 1.3∶8.7，该校当年在京招 74 人，而分数够资格入选的男性考生仅 14 人，后来又降了几十分，才勉强冒出两位男生。北京外交学院 1995 年的录取线为 543 分，北京市上线的考生 52 人中也只 14 名男生；该校计划在云南招 6 人，上调档案分数线的 11 人中只有 1 名男生；在辽宁招 6 人，也仅有 2 名男生上线。而且，高考中的女性优势似乎正在超越文科领域，1996 年北京录取的理科学生，男女生比例已经从过去的几比一变为 1.4∶1。

面对高考成绩“男不如女”的状况，近年来一些论者惊呼出现了新的性别比例的失调。因为社会上对外语类大学毕业生的男女比例要求往往是男多于女，有些部门单位接收毕业生的男、女比例标准是 2∶1。可是，此类大学的“入口”与“出口”差异过大，导致女毕业生就业困难。他们分析“女状元”现象认为：(1) 现行教育体制考试题型相对固定，使女生在性格上占据优势，她们因胆小、谨慎、刻苦、踏实而得佳绩。(2) 现行的应试标准过于僵化，对考生的答案在意思和词句用法上要求过高，使善于背记的女生得利。由此得出结论：现行的高考应试体制压抑了个人的创造性，使富于创造、思维活跃的男生受压制，也强化了女生的性格弱点。还有的论者认为“女状元”只不过是浮出水面的冰山之角。如果统计一下从小学到大学获得各种荣誉的学生性别，可能会发现另一种“性别歧视”：对男生的歧视，或者说男生明显处于劣势。也许目前我们学校教育的“好学生”标准，较多地要求学生遵守纪律、服从、温顺等“阴柔”的品质，是更适于女学生的。而

① 珊时：《状元女七分天下的喜和忧》，《大学生》1995 年第 10 期，第 16～18 页。

以死记硬背为主的单一的闭卷书面考试的高考往往以一分半分之差决雌雄，实在很不利于男生，尤其是那些成熟较晚、童蒙未开的男生。我们应该为考试测量引进一个新的评价指标：可信的、客观的考试，其优异者在性别的分布上应该是基本相等的。

反驳者指出：将有创造性、独立性、思想活跃、不肯循规蹈矩等归结为男性特征，而将胆小谨慎、不善创造性思维、只会死记硬背、感情用事等归结为女性的性格特征，是简单地将男女性别模式化了，这种对女性形象的概括反映出对妇女能力和才干的各种贬低和歧视。将高考文理科“女状元”都说成是只知死记硬背的学生是牵强附会的。学习本身是一种社会化的过程，是对前人的生活经验的总结和提炼。学习成绩出色更多的是靠举一反三，勤学多问，用自己的头脑去考虑问题。在竞争如此激烈的高考中，试题更是包罗万象，为 12 年学业之总结。没有逻辑推理、归纳总结、融会贯通之能力，谁可以生硬地背下 12 年学过的天文地理、文史生化、数学外语政治等课程？许多上过高中的女生都不止一次地听家长和老师告诉说：“女生没有发展潜力，脑子不如男生聪明……”面对这些“警告”，她们只能加倍努力学习，与其说女生在高考中的成绩出于她们的背书能力，不如说是由于她们在更大压力下奋力拼搏的结果。20 世纪 90 年代初以前高考“状元”大多是男生，为什么那时没有人提出“男状元”多是因为教育体制压抑了女生的发展？为什么那时没有人问一问“男状元”们有多少发展潜力？为什么理工科一直想当然地被封为“传统男性领域”而进入这个领域的女生多了反倒引起大家的怀疑？为什么男生得“状元”靠的是实力而女生当“状元”就一定是什么地方出了问题？也许更多的问题不是来自高考和教育体制，而是来自人们的头脑，来自“男尊女卑”的传统观念。①

考查男女性别差异在接受高等教育方面的表现除了看在校男女生的比例外，还应比较报名参加高考的男女考生比例和各年录取大学新生中的性别比例。从表 2 可见，自从 1977 年恢复高考以后不久，报考者中女生比例已达到总人数的 37%，这一比例在 20 年间基本上没有什么大的变化，而是在 33%～39%之间波动。

① 晓东：《“女状元”错在哪儿》，《妇女博览》1997 年第 1 期，第 4～5 页。

表 2　近二十年女性报考、录取人数及比例表①

年度	报考总人数	其中女生人数	百分比	录取总人数	其中女生人数	百分比
1978	6 102 640			292 278	61 743	21.1
1979	4 684 802	1 747 313	37.3	284 102	63 939	22.5
1980	3 327 869	1 161 720	34.9	288 111	67 901	23.6
1981	2 589 020	873 319	33.7	282 962	71 066	25.1
1982	1 867 025	633 792	33.9	304 955	81 458	26.7
1983	1 672 727	581 002	34.7	359 807	107 110	29.8
1984	1 643 565	583 314	35.5	426 854	131 673	30.8
1985	1 758 972	636 949	36.2	499 292	157 463	31.5
1986	1 914 340	684 798	35.8	572 055	187 207	32.7
1987	2 275 063	861 269	37.9	596 661	209 142	35.1
1988	2 716 408	1 018 963	37.5	694 842	239 189	34.4
1989	2 662 118	933 327	35.1	618 940	207 123	33.5
1990	2 832 751	962 321	34.0	618 124	206 214	33.4
1991	2 956 261	1 057 908	35.8	619 874	209 733	33.8
1992	3 026 357	1 097 134	36.3	754 192	258 123	34.2
1993	2 861 361	1 055 438	36.9	923 952	311 738	33.7
1994	2 508 061	940 152	37.5	899 846	318 539	35.4
1995	2 530 813	956 228	37.8	925 940	340 644	36.8
1996	2 665 917	1 019 883	38.3	956 812	367 001	38.4
1997	2 842 659	1 113 750	39.2	1 080 411	418 412	38.7

仔细比较一下表 2 中报考总人数中女生所占百分比与录取总人数中女生所占百分比，即可发现，在 20 世纪 70 年代末 80 年代初，女生占录取总人数的比例要远低于占报考总人数的比例，而越到后来这两个百分比越是趋于接近，在 1997 年两者相差不足 1%。这两个百分比趋于一致应该说是一种合理的发展结果。当然，表 2 是各省区市总的统计数据，实际上各省区市之间的差别还是很大的。如 1994 年北京参加高考的女生为 14 424 人，占全体

① 胡平：《从普通高等学校招生统一考试看中国女子接受高等教育的发展趋势》，《南京师大学报》（社会科学版）1996 年增刊，第 19 页。

考生的51%；1995年报考女生为14 181人，占全体考生的52%。就报考人数而言，北京市考生中女性已超过男性，因此高考上分数线女多于男也就不足为奇了。女性接受高等教育机会还存在着明显的地区差异，据《中国妇女统计资料（1949—1989）》所载，1988年女大学生在校生总数比例较高的省区市由高而低依次为新疆、河北、青海、内蒙古、山西，比例值均超过40%以上；比例由低而高依次为江西、安徽、湖北、海南、湖南等，比例值均低于30%，江西省仅为22.5%。近年来，北京、天津、上海三个直辖市女生比例增长尤为明显。从总的趋势看来，呈现出一种规律性的变化，即高考录取率越高，女生报名和录取人数比例也越高。无论“女状元”和高分女生增多是喜是忧，这一发展趋势还将继续下去。

三、考试社会中女性接受高等教育的展望

目前的招生考试制度到底是否有利于增加女性接受高等教育的机会，这是一个复杂的问题。中国人做事向来考虑“天理、国法、人情”，人情与关系在中国社会生活中往往起着十分重要的作用。在选拔人才方面，受人情与关系的制约，古代的察举逐渐变成植党营私的手段，现代的推荐则很容易为“走后门”升学大开方便之门。为了有效地制衡人情与关系的困扰，客观公正地选拔人才，中国人发明了考试。1949年以后，大陆与台湾互相隔绝，但却于1952年和1954年先后不约而同地走上大学统一招生考试的道路，在世界上最早建立大规模统一招考大学生的制度。这一制度在中国率先出现有其深刻的历史文化渊源。中国过去是一个科举社会，为了解脱人情困扰，现在和将来还须以考试作为社会生活的调节阀，因此必然还要走向一个考试社会。与台湾的大学联考类似，尽管大陆的高考具有不少负面影响，社会各界要求改革高考的压力不断加大，但在可以预见的将来，高考还将成为高校选拔新生的主要管道。

在一个考试社会中，女性接受高等教育机会的多少主要取决于学业成绩和考试分数。但在中国现今推行市场经济改革这样一个不断变动的社会中，女性接受高等教育比例的变化还受到许多因素的制约。

（1）经济因素。高等教育是一种回报率很高的投资，但接受高等教育需要相当大的投入，如果没有足够的经济实力，一个家庭不易供养子女接受高等教育。由于目前中国城乡居民收入相差很大，而城市多为独生子女家庭，大城市女性接受中等和高等教育的机会与男生几乎相等，农村长期以来上高

中和参加高考的学生中男生远远多于女生，因此实行高等教育收费制度改革以后，农村学生上大学的困难增加，城市学生比例增加。1994 年以后在校女生和录取女生比例突破长期徘徊在 33%的阶段并迅速增加，这既是女生自身努力和高等教育发展的必然趋势的体现，也有 1994 年开始逐渐推行高校收费制度的因素在起作用。尽管城乡居民收支都在稳步增长，但城乡差异依然很大。1996 年，全国城镇人均可支配收入和生活费收入分别为 4 839 元、4 377 元人民币，省会城市职工家庭可支配收入为 6 235 元，而农村居民人均纯收入仅为 1 926 元[①]。并且城乡差异还有加大的趋势。据统计，农业居民平均每年纯收入与非农业居民平均每年生活费收入的差距，1978 年为 1∶2 136，1993 年为 1∶2 145，1994 年为 1∶2 161，1995 年为 1∶2 147[②]。虽然现今高等学校收费一般每年在 1 500～3 000 元之间，只占生均教育成本的 25%以内，但不少农村家庭很难支付这笔学费和有关的生活费用。当经济问题影响农村家庭的高等教育投入时，农村考生报考高校的人数在考生总数中的比例下降，而同时城市中独生子女一代正好进入接受高等教育年龄段，性别比例相对均衡的城市学生升入高校，于是女生在全体大学生中所占比例便明显增加。

(2) 传统文化。在影响高等教育发展的政治、经济、文化诸因素中，政治对高等教育具有强大的制约作用。近代以前中国的政治制度、官僚体制和法律条规带有典型的歧视女性的封建色彩，但在 1949 年以后，可以说政治上制约女性接受高等教育的因素已不复存在。近五十年来，制定了许多法律以保证女性在政治、经济、科技、教育、社会和家庭等各个方面与男性享有同等的权利，在高等学校招生政策上也是贯彻男女平等的原则。但是，在文化层面上，千百年中积淀下来的“男尊女卑”传统观念还在许多人心里有深刻的存留。所谓“唯女子与小人为难养也”、“女子无才便是德”等封建观念还影响着一些人的思想行为。在一些农村尤其是落后地区的农村，有些家长还认为“嫁出去的女，泼出去的水”，因而不太重视女孩的教育。当家庭经济条件不好时，父母总是更愿意培养男孩而放弃对女孩的培养，甚至让女孩辍学去工作来支援男孩求学，女童辍学在一些经济不发达地区成为一个相当严重的问题。重男轻女的性别意识和经济因素相结合，造成两性教育机会的

① 《关于 1996 年国民经济和社会发展的统计公报》，《人民日报》1997 年 4 月 5 日。
② 国家统计局：《中国统计年鉴》，1996 年。

差异。这就使全国范围内女性高等教育的比例不可能有很大的增长。

(3) 就业前景。20 世纪 80 年代末以来，原先计划经济体制下的毕业生工作分配制度逐步改为用人单位与毕业生双向选择自主择业的办法，这对女大学生就业是挑战与机遇并存。有利之处在于为女大学生成才择业开辟了广阔的天地，不利之处是一些单位往往仅从性别考虑，不愿招用女大学毕业生。因为男生在工作中精力不会被生育和家务分散，且易于安排出差和室外工作，甚至在国家医疗卫生、教育及其他社会事业单位中也倾向于要男毕业生。1996 年 1 月召开的全国人才市场第二届高校毕业生供需见面会上，参加招聘的 42 家国家机关中，有 27 家标明限招或不招女生。女大学生就业难对女性接受高等教育带来明显的消极影响。一是迫使高校在招生时提出一些附加条件，少招收女生入学；二是一些女生在专业选择时不得不选择所谓社会上认同的、女性较易就业的专业；三是既然接受了高等教育也不能得到与男性同等的就业机会，使一些女性对接受高等教育失去信心或减低抱负。因此，不仅在理论和政策上提倡男女平等，而且在思想观念和实际工作中贯彻平等原则，仍是一项十分艰巨的任务①。

近二十年来中国接受高等教育的女性比例稳步增加客观上反映出经济发展和社会进步的事实，在一定程度上也得益于实行统一高考择优录取的制度。高考并非“一试定终身”，但其分数可以决定考生当年是否能升学。如果没有高考分数线的把关，任由招生单位自主决定录取，有不少女生就会像就业难一样出现升学无门的窘况，女性接受高等教育的机会就将减少。随着高考内容日益朝测试能力而不单纯考试知识的方向改革发展，不管出现多少“女状元”或“男状元”，也是公平竞争的自然结果。中国高等教育正朝着大众化阶段迈进，这将有利于增加女性接受高等教育的机会。然而高等教育大众化本身并不能完全消除高等教育入学机会的差异性。在各种接受高等教育的途径中，由于接受普通高等教育仍然是社会流动、重新选择社会角色和提高社会地位的主要途径，因而高考竞争还会长期处于激烈的状态。未来女性接受普通高等教育的人数和比例还会有所增长，但不会有大的跃进。在达到 40%的比例之后，估计会维持相当长一段时间在此比例上下波动。一些非全日制普通高等教育的形式，如电视开放大学或自学考试等远距离教育形式会更有利于女性广泛接受高等教育。1995 年上半年，在 365 万参加自学考试的

① 《男女平等还要喊多久》，《南方周末》1996 年 2 月 28 日。

考生中，女性比例已达到45%；有十个省区市女性考生已超过考生总数的50%①。这说明灵活多样的高等教育形式有益于女性。而中国普通高等学校中女生比例要接近50%，还是一个相当遥远的未来，虽然总的趋势是朝此方向不断演进②。

（原载《有色金属高教研究》1999年第1期）

① 陈金霞：《女性教育新视角——自学考试》，《第五届全国教育考试科研讨论会论文集》，高等教育出版社，1997年。

② 本文写于1998年。1999年推行“3+X”科目改革之后，高考是否对女生有利的问题更为凸显。由于“3+X”中的语文、数学、英语三门主科各占150分，在总分中所占比重较大，而三门中语文和英语两门为语言类科目，这在客观上对女生较有利，因为女性在语言方面天生具有一定的优势。国外曾有科学研究发现，女性大脑在专司察觉和分辨语言等相关区域中，神经细胞比男性更多一些，或者说女性大脑的语言中枢要比男性的语言中枢稍大，因而女性拥有优越于男性的语言天赋。实际上在实行3加X科目改革之前，恢复高考之后，高校的外文系一般都是女性占多数。在目前高度重视甚至过度重视外语的情况下，无论在高考环节或在高等教育阶段，都对女生有利。

有的省在讨论高考科目改革方案时，也有人提出可以考虑略微降低英语单科的分值，例如英语不再是150分，而是130分或120分。只是这种提议的出发点主要还是认为没有必要把外语强调到与我们的母语同样重要的地步，而非性别方面的考虑。也有人认为高考方式更适合女生是因为女生身心发育比男生早，我倒觉得不很明显。发育迟早对不同性别学生升学的影响，中考要比高考大得多，与其说高考对女生更有利，还不如说是中考对女生更有利。因为升高中的时候，通常都是15岁左右，而女性更早发育成熟。我们看到有不少男生在高中阶段学习进步很大，到18岁参加高考时，男生与女生在身心发育成熟方面的差距比15岁时小得多。在升高中时就将部分可能很有后劲的男生淘汰掉，问题比高考更大。

30年来，女生在高考中所占的比例稳步上升。2006年全国女生占报名总数的比例为46.5%，占录取总数的比例为48.9%，女生占录取总数的比例已超过占报名总数比例3.4个百分点。2007年女生占录取总数的比例估计将接近50%，到2007年，30年中女生占录取总数的比例平均每年提高约1个百分点。

论西部地区的“高考移民”问题

——兼论科举时代的“冒籍”现象[①]

“高考移民”是中国高等教育中的特殊现象。由于中国幅员辽阔、考生众多，且各地区之间教育水平存在较大的差距，所以实行各省、自治区、直辖市分别进行评卷和划定高考录取分数线的政策。部分考生利用各地存在的高考分数线的差异及录取率的高低，通过转学或迁移户口等办法到高考分数线相对较低、录取率较高的地区应考，这被称为“高考移民”。大体而言，高考移民的移入地区分为三类，一是京、津、沪等经济水平高而高考录取分数线低的直辖市，二是海南、安徽等经济水平较低且高考录取分数线也较低的少数东部省份，三是经济和教育水平低而高考录取分数线更低的西部地区，包括西北和西南省区。本文要探讨的便是第三类西部地区的高考移民问题，论述其现象，分析其原因，并与科举时代边远地区的“冒籍”现象作比较，最后提出相应的解决办法。

一、当前西部省区的“高考移民”情况

始于20世纪80年代的“高考移民”现象，之所以在今天受到社会各界的广泛关注，一方面是因为时代进步，另一方面是其愈演愈烈并派生出新的社会问题使然。与沿海省份及其他教育发达省份相比，西部省区的高考录取分数线一般会低几十分，甚至上百分。因而每年高考报名时，教育发达地区的许多考生便想方设法移入新疆、西藏、宁夏、青海、贵州、云南、广西等教育欠发达的西部省区应考。这就打破了各省高考原有的政策规定和分省定额录取的格局，产生了很多新的社会问题。

移民总是和利益密切相关，利益位差越大，流通的冲动势能也就越大。

---

① 本文与樊本富合作。

就目前的情形来看，虽然有小学文化程度的企业家存在，有北大才子卖肉的现象出现，但大多数接受高等教育的人仍然提升了经济和社会地位，高考依然在很大程度上决定着莘莘学子今后的生存质量乃至人生理想的实现。有的考生在教育发达的省区参加高考，可能上不了重点院校或普通本科院校，但如果来个“孔雀西部飞”，这些考生便可轻松跃过“农门”。在如此大的利益驱使下，部分考生才会在家长和亲友的帮助下通过各种渠道加入到“高考移民”的行列。

“高考移民”问题存在的根本原因或体制性基础是目前高考录取制度中存在的高考分数差和不同的录取率。由于我国多年来一直实行以省、自治区、直辖市为单位确定录取名额和划定高考录取分数线的政策，各省区之间高考录取分数线存在巨大差异。从上世纪 80 年代中期开始，就有不少山东、浙江等地“聪明”的考生前往东北、内蒙古、新疆乃至西藏等地参加高考，并且大部分获得了不错的回报。近年来，各省区之间的分数差距更为明显，导致社会上形成了一股“高考移民”潮。

我们从西部省区与教育发达省区 2001 年到 2003 年的高考录取分数线相比较的情况，来分析一下“高考移民”现象与高考录取分数线之间的关系。

西部省区与部分省区高考录取分数线变动比较表

地区	省份	2001 年				2002 年				2003 年			
		第一批		第二批		第一批		第二批		第一批		第二批	
		文科	理科	文科	理科	文科	理科	文科	理科	文科	理科	文科	理科
西北省区	新疆	468	486	436	436	490	499	436	420	493	456	450	390
	西藏	440	450	350	300					450	440	320	325
	宁夏	474	479	430	425	480	471	440	428	491	426	431	381
	青海	448	400	394	338	445	378	372	302	426	338	355	276
	甘肃	490	512	465	467	492	508	466	457	504	458	456	402
西南省区	云南	475	435	435	370	475	440	435	375	480	405	445	350
	贵州	504	490	423	393	513	485	429	393	505	436	422	354
教育发达省区	山东	580	607	535	559	568	589			552	524		
	河南*	453	453	422	422	562	562	516	516	575	575	532	532
	浙江	543	556	509	530	560	573	490	495	541	508	500	459
	湖南	539	551	498	506	553	559	513	513	557	501	520	457
	湖北	524	555	488	501	527	555	504	525	516	502	489	468
	江西	541	568	505	526	538	562	498	506	530	512	478	462

注：河南* 2001 年采用的是“3＋1”卷。

数据来源：

①2001 年数据来自 2004 年 4 月 1 日搜狐网：

http://learning.sohu.com/2004/04/01/40article219704086.shtml；

②2002 年数据来自 2004 年 4 月 21 日搜狐网：

http://learning.sohu.com/2004/04/21/26/article219912605.shtml；

③2003 年数据来自 2003 年 6 月 24 日搜狐网：

http://learning.sohu.com/61/19/article210391961.shtml。

应该明确，由于实行"3＋X"科目改革后，以上省区这三年的高考试卷并不完全相同，且各省区在高考评卷中掌握的宽严标准不尽相同，即使是采用全国统一试卷，高考分数也不是完全等值，但总体而言是大同小异，因此其高考分数还是基本可比的。从表中可以看出，西部省区与教育发达省区这三年的高考录取分数相差几十分，甚至上百分、几百分。例如，同批次的比较，2001 年高考录取分数文科重点线最高的山东 580 分，比最低的西藏 440 分高出 140 分；理科重点线最高的山东 607 分，比最低的青海 400 分高出 207 分。二批本科文科最高的是山东 535 分，比最低的西藏 350 分高出 185 分；二批本科理科最高的山东 559 分，比最低的西藏 300 分高出 259 分。2002 年高考录取分数文科重点线最高的是山东 568 分，最低的是青海 445 分，相差 123 分；理科重点线最高的是山东 589 分，最低的青海 378 分，相差 211 分。2003 年高考录取分数文理科重点线最高分均为河南 575 分，最低分均为青海（文科 426 分，理科 338 分），分别高出 149 分和 237 分。二批本科文理科最高分均为河南 532 分，最低分均为青海（文科 355 分，理科 276 分），分别高出 177 分和 256 分。

再来看一下西部省区本科第一批重点线与教育发达省区二批本科线相比较的情况。2001 年西部省区文科重点线最低分为西藏 440 分，教育发达省区二批文科线最低的湖北 488 分，相差 48 分；西部省区理科重点线最低分为青海 400 分，教育发达省区二批理科线最低的湖北 501 分，相差 101 分。2002 年西部省区文科重点线最低分为青海 445 分，教育发达省区二批文科线最低为浙江 490 分，相差 45 分；西部省区理科重点线最低分为青海 378 分，教育发达省区二批理科线最低分为浙江 495 分，相差 117 分。2003 年西部省区文科重点线最低分为青海 426 分，教育发达省区二批文科线最低分为江西 478 分，相差 52 分；西部省区理科重点线最低分为青海 338 分，教育发达省区二批理科线最低分为湖南 457 分，相差 119 分。

通过上述数据分析可以看出，西部省区与教育发达省区的高考录取分数线存在巨大差异。在山东、河南、浙江、湖南、湖北、江西等教育发达省区上不了本科的考生，在西部省区却能上重点大学。巨大的录取分数差距的存在，成为“高考移民”向西部省区迁移的巨大动力。新闻报道中，“高考移民”的身份大多是“高考高地”的山东、湖南、河南等省籍的考生，而处于“高考洼地”的新疆、西藏、宁夏、青海、云南、贵州等西部省区则是“高考移民”的主要流向地。这与我国高考录取分数线的分布是相吻合的。

有材料显示，每年“高考移民”数以万计，可准确数字谁也无法说清楚。西部地区每年都是“高考移民”的重灾区。例如，2004 年 6 月高考成绩公布后，西藏林芝地区 500 分以上的文科考生 25 人，其中只有 3 名是进藏干部职工子女和当地考生。500 分以上的理科生 57 人，其中只有三四个考生是进藏干部职工子女和当地考生。其余考生基本上都是外地转入林芝地区的考生。① 由于地域的关系，北方人比较适应北方的生活，南方人比较适应南方的生活，因而，西北省区的“高考移民”来源地大多是山东、河南、河北等省区。西南省区的“高考移民”来源地大多是湖南、江西、湖北等省区。

面对“高考移民”潮，近几年来，西部各省纷纷加大了打击的力度。每年在高考报名前和高考后，西部各省都会查处和清退不少的“高考移民”。例如，2002 年，青海省取消了 49 名高考移民的考试和录取资格并将其退回原籍。2003 年，新疆共清退“高考移民”2 600 余人，青海清退 251 人②。这一年，以 624 分摘得宁夏高考理科状元桂冠的黄某，因被举报并查明为“高考移民”，不但没有得到他梦寐以求的北京大学录取通知书，还被当地教育行政部门取消了高考录取资格③。2003 年，西藏自治区招生委员会出台了《关于进藏人员子女、非直系亲属报考高等院校有关问题的暂行规定》，限制进藏干部职工（包括援藏干部）等将户籍迁入西藏的非直系亲属考生以及以其他理由将户籍迁入西藏的考生，只能报考区内院校或区外非重点院

① 朱丽亚：《西藏：内地平民的高考洼地》，《中国青年报》2004 年 6 月 28 日。

② 《新疆力堵“高考移民”》，中广网。

③ 《宁夏理科状元为“高考移民”被取消录取资格》，《中国青年报》2003 年 7 月 31 日。

校；2004 年限报的重点院校又上升到 36 所。2004 年 4 月，宁夏永宁县取消了 9 名考生报考资格。青海取消了 173 名“高考移民”的报考资格。①

与东部省市的“高考移民”问题不同，西部省区的“高考移民”问题还与少数民族问题交织在一起。“高考移民”的到来，使少数民族考生接受高等教育的机会相对减少。任由“高考移民”规模继续膨胀，可能会影响汉族和少数民族的感情，影响对西北边疆的开发和国家的安定团结。

二、历史的参照：科举时代的“冒籍”现象

考试公平与区域公平的矛盾（古代倾斜的“高考分数线”问题），是一个自宋代以后就争论不休的千古难题。考试公平是指完全依据考试成绩来公平录取考生，区域公平是指通过区域配额来调控各地区之间考中人数的悬殊差异，在中国这么一个幅员辽阔、人口众多的大国，这是一个古今大规模考试都会遇到的棘手问题②。

北宋中叶，欧阳修与司马光引发了中国科举史上有关南北举额分配的首次争论，双方在凭才取人还是逐路取人问题上争执不下。宋真宗大中祥符二年（1009 年）改比例解额制为固定解额制，由于各地区解额的不平均，因此引发了固定解额较少的州郡的士人到解额相对较宽的州郡去取解的做法，人称“冒贯寄应”③。当时“冒贯寄应”现象已较普遍，尤其是北宋时期，东南地区的士人经常移籍到容易考取的河北五路参加考试，有关周总冒贯的故事就是其中一例。真宗朝人周总，在原籍没有考取发解试，由于他认识谯州的长官，因此在该长官的允许下到那里去寄应，但受到禁令所限而未能如愿。于是他认该州役人周吉为父，借周吉的父祖三代名讳应试，终于发解登第。④ 元代采取的是种族与区域配额相结合取士的政策，带有明显的民族歧视色彩。

到了明初，南北方士人进行了空前激烈的地域之争，引发了著名的“南

① 《各地封堵高考移民》，《中国教育报》2004 年 6 月 28 日。

② 郑若玲：《考试公平与区域公平：高考录取中的两难选择》，《高等教育研究》2001 年第 6 期。

③ 裴淑姬：《论宋代科举解额的实施与地区分配》，《浙江学刊》2000 年第 3 期。

④ 《闲居诗话·周总认父》。

北榜”事件，并导致南北分卷取人制度的确立。清代统治者为了统合南北差异，以均衡各地的科名数额来达到政治势力的合理分配、巩固中央集权统治，对乡试、会试中额的地区划分越来越细。会试中额初承明制，分南、北、中卷，顺治十二年（1655 年），将中卷并入南、北卷。此后中卷屡分屡并，有时甚至在南、北、中卷内再分为左、右分别录取。或者专取四川、广西、云南、贵州四省各编字号，分别取中。康熙五十一年（1712 年），以各省取中人数多少不均，边远省份或致遗漏，因此废去南北卷制度，代之以分省取中办法，按各省应试人数多寡，钦定会试中额。康熙下诏：“近见直隶、各省，考取进士，额数不必预定……朕计省之大小，人之多寡，按省酌定取中进士额数。”[①] 这道诏书，正式将分区取士制进一步发展为分省取士制。从此，分省定额取士制一直延续到科举被废。在该诏书中，康熙也明确指出这项措施的意义：“如此，则偏多偏少之弊可除。”可见，这项措施的实施是希望通过对录取名额分配的控制，照顾文化不发达地区。

为了提高边远地区人文教育水准，缓和各民族和地区的矛盾，巩固自己的统治，明清两代政府在取士时都十分注重对边远地区的扶持。明末，在乡试一级，各省举额皆有定数，只有云南一省不断增加，从 40 名、45 名增加到 50 名。在嘉靖十四年（1535 年）将贵州从云南乡试中分出来，云南举人名额为 40 名，贵州为 25 名；到万历元年（1573 年）又将云南举额增为 45 名，贵州增为 30 名。云贵两省举额的渐次增加，反映了明政府优待边远地区的方针和云贵地区文化水平日渐提高的势头[②]。在会试一级，云南、贵州等西部地区的中额人数也有不同程度的提高，明代进士人数最少的贵州省总数只有 85 名，最多的浙江省有 3 280 名，相差 38.6 倍。实行分省取中的清代，进士人数贵州有 599 名，最多的江苏省为 2 920 名，相差 4.9 倍。[③] 可见，在实行分省定额制以后，清政府进一步加大了扶持边远省区的力度，相对缩小了与东部省区之间的差距。由于政府对西部边远地区的优惠政策，使得东部省区的考生纷纷到西部“淘金”。

明清两代，由于边远地区文化不发达，文化发达地区的士子为了减少竞

---

① 张廷玉等：《大清圣祖仁（康熙）皇帝实录》卷二五〇，中华书局影印，1985 年。

② 刘海峰：《科举考试的教育视角》，湖北教育出版社，1996 年，第 264 页。

③ Ping-ti Ho，The Ladder of Success in Imperial China：Aspects of Social Mobility (1368—1911)，Columbia University Press，1962，pp. 227-228.

争，增加中额机会，纷纷冒充边远地区籍贯参加考试，这被称为“冒籍”。明代科举实行分区定额制，各省乡试规定只有本省籍士子才能参加。但由于各省文风高下不同，乡试竞争激烈程度不一，有些士子便避难就易，想方设法“冒籍”到录取率较高的省份去应试。据《大明会典》卷 78《学校》载，天顺六年（1462 年），复设各处提督学校官，并下敕说：“科举本古者乡举里选之法。今南北所取举人名额，已有定数。近年奔竞之徒，利他处学者寡少，往往赴役投充增广生员，乍冒乡贵，隐蔽过恶，一概应试，所在教官侥幸以为己功，其弊滋甚。”清代实行分省定额取士制后，“冒籍”现象大为猖獗，形成了一定的规模，不仅西部省区存在“冒籍”现象，东部省份诸如福建也存在“冒籍”现象。清代，福建文风颇盛，尤其是沿海各府县童试竞争激烈，而台湾新设府县学录取生员名额不少，较易考取，因此许多福建士子移民台湾，争取在台湾府县应试进学。福建士子不得志于本籍，则往往指同姓在台居住者，认为弟侄，然后赴考，“过继”成为“冒籍”最常见的手法。康熙五十六年（1717 年）周钟瑄完成的《诸罗县志》“风俗志 · 汉俗考”说：“内地稍通文墨而无籍者，皆以台为渊薮，训蒙草地，或充吏胥，辍八比未久者，岁科犹与童子试。”《诸罗县志》中的“学校志 · 总论”则说：“诸罗建学三十年，掇科多内地寄籍者，庠序之士，泉、漳居半，兴、福次之，土著寥寥矣。”为了防止冒籍，通常规定要入籍 20 年以上者才可算作本籍人士报考，乾隆二十年（1755 年），台湾诸罗县绅士甚至制定条例规定要入籍 30 年并有庐墓、亲属和田产者方准报考。①

据乾隆二十五年（1760 年）四月《广西学政鞠恺为陈严惩冒籍办法事奏折》载：“惟冒籍之弊最甚，本省府县相邻之人冒考者固有，而浙江、江西、湖广、广东等省之人冒考广西者尤多，大抵或因父兄作幕，或因亲友贸易，诡计影射，混入考试，并无实在田产庐墓。入学之后，仍归故乡，而大比之期复来冒试。”② 西南地区的云南、贵州都是士子考生向往的地方，这里的“冒籍”现象尤为严重。据嘉庆十八年（1813 年）二月《贵州巡抚景敏等为审拟黎平府苗童欧阳五彩赴京控告冒籍等事奏折》中载：“贵州巡抚臣景敏、贵州学政臣胡枚跪奏，为黎平府属苗童控争府学，遵旨审明定拟，并请分棚分额，恳恩赏增学额，以顺舆情，仰祈圣鉴事。黎平府苗童欧阳五

① 刘海峰、庄明水：《福建教育史》，福建教育出版社，1996 年，第 177～179 页。

② 中国第一历史档案馆：《乾嘉时期科举冒籍史料》，《历史档案》2000 年第 4 期。

彩赴都察院呈递封章控告赵方宁等冒籍考试一案……”① “是以客籍童生呈请入籍考试，虽年限业已相符，而土著生童辄以身家不清阻其考试。”② 可见，当时外来考生挤占了当地考生的取中名额，引起了当地考生的不满与阻挠，甚至到官府控告，外来考生与当地考生之间的关系可见一斑。“冒籍”现象的存在也困扰着当时的政府，因“冒籍”事件而引起的案件不断发生，严重的还破坏了边疆地区的安定。

科举时代，“冒籍”现象之所以出现，归根到底还是政府考虑区域公平、各地科举录取宽严不一导致的结果。从宋代起，固定解额制、分区取士制和分省取士制的实施，使各地区有了固定的取中名额，这就使得教育发达地区的考生向边远地区流动，导致了“冒籍”现象的产生。明清两代，“冒籍”问题尤为严重。针对这种情况，明清两代政府都出台了相关政策来制止这种现象，一方面为保证科举考试的公平、公正性；另一方面，更重要的是要维护统治者的地位、民族的团结和国家的安定。

明代，出于统治的需要，政府对“冒籍”事件从严查办，并下敕，“……今后不许，违者听本职及提调科举官、监试官拿问”③。万历三年(1575 年) 又重申：“两京各省廪膳科贡，皆有定额。近来有等奸徒，利他处人才寡少，往往诈冒籍贯，投充入学，及有诡写两名，随处告考……访出，严行拿问革黜。若教官纳贿容随，生员扶同保结者，一体治罪革罢。”④ 冒籍应试不仅违法，而且假冒作伪，破坏区域配额制度的公正性，故一经查出，不论中式与否，都要发回原籍。

清代对“冒籍”的行为是明令禁止的。清初，政府明文规定：童生在应试时，除了报考童生必须有同考五人联保外，还须有本县的一名廪生开具保结。廪生担保的除了保证其身家清白、不进行枪替、没有匿丧三条以外，如果出现“跨考者，惟廪保是问”⑤，所谓“跨考者”即为“冒籍者”。

为了进行统一管理，雍正九年 (1731 年) 对“冒籍”加以禁止，对于

① 中国第一历史档案馆：《乾嘉时期科举冒籍史料》，《历史档案》2000 年第 4 期。

② 《陕西巡抚朱勋为酌定商州寄籍土著应试章程事奏折》，中国第一历史档案馆：《乾嘉时期科举冒籍史料》，《历史档案》2000 年第 4 期。

③ 《大明会典》卷七八《学校》。

④ 刘海峰：《科举考试的教育视角》，湖北教育出版社，1996 年，第 264 页。

⑤ 徐珂：《清稗类钞·考试类》“廪生保童生”条，中华书局，1986 年。

那些要求入籍之人，政府规定必须“当以坟墓为断”，一旦入籍之后，不准回原籍应考①。据乾隆元年（1736 年）正月《江南道监察御史谢济世为请停外省人入籍广西应试事奏折》载：“至于云、贵、川、广人才寥落，冒籍多一人，则土著更少一人，列祖以来，垂念边省，多方培植，冒籍之禁尤严。而至于以土改流之府、州、县与未改流之土司犬牙相错，汉苗杂处，苗人朴鲁甚于本省汉人，其所以梗化出劫、敢于官兵为敌者，皆因外省通文识字、犯罪脱逃之人潜窜其中，或往来其地多方煽诱所致。是则此等地方，不特不许冒籍，亦并不许入籍；不特不许入籍考试，亦并不许流寓暂居，然后边境得以安宁也。”② “冒籍”问题如此严重，使边疆地区的文风也受到影响。据乾隆二十五年（1760 年）四月《广西学政鞠恺为陈严惩冒籍办法事奏折》载：“至其所冒籍之地，虽土著文风未盛，而就地取材士子犹可渐自濯磨，若尽被冒籍占据，则土著进取为难，文风日就颓废，攻讦势难宁息。”③ 道光二十六年（1846 年）又规定：“嗣后每届乡、会试年份，凡举贡生监，俱不准其改籍。”④ 但是，“冒籍”之风由来已久，特别是有些人置买田产，已经在当地落户了，政府对此现状只好予以一定程度的承认，“入籍二十年者听考”⑤。

明清两代对“冒籍”问题的解决对策一般是根据户籍限制其报考，一旦发现有“冒籍”行为，即对当事人及相关人员进行惩处。在科举时代，还没有一种更合理的人才选拔方式能够代替科举。为了维护科举考试的区域公平、确保统治者的统治地位、保证国家的安定团结，政府只能采取强制性的手段来防止“冒籍”事件的发生。然而，只要地区之间存在文化教育水平的差距、实行区域定额录取制度，“冒籍”就不可能完全杜绝。

三、“高考移民”问题产生的原因及解决对策

在考试公平与区域公平之间，中国 1 300 年的科举演变史告诉我们，越到后来，越是从考试公平逐渐趋向于更重区域公平。这有助于我们理解为什

① 夏卫东：《论清代分省取士制》，《史林》2002 年第 3 期。
② 中国第一历史档案馆：《乾嘉时期科举冒籍史料》，《历史档案》2000 年第 4 期。
③ 中国第一历史档案馆：《乾嘉时期科举冒籍史料》，《历史档案》2000 年第 4 期。
④ 见《钦定大清会典事例》卷三四〇《礼部·贡举·申严禁令》。
⑤ 《永宪录》卷 2。

么现今全国高校招生考试录取时各省要根据录取名额划定不同的分数线①。

近年来，随着各省区市之间高考录取分数线差异逐渐显现，分省区市定额划定高考录取分数线的办法和问题越来越受到教育界和社会舆论的关注。观点对立的双方言辞激烈，各有道理。要使讨论从激愤走向冷静，从感性走向理性，得出较公允客观的认识，需要大家放宽视界。将录取公平问题放到历史的长河中去考察，便可知道在考试公平与区域公平之间长期存在着两难选择，不可能有一种两全其美的办法。我们不要企望完美的解决之道，只能在考试公平与区域公平两端之间尽量取得相对平衡，找出一种相对合理的办法来。我们必须结合历史与现实进行深入的理论分析，尽可能提出科学而合理的决策参考。

目前我国高考制度下的“高考移民”与科举时代的“冒籍”有着极大的相似性。“高考移民”现象之所以产生，根本原因在于我国高考制度下倾斜的分数线和不同的录取率，另外也与当前我国的户籍制度有关。出于人口管理的需要，我国从 1958 年开始实行相对严格的户籍制度，将人口划定在不同的省、自治区、直辖市，公民的入学、求职、就业、调动等统统都与户口挂钩，从而产生了某种因户籍所在地不同而出现的“户口级别”现象。而我国公民受教育的权利又是与户口紧密地联系在一起的②。近年来，我国各省的户籍管理出现了松动，在某种程度上便利了考生通过变更户口来获取接受高等教育的机会。

这种利用户籍管理的漏洞去获取接受高等教育机会的做法，不仅仅是考生钻了政策的空子，有些接收地政府和学校出于“私利”在其中也扮演了一种推波助澜的角色。大部分人认为，“高考移民”是一种违法的投机行为，违反了国家的户籍管理政策，破坏了国家对教育资源的配置。然而我们也应当看到：第一，有相当一部分“高考移民”是按照正常渠道办理的迁户手续，尽管在此过程中他们也许钻了政策的空子；第二，外地考生的“移民”要求也得到了接收地学校和有关部门的默许，甚至有的学校专门到教育发达省区招徕“高考移民”，因为接收外地较好生源可以提升当地学校的升学率

① 刘海峰：《科举取才中的南北地域之争》，《中国历史地理论丛》1997 年第 1 期，第 167 页。

② 赖志琼、吴中宇：《“高考移民”现象分析》，《当代教育研究》2003 年第 4 期，第 38 页。

和知名度，可以收取借读费增加收入，还可以出售积压的房产等。“高考移民”的大量涌入，当地政府和学校也难辞其咎。

通过不合法的手段改变户籍和学籍的“高考移民”尽管违反了国家政策，却是以非正常手段反映的正当诉求。在市场经济条件下，人们总是要趋利避害。就跟买东西总要找个最好的性价比一样，争取一个教育资源，很自然地也会趋利避害。能够通过较小的代价上个较好的大学，是自然的一种选择①。因此，我们对“高考移民”问题的判断不能是一个简单的是非判断。

西方社会学的冲突理论认为社会上不同的利益群体，为争夺稀缺的社会资源而相互竞争冲突。不同的利益群体持有不同的价值立场，会对同一社会现象做出不同或截然相反的判断②。围绕着某个社会现象，社会成员中既有问题的受害者，也有问题的获益者。受害者认同其是一个社会问题，希望尽快得到解决；获益者则往往否定问题的存在、掩盖问题的真相或不希望甚至阻挠问题的解决。因而一个现象是不是问题，是一个价值冲突和利益资源相互争夺的过程。“高考移民”之所以成为一个社会问题，原因就在于不同的群体出于各自的利益对其做出了不同的反应。表面上看，“高考移民”现象只反映了“倾斜的分数线”这个简单的事实，实际上，它所反映的是不同地区的教育群体及考生在利益上的冲突。因而我们要对“高考移民”进行深入的理论探讨，探究其存在的本质及发展中反映出的问题。

“高考移民”现象的出现，有现行高考录取制度本身不尽合理的原因。一些边远、少数民族地区由于历史、经济、文化等多方面的原因，教育水平相对滞后。因此，国家才出台了一系列灵活的招考政策，目的就是要合理调配教育资源在全国的配置，以便照顾教育水平相对落后地区的学生也能够接受高等教育。我国高考制度实行分省区定额录取的模式，从自由竞争的角度来看与考试的公平原则有某些矛盾之处，但从调动边远省区和落后地区学生的学习积极性，促进当地文化教育水平的提升以及维护中华民族的统一角度来看，则有其合理之处。跨省高考无疑破坏了高考分省区定额录取的“游戏规则”，但它合理与否，在社会上有着不同的看法。虽然“高考移民”打破了目前各省高考原有的平衡状态，破坏了高等教育资源的配置格局，但对

---

① 《高考移民拷问中国高考制度》，《南方周末》2003 年 6 月 6 日。

② 阎志刚：《社会问题理论研究的多维视角》，《汕头大学学报》（人文社科版）2003 年第 6 期。

“高考移民”现象不能一概否定，而应理性对待。“人往高处走，水往低处流。”“高考移民”在某种程度上也体现了人们追求公平的愿望。“高考移民”的积极性也是存在的。“高考移民”的存在客观上会造成政府的压力，在分配教育资源时加大对边远地区的教育投入，同时也会促进高考制度的改革。当然，这并不是说要支持“高考移民”，只是我们要肯定“高考移民”的积极因素。只有这样，我们才能正确看待并最终解决这个问题。

目前，我们对“高考移民”实行封堵政策。“树欲静而风不止。”靠强制性的封堵政策虽能取得一时之效，却非长久之计。并且，解决这个问题，不能用另一套不合理的政策来修正。政策的制定应该多一些全面的、整体的考虑，不能顾此失彼。当前关键的问题不是讨论如何巩固和加强高考招生的地方保护和政策倾斜，而是研究如何加大对边远地区教育的投入，加快把边远地区的教育水平尽量提升到与全国教育发达省区一致或较接近的程度，全面、快速地提高边远地区中小学生的整体素质①。这样，各省区之间的高考分数线才不会有如此大的差距。

不过，无论采取什么平衡措施，在相当长的时期内，地区间经济和教育的发展水平还是会存在巨大的差距，要完全依据考试成绩来录取学生还很难实行。在分数面前人人平等，统一录取分数线被很多人认为是真正的公平所在，然而，他们并没有真正理解公平的含义。对于不同地区的学生来讲，分数线的简单统一并不是真正的公平，因为在此之前他们的起点已经不平等。如果说西部边远地区的学生在高考前已经遭受了不公平的待遇，那么在高考时让其享受公平的受教育权，则无疑是一种补救。对高考弱势群体的政策倾斜，不应看作不公平。实际上，绝对的公平是不存在的。

近年来，废止全国统一高考的呼声此起彼伏。取消全国统一高考与分省定额的录取制度，“高考移民”问题的确可以消失。可是从我国目前的情况来看，废止全国统一高考制度显然不符合我国的国情。尽管社会各界人士对高考有这样或那样的批评，但是人们也不得不承认，高考是目前中国相对最公平的选拔制度，它为考生提供了一个依靠自己的努力改变自己命运的平台和依靠自己的勤奋进入主流社会的机会。因此，现阶段我国的高考制度还必须以全国或分省区统一考试为主，同时坚持分省定额录取制度。

解决“高考移民”问题的对策必须依据现实的具体情况来制定。在我国

① 符晓亮：《令人深思的高考“候鸟”现象》，《特区展望》2002年第6期，第24页。

的高考制度和户籍制度等不做出重大改变的情况下，我们目前所能做的只能是：第一，加大对西部地区的教育投入（包括人才投入与财力投入），提高教育水平，这是从根本解决问题的办法，但也是很难短时间达到的目标；第二，国家从政策上继续对西部地区尤其是少数民族地区的考生实行适当的倾斜政策；第三，提高高考报名门槛，如规定在当地较长的居住年限等，或限制报考重点院校，严把报名关等。但是，这些办法还不能彻底解决“高考移民”问题。要真正解决“高考移民”问题可能要建立在统一全国高考录取分数线、高校享有完全的招生考试自主权或高等教育资源在全国的布局合理且供求平衡等基础之上。

总之，世界上没有绝对公平的事情，国家之所以运用政策杠杆将分数向教育落后地区倾斜，本来就是在综合各方面因素后作出的相对公平的抉择。两利相权取其重，高考实行分省区定额录取是如此，封堵“高考移民”也是这样，都是一定历史阶段中相对合理的选择。在中国这样一个幅员辽阔、人口众多、区域差异巨大的国家，省区之间的文化教育水平差距还会长期存在，“高考移民”问题并非一朝一夕就能够彻底解决的，而是需要一个过程。我们应该让广大民众了解这是一个两难问题，不可能有十分完美的解决办法，只能渐进地加以解决。

（原载《教育研究》2004 年第 10 期）

变革中的台湾大学联考制度

台湾的大学联合招生考试与大陆的高考类似，是作为大学入学的选拔性考试，处在基础教育与高等教育的衔接点上，历来是教育界乃至全社会关注的一个焦点。自从 1954 年台湾开始实行大学联考制度以来，联考在发展过程中经历了多次改进，目前又在筹划推行新的“大学多元入学方案”。从台湾大学联考近 40 年的演变历程中，我们可以看出，联考的许多方面都受到中国传统文化的影响。和世界上其他国家和地区的大学入学制度相比，台湾地区的大学联考与大陆的高考最为相似，遇到的问题有些也相同，因而特别值得我们研究。

一、台湾大学联考的发展演变

1954 年以前，大学与各独立学院都是分别招考学生的。鉴于各高校单独招生，一般考生须参加多次考试，费用负担较重，精神压力也大，且难免出现重复录取，以致造成缺额递补的现象，而以往大陆一些大学抗战后实行联考效果良好，可以免除人情干扰，有利于公平竞争。因此为省时、省事，节省人力、物力起见，从 1954 年起，开始实行联合招生制度。最初只有台湾大学、台湾省立师范学院（师大前身）、省立台南工学院（成功大学前身）与省立中农学院（中兴大学前身）四校联合招考，考生仅 4 万余人。1955 年，政治大学参加联考，试办之后，社会各界反映良好。因为在此之前，各私立大学自行招生，深受人情困扰之苦，一般有权有势之人皆各显神通将子女送入大学，而平民子弟却很难进入高等学府。联合招考在一定程度上使学生接受高等教育的机会较为均等，任何人若不经过联合招考，即使再有权势也无法将其子女送入大学。由于联考社会效果甚佳，于是台湾教育主管部门规定，从 1956 年起，所有公立、私立大专院校和军事学校都必须参加联考（当时共 26 所大专院校）。

1958 年，因各军事院校恢复单独招生，故参加联考的专科以上学校数量略有减少，共计 18 所院校。从 1962 年起，大专以上院校的联合招生考试分为“大学及独立学院”与“专科学校”两种。分别举行联考是因为：

(1) 分开举办联考较能适合培养目标。大学及独立学院与专科学校的性质、培养目标、学习年限各不相同。按台湾的有关高教法令，大学及独立学院的宗旨为“研究高深学术，养成专门人才”，主要培养四年制（或四年以上学习年限）的本科生，他们属于以学习理论为主的学术性人才或专业人员；专科学校在于“教授应用科学，养成技术人才”，主要培养二、三年制的专科生或五年制（招收初中毕业生修业五年）的专科生，他们是属于以学习技能为主的应用型人才。由于选才上有不同要求，因而在考试的内容和方法上就不能强求统一。

(2) 考生在大专联考时，所填志愿过分集中则很难进入自己所报志愿的系科。将大学和专科学校分开办理联考，不但可使学生较易进入志愿系科，而且各校也较有机会录取到各自所需的人才。

(3) 可使考生获得多一次考试的机会，减少“一次考试决定一生命运”的弊病。①

直到现在，台湾高校联考仍有多种类别，除大学联考外，还有二、三年制专科学校的联考，五专的联考以及大学和独立学院、专科院校等夜间部分别组织的联考。但在各种联考中，影响最大、竞争最为激烈的还是大学联考。随着台湾高等教育的迅速发展，参加大学联考的院校越来越多，规模也越来越大。1991 年联考招生的大学和学院共有 47 所，考生达 122 286 人，1992 年考生人数虽略有下降，但也有 119 952 人。

台湾大学联考起初根据不同院校系科分为甲、乙、丙三组报考。1958 年曾试行不分组的报考办法，但实施以后考生纷纷涌向热门院校和系科，无法控制，并导致人情干扰，以致次年即恢复甲、乙、丙分组考试办法。1966 年又调整、扩大为甲、乙、丙、丁四组，甲组属于理工等方面的院系，乙组属于文史教育等方面的院系，丙组属于医药农林等方面的院系，丁组属于政法商等方面的院系，每一组都列出大量的志愿供考生报考时选填。1980 年又改进填报志愿的办法，限定考生填写该组列出的志愿数不得超过总数的二分

---

① 参阅台湾比较教育学会主编：《世界高等教育改革动向》，台湾幼狮文化事业公司，1977 年，第 83 页。

之一。虽有此规定，但考生还是可以填写很多志愿。如 1982 年，甲组共有 183 个系（组）可填 92 个，乙组共有 103 个系（组）可填 52 个，丙组共有 103 个系（组）可填 52 个，丁组共有 109 个系（组）可填 55 个。各大学录取时，采取总分排序、按志愿分发系科的方式。①

联考科目分为共同必考科目和根据各组不同要求加考的科目。四组必考科目为国文、英文、数学及三民主义四门。分别考试科目为：甲组加试物理、化学，丙组加试生物、化学，乙组和丁组加试中外历史和中外地理。此外，有的系科还需加试术科（如音乐、美术、体育等）。

联考试卷评阅相当严格认真。对国文科的作文、英文科的作文、三民主义的申论题，以及数学的非测验题等人工阅卷题，为了控制评分主观随意性，还像宋代科举考试阅卷那样实行复评办法。每科设评卷主持委员 4 人，由他们先进行试评、讨论，提出评分标准，然后分发给阅卷委员作为评定依据，每份试卷须由两人评阅，把两人评定成绩的平均分数作为该试题的最终成绩。如果两人初、复评成绩相差超过规定范围（国文作文 10 分，英文作文 6 分，三民主义申论题 5 分，数学非测验题 10 分），则需送主持委员或其他委员重评决定。除此以外，从 1972 年开始，其他各科逐步发展到从阅卷、成绩核计、分发工作等联考各环节均采用电子计算机一贯性作业，节省了不少人力和时间。

大学联考制度实行多年，其优点与流弊都极为显著，对高等教育的发展及青年学生的升学和社会的稳定等方面都有重大的影响。归纳分析，大学联招的主要优点有：(1) 统筹高等教育的发展。教育当局可增减调整各大学院校系科，拟订全盘招生计划，使各校质与量均衡发展。(2) 考试严正公平、办理认真。联考职责规划周详，参与联考各校分工合作，配合密切，无论考生有何种特殊背景，均照规定处理，避免人情关、贿买偏私，体现公平公正原则，使肯努力的青年怀有希望，因而能促进社会流动，有助于社会的进步。(3) 国文、英文、数学等共考科目受到重视。(4) 培养学生适度的竞争求上进的心理。(5) 减少考生负担。考生仅需一次应试，凭其考试成绩，合于录取标准即可以入学，无须在各校单独招生情况下疲于奔命。(6) 使大学招生省钱省时省力，保持各大学行政正常效能。

主要缺点：(1) 限制了各大学发展特色。因联考一致规定的约束，依百

① 参阅吴丽卿：《我国台湾省大学联考制度述评》，《福建高教研究》1984 年第 1 期，第 54 页。

分制记分及分布各院系录取最低原始总分，造成大学和系科间明显的排名，并使各校系无法发挥其特色及自主性，选择学生没有多少自由考虑的余地。(2) 影响了高中教育功能的发挥。因升学竞争激烈，高中学生又个个希望进入大学，因此联考考什么，高中就教什么，学生就学什么，不考的科目不受重视，甚至教学时间往往被挪用，多年来形成一种偏差，严重影响了高中教学的正常化①。(3) 约束考生选校选系。众多考生争入大学窄门，为求录取，尽量多填志愿，无法选择个人希望的学校与符合志趣的系科，被录取者仅有少数能符合自己的第一志愿。部分考生所进校系未能依照本人志愿，学习兴趣容易降低，个人特长较难发挥，因此，各校学生转院转系，甚至保留学籍或休学重考也为数不少。(4) 为了分分计较，考试与教学都过分注重“预制式”答案的要求，以至于教学偏重于零散的知识的记忆和解题技巧，忽略对资料的收集、理解、综合、分析能力及创造能力的培养。

正是因为大学联招优缺点皆至为明显，因此，关于其优劣存废之争始终不断，社会各阶层人士、广大考生和家长都提出不少批评和建议，台湾大学的考试制度也因此进行了多次改革。大体而言，1967 年至 1970 年间有一阵讨论的热潮，导致采用电脑办理考务；1972 年至 1974 年间有一次讨论热潮，终至 1976 年成立常设机构“大学入学考试委员会”（下设“试务”及“研究”两个委员会）；1980 年至 1982 年间的讨论热潮，则导致 1984 年采行“新制大学联考”；1989 年起新成立的“大学入学考试中心”，从事研究大学入学制度改革方案，使得联考存废问题再度引起激辩。1992 年 5 月该中心提出了“大学多元入学方案”，指明了台湾大学联考的改革发展动向。

二、新制联考与改革动向

目前，台湾实行的是 1984 年开始实施的新制大学入学联考。

1981 年，台湾“大学入学考试研究委员会”设立了由五位专家组成的“专案研究小组”，专门研究大学联考制度的改进。研究小组花了一年半的时间，研议了三个改进方案：第一方案，依学院类别分九组招生，考生就其中一组或两组选填志愿，统一分发。第二方案，各校自行分别单独招生。第三方案，兼顾大学要求及学生志趣，考生先考试，后填志愿，再统一分发。最后决定采用较为可行的第三方案，也就是现行的新制联考。

① 《大学多元入学方案》，《教育资料文摘》1994 年 8 月号。

新制联考与旧制联考有许多不同，主要有以下几个方面：

(1) 大学学系和考试科目的分类。新制联考按大学学系的性质分为文、法、商、理甲、理乙、工甲、工乙、农甲、农乙、医 10 类。考生可以从中任选 1 至 10 类。10 类共同必考科目为三民主义、国文、英文。又将 10 类归为四大考试科目类组，第一类组包括文、法、商类，加考社会组数学、中外历史、中外地理三门。第二类组为理甲、工甲类，加考自然组数学、生物、化学三门；第三类组有理乙、工乙、农乙、医类，加考自然组数学、生物、化学、物理四门，第四类组只有农甲，加考自然组数学、生物、化学三门。

(2) 允许考生跨组跨类选考科目。为了鼓励学校和学生重视各科的教学，纠正应付联考产生偏科的现象，新制联考允许“跨大组”、“跨小组”报考，文法商与理工农医互跨是谓跨大组，跨小组则指文、法、商互跨，或理、工、农、医互跨，让有能力的考生多一些选择的机会。为此，将考期从旧制联考的两天改为三天。

如果考生所选的类别为文、法、商类，只需参加第一、二天的考试。如果其所选的类别为理、工、农、医等类，则参加第二、三两天的考试即可。如果他对这两类的某些系科（如商与理）均感兴趣，则参加三天的考试。因此也相应地将试场分为三类：第一类试场专供文、法、商等类考生使用，第二类试场专供理、工、农、医等类考生使用，第三类试场供考试科目需三天才能考完的考生使用。

(3) 先考后招，考招分开。旧制联考报名时也一并把志愿填好，只等考后统一分发。新制联考的一大特色是将报考与填选志愿分两步走。考生报考时不必填写志愿，只选择考试科目。大学入学考试试务委员会于考完后通知考生各科成绩，并提供上一学年度各学系录取成绩资料及本年度各科成绩分布资料。考生知道自己所考分数及各科目所占百分位，参考各大学的要求和往年录取分数情形，再填写志愿申请卡，这样填写志愿时较切合实际，不会盲目填选没有上榜希望的志愿，又较符合其本身的志愿，故不必限制填写志愿个数。先考后招提供给考生两次选择机会（选考科目类别及申请志愿就读学系）。从理论上说，由于不限制考生志愿填写数目，考生有最多的学系可供选择，大学各系有最多的优秀考生可供挑选，大学与考生两获其利。

(4) 实行“高低标准”和“加重计分”（加权计分）方法。新制联考为了使大学能够招收到符合要求的学生，规定各大学学系于招生前公布其对招收学生的要求，并列入招生简章中。这些要求包括对重要学科采用“高低标准”及“加重计分”。所谓高低标准是指大学联考成绩分数的高标准和低标准。低标准指的是所有应考某门科目考生的原始成绩的平均分数，而高标准是指所有应考某门科目考生的原始成绩，其排名在前二分之一位次的考生成绩的平均分数。“加重计分”是将考生某科目的原始分数加权计算该科成绩，再并入总分。旧制联考这种计分方法只限于甲组的数学和乙组的国文，而且规定只能加权25%。新制联考把“加重计分”扩大到各个科目。但考虑到避免电脑处理过于繁杂等原因，规定加重计分不得超过三科，每科权量定为25%和50%两种。如新制实行的第一年即1984年，台湾大学中文系、政治大学中文系、师范大学国文系等5系便对国文科成绩加重计分50%，师范大学教育系、成功大学历史系、文化大学英文系等6个系组便对国文、英文两科各加重计分25%，台湾大学历史系、辅仁大学法律系法学组对历史科加重计分25%。以上内容参见台湾所谓的《中华日报》(1984年7月25日)。采用“高低标准”和“加重计分”使大学各系组有机会按其特殊性质和需要选择学生，虽是所有大学统一招考，却具有各校单独招生考试的部分优点。

实行新制联考是台湾大学联考制度的一次重大改革。此次改革是力图在保持公平竞争统一考试的前提下，寻求多元和灵活的做法。自1984年以来，新制联考已实施了8年，改革的预期目的是否达到？具体效果如何？各方面反映不一。

(1) 关于考试科目分类问题。一些学者认为，新制大学联考分类并不科学。举例来说，第四考试科目类组农甲类志愿数目太少，1984年只有819人报考，但却核定录取1 145人。虽然第三类组考生因多考一科，可跨组填写第四类组的志愿，但表面上看起来，第四类组录取的人数比报考人数还多。台湾师范大学洪有义认为，把过去甲、乙、丙、丁四组分为10大类没有多大意义，尤其是10大类归并成的4大类组更值得商榷。文、法、商组归成第一类组尚属合理，至于第二、三、四类组许多系组性质十分接近，硬分成三类组实在没什么道理。第二、三、四类组可并为一组，也就是只要分为社会组和自然组即可。据台湾所谓的《中国时报》(1992年6月2日)报道，许多高中校长、教师甚至认为，为配合高中新课程标准实施，将来大学联招根本就不必分组，所学的科目都考。这种不分组的考试，一方面可促使联招试务单纯化，另一方面也可达到高中教学正常化的目的。

(2) 关于跨组报考问题。一般认为，新制比旧制更能增加学生选择的机会，1984 年台湾导航文教基金会对新制联考的第一批考生的调查证明了这一点。在新制联考中，以跨小组报考和录取为重点，跨大组人数的多少不必担心，有能力者则跨，无能力者则不跨。但实际上，跨大组报考新规定被认为是新制联考的“极致”，新制实行的第一年虽有较多考生跨大组，然而也不过占考生总数的 1.76%，而 1985 年则锐减至几百人，只占考生总数的 0.4%，以致此法被认为功效不大，徒然使制度复杂化而已。一般考生并没有根据自己的兴趣和能力选考科目组类，而是选择较为容易、科目较少的组类，宁可考较少的科目，争取较好成绩和较大的上榜可能性。不过，1992 年情况又有所好转，跨组报考人数比 1991 年增加了 3 倍，总共有 8 281 人跨组报考，其中跨一、二类组 810 人，跨二、三类组 7 255 人，跨一、四类组 216 人[①]，跨大组报考人数占全体考生数的 6.9%，已相当可观。

(3) 关于先考试后填志愿问题。一般考生认为考完后填志愿，可以有充裕的时间与平静的心情从容填选志愿。新制联考的预期目的是通过考招分开的改革以矫正盲目填写志愿的缺点，但其功效迄今尚无定论。1984 年第一次实行以后，一些考生及其家长与老师，都觉得新制填选志愿太复杂了，需要参考的资料和必须把握的技术要领太多，变成甚至比考试本身还要复杂的事，使得考生增加了心理压力。因为此前考生被录取与否，主要是根据他的考试成绩，较为单纯。新制虽然还是以考试成绩作为录取标准，却增加了填写志愿方面许多复杂的技术性因素。考生在获得好成绩后，在通向金榜的路途上，还需通过填选志愿这一关键性的关卡。为此，有几个公益性质的社团，主动地或通过大众传播媒体解说填写志愿的方法和技巧。新制选填志愿不能像过去“开火车”那样一路填到底，如果考虑不周，即使考的分数相当高，也可能无法进入理想的系科。另外，相当多的考生并不是依据自己的兴趣、志向填出适合于自己的志愿卡，而是像以前一样依前一年各系组录取最低分数的高低，直接排列为志愿。这就使新制的预期目的大受影响。

(4) 关于引导高中教学正常化问题。为了解决长期以来“考试领导教学”的问题，克服大学联考与高中教学的矛盾，纠正高中教学中的偏差，配合新制联考颁布了高中新课程标准。新课程标准确认高中是大学教育的预备

① 《台湾拟废大学联考制改用自由申请入学》，（香港）《东方日报》1987 年 4 月 13 日。

阶段，但不是大学入学考试的预备教育，其主要精神是强调以选修代替过去的分组，增加了许多选修科目，高中生可以选修社会、数学、自然科学、艺能和体育等 6 大类 64 种课程项目，并可以更好地与大学联考中科类系组配合协调。依照新课程标准规定，高级中学教育应达到下列五项目标：第一，陶冶民族意识，养成修己善群、勤劳服务的习惯；第二，加强国文阅读、写作、欣赏的兴趣与能力；第三，增进基本的数学及科学知识，训练思考能力，培养进一步研究学术的兴趣与能力；第四，锻炼健全身心，充实军事知能，培养文武兼修的人才；第五，培养审美能力，陶冶高尚情操，发扬固有文化。教育行政部门希望实行新课程标准配合新制联考能促使高中生德、智、体、群、美五育均衡发展，促使高中教学正常化。然而，在联考制度下，升学考试的竞争压力是无法避免的，在升学主义盛行的情况下，考试引导教学便不可能改变，不考的科目还是不受重视。日后想进大学读文法商的学生不读理化生等“基础科学”，想读理工农医者不读史地知识，高中的教育畸形现象并未得到根本改变。

改革大学招生考试制度、实行新制联考应该说是大学入学考试发展中的一次大的进步，在增加学生自由选择大学系科等方面也确实取到一些成效，而且联考的公平取才原则仍为人们所称道。但目前的联考制度仍无法减缓升学主义的消极影响，无法真正引导中学教育正常化，却导致功利主义的盛行和文化的缺失。因此，有关大学联考制度的改革和存废问题的争论仍在持续不断。由于大学入学问题的复杂性，使得社会各界的意见分歧非常大。教育主管官员和一些教育专家往往认为：大学联考让智育一枝独秀，造成五育畸形发展，学生只善强记不善创造，因而主张废除联考；而民间舆论包括教师、学生、家长和一些教育专家则强烈反对，他们主要是着眼于联考在大众心目中长久以来建立的公平形象。

主张废除大学联考的以台湾著名学者吴大猷的言论最具代表性。他在 1975 年便建议以高中毕业会考成绩及在学成绩来代替联考作为升大学依据；1987 年他在主持台湾科学教育指导委员会全体咨询委员会议时，又建议废除大学联考制度，代之以入学申请办法，开放大学门户，入学后，则采取严格的淘汰及评量①。反对的意见则认为：目前的大学联考制度有些问题确实为人所诟病，并一直成为议论的话题。但是这一制度可以说是从不合理、不

---

① 参阅《大学联考制度不可轻言废止》，《台湾省教育概况》一书。

公平的方式下发展出来的办法，而且是在不断走向更合理、更公平、更公开的一种制度，在无法找出一套更好的办法之前，绝不可轻言废止。若根据高中三年评量及会考成绩来审定学生升大学的资格，便牵涉到高中的评分标准如何一致，高中教师对学生课业的评分是否会比联考的评分老师公正，高中会考是分区举办还是全面一次举办，若分区举办则又如何统一命题、阅卷与评分标准，全面一次举办与大学联考有什么不同，更何况参加会考的人数比联考多出很多，联考尚且在安全措施上有漏洞，则会考遍及所有县市，监考的宽严情况更难做到一致。任何事情都只能在众利相权取其重、众害相权取其轻的情况下作出抉择。像上述诸种疑问的提出，如果得不到满意的答案，恐怕还是一仍旧制的好。在联考制度下，至少优秀的清寒子弟尚有读大学的机会，如果让有钱的家长去影响高中的教学乃至教师的聘介，则由高中推荐出来的学生就可能“上品无寒门”①。

吴大猷于1988年再度建议废除联考，仿效美国，由各大学自订入学考试的办法。他指出，社会上许多人只看这个制度的“公正性”一面，拒绝看和想它的其他面——它所引致教育的严重偏失情形。许多高中学校的目标是高升学率；教师教学的目标是学生的高升学率；学生求学的目标、学习态度，都是准备升学考试；教学的重点是训练应付升学考试，教学的方法是给予学生许多补充资料、艰深题目、频仍的考试。大学联招制度决定了教育系统中的高中基础训练及高中学生的水准。“大学联招”虽是公正的，但它对整个教育有极严重的影响，绝不容忽视。但到后来，吴大猷又认为欲求中学教育正常化，解除引致不正常情形的升学竞争压力，一个可行的办法是大大增加升入大学的名额，录取率由原来的30%余提升至60%左右，而大学在首二年中作严格、客观、自然的选择淘汰。在目前联招制度上作些技术性的修改，而不能解除升学竞争的激烈压力，亦犹在基本结构错误的建筑上作些粉饰，是没有意义的②。从吴大猷前后言论的差异，可以看出大学入学问题的复杂性。

台湾教育主管部门负责人毛高文一方面主张大量增设大专院校，另一方面又急于对大学联考制度作彻底改革。他于1991年7月底称：“今天我会说要打倒联考这个‘怪物’，实在是因为它给我们的‘教育生态’带来太多不

① 吴大猷：《大学联招制度问题》，（台湾）《民生报》1989年8月7日。

② 吕俊甫：《废除联考的正反意见》，（台湾）《中晚时报》1991年8月15日。

良影响。”毛高文一再宣称，大专及高中联考将于 1996 年废止，让莘莘学子能接受正常的教育，不致将升学当作受教育的目的。此论一出，引起相当大的反响，一些教育专家如吕俊甫也认为：“联考正是教育改革的绊脚石。如不废除联考，则教育改革将永远踟蹰不前，而国人性格上的缺点（如自私、短视、依赖性、不信任别人），也就永难改善！”[①] 同时，民间舆论仍然担心废止大学联考的消极后果，主张保留联考而加以改进。有的学者则著文指出：在美国行得通的制度，在台湾未必行得通，勉强行之，一定弊端百出。如现在即取消联考，凭初、高中学业成绩申请入大学，必然导致特权介入、金钱贿买、教师偏私、黑道威胁等，而使教育风气为之彻底败坏，并因升学之不公平而激起民愤，其为害之大将千百倍于联考。现在空口说废止联考，条件并不具备，显然此说未曾经过深思熟虑，危险殊甚。[②]

三、《大学多元入学方案》

面对众说纷纭的情况，要找到一个妥善的大学入学改革方案确实不易。大学入学考试中心邀请各方面的人士，经过长时间的深入研究，反复论辩，集思广益，于 1992 年 5 月 30 日提出了改革建议书《大学多元入学方案》[③]。在制订此方案的过程中，研究小组在分析各类大学入学制度之后，认为良好的大学入学制度有 14 项评判规准：(1) 各大学校院拥有入学方式的自主权。(2) 入学方式要明白易懂。(3) 能引导高中正常教学。(4) 要采用多项资料（例如参照高中成绩或口试成绩等）。(5) 要避免性别、城乡及文化背景的歧视。(6) 让高中教师充分地参与。(7) 省时、省力、省钱。(8) 公平、公正及公开。(9) 不因离校时间的长短而影响其入学的均等机会。(10) 让学生有多种入学的途径（例如保送与联招并行）。(11) 要能正确反映出学生的学习成就。(12) 要能顾及学生的特殊才能和性向。(13) 要能鼓励学生向学的动机。(14) 要具备可行性。该方案就是朝着能尽量符合这些规准而设计的。

《大学多元入学方案》的“多元”为三个方面，即“改良式联招”、“推

---

① 吕俊甫：《废除联考的正反意见》，《教育资料文摘》1991 年 9 月号，封三。

② 方回：《走上废止大学联招必经的过程》，《教育资料文摘》1992 年第 9 期，第 4 页。

③ 台湾大学入学考试中心：《大学多元入学方案的内容与实施建议》，（台湾）《选才杂志》第 2 卷第 4 期，第 38～52 页。

荐甄选”、“预修甄试”。“推荐甄选”方式是由各大学拨出若干招生名额，经由高级中等学校的推荐，于大学联招渠道之外，自主甄选学生入学。推荐的对象为具有特殊才能与性向的学生、学科成绩特优的学生。“预修甄试”方式主要以非应届高级中等学校毕业生为对象，考试科目为大学一年级修习之若干基本科目，实施初期只办理社会科学类组，考科包括心理学、经济学、社会学、法学绪论等大一基本科目，由专责机构统一命题。设计预修甄试的目的在于为年龄较长之失学青年提供另一渠道进入大学，降低中学教育“升学主义”倾向，并提升中学教育走向正常化之可能。以上两种方式均可减少单一联考“一试定终身”的弊端，但现行大学联考仍将维持，并加以改良，因此仍将为未来大学入学方式的主流。

“改良式联招”的主要内容为：考试科目分为基础科目与指定科目两部分。基础科目测验学生的基本学力，全体报名者均须参加，共有五科：国文、英文、数学、社会（包括三民主义、历史、地理等）、自然（包括物理、化学、生物、地球科学）。其中数学、社会、自然三门还各分为（Ⅰ）基础的、（Ⅱ）范围较广或难度较高的两种，考生可任选考一种。指定科目测验各院系所要求之特定或特殊能力，由各院或系自定零至二科，例如国文、英文、地球科学、英文听力、性向测验、艺能科目、其他外文等作为指定考试科目。两部分考试均在每年 7 月初举行。考生报名时，即依招生简章填写志愿，不限数目与类别。成绩处理方法为：各科皆分为 15 级，按成绩高低顺序分别以 15 分、14 分、13 分……1 分（零分则以 0 计分）。各院系可就基础及指定科目考试成绩制定采纳方式（即采计、参酌或检定各科成绩）及标准，择优录取。

此改良式联招的特点，按设计者的说法是将大学选才与顾及高中教学两种功能大致分开，设计成两部分考试，试题难易度较好掌握，有助于高中教育回归教育与课程标准，指定科目考试的考科不限，高中选修课会更受重视；各院系考科性质不同，多少不一，学生可根据自己的兴趣与能力准备应考科目；以考科代替分组，使学生的选择较有弹性，负担的增减与否视学生之选择而定；等等。

台湾地区大学入学考试中心认为，《大学多元入学方案》有一个极明显的特色，即融合了台湾地区现行大学入学制度与各国入学制度之经验。例如成绩分级的设计受到美国式带状成绩、英国式等级成绩与我国大陆分段分发方式的启发，第一志愿分发则参考了英国分发的方式，专门负责测验机构的设立则是参考日本、韩国、美国、英国及我国大陆的经验。该方案采取的是渐进的改革过程，其实施的程序计划为：1992 年底正式公布方案，1993 年 7 月公布高中成绩考查新办法。考试中心于 1994 年 2 月起举办“推荐甄选”的基础科目考试（学力测验）。1995 年开始实行“预修甄试”，1997 年开始实施“改良式联招”。这次新的改革方案，预示着台湾联考的未来发展方向。至于其可行性如何，则还有待评估；其效果如何，是否能达到预期目的，则更有待将来实践的检验。

《大学多元入学方案》对各国大学入学制度进行了比较，发现各国和地区之间招生的异同如下表：

国家或地区	统一考试	中学成绩	个人资料	大学自行考量
英	○	○○	○	○○○
美	○○	○○○	○○	○○○
日	○○	○	○	○○○
韩	○○	○○		○
德	○	○○○	○	
法	○○○	○○		○
中国大陆	○○○		○	○
中国台湾	○○○			○

注：○表示参酌或有一点，○○表示检定或有一些，○○○表示采计或很多。

从上表大概可以看出美国大学招生最多元化，最自主；英、日次之；反之，韩、德、法在统一考试及高中成绩方面下的功夫最深，但大学招生很少有自主权。我国大陆及台湾地区的招生，基本上是用最单一的统一考试、联合招生的办法，而在其中想办法注入一点大学自主考量的精神。

四、传统文化对台湾大学招考的影响

我们知道，教育的发展要受社会政治、经济、文化各方面的制约，这是教育的基本规律。大学入学考试制度的形成和发展也必然要受社会政治、经济和文化等因素的影响。但我国大陆和台湾地区政治制度迥异，经济发达程度也不一致，为什么在世界上相比较两者大学入学方式却最为相同呢？这主要是文化因素在起作用，即两者都有共同的中华民族的文化传统。就台湾而言，大学联考制度的产生和发展、考生心理和社会对联考的看法等各个方面，都明显地受到传统文化的影响。大体分析，台湾大学联考至少在以下几点反映出传统文化的影响和作用。

(1) 重视教育、读书至上的传统。中国历史上一直有重视教育，希望通过读书出人头地的传统。从积极方面来说，这个传统促使人们尊重知识、积极向学；从消极方面来说，则使人们养成了“万般皆下品，唯有读书高”的观念，使升学主义盛行。受此传统影响，一些家长再穷也要设法供子女上学，只要有一线希望升学，很少有家长不会想方设法去促使子女努力的。受中国传统文化影响、同属儒家文化圈的日本、韩国也有类似表现。若非万不得已，一般家长怎么也不会让孩子失学。在经济状况日渐改善的今天，上大学的费用对许多家庭而言已不成问题，于是一般人都力争让子女升学，使升学考试的压力十分沉重。

中国传统社会“满朝朱紫贵，尽是读书人”，《神童诗》的劝学训条是“学乃身之宝，儒为席上珍”，认为学问越多越好。当今台湾社会学而优则仕的观念仍然根深蒂固，若想成为政府官员，学历和参加文官高普考是基本条件，因而许多人觉得读书越多越有前途，纷纷挤向大学联考这道窄门。“书中自有黄金屋，书中自有颜如玉”，人们总是希望通过读书获取功名利禄，就连高级职业中学毕业生在文凭主义影响下，在升迁上仍然处处受制，导致高职毕业生以升学更上一层楼为最好的出路之一，转入就业市场常常是迫不得已的下策。与“学而优则仕”有关的是中国古代重学轻术的传统，较为注重学理的阐发而忽视应用技术训练，人们争相成为“治人”的劳心者而不愿成为“治于人”的劳力者。当今台湾青少年群趋大学联考而相对不那么热衷于高职学校学习和专科学校联考，除了因为追求更高学历的因素以外，恐怕也和人们潜意识中的重学轻术的传统观念有关。

为了缓解升学压力、改变高中畸形的教学，台湾一些官员和教育专家都提出要提高大学联考录取率而以较高淘汰率来为大学毕业生的质量把关。然而，提高大学联考录取率可以降低大学联考的竞争激烈程度、减缓大学联考的消极影响，但受中国传统文化的影响，要像美国等西方国家那样用较高的大学淘汰率来保证毕业生的水准却不是一件容易的事。目前，各大学在校大学生的退学率还很低，一般都不超过 2%。1991 年是台湾各大学实施二分之一学分不及格即退学的第一年，各大学的退学率普遍比前一年有所升高，但从实行新的退学标准的前后变化来看，台湾各大学的退学比例仍是较低的，请看下表①。

1990—1991 年台湾各大学退学率统计表

学期 学校	1991 学年度第一学期			1990 学年度第二学期		
	学生总人数	退学学生数	百分比	学生总人数	退学学生数	百分比
台大	1 679	10	0.6	1 645	2	0.1
中兴	3 633	10	0.3	3 537	4	0.1
辅仁	/	/	/	4 855	10	0.2
东吴	4 391	54	1.2	4 271	94	2.2
淡江	8 307	127	1.53	7 534	70	0.9
文化	5 716	102	1.78	5 738	34	0.6
海洋	857	12	1.4	857	11	1.3
中原	2 100	40	0.2	/	/	/
逢甲	4 611	75	1.6	4 450	22	0.5
静宜	2 368	7	0.3	2 374	35	1.5
成大	3 196	22	0.7	3 138	20	0.6
中医	316	0	0	316	1	0.9

台湾各大学退学率较低除了因为大学生经过联考筛选程度较齐外，还有一个潜在因素是中国传统对大学生形成的看法。历史上中国是一个官本位的国家，士为四民之首，一切政府公职人员皆有明确的等级森严的品阶区别，即使是大学中的博士、助教也是学官。教师也是官员的一种，而有些高等学校的学生则是准官员，不仅本人优免赋税，还享受类似一般官员的待遇，许多朝代的国子监皆供给学生膳食、衣服、被褥，明代甚至供养已婚学生的妻子，赐钱资助历事生婚聘，明清时代部分州县学秀才还有“廪膳生”之称，这些官学中的学生享受了类似俸禄的待遇，直至近代，像京师同文馆一类的高校学生也是端着铁饭碗，除了食宿由学校提供以外，回家省亲的川资也得到校方资助。这些学校大多是高门槛入，低门槛出，学生经过严格挑选，一旦进入学校，便很少被淘汰。长期以来，中国的大学教师面对学习不够合格的学生多手下留情，不愿因自己严格要求而使学生退学影响了前途。因此，若非有硬指标或无法变通的评卷规定，大学生退学率总是很低的。即使将来大学联考录取率提得相当高了，要让向来重情面的中国大学教师来把关，也

① 《教育资料文摘》1992 年 4 月号，第 183 页。

不大可能像西方国家那样可以通过较高的淘汰率来把住毕业生的质量关。

（2）文凭崇拜与考试迷信。台湾教育中升学主义盛行是和学历社会有关的。在学历社会中，文凭代表着一个人所受的专业训练水平，是衡量一个人知识才干的客观标准。学历越高、文凭越吃香，便越可能找到好的职业，得到越高的待遇和社会地位。在各行各业高度重视文凭的情况下，青年学子追求高学历、崇拜文凭也是很自然的事。而要获得大学文凭，参加联考又是必过的一关，于是升学主义必然盛行，学生每年角逐于考场，一如中国传统的科举考试。台湾所谓的《中央日报》1991 年 7 月 6 日长河版所刊沈惠如的《科场多少英雄泪——古代科场面面观》一文指出："又到了莘莘学子考试竞技的时刻了，那绞尽脑汁、搜索枯肠的画面，年复一年地上演着，岂不知这正是中国读书人数千年来的心结——一方面批评考试制度的缺失，一方面又希望从考试中获得肯定。在古代，科举考试是读书人的晋身之阶，做官是士子的唯一出路，因此许多人终其一生都汲汲于功名。而今，虽说行行出状元，但在文凭至上的现实环境下，谁都不愿放弃一试的机会……每年考季，总是几家欢乐几家愁，虽说如今考试未必是唯一的出路，但仍有人屡试屡败，卷土重来。对于那些不屈不挠的青年，我们除寄予无限崇意外，更希望能给予祝福。"

古代科场不乏一些白首童生，虽是屡战屡败，离中举及第十分遥远，但总是不甘失败，将自己的毕生精力花费在取胜希望微乎其微的科举战场上。现代台湾也有一些青年长年补习，不管自己的实际水平如何，是否最适合走联考上大学这座独木桥，受文凭崇拜心理的驱使，再三参加联考。每年台湾大学联考各科都有一些只拿零分的，尤其是数学、英文两科零分更多。以下是 1991 年台湾大学联考"各学科'鸭蛋'排行榜"。

各学科"鸭蛋"排行榜①

排序	1	2	3	4	5	6	7	8	9	10
科目名称	自然组数学	社会组数学	英文	物理	化学	生物	历史	地理	三民主义	国文
人数	4 895	3 433	2 459	2 237	2 044	179	134	37	20	6
注：出现满分学科有社会组数学 34 人，自然组数学 9 人，化学 2 人										

① 《教育资料文摘》1991 年 8 月号，第 10 页。

考得零分说明离上榜还十分遥远。这些不屈不挠的考生既然向往文凭，于是有一些人便希望会时来运转，走向考试迷信。

与文凭崇拜相关的是考试迷信。为了金榜题名，台湾社会考试迷信也十分盛行，有如历史上的中国社会。每年七月将近，考季一到，一些和考试相关的考神也进入“业务”旺季，忙得不可开交。尤其是各城隍爷旗下廿四司的“考功司”，神像一派书生儒雅，手上握着书卷，座前贴满了准考证影印本。台南市的两座城隍庙由于求取功名的人数太多，庙方干脆设计出规格统一的“金榜题名单”：红纸表格上细分考生姓名、投考类别、考期、考场、准考证号码，以及考场座位等项目，供考生填写后交城隍爷参考庇佑。翻开一张张金榜题名单，投考类别除了最常见的高中、大学联招，硕士、博士班研究所考试也不少，还有托福考、公职高普考等等。面对社会上越来越庞杂的需求，庙方干脆在左右神龛上都悬起“主考官”红匾，一边掌管高中以下，一边掌管大专以上考试，廿四司联线作业，一起为考生服务①。

对于考试迷信现象的出现，台湾学者殷登国认为这不能怪考生，因为“考试的成败是一件没有把握的事，靠实力，也靠运气。人对于没有把握的事，往往显得迷信。要上战场杀敌了，没有必胜的把握，出师前便迷信龟甲占卜，迷信飞鸟征兆；要签财六合彩了，没有必赢的把握，便迷信求神问卦，到关公庙求一张明牌。要参加乡试、会试、高中联考、大学联考了，竞争这样激烈，谁敢说一定能金榜题名呢？既然没有十足的把握，那么到庙里求神保佑，或制造某些金榜题名的吉兆，实在也是无可厚非之举，又怎能怪考生和考生的家人亲友迷信呢？”考试迷信十分生动地反映出传统文化对台湾大学联考的消极影响。

（三）考试社会的公平竞争观念。在中国历史上存在时间长达 1 300 年的科举考试制度，对中国社会各个方面都产生过重大而深远的影响。隋唐以后，几乎每一位知识分子都与科举考试发生过关系。科举考试对当时社会政治、教育、文化的发展影响如此之大，以致在一定意义上，当时的教育可以称之为科举教育，当时的社会可以称之为科举社会②，当时的文化可以称之为科举文化。中国传统文化中科举文化占有很大的比重。科举社会中长期的

---

① 蔡文婷：《阴间法官考季兼差——城隍爷》，（台湾）《光华画报》第 17 卷第 7 期，1992 年 7 月。

② 参阅刘海峰：《“科举学”刍议》，《厦门大学学报》1992 年第 4 期。

考试实践形成了在考试成绩面前人人平等的公平竞争观念（虽然实际上无法完全做到真正平等）。一千多年的科举考试史表明，公平客观与选拔真才往往会产生矛盾，难以兼顾。要么追求公平客观却可能遗漏某些特殊人才，要么注重选拔专才却可能出现请托徇私等弊端，在这两者之间，绝大多数考生宁愿选择前者，选择平等而可能是刻板的竞争。

台湾社会从升学、晋职到聘任、确定资格等各个方面都用考试，考试种类之多之频繁，简直可以将其称为考试社会。而在各类考试中竞争激烈、影响面最广的便是大学联考。大学联考制度的产生既由中国自古以来大一统的思想促成，又受要求公平竞争的传统观念的推动。中国古代社会独特的社会结构是家族宗法制，家长统治、任人唯亲、帮派活动、裙带关系等皆为家族宗法制的派生物。此传统文化的糟粕部分影响到现代台湾社会便是人际关系错综复杂、特权关说盛行。大学联考存在的首要价值是其公平性，可以排除人情关对大学选才的干扰。社会大众对大学入学方式的关注，公正公平是最重要的项目之一。1991 年 11 月间，台湾大学入学考试中心之研究小组以问卷方式，要求不同身份的填答者，就前述良好的大学入学制度 14 项规准相互比较，并勾选出其中最主要的五项规准。勾选的结果，社会各界人士心目中认为最主要的五项为：(1) 能引导高中正常教学 (74%)。(2) 公正、公平及公开 (73%)。(3) 能正确反映出学生的学习成就 (58%)。(4) 能顾及学生的特殊才能和性向 (55%)。(5) 能鼓励学生向学的动机 (38%)。问卷表明，各种身份的接受调查者对入学方式要公正公平这一点是相当关注的。

明知统一考试具有不少消极面，但为求平等的机会人们还是最赞成考试这种选拔人才的方式。在这方面古今中国人大抵类似。据《清史稿·选举志》载，清康熙六十年（公元 1721 年），会试副总裁李绂鉴于用糊名誊录考试方法使一些具有真才实学者难以入围，于是采用唐代通榜法，拔取民间知名之士，结果引起落第考生闹事，喧哄于其门外，致使李绂被弹劾革职。公正客观的考试虽有局限，但一般考生宁愿接受此种考试而不愿接受可能出现走后门的变通办法。1992 年初，台北市教育局决定于 1992 年 9 月开始提前全面实施初中生自愿就学方案以代替高中联考，台湾教育主管部门则表示“乐观其成”。结果在台湾掀起轩然大波，许多专家学者旗帜鲜明地反对，台湾“救救下一代行动联盟”、大学教育改革促进会等多家团体联合声明反对提前实施此方案。而对大学教师、教育行政人员、中学教师、学生家长及学生的问卷调查显示，有 55%受访者仍然不愿废除高中联考，尽管实行此方案可舒缓升学压力、促进教学正常化、促使五育均衡发展，有57%的人表示以初中的成绩决定升学，由教师评定成绩会影响升学机会，造成家长送礼与人情关说、教师开补习班、特权介入等现象。一项民意调查显示：同意高中联考是一个公平制度者占75.7%，71.5%的人认为“自学方案”会使中学老师考核权力过大。而盖洛普调查显示七成八的家长、九成三的老师同意联考优点计分公平。调查揭晓后台北市教育局不得不取消全面试办方案①。这说明无论是高中联考还是大学联考，各界人士都很看重考试的公平性。与此相同，台湾一些有识之士认为，健全文官制度也是以考试公平为首要，整个文官制度的关键就在于考试②。

在现实情况下，有的台湾学者认为：除了联考，不相信有更好的方案 。在大学被人们所一致认定为追求的目标的情况下，除非名额没有限制，否则学生们一定被逼着往此唯一目标奋斗，而为达到公平起见，有标准答案的统一命题的联考无疑是最佳方式。除非大学生这种“商品”一元化价值能消除，否则一切改变联考的努力都将是徒劳无功的③。1989年春，曾任台湾师范大学教务长20年的大学入学考试委员会委员宗东亮教授，根据自己亲自参与30多年联考工作的经历，纵论台湾大学联考的历史与现实，认为：“不管联招制度有何弊病，它到现在仍然为多数人所肯定称道，就在于它所维持的公平性，此项历史功能是不容抹杀的。以后无论是取消联考、分区联招，或各校单独招生，都要考虑到传统的长处。唯有‘公平、公正、公开’的原则无虑，才能落实高等教育机会均等和普及的意义。”④

以上所谈的是有关传统文化对台湾大学联考影响的主要方面。除此以外，中国传统文化对台湾大学联考的内容也有相当的影响，台湾的初中、高中的国文教材便十分注重中国传统文化的传承，多年来，大学联考中国文科试题仍保留《论语》、《孟子》等考试内容，140分总分中作文占40分；其他有关国文的基本知识占100分，其中六册国文课本每册各占10分。《论

① 《民意调查四成五选择高中联考》，《盖洛普调查揭晓取消全面试办》，《教育资料文摘》1992年7月号，第4～6页。

② 林照真：《健全文官考试首在考试公平》，《教育资料文摘》1991年10月号，第83页。

③ 吴惠林：《不相信有更好的方案》，《教育资料文摘》1991年3月号，扉页。

④ 宗东亮：《翻开一页联考沧桑史》，《教育资料文摘》1989年3月号，第151页。

语》、《孟子》各占10分，课外阅读占20分。1980年以前作文常摘引《四书》命题，1980年以后，虽多采用现代文命题，但也时以古籍语录为作文题目。如1984年作文命题采摘《管子》所云“海不辞水，故能成其大；山不辞土石，故能成其高”，便是一例。

总之，传统文化对台湾大学联考的影响是复杂而又多方面的。台湾大学联考是中国传统考试制度与当代西方发达国家某些考试制度结合的产物，其发展和改革也必然受这两个方面的制约。台湾大学入学考试中心在研究改进大学入学方案时，也考虑到要秉持五个基本理念：(1) 台湾大学入学制度的形成有其特殊的历史与社会背景，需加以考量。(2) 外国的制度应引为借鉴，但必须经过消化才能采纳。(3) 任何教育改革必须兼顾理想与现实，必须是渐进的，而且应该先有长期的规划然后逐步进行。(4) 有包容性的多元改革方案优于单一的改革方案。(5) 考试方法应辅助教育，而非教育去适应考试方法。以上五点中 (1)、(2) 两点指导思想的提出，说明有关人士已明确考虑到台湾大学联考的改革应考虑到中国传统文化对大学联考的影响。

由此，我们可以看出台湾大学联考和大陆的高考颇有相似之处，因此其经验和教训值得我们参考和引以为戒，其改革动向也值得我们加以关注。

（原载《中国高校招生》1993年第1～3期）

四、高考历史记忆

1952—2012：高考建制的花甲记忆

每一年的高考都牵动着许多人的神经，每一年的高考都决定着众多学子的命运，每个人考上大学的那一年高考对自己来说都非同寻常。但是，从全局着眼，要举出中国 60 年高考史上最重要的高考年份，恢复高考的 1977 年无疑是不二之选，其次，就只能是首创高考的 1952 年了。然而，不像有大量的论著回忆或研究 1977 年的高考，除了专门记述中国招生考试史的著作所列大事记外，现在各种著作或资料记载的建国后的大事记或教育大事记，都没有关于高考制度建立的任何痕迹，绝大多数人都不知道高考制度建立已经整整 60 年了。其实，1952 年是中国高考史上很特殊而且很重要的一年，在一个甲子后的今天，很有必要对高考制度创建的过程作一事实复原和历史回顾。

一、从单独招考到大区统考

任何一种制度的出现都有其产生的客观原因，高考制度有一个形成过程。我们今天在谈论高考制度改革时，应了解这一制度的来龙去脉，特别是为什么会出现统一招考制度。

清朝末年，中国开始引进西方高等教育制度。从 1862 年建立的京师同文馆开始，一批近代新式学堂陆续建立。由于当时学堂数量不多，且各学堂的性质、层次、规模差异较大，因此皆为各自招考入学。这与世界上其他统考入学的国家和地区一样，在近代高校初建阶段一般都是单独招考而不可能产生统考制度，统一招考制度是高校招生考试发展到一定阶段或高级阶段的产物。民国时期，多数时候也是各高校单独招考。只是在抗日战争期间，为适应战时需要，保证新生质量，曾于 1938—1940 年间实行国立各院校统一招生考试。1941 年因抗战形势紧急，被迫中止了统一招生①。但之后还是

① 刘海峰：《为什么要坚持统一高考》，《上海高教研究》1997 年第 5 期。

部分高校采用联合招生的办法，如 1947 年，北大、清华、南开三所大学仍然实行联合招生。

新中国成立后，百废待兴。在顺应政治、经济过渡的背景下，建国初期高校招生考试制度也经历了从单独招考到联合招考再到统一招考的过渡。为稳定全国政局，使高等教育平稳过渡，1949 年各高校仍沿袭民国时期多数时间的做法，实行单独招考，不过有少数高校采取了联合招生的形式。

1949 年 12 月，在北京召开了第一次全国教育工作会议。1950 年 5 月 26 日，教育部发布了《关于高等学校一九五〇年度暑期招考新生的规定》，规定实行各大行政区分别在适当地点定期实行全部或部分高等学校联合或统一招生，其目的是“为了贯彻第一次全国教育工作会议的精神，开始有计划、有步骤地培养新中国的各种专门人才和建设干部，逐步纠正过去高等学校在招生上的不合理状态及减少学生的投考困难”①。考试科目定为国文、外国语（英语或俄语）、政治常识、数学、中外历史、中外地理、物理、化学。除各系科共同必考科目之外，各校还可根据系科之性质，分别加试一些科目。考试日期为 7 月 21 日至 8 月 10 日之间，发榜日期不得迟于 8 月 25 日，各大行政区教育部（西南文教部）可在此范围内自行掌握。1950 年的招考规定的主要意向是促进高等学校招生的统一性和规范化，但由于单独招考操作上的惯性以及政治上的不稳定性，该年度高等学校的招考方式仍五花八门。既有校际的联合，又有大区的统一，还有学校的单独招生，体现了过渡时期招生形式的复杂多样性和政策的不稳定性。在全国 201 所公、私立高等学校中仅有 73 所学校实行联合招生②。

总的看来，1950 年的招生考试基本达到了预期目的，其联合性或统一性较之以前有所加强，前一年度各校招生不足额的情况得到了很大改善，大部分学校一次招生即招满足额③。为总结经验，当年 10 月，中央人民政府教育部通过各大区教育部，下发非常详细的招生总结汇报的提纲，请各高校

---

① 中央人民政府教育部：《关于高等学校一九五〇年度暑期招考新生的规定》，《云南政报》，1950 年第 1 期。

② 大塚丰：《现代中国高等教育的形成》，黄福涛，等译，北京师范大学出版社，1998 年 11 月，第 254～260 页。

③ 郑若玲、杨旭东：《高考改革：历史与现实的思考》，《厦门大学学报》（哲学社会科学版）2003 年第 1 期，第 109 页。

按规定写出总结汇报，连同招生简章、试题、表册、高校介绍及其他有关文件资料，呈报各大区教育部并转中央人民政府教育部①。

1951 年 4 月 24 日，中央人民政府教育部公布了《高等学校一九五一年暑期招考新生的规定》，1950 年招生规定的基本内容仍得到沿用，并规定各大行政区分别在适当地点，争取实行全部或局部高等学校统一或联合招生，考试时间在 7 月 15 日至 17 日举行②，发榜日期不得迟于 8 月 10 日。根据 1951 年 6 月 12 日公布的《华东、东北高等学校一九五一年度统一招考新生简章》，华东区共有 10 所公立大学、10 所私立大学、16 所公立专门学院、2 所私立专门学院、8 所公立专科学校、4 所私立专科学校，总数达 50 所高校参加。规定投考志愿有系科志愿和学校志愿两种，系科类志愿可填 3 个，每一系科类志愿可填报院校志愿 8 个。外国语可就英、俄、德、法四种外国语中任选一种③。

华东军政委员会教育部于 1951 年 5 月 14 日向华东区公私立各大专院校下发了《限期申请参加统招及呈报招生简章的通知》，要求凡是不参加统一招生的学校，均须将招生名额（分系科）、招生次数及招生简章于招考前一个月报部审核批准后始能进行招生④。一些私立大学，特别是其中的教会大学，到 1951 年招生自主权已被取消。例如，1951 年 6 月 16 日华东军政委员会教育部给齐鲁大学的批复文件中明确表示，齐鲁大学不得自行公布招生简章，所有招生名额纳入统一计划："六月七日教字第一〇二号报告及附件均悉。关于你校所呈招生简章，兹批复如下：一、你校今年暑期招生既分别参加华东高校统一招生与山东高校联合招生及委托华北与中南料理，则无单独公布招生简章之必要。二、你校参加华东高校统一招生经山东文教厅呈报并业由我部转知华东高校统一招生委员会在案。至拟委托华北及中南招生一节，华东高校统招会已决定增设北京、广州二考区，你校委托该两区之招生

① 华东军政委员会教育部：《抄发中央教育部颁布一九五〇年度暑期招生总结汇报提纲希即遵酌办理的通知》，1950 年 10 月 4 日。厦门大学档案馆，人事处 50—13 号档。

② 多数大区实际考试时间比规定的考试时间有所推迟。

③ 只有华东区外语有四种选考语种，其他各区均为英、俄语两种。参见《华东、东北高等学校一九五一年度统一招考新生简章》，华东区高等学校统一招生委员会：《升学指导》，1951 年 6 月，第 116～119 页。

④ 华东军政委员会教育部：《限期申请参加统招及呈报招生简章的通知》，1951 年 5 月 14 日。厦门大学档案馆，人事处 51—13 号档。

名额已予一并列入华东高校统一办理。三、各校招生名额正呈请中央教育部核示中，未奉批复并转知前，你校招生名额不得自行公布。”①

为实施大区统一招考，各大区均成立了统一招生委员会。例如，华东区高等学校制定了统一招生委员会组织细则、落实到具体日期的工作计划。华东军政委员会教育部部长吴有训还签发通知各高等学校：“举办统一招生，任务之重大，工作之繁巨，自不待言。所有报名、监试、阅卷、分发及考生服务等工作，均需组织大批人员，努力工作始克完成。为顺利完成此一项工作，各校行政应向全体师生员工剀切宣布统一招生为暑期中重要工作，学校一般行政工作，均需配合统一招生委员会之工作计划，并领导各该校之工会学生会保证完成。”② 虽然1951年的招考规定仍允许部分高校实行单独招生，但参加统一招生的高校已占大多数，比1950年有了很大的增加。

1950年和1951年参加统一招生的高校数及考试时间表③

项目＼行政区		东北区	华北区	华东区	西北区	中南区	西南区	总计
1950年	高校数	11	17	14	7	—	—	49
	所占该区比例（%）	33	—	18.9	77.7	—	—	43.2（平均）
1951年	高校数	42	51	7	29	20	149	298
	所占该区比例（%）	62.7	68.9	77.7	85.3	66.7	69.6	71.8（平均）
考试时间		7月22～24日		7月15～17日	7月25～27日	7月22～24日	7月25～27日	

1951年的统一招生在取得较大成效的同时，也出现了一些问题。最主要的是各大行政区的生源不平衡，又没有进行必要的跨区调剂，导致生源较

① 山东省档案馆藏：齐鲁大学档案J109—05—01。参阅虞宁宁：《中国近代教会大学招生考试研究》，厦门大学博士学位论文，2012年6月，第89页。

② 华东军政委员会教育部：《为顺利完成统一招生工作学校行政应配合工会学生会动员保证的通知》，1951年6月12日。厦门大学档案馆，人事处51—13号档。

③ 该表数据主要来自大塚丰：《现代中国高等教育的形成》，北京师范大学出版社1998年版，第254～265页。因1950年各区以独立招生为主，时间很分散，故上表仅列出1951年的考试时间。东北区军事院校的考试时间为7月15～16日。1951年东北区不仅与华北区联合招生，还有部分高校（16所）加入华东区统一招生考试。

少的东北、西北地区高等学校招生不足额。特别是东北区，尽管与华北和华东区联合招生，而且不像华东区各高校录取学生入学注册前须缴纳学杂等费，东北区高校可免缴学、杂、体育、讲义、实验、实习及住宿各费，但仍然生源不足。这些问题的产生既有统一考试初始阶段经验缺乏的原因，更有当时各大行政区之间教育水平不平衡的原因①。

二、中国历史上的首次高考

在前两年分区联考和统考的基础上，1952 年进一步走向全国统考，举行了中国历史上的第一次高考，这是在总结经验之后采取的重大改革。从此，中国的高校招生进入了“高考时代”。

创立全国统一高考制度有特定的时代背景。1952 年，抗美援朝战争还在继续，“三反五反”运动正在进行，中共中央提出了过渡时期的总路线，并制订了发展国民经济的第一个五年计划，各条战线都急需大量高级专门人才。从外部因素看，当时社会政治和经济建设的需要可以说是统一高考建立的重要历史契机。

就教育战线来看，1952 年开始全面学习苏联。一是取消了私立大学，全部改为公立，所有教会大学一律撤销，在中国存在了数十年的众多教会大学集体消失。二是进行第一次大规模院系调整。教育部根据“以培养工业建设人才和师资为重点”，对全国的高等学校的院系进行了一次全面调整，包括院系合并、院校增设、专业调整等，由中央统一调配师资、校舍和设备。为使调整后的各类院校能招收到合格足额的新生，从而巩固这次全国范围内的高等教育重新布局的成果，也亟须加强高等学校招生的计划性。由此可见，正是上述政治、经济建设需要和教育结构的调整等外部因素，使得统一招生考试制度在 1952 年得以建立，并赋予其鲜明的时代性。

早在 1951 年 12 月 21 日，中央人民政府教育部就已下发了第 87 号函，通知各高校次年不必在春季招生而应集中在暑期统一举行，各大区都在 1952 年 1 月转发了这一通知②。这已经预示着招生考试要进一步走向统一。

1952 年 6 月 12 日，中央人民政府教育部发布的《关于全国高等学校一

① 刘海峰等：《中国考试发展史》，华中师范大学出版社，2003 年，第 333～334 页。

② 《华东军政委员会教育部通知》教高（一）字第 200263 号，1952 年 1 月 14 日。厦门大学档案馆，人事处 52—13 号档。

九五二年暑期招考新生的规定》，明确规定所有高等学校实行统一招生考试，并申明："高等学校招生日期、考试科目由全国招生委员会另行统一规定。在规定日期外，其他时期的招生一律停止。"

高考制度建立当年，便体现出这种招考制度的两个特点：第一是计划性，第二是统一性。1952 年 7 月，教育部高等教育司副司长张勃川在《为祖国建设的需要而升学》一文中就指出："今年招生的特点，第一是强调计划性。……第二个特点是强调统一性。"①

先看计划性方面。完成招生计划，不仅是高等学校的问题，还被看成是政治任务："保证全国高等学校本年暑期招生计划的实现，是当前为国家培养高级建设人才的紧急的重大政治任务。"② 当时大学生都纳入国家干部计划，要完成干部建设计划，必须严格实行计划招生。1952 年 7 月 21 日，教育部颁发了《关于实现一九五二年培养国家建设干部计划的指示》，强调指出各地高等学校严格实行统一招生，是实现这一干部培养计划的关键。之所以会实行统一招生，一个很重要的原因是："由于今年高中和初中毕业生较少，而高等学校和中等学校招生数量较大，如不实行统一招生，将会发生乱招乱拉学生的现象，并可能使高等师范学校和中等师范学校难于保证完成招生计划。为避免发生上述混乱现象，今年各地区必须组织统一招生委员会(各地企业部门领导的学校须一律参加)，按照国家培养干部计划来统一调配学生，以实现有计划地、有步骤地培养干部计划。"③ 为贯彻招生的计划性，规定既经录取的学生不得要求转院、转系（或科）及转移学校。当时教育部师范教育司司长柳湜进行升学动员时说："全国高等学校的门是向着全体高中毕业同学敞开的。……青年们必须用爱国主义的精神，来保证完成今年全国高等学校，各专业性的中等学校的招生计划。"④

再看统一性方面。1953 年，已经从原教育部部长转任高等教育部部长的马叙伦，在分析高考的统一性时指出："所谓统一，是指统一的计划，统

① 张勃川：《为祖国建设的需要而升学》，《升学指导》，全国高等学校招生委员会编印，1952 年 7 月，第 5 页。

② 华东军政委员会教育部：《关于布置华东区高等学校招生工作的几项指示》(1952 年 7 月 25 日)，厦门大学档案馆，人事处 52—13 号档。

③ 教育部：《关于实现一九五二年培养国家建设干部计划的指示》(1952 年 7 月 8 日)，杨学为编：《高考文献》(上)，高等教育出版社，2003 年，第 12 页。

④ 柳湜：《端正升学态度》，《中国青年报》1952 年 7 月 11 日，第 1 版。

一的组织领导，统一的报考，统一的录取调配。即全国高等学校的招生名额，均由中央高等教育部、中央教育部根据国家培养干部数额、类别统一规定；招生的组织领导是全国统一的，中央有全国高等学校招生委员会，各行政区各主要省（市）有招生工作委员会，组织领导这一工作的进行；投考学生在统一的日期报名，根据统一的试题考试，根据统一的原则录取入学。"①即从组织领导、招生办法、考试试题，到考试日期、升学指导、录取调配的办法"无一不是统一的"②。当时规定"招生简章、报名单、准考证及试卷（试题印在试卷上）统由全国高等学校招生委员会统一拟定，并由本区高等学校招生委员会统一印发各地"③。这种统分结合的统一高考组织办法一直到 2004 年分省命题之前都在采用。

1952 年 7 月 17 日，全国高等学校招生委员会编印了《升学指导》一书，其中的《全国高等学校一九五二年暑期统一招生简章》，明确报名日期暂定 8 月 6、7、8 日三天，各大行政区得根据具体情况提前或延后办理④，考试日期为 8 月 15、16、17 日三天。

首次高考规定凡应届毕业生应尽可能采取集体报名方式，由毕业学校（或集中学习单位）统计报考学生人数，备函向就近地区招生办事处领取报名单，分发报考各生自行填写（学校须辅助指导）。投考志愿分系科类志愿、学校志愿两种。填报志愿的办法是先系科后院校，系科类志愿可填报 3 个，每个系科类志愿可填报院校志愿 5 个。《填写报名单须知》中指出："选择志愿系科及志愿学校时，首先应考虑国家建设的需要，自然招生委员会会适当地照顾学生的志愿。"三个系科类志愿应全部填写，每系科志愿后面的五个学校志愿应尽量填写。学校志愿可填本区或外区学校，但所填外区学校不得超过所填学校志愿总数的三分之一。此外还有"指导志愿"栏，系准备在三

---

① 《马叙伦部长在全国高等学校招生委员会上的讲话》（1953 年 7 月 2 日），载 1953 年《招生简报》。见杨学为主编：《中国考试史文献集成》第八卷（中华人民共和国），高等教育出版社，2003 年，第 36 页。

② 华东军政委员会教育部转发：《高等学校招生工作报告》（1952 年 9 月 26 日），厦门大学档案馆，人事处 52—13 号档。

③ 华东军政委员会教育部：《关于布置华东区高等学校招生工作的几项指示》（1952 年 7 月 25 日），厦门大学档案馆，人事处 52—13 号档。

④ 华东区的报名后来定于 8 月 8、9、10 日三天内进行。

个系科志愿均不能录取时，由招生委员会酌情分配至适当系科[①]。当时强调要端正升学态度，“批判那种从个人出发的升学态度，树立为祖国建设的需要而升学的思想”[②]。

1952 年 8 月 15、16、17 日 3 天，举行第一次全国统一高考。每个科目考试时间为 1 小时 40 分钟，每个单位时间考两科，上午 7：30—9：10 考一科，9：30—11：10 考另一科，下午考试时间为 2：00－3：40 和 4：00—5：40 各一科。具体考试科目和时间为：15 日上午：国文、数学，下午：化学、中外史地。16 日上午：物理、政治常识，下午：生物、外国语（俄、英）。17 日安排加试笔试和术科。每个考生必须参加所有 8 个科目的考试，报考文法财经等院校或系科的，政、国、外、史四科分数之和占 60%，数、理、化、生四科分数占 40%；报考理工农医等院校或系科的采计分数的科目及比例则正好相反。艺术、体育等院校或系科，前四科分数之和占总分的 40%，后四科分数之和占总分的 30%，加试术科成绩占总分的 30%。实行全国统一命题，制定统一的参考答案和评分标准，各大行政区招生委员会组织考试、评卷，录取工作在北京，由全国高等学校招生委员会主持进行[③]。

该年高考的命题原则为：“考试的主要目的是测验投考者有无入有关系科的准备条件，绝不应出奇僻的及超出中学范围的试题。”“试题要顾及全国高中毕业生的一般程度。”“试题难易兼备，由浅到深，由易到难（例如数理化等科可按下面比例拟定：容易的占百分之三十，中间一般的占百分之四十，较难的占百分之三十）。”[④] 高考作文题为《记一件新人新事》、《我投入祖国怀抱》，两题择一，文体为记叙文，在总分 100 分中，作文占 50 分。英语总分也是 100 分，其中阅读测验占 40%，汉译英占 60%。汉译英为 10 个句子，如“我们的祖国是多么的伟大啊!”、“全世界反对美帝国主义的人民都是我们的朋友”、“封建制度已经被消灭了”等，打上了鲜明的时代烙印。中外历史科总分为 50 分，同样带有浓厚的政治色彩，如名词解释包含“伟

---

① 《填写报名单须知》，全国高等学校招生委员会：《升学指导》，全国高等学校招生委员会编印，1952 年 7 月，第 20～21 页。

② 全国高等学校招生委员会：《升学指导》，全国高等学校招生委员会编印，1952 年 7 月，“前言”。

③ 杨学为：《中国高考史述论》，湖北人民出版社，2007 年，第 12 页。

④ 《教委学生档案 1952 年命题会议资料》，见杨学为主编：《中国考试史文献集成》第八卷（中华人民共和国），高等教育出版社，2003 年，第 201 页。

大的十月社会主义革命”、“遵义会议”等，填充题、改错题也往往涉及农民起义、马恩著作、苏维埃政权等。

建立高考当年与恢复高考当年类似，由于首次举行，准备比较匆忙，因此考试时间、入学时间都比往年推迟。1977 年高考是推迟到 12 月，入学推迟到次年 3 月。1952 年则是报名在 7 月，考试在 8 月，发榜在 9 月底，入学在 10 月中旬以后，也比通常年份推迟许多。

首次高考还有一点与恢复高考类似的地方，即有临时扩招之举。1952 年，中央原订的全国招生人数 53 600 人，后来报名人数增加（报名人数超过原定招生计划 19 000 余人），计划亦随之增加 14 000 人。包括调干生人数，1952 年全国招生名额为 65 893 人。最后实际录取了 66 766 人，超过了原订计划数的 873 名。这主要是因为分配到最后还有 873 个学生成绩合格，但无学校可以安插，于是分配到估计将来报到较差的学校及系科中①。

高考制度的建立，是当时特定社会政治背景下的产物，保证了招生计划百分之百的完成。当时的经验证明，在中等教育尚十分薄弱的情况下，只有统一招考才能使高等学校招收到合格、足额的后备人才，统一招生制度是培养国家干部、快速发展国民经济的有效途径。从此，除了“文革”期间，高考成为绝大多数中国高中毕业生的人生重大检阅。

三、中国高校招生考试史上的创举

中国在 1952 年建立高考制度，在世界各国中最早主要采用统一考试成绩来录取高校新生，是世界高校招生考试史上的一个重大创造。

从世界范围来看，当今已有许多国家和地区采用统一考试来选拔高校新生，而中国是世界上最早采用统考办法的国家。中国在世界各国各地区率先走上高校招生统考之路，是体现历史发展方向的重大改革和创举，在世界高校招生考试史上占有重要的地位。只是当时的高考制度的创制者并没有而且也不可能意识到统一高考制度的建立是一个对中国社会和教育进程影响重大的制度。

高考制度的建立使 1952 年成为中国新旧招生制度的分水岭，开辟了中国高校招生考试史的新纪元。高考制度是计划招生宏观调控的产物，是招考

① 华东军政委员会教育部转发：《高等学校招生工作报告》（1952 年 9 月 26 日），厦门大学档案馆，人事处 52—13 号档。

制度发展演进的结果，并受到抗战时期统一招考的示范、科举考试文化传统的影响①。统一高考制度的建立，主要有以下四方面的积极意义。

第一，增加了考生接受高等教育的机会。1952 年 9 月，全国招收新生 65 893 人，《人民日报》刊发新华社的电讯指出："今年新生录取的这个数目大于解放后以往两年的招生数字，更远远地超过了旧中国任何时期高等学校招生的数字。……这个制度日益增加了我国青年特别是工农青年升入高等学校的机会。"② 1952 年的高考录取率达 90.35%，不仅是"文革"前 14 年高考的第二高录取率，也是迄今为止全国高考 60 年间的次高录取率。

第二，方便学生投考。原来各校单独招生，多数高校只在高校所在城市进行报名和考试，或者最多在其他几个大城市设立考点，学生投考非常不便，家境清寒的考生很难有条件到大城市去投考。1952 年 7 月，教育部高等教育司副司长张勃川就已指出："为了同学升学便利，今年全国各地招考地点尽可能多设，各地同学不必长途跋涉往外区投考，在本地或附近的城市就可以投考全国各地的高等学校。"③ 可见，建立统一高考制度时，方便考生的用意是十分明确的。实行统一考试，设立了众多的考区，大大方便了考生。1951 年大区联考，全国六大区共设了 41 个考区。1952 年实行全国统一高考后，设立了 78 个考区④，一下子增加了近一倍。例如，1951 年华东区实行联合招考，只设有北京、上海、南京、杭州、福州、广州 6 个考区，同时考点也就是这 6 个。在华东六省一市中，只在上海、南京、杭州、福州 4 个城市设有考点，其他的北京和广州 2 个城市是代理考试的。这么少的考点，可想而知考生要报考是非常不方便的，而这已经比各校单独招考进步和方便许多了。1952 年，华东区设立了 24 个考区，增加到 4 倍。按新华社

---

① 刘海峰：《高考：60 年的历史记忆》，《光明日报》2012 年 6 月 6 日，第 14 版。

② 新华社：《高等学校统一招生工作顺利完成，全国录取新生达六万五千多人》，《人民日报》1952 年 9 月 26 日，第 1 版。

③ 张勃川：《为祖国建设的需要而升学》，见全国高等学校招生委员会：《升学指导》，全国高等学校招生委员会编印，1952 年 7 月，第 5 页。

④ 根据《全国高等学校一九五二年暑期统一招生简章》的具体考区统计。见全国高等学校招生委员会编印：《升学指导》，1952 年 7 月，第 14～15 页。谢之一在高考首日发表的《祝同学们胜利地完成升学考试》一文（《中国青年报》1952 年 8 月 15 日第 3 版）中，也说"全国高级中学毕业生将在各大、中城市的七十八个考区同时接受国家的考试"。

1952 年 9 月 26 日的消息，1952 年在全国主要城市及个别少数民族地区设立了 89 个考区。① 根据 1952 年 11 月 24 日华东军政委员会教育部转发 1952 年 9 月26 日全国《高等学校招生工作报告》，也说是“在全国八十九个考区进行考试”。

第三，有利于高校招到足够的学生。实行单独招考的时期，名牌大学经过一次或两次招考，即可招足学额，而许多高校虽经多次招考仍不足额。由于有的学生被多所学校同时录取等原因，各高校录取新生的报到率最高的仅达录取额的 75%，最低的只有 20%②。1950 年，规定全国多数高校实行联合招生，大部分高校均一次招满足额。1951 年，为了进一步改变各校自行招生所产生的混乱状态，实行各大行政区统一招生，收到了良好的效果。1952 年实行全国统一高考，最初或最主要的考虑还是让各高校能够招满学生，完成国家下达的招生计划。1952 年 11 月 5 日，以华东军区教育部部长孟宪承名义发出的《为调查各校对本年招生的意见及新生注册情况的通知》中指出：“全国高等学校统一招考新生，今年还是第一次，这样一个全国性的、有组织有计划的、大规模的招生工作，是在中央人民政府教育部的正确领导下，及解放后三年来各大区高等学校统一招生获得经验的基础上进行的，因此在完成招生计划上及便利各地青年报考上，都取得了很大的成绩。事实证明，只有全国高等学校统一招生，才能保证招生计划百分之百地完成，才能使高等学校的招生更有效地配合国家建设的需要。”③

第四，减少人力、物力及时间的投入。单独招考时期，由于要多次多地投考，有的学生又被多所学校同时录取等原因，新生入学报到率很低，造成了人力、物力和财力的浪费。教育部发布的《高等学校一九五〇年暑期招考新生的规定》中便说，规定日期范围实行联合或统一招生是“为逐步改正各

① 新华社：《全国高等学校招生工作完成，录取新生六万五千多人》，《光明日报》1952 年 9 月 26 日，第 1 版；《人民日报》同日刊发了同一电讯。89 个考区的数字与该年《招生简章》的具体考区统计及其他文献记载的 78 个不同，或许是增加了“个别少数民族地区”的数字。但从 1953—1957 年之间的考区数变化来看，只有内蒙古自治区增设 1—3 个考区。1952 年的 89 个考区可能有部分是临时设立的。

② 《中国教育年鉴 1949—1981》，中国大百科全书出版社，1984 年，第 337 页。

③ 华东军政区教育部：《调查各校对本年招生的意见及新生注册情况的通知》（1952 年 11 月 5 日），厦门大学档案馆，人事处 52—13 号档。

校自行招生所产生的混乱，减少人力、物力及时间上的浪费”①。1951 年的《规定》中又有同样的表述，只是将“逐步”改为“进一步”。统一高考将各校招考中的共同性工作统一起来进行，体现出集约化管理的规模效应。

但是，统一高考也有其局限性或不足。最主要是考生志愿与国家招生计划之间存在明显的距离，报考工科的人特别多，“赶浪头”的集中在某些系科。一些人被录取进未填志愿的学校，意见较大，导致部分人不报到或报到后退学。另外，为完成任务，出现不顾质量、单纯完成数量的形式主义偏向。为此，教育部要求各高校将当年招生中存在的问题提出具体意见，以便在次年招考工作中改进。至于后来日益严重的片面追求高考升学率的问题，在高考建制初期还没有显现出来，这是当时没有也不可能意识到的。

应该看到，高考是传统和环境的产物，正是因为中国具有统一考试的文化传统，高考制度才会率先在中国出现。统一高考制度是建国初期中央集权、计划招生的产物，但并非中央集权、计划招生的必然产物，或者说并非计划经济的必然产物，与计划经济没有必然联系。在全面学习苏联的情况下，统一招考制度的出现却是一个异数。实行严格计划经济的苏联，就从来没有构想出统一招考制度。倒是在实行市场经济之后的俄国，近年来也借鉴中国的高考，采用高校统一招生考试。从内部因素看，统一高考制度的出现受考试自身发展的内在动力的驱使，同时也受中国传统文化对现代考试制度的影响。从经济效益和保证考试的科学性和权威性来看，统一考试比各校单独招考都要高效得多。所以，统一高考既是特定时代背景的产物，又有传统考试文化的影响；既受制于当时社会政治和经济发展的需要，又受制于高等教育和考试自身的发展规律②。

今天的社会环境与 20 世纪 50 年代的社会环境有很大的不同，现在的高考也与初创时期的高考有了很大的变化，但不变的是大规模选拔性考试的性质，以及注重公平与效率、择优录取的基本原则。如今中国的高考已经具有一定的世界影响，在英文中已开始出现“Gaokao”这一专有名词。除了地名和人名，中国的名物制度以中文发音成为英语的词语，在近代有“馒头”、

---

① 中央人民政府教育部：《高等学校一九五〇年暑期招考新生的规定》，华东区高等学校统一招生委员会主编：《升学指导》，1951 年 6 月，第 99 页。

② 刘海峰、李立峰：《高考改革与政治、经济的关系》，《教育发展研究》2002 年第 6 期，第 35 页。

“豆腐”等，在当代可能仅有“高考”。

高考制度初建时的考虑因素之一是让各高校招满足额、完成招生计划，并齐一新生水平。发展到后来，特别是恢复高考以后，公平的因素日渐上升，往往成为压倒一切的考虑。60 年后的 2012 年，高考录取率大幅攀升，完成一些高校的招生计划、让高校能够招到足够的学生、提高报到率又成为招生考试中一个重要考虑因素。历史似乎又走了一个轮回。

光阴似箭，日月如梭。高考年轮至今已届六十，中国历史上的第一次高考似乎已经离我们相当遥远了。与 1977 年恢复高考相比，虽然 1952 年创建高考时没有激动人心的奔走相告，没有失而复得的感叹珍惜，但 1952 年的高考是今天高考制度的起始，它已经形成为高考制度的基本框架，开启了中国的高考时代，在中国高校招生考试史上具有开创之功，是我们不应忘却的一个重要创造。要真正了解高考制度，就不得不回到 1952 年。打开尘封多年的高考文献，唤醒埋藏在历史深处的考试记忆，我们就会意识到：没有 1952，就没有 1977。

（原载《高等教育研究》2012 年第 6 期）

“而立之年”论高考

在人类历史的长河中，有峡谷，有平川，有时波澜不惊，有时惊涛骇浪。1977 年恢复高考，就是中国教育发展史上特殊的转折点，是一个影响巨大的历史事件，它标志着一个时代的结束和另一个时代的开始，其划时代的重要性不亚于 1949 年以后的许多历史事件。

“三十而立”，一转眼恢复高考已届三十。凡事过了三十年，多少有些值得总结的地方，更何况高考这样万众瞩目、影响重大的考试制度。为此，特草成本文，对高考制度作一简略的回顾与理性的思考。

一、拨乱反正的大事件

如果要大家举出“文革”后 30 多年来对中国历史发展影响最为重大的事件，恢复高考无疑会是为数不多的几个选项之一。

1966 年，已有 14 年历史的高考制度被推到“文化大革命”的风口浪尖上，被认为“基本上没有跳出资产阶级考试制度的框框，不利于贯彻执行党中央和毛主席提出的教育方针，不利于更多地吸收工农兵革命青年进入高等学校，这种考试制度，必须彻底改革”①。作为政治运动在教育界的“突破口”，高考首先遭到了被废止的厄运。从此，统一高考制度被废止了 11 年。1972 年至 1976 年，恢复招生的高等学校基本上采用“群众推荐，领导批准”的办法，招收有实践经验的青年入学。直至 1977 年拨乱反正，当时主持中央教育工作的邓小平在听取了一些专家、学者的建言后，在 8 月 8 日发表著名的“八八”讲话，果断地将恢复高考制度作为振兴教育的关键举措，统一高考又在中国大地获得了新生。1977 年 10 月 12 日，国务院批转了教育部《关于 1977 年高等学校招生工作的意见》。10 月 21 日，新华社、《人

① 《关于改革高等学校招生考试改革办法的通知》，《人民日报》1966 年 6 月 18 日。

民日报》、中央人民广播电台等新闻媒体，都以头号新闻发布了恢复高考的消息，消息一经传开，千百万知识青年欢欣鼓舞，奔走相告。是年 12 月由各省市组织考试，1978 年则恢复了全国统一高考。

高考在 1966 年停止成为“文化大革命”的起点。1976 年 10 月粉碎“四人帮”以后，到 1977 年中，恢复高考已是人心所向，大势所趋，因此高考迟早会恢复。但在 1977 年就恢复，则是必然中的偶然，这与邓小平的英明决断密切相关。否则高考不是中断 11 年，而将是中断 12 年。在一定意义上，我认为“文革”不是结束于 1976 年，而是真正结束于 1977 年。高考的恢复，宣告终止了“文革”的错误政策。恢复高考在当时犹如一声号令，使全民的精神为之一振，使社会风气发生了根本的转变，它荡涤了“读书无用论”、“唯成分论”的浊流，为百端待举的中国大地吹来了第一阵尊重知识、尊重人才的春风。恢复高考不仅提升了高等教育质量，而且使中国的人才培养重新走上健康的轨道，在使中国社会由乱而治的过程中发挥了至关重要的作用。值得注意的是，高考是在“两个凡是”还没有被打破的情况下恢复的，它的意义已远远超出了教育领域，成为纠正“左”倾错误、破除“两个凡是”的典型代表，奏响了破除“两个估计”的陈旧思想枷锁、确立实事求是思想路线的序曲，成为否定“文化大革命”的突出典型，成为全国思想解放的先导。因此，恢复高考，标志着中国现代史翻开了崭新的一页。

恢复高考给一批又一批勤奋努力、有才华的优秀青少年提供了改变人生的机会。高考的正面功能与积极作用是以考促学，即促进学生努力向学，提高民族文化水平。1977 年恢复高考以后，每年都有数百万青年学生参加高考，全社会的读书学习热情在高考制度的促进下得以持续发展。恢复高考的最初两年，尽管试题不难，但有许多考生连最基本的题目都不会答。可是几年之后，试卷难度提高不少，从答卷上反映出考生文化水平已大大提高，可见高考极大地调动了千百万青年的学习积极性，有力地促进了中华民族文化素质的迅速恢复和提高，被“文革”摧残的文化教育很快得到复兴①。

1977 年恢复高考，选拔了几十万人，却调动了几千万人。尽管当年高考录取率只有 4.8%，也就是说 570 万考生中绝大多数当年没能考上大学，但高考的恢复，使每一个人从此可以有做大学梦的权利和希望。在高考恢复

① 刘海峰：《以考促学：高等教育考试的功能与影响》，《厦门大学学报》（哲学社会科学版）2002 年第 2 期。

20周年的1997年，多家中央报刊开展恢复高考20周年征文活动，从应征文章可以看出，无论是当时考上的，还是落榜的，都对恢复高考唱出发自肺腑的赞歌。不少人虽经历过高考失败，但由于受过高考总复习的煎熬，养成了坚毅的个性，得到了一笔精神财富①。

在高考恢复30周年的今天，我们应该如何评价高考制度的是非功过？我认为，尽管高考有其局限和弊端，但总体而言，恢复高考30年来，通过高考的公平竞争，为高等学校选拔了千百万合格的学生，经过培养造就，许多人已成为各行各业的骨干力量。中国近二十余年来的经济起飞，与高考制度的恢复和不断改革密不可分。而且，高考制度还具有以考促学的功能，它在促进民族文化发展和教育水平提高，包括维护社会公平、社会稳定等方面，也起着巨大的作用。我们在看到高考弊端的同时，应充分肯定高考的积极作用。

二、维护稳定的“减压阀”

考试是一种测量工具，就像体能测试或体育比赛可以测出一个人的体能和体质强弱一样，考试让所有应试者接受相同的挑战，将个人的才学和能力放在首位，因而历来被视为可以客观公正地选取优秀人才的公平尺度，或称“量才尺”。高考作为公平选拔人才的手段，具有公平性和客观性，它摒弃了权力、出身和人际关系对选才的干扰，保障了个人凭才学平等地接受高等教育的权利。恢复高考，明确发出了这样的信息：国家开始真正尊重知识、尊重人才，从此，知识青年的前途命运不再受制于他人，只要自己努力，便有可能考上大学，进而施展自己的才干。经过11年的中断，1977年恢复高考，便成了拨乱反正的风向标，具有标志性意义，表明一个可以通过公平竞争改变自己命运的时代来临。“文革”后高考制度的恢复并不只是使教育恢复了正常秩序，更是带动了整个国家由乱而治。人心向学，人心思治，学生稳定与社会上的知识青年稳定之后，整个社会才有可能稳定下来走上正轨。因此，恢复高考成为维护社会秩序、促进社会发展的助推器。

自古以来，中国人就有了考试崇拜，现在的高考崇拜和分数崇拜，在某种意义上说，实际上是体现出人们对公平竞争的珍惜。在很多人的心目中，

---

① 教育部高校学生司、《中国教育报》编辑部：《我的高考》，人民教育出版社，1999年，第183页。

高考是神圣而不可侵犯的，“在分数面前人人平等”的观念深入人心。尽管大家都知道完全取决于高考分数也有问题，但认为分数是硬的、难以作假的，而其他东西如平时成绩、表现、推荐信等等是软的、可能作假的。正如科举时代有这样的说法：“科举，天下之公……科举而私，何事为公?”[①] 现在许多人也将高考看成是中国社会中难得的一项公平竞争制度，是平民百姓的出头天，是实现社会流动的重要机制。也正是因为大家高度关注高考的公平性，所以民众对高考期望值高、信任度高，对出问题容忍度低，甚至几乎没有容忍度，要求高考不出现任何问题。因此，高考作弊被看成是“动了平民的最后一块奶酪”。每年的高考，有如社会风气的净化器，在全民关注、高度重视的氛围中，让大家一再感受公平竞争的神圣和可贵。许多参加高考的过来人认为：“高考以它的公正，丰富了一代又一代人的梦想，赋予我们公正平等的竞争精神，冷静沉着的竞争意识，以及一种永恒的拼搏精神。”[②]

作为“举国大考”，高考具有牵掣教育目的、引导教育过程、评价教育结果等教育功能[③]。除了教育功能以外，高考还有一个重要的功能，就是维护社会的公平和稳定。在现实社会生活中，在每个人的一生中，能够通过个人奋斗而改变命运的机会并不多，而高考是非常重要的一个，因此高考在老百姓心目中是难得的一个公平的竞争机制。许多家长和学生都认为，通过考试，即使是带有不少缺点的考试，没有考上，人们也服气。考生因一分之差落榜，一般情况下并不会去怪政府、怪社会，主要是怪自己水平不够或运气不佳，最多怪出生地不好。而且，当年考不上，还有下一次机会，其失望不至于累积到危险的程度。而采用其他选拔方式，若结果导致通过金钱、拉关系进入好学校，人们就不服气，其不满针对的就是政府和社会，会造成潜在的不安定因素。因此，高考不仅是社会发展的推进器，而且是维护稳定的“减压阀”。

高考是整个教育改革的关节点，是高等教育与基础教育之间的一个重要衔接点，也是社会历来关注的热点甚至焦点，关系到千家万户的利益，牵动着很多学生、家长、中学老师、大学老师，乃至社会的各个方面。如果改革得不好，对社会的消极影响很大，不单单对教育有影响，还可能危害社会公

---

① 张萱：《西园闻见录》卷四四《礼部》三《选举·科场》。

② 武皓：《公正——我与高考》，《中国考试》1997 年第 5 期。

③ 郑若玲：《论高考的教育功能》，《教育导刊》2005 年第 1 期，第 4～6 页。

平，甚至影响到社会的稳定。批评高考不公的人往往说每个考生起点不公，要所有考生参加相同的考试明显不公。这种观点的假设是，不用考试可以解决起点公平问题。实际上，这一前提是不存在的。采用其他方式，只会更加有利于来自经济条件和社会资本优越的家庭的考生。

中国是考试制度的发源地，它不仅是一个考试古国，而且是一个考试大国。其他西方国家的大学招考只是一种测量手段，只是引起小范围的关注，只是一种少数人关心的话题。然而，受传统和现实的制约，中国人却将高考变成了文化，变成了经济，变成了盛大的仪式，变成了一种各方面关注的社会活动，变成了一种惯例式的全民动员。

具有高度的权威性与稳定性，是高考这类大规模选拔性考试的特征。时间固定、程序严密、操作严格、公平客观，使高考在人们心目中具有崇高的地位。高考的稳定性和规律性是如此之强，以至于高考这种制度很难凭个人好恶加以改变，说明其体现了不以人的主观意志为转移的客观规律。

三、功能强大的指挥棒

然而，经过 30 年的风风雨雨，高考承负着越来越多的期待和负担，以至几乎变得“不能承受之重”。特别是近 10 年来，对高考制度的抨击此起彼伏，除极少数人可能因为自己或子女没考好或者自己没有考上心目中的大学而对高考耿耿于怀以外，多数批评高考的人都是出于善意，希望消除应试教育的弊端，发展中国的教育。但是有些言论非常激烈，曾经无比神圣的高考，在一些人眼中甚至变成可以随意抨击乃至唾骂的对象。

确实，高考是一把锋利的双刃剑，其利弊得失都十分显著。高考又是功能强大的指挥棒，对中小学教育具有强大的导向作用。高考存在某些局限性，因为一种统一的考试，它必然会诱发应试的顽症，造成学生学习时间长，体育锻炼少，造成一定程度的偏科，只重分数不重平时表现等等。虽然政府的文件中都有明文规定要德智体全面考核择优录取，而在高考实际操作中基本上都是以“智”即高考的分数来决定一切。邓小平恢复高考在当时是一英明而伟大的举措。但我认为高考并非神圣不可动摇的制度，假如真有更好的办法可以取而代之，我也赞成用来替代高考。问题是，有没有一种更好而可行的选才方式？如果没有或还没找到，我们就不要轻言废止高考。

理论上正确的不一定是可行的，只有可行的才是有效的。有些理论上非常好的办法，例如考查平时表现和成绩作为录取依据，但因为操作起来会走样失真，结果无法实行。高考是不太好，但没有高考将更不好。高考是有坏的方面，但至少可以防止更坏的情况出现。高考是有许多缺点，但现代中国人至今还没有找到一个比高考缺点更少并且可行的制度。因此，多年来，虽然伴随着连续不断的批评，高考还是在选拔大学新生中起着十分重要的作用。

既公平客观又不诱导片面应试，这是一个人才选拔中的千古难题。早在北宋时期，就已发生过科举存废之争，一些人主张废科举以革除应试的弊端，甚至曾采用直接从学校取士以代替科举的办法，结果出现免试入学者多为当官子弟的现象。为此，苏轼力主坚持以考试取士的办法，认为尽管科举有不少局限和弊端，但“设法取士，不过如此”①。考试是一种公平尺度，高考的主要功能之一就是为升学提供公平竞争的手段。从某种意义上说，高考只是将升学竞争从暗箱操作或关系博弈改为在光天化日之下公平进行罢了。

在所有教育改革中，高考改革无疑具有举足轻重的作用。如果说，在中国教育领域有什么改革是“牵一发而动全身”的话，那么高考必定是其中一项；如果要大家举出哪方面的教育改革难度最大，相信多数人还是会选高考。一部高考史，就是一部力图科学地选拔人才与追求公平之间相互矛盾、互相牵制的历史。高考制度是文化遗传与社会环境的产物，是传统与现实相互作用的结果。“圣人不能使立法之无弊，在因时而补救之。”② 绝对完美的制度是不存在的。现行的高考制度，是有缺点但适合中国国情的考试制度。然而，“物盈则亏，法久终弊”，在坚持高考的同时，我们也应清醒地认识到，高考也必须与时迁徙，与世偃仰，用一句现在流行的话说，就是要“与时俱进”。康有为对科举改革的看法至今还值得重温：“凡法虽美，经久必弊。及其弊已著，时会大非，而不与时消息，改弦更张，则陷溺人才，不周时用，更非立法求才之初意矣。”③ 只是高考改革难度很大，减少高考的负面影响，是一项长期而艰巨的任务，需要从文化传统、人事制度、教育与考试制度等方面进行配套改革④。

---

① 《宋史》卷一五五《选举志》。

② 《清史稿》卷一〇八《选举志》。

③ 康有为：《请废八股试帖楷法试士改用策论折》，《戊戌变法》第2册，神州国光社，1953年，第208页。

④ 张亚群：《科举革废与近代中国高等教育的转型》，华中师范大学出版社，2005年，第262页。

高考实际上关系到每个人选择职业的方式以及未来生活的方式。对高考这么一个选拔了中国 30 年来大部分知识分子的制度，对一个与共和国命运息息相关的制度，对一个至今还在高校选才中发挥主要作用的制度，对一个利弊得失都十分显著的制度，在高考恢复 30 年后的 2007 年，我们不仅要回忆和纪念，而且要全面研究其改进办法，使之继续为高校选拔人才、为中国的经济起飞和社会发展服务。

中国古代有“三十年为一世”的说法。现今谈起 1977 年的高考，似有恍若隔世之感。只是恢复高考这一事件，在中国历史上留下了深刻的印记，随着高考选拔出来的人才发挥越来越大的作用，其重大而深远的意义，相信还将在未来的岁月中更加显现出来。

（原载《东南学术》2007 年第 4 期）

1977 年高考：一次空前绝后的招生考试

1977 年恢复高考是中国现代教育史上的一件大事，标志着中国招生考试史的新纪元，也是中国教育史的新纪元，一直以来都是人们谈论和回忆的一个话题，高考改革也一直牵动着全社会的神经。2007 年是恢复高考 30 周年，各种媒体有关纪念高考 30 周年的报道和活动正如火如荼地展开，可谓风起云涌，波澜壮阔，呈现出一片热闹的景观。

许多事物深埋在岁月中便成了尘土，有的事物深埋在岁月中却成了琥珀。除了高考，很少有哪个教育活动会长久吸引举国上下的广泛关注，很少有哪个教育事件过了 30 年还会引发无数的回忆和感慨。这是因为高考是一个万众瞩目、影响重大的教育考试制度，而 1977 年恢复高考，是"文革"后拨乱反正开创新局面的分水岭，是弃旧图新的标志，因而被一些论者看成是个人和民族的"诺曼底登陆"① ……确实，1977 年的高考，不仅是许多人命运的转折点，而且成为一个国家与时代的转折点。它是一段值得珍藏的历史，是一种历久弥新的记忆，是一个永留史册的传奇。

一、突破坚冰的举措

1976 年 10 月，"文革"结束以后，开始终结持续十年的混乱局面，社会要逐渐走向正轨，要使中国的人才培养重新走上正常的轨道，必定要有一个合理的人才选拔机制。而恢复高考已是人心所向，大势所趋，因此高考迟早会恢复。但在 1977 年就恢复，则是必然中的偶然，与邓小平的英明决断密切相关。

现在人们才了解到，1977 年 8 月 4—8 日，在北京人民大会堂江西厅，第三次复出的邓小平召集了"科学与教育工作座谈会"。会议的前几天，每

① 陈建功、周国平等：《我的 1977》，中国华侨出版社，2007 年，第 48 页。

会必到的邓小平在一旁安静地听，既不引导大家往哪方面谈，也不对别人的发言表态。8 月 6 日下午，当时的武汉大学化学系副教授查全性发言说："招生是保证大学质量的第一关。它的作用，就像工厂原材料的检验一样，不合格的原材料，就不可能生产出合格的产品。当前新生质量没有保证，其原因，一是中小学的教学质量不高，二是招生制度有问题，但主要矛盾还是招生制度。"他说，大学的学生来源参差不齐，没法上课，必须废除群众推荐、领导批准那一套，恢复高考招生，凭真才实学上大学。在会上，查全性还指出当时招生制度的四大弊端：埋没人才；卡了工农兵子弟；助长不正之风；严重影响中小学学生和教师的积极性。他建议：从今年开始就改进招生办法。"一定要当机立断，只争朝夕，今年能办的就不要拖到明年去办。"① 听完查全性的一番言论，邓小平没有表态，他环视四座问道："大家对这件事有什么意见?"见在座的吴文俊、王大珩等科学家纷纷表示赞同，他又问当年恢复高考是否来得及。一些代表说来得及，于是邓小平最后表态："既然大家要求，那就改过来，今年就恢复高考。"

查全性的发言是引发邓小平表态的重要契机。据当时的高教司司长刘道玉的回忆："会议已进行三天了，来自武汉大学的一位代表一直没有发言。他找到我说，'会议开了三天了，听了其他人的发言很受启发，但是我本打算讲的，别人都已讲了。你看我讲点什么为好?'……我向这位代表建议说：'代表们的确讲了很多意见，但是还有一个非常重要的问题没有讲，那就是由迟群一伙在北京两校推行的'十六字'招生方针。会前，我在天津、顺义县作过调查，广大群众一致认为这是一个开后门的方针，强烈要求推倒'十六字'方针，恢复统一高考，而且广大工农子弟说，他们不怕考。因此，希望你明天就集中讲这个问题，明确提出推倒'十六字'方针。听后，他说：'好，这个题目好，我明天就讲这个。'"② 所谓"十六字"方针就是"文革"后期推荐工农兵到大学的基本原则："自愿报名，群众推荐，领导批准，学校复审"，而刘道玉提到的那位"来自武汉大学的一位代表"就是查全性。

但查全性对此的回忆却与刘道玉有所不同，他在接受《新京报》记者采访时，对于当年那一重大事件的回忆为："发言之前，我没有和任何人商量讲什么，也没有任何人建议我怎么讲。我估计，虽然个人有点风险，但风险

① 杨学为编：《高考文献》（下），高等教育出版社，2003 年，第 25～26 页。

② 刘道玉：《一个大学校长的自白》，长江文艺出版社，2005 年，第 132～133 页。

也不大。其实，我知道大家心里对这些事的看法基本是一样的。我讲的这些内容其实也并没有什么新奇，大家都是这么想的。”① 两位参与者的回忆明显有出入。

不仅如此，参加此次会议的温元凯又有另一种说法：“我就说高考制度要改革，并提出了十六个字的高考恢复的方案。这十六个字叫作‘自愿报考，领导批准，严格考试，择优录取’。没想到邓小平听完我发言后当场讲，‘温元凯，至少采纳你四分之三’。我们大家都一愣，什么叫四分之三。邓小平说，第二句‘领导批准’可以拿掉，考大学是每个人的权利，不需要领导批准。我记得邓小平说今年就改，当时的教育部部长刘西尧说，工农兵招生方案已经发下去了。邓小平当场就说，发下去了收回来，推迟几个月。邓小平作出决定以后，我们所有的代表，包括人民大会堂端水的女孩子都情不自禁地站起来鼓掌了整整五分钟。8 月 8 日，邓小平做了总结性发言。”②

历史才过去 30 年，许多当年参加会议的专家都还健在，对这次会议的重要细节已出现不少互相矛盾的回忆。可见历史需要进行复原。其实，科教工作座谈会上一些专家提出恢复高考的建议，只是邓小平决意恢复高考的诱因。应该说，在科教工作座谈会之前，邓小平已经有意要恢复高考了。在 1975 年邓小平第一次复出时，就有重振教育的举措和想法。在 1977 年 5 月 24 日与中央两位领导同志谈话时，邓小平便说：“办教育要两条腿走路，既注意普及，又注意提高。要办重点小学、重点中学、重点大学。要经过严格考试，把最优秀的人集中在重点中学和大学。”③这句话已表明有恢复高考的可能。

邓小平第二次复出后，“自告奋勇”管科技和教育，1977 年 7 月 29 日，在听取中国科学院院长方毅和教育部部长刘西尧汇报时，邓小平便说：“最近准备开一个科学和教育工作座谈会，找一些敢说话、有见解的，不是行政人员，在自然科学方面有才学的，与‘四人帮’没有牵连的人参加。有几个问题要提出来考虑：第一，是否废除高中毕业生一定要劳动两年才能上大学

① 查全性口述、张弘记录：《我发了言，邓小平拍了板》，《新京报》2007 年 3 月 27 日。

② 温元凯：《邓小平采纳我四分之三》，《新京报》2007 年 4 月 10 日。

③ 邓小平：《尊重知识，尊重人才》，《邓小平文选》第二卷，人民出版社，1994 年，第 40 页。

的做法？第二，要坚持考试制度，重点学校一定要坚持不合格的要留级。对此要有明确的态度。第三，要搞个汇报提纲，提出方针、政策、措施。教育与科研两者关系很密切，要狠抓，要从教育抓起，要有具体措施，否则就是放空炮。”① 可见，1977 年 8 月科教工作座谈会，便是借机提出恢复高考、实现其设想的一个场合，而决定恢复高考，则是邓小平抓教育的“具体措施”。

遵照邓小平的指示，1977 年 8 月 13 日至 9 月 25 日，在北京重新召开了 1977 年第二次高校招生工作座谈会。由于还受“两个凡是”的束缚，一些人对从高中毕业生中直接招收大学生等意见持反对态度，教育部主要负责人也表现出消极的态度，以至于会议久拖不决。到后来，9 月 19 日，邓小平找教育部主要负责人谈话，明确指出“‘两个估计’是不符合实际的”。关于恢复高考，邓小平批评道：“教育部不要成为阻力。教育部首要的问题是要思想一致。赞成中央方针的，就干；不赞成的，就改行。”“你们起草的招生文件写得很难懂，太繁琐。关于招生的条件，我改了一下。政审，主要看本人的政治表现。政治历史清楚，热爱社会主义，热爱劳动，遵守纪律，决心为革命学习，有这几条，就可以了。总之，招生主要抓两条：第一是本人表现好，第二是择优录取。”② 9 月 21 日传达了邓小平的讲话后，形势急转直下，招生工作会议在 9 月 25 日顺利结束。

9 月 30 日，教育部呈送恢复高考的报告。10 月 5 日，中央政治局讨论。10 月 12 日，国务院批转教育部《关于一九七七年高等学校招生工作的意见》，至此，高考从制度上正式恢复。过去，高校招生原来是“从有实践经验的工人、农民中选拔学生”。恢复高考后改为：(1) 上山下乡和回乡知识青年、应届高中毕业生都可以报名。(2) 具有高中毕业的文化程度才可以报名，而且必须通过大学入学考试。(3) 政治审查主要看本人表现，破除“唯成分论”。(4) 德智体全面考核，择优录取。

实际报考和录取时，虽然各地执行政策的情况不一，也有部分人还因政审被卡，但大部分地区是做到自由报考的，许多知识青年及其家庭通过 1977 年的高考得到了改变命运的机会。因此，1977 年的高考是文化基础较

---

① 中央文献研究室：《邓小平年谱（1975—1977）》（上），中央文献出版社，2004 年，第 167 页。

② 邓小平：《教育战线的拨乱反正问题》，《邓小平文选》第二卷，人民出版社，1994 年，第 68、69 页。

好而家庭出身“不好”的知识青年的“解放日”，是渴求知识但没有背景和关系的学子的盛大节日。

回顾30年前的那段历史，可以看出，恢复高考最主要的因素是邓小平高瞻远瞩，力挽狂澜。邓小平顺应历史潮流，敢于推动时代前进车轮，其个人与恢复高考，兼有时势造英雄与英雄造时势的因素。在“文化大革命”还未被否定、“两个凡是”大行其道的时期，恢复高考确实是一个突破坚冰的重大举措，需要有过人的胆识和谋略。否则高考不是中断11年，而将是中断12年或更长时间。

二、空前绝后的考试

1977年10月21日，恢复高考的消息正式公布，像秋天里的一声惊雷，唤醒了千万个中国青年沉睡的梦。经历过多年的中断和推荐上大学后，突然间，广大知识青年意识到自己的命运不再操纵于他人，不再由出身和社会关系来决定，而可能通过自己的努力来改变，通过公平竞争来决定，确实是一个令人兴奋的特大喜讯。

“忽如一夜春风来，千树万树梨花开。”1997年的冬天无疑是中国教育史的春天。知识青年欢欣雀跃，奔走相告，踊跃报考。从1977年10月21日正式宣布恢复高考，到12月中旬真正进行高考，所有准备高考的考生和家长都有种兴奋莫名的情绪，许多家庭都有两个以上的子女准备同时参加高考，全民都在议论恢复高考这件事，整个社会的神经都被高考所牵动。每个中学都为自己的各届毕业生辅导备考，每一场辅导课都挤满了听众，每一个精于辅导的老师都十分受人尊敬，每一个善于答题（尤其是数学题）的备考者都受到人们的钦佩。大家都有一种兴奋、好奇、期待、憧憬的心理。经历过11年的中断，谁都不知道真正的高考会是什么样。虽然大家明白各高校招生人数不多，但没有人知道确切的招生数字，谁都觉得自己有可能考上，谁都觉得自己不见得考得上。当时绝大多数人确实都是抱着“一颗红心，两种准备”的心情进入考场的。

经过浴火重生，1977年的高考是中国历史上最特别、最壮观的一次高考。十年耽误和积压，一朝汇聚和喷涌。大家通常说“文革”10年，但一般人很少注意到高考并不是停废了10年，而是中断了11年。因此，1977年的高考是从66届到77届12个年级的中学毕业生一起竞争，如果加上当时允许部分78届优秀高中生提前参加高考，实际上1977年有13个年级的人一同走入考场。

这是一种空前绝后的场景。与考者经历五花八门，年龄差距大，不仅有许多兄弟、姐妹、师生同考的情况，还有叔侄同考、夫妻同考的现象。当时能步入考场者，都带着一种兴奋、好奇，以及些许紧张的心情，还有一种神圣的感觉。1977 年高考考风淳朴，考场极少人想作弊。当年在吉林监考的裴先生说："当时没有一个打小抄的。考试结束后，也没有一个说话的，大家都带着神圣的表情离开考场。"① 当然，1977 年高考在河北省故城县，还是发生了为县委书记女儿进行的集体舞弊。不过，总体而言，当时考风还是非常好的。1977 年高考激动人心的情形，甚至在考后一段等待的时间都还在延续。

在中国高考史上，1977 年高考有几点是空前绝后或独一无二的：

一是录取率最低、竞争最激烈。起初预计报考者有可能达到二千多万人，原定计划招生 20 万人，录取率是 1%②。后来不少省市采取了地区初试，按计划录取数的 2～5 倍筛选出来，参加正式的高考，结果这一年全国最后实际考生数为 570 万人。后来经邓小平提议，国家计委、教育部决定扩大招生，经过扩招本科 2.3 万人，各类大专班 4 万人，共扩招 6.3 万人，扩招比例达 29.3%，最后录取了 272 971 人，按考生比例来算，是 21∶1，录取率为 4.8%。这是中国高考史上最低的录取率。

二是有的省区选取一个县，先行举办了恢复高考的试点。如广西百色便在 1977 年 11 月举行了恢复高考的试点考试③。这是在高考中断多年之后，大家对高考已十分陌生，为总结经验，在省区选取一个县进行试点，以便全省正式高考时借鉴。

三是由省、自治区、直辖市组织考试，地区组织评卷。按当年的招生办法，是考生自愿报名、省市统一考试、地市初选上报、高校择优录取。2004 年以后，也实行部分省市分省命题，但都是全省统一评卷，而 1977 年的高考，由于时间来不及，则是各地区组织评卷。

四是各省考试时间不一。文件规定当年的"招生推迟到第四季度进行"，并未确定具体时间。高考的准备工作非常紧张，各省市都按倒计时来安排命

---

① 杨威：《跨越时空的高考》，《新文化报》2007 年 4 月 6 日。

② 杨学为编：《高考文献》（下），高等教育出版社，2003 年，第 52 页。

③ 杨学为：《中国高考史述论》，湖北人民出版社，2007 年，第 257～258 页。

题和印制试卷等工作。在物资匮乏的年代，许多省的命题场所和物资都是取于临时，考试时间也不相同，但多数还是在 12 月中旬。如北京是在 12 月 10—11 日，上海为 12 月 11—12 日，福建是 12 月 16—17 日，黑龙江则是 12 月 17—18 日。如有加试外语者，再参加第三天上午的考试。

五是冬季考试、春季入学。这是中国高考史上唯一一次在冬天举行的高考。原来《关于一九七七年高等学校招生工作的意见》规定："1977 年的新生于明年 2 月底以前入学。"但大多数省市快马加鞭准备和实施高考和录取，也未能赶在 2 月底以前入学，结果多数高校实际上是在 1978 年的 3 月初入学。

六是录取结束后临时决定扩招，匆忙复办了许多专科学校，并开始招收走读生。1978 年和后来某些年份也有扩招的举措，但 1977 年的扩招特别匆忙，以至于许多复办的师专没有校舍，临时寄居师范学校，甚至借用小学的教室来上课。如福建龙岩师专 77 级新生在 1978 年 5 月初才入学，借用龙岩东街小学的教室上课。二三十岁的青年大学生，使用低矮的小学课桌椅听课，也是中国高教史上少有的奇观。

三、知识改变命运

1977 年是一个划时代的年份。恢复高考是一次真正意义的革命，其影响远大于创立高考的影响，所以 2002 年高考制度建立 50 周年几乎没有引起人们的纪念，而 2007 年恢复高考 30 周年却引起人们的高度关注。因为如果要大家举出"文革"后 30 多年来对中国历史发展影响最为重大的事件，恢复高考无疑会是为数不多的几个选项之一①。

这场不同寻常的考试，不仅改变了 27 万余人的命运，而且改变了一个国家和民族的前进方向。恢复高考涤荡了"读书无用论"、"唯成分论"的浊流，为百端待举的中国大地吹来了第一阵尊重知识、尊重人才的春风。从此，"高考"一词以无与伦比的重要性，进入了中国人的生活并影响了我们社会的方方面面，其意义重大而深远。中国的现代化征程，中国教育的复苏，当代中国的崛起，几乎都以恢复高考为出发的原点，由此中国社会历史掀开了崭新的一页。

凡是参加那场考试的人，都是一个伟大开端的见证人。有的当年考生回

① 刘海峰：《"而立之年"论高考》，《东南学术》2007 年第 4 期，第 6 页。

忆说："高考重新给了一代人以竞争的机会，它是我们国家恢复竞争活力的源头，当570万满身风尘、满怀喜悦的考生从四面八方、从10亿人中间涌向考场的时候，这个民族的血脉重新开始流通，而我们77级高考人和时代的脉搏在一起，构成它坚韧有力的律动。""虽然大多数人注定会是失败者，但对于我们这批人来说，考试结果并不是唯一，它甚至不是最重要的。在很多人心目中，考试本身就已经是给予被遗忘十年的他们的补偿了，能得到这个参与公平竞争的机会已足以让他们对社会、对命运感激不尽。"①

机遇总是眷顾有准备的人。积聚十三届的考生、荒废十年的学业、一个多月的备考时间，使许多报考者犹豫、徘徊，甚至在数学科开考后就放弃。能够参加正式的高考，能够坚持到最后就不简单。而能够脱颖而出者，通常都是原有基础较好者，或者较有毅力者，用现在的话说，就是强者和勇者。除了智力因素以外，更多的是非智力因素在起作用。"文革"期间坚持读书者不全是最聪明者，更多的是喜欢读书者、有信念者。知识改变命运，在恢复高考的当年体现得特别明显。

考上大学，对每个人来说都是一生的重大转折，尤其是对上山下乡的知青而言，终于走进梦寐以求的大学殿堂，更是翻天覆地的变化，好似鱼跃龙门。这批从3 000万被耽误了青春的人中突围而出、久处知识饥渴状态的77级大学生都有一种强烈的求知欲，看到过去无法借到的书籍，就像饿虎扑食般地享受知识盛宴。这批年龄差异巨大、多数经历过上山下乡磨炼的大学生明白命运之神对他们格外的眷顾，历史给了他们非常好的机遇，他们中的多数人对邓小平、对国家和社会也有一颗感恩的心。在特殊历史时期、在学习期间形成的顽强拼搏、刻苦向上的精神，影响了他们的一生。加上这一群体较有自信，其中许多人也具有为国家民族勇攀科学技术高峰的使命感，报效国家的使命感也特别强烈。

77级以及后来的78级大学生，多数都是从社会走过来的，是中国高等教育史上大学生中成分最复杂、年龄跨度最大的一群。他们作为恢复高考的受惠者和幸运儿，在学习氛围特别好的时代里成长历练，毕业后填补百端待举时巨大的需才空缺，获得了前所未有的发展机遇，后来他们则成为改革开放的推动者和各行各业的中坚力量。此后，通过一次次高考，选拔出千百万合格的大学生，经过培养造就，许多人已成为社会各界的骨干。中国

① 阎阳生：《两代人的高考故事》，《生活时报》2005年11月4日。

近二十余年来的经济起飞，穷源溯流，与高考制度的恢复和不断改革密不可分。

“三十功名尘与土，八千里路云和月。”历史不一定会记得77级大学生具体个人的功名与成就，但一定会记得“新三级学人”整个群体的命运与作为；历史不见得会记得每一年的高考，但永远会记得1977年的高考。

（原载《教育发展研究》2007年第8A期）

恢复高考时
未用《毛泽东选集》第五卷用纸印刷试卷

2007年是中国恢复高考30周年，全国报刊和网络几乎都陷入一场“集体性怀旧”，30年前的许多故事又被人们广为传颂。确实，1977年恢复高考是一个永留史册的传奇，是中国当代高等教育的新起点。纪念高考恢复30周年，既要回顾许多高考改变命运的个体经历，更要注重恢复高考历史的全景复原。本文仅对有关1977年恢复高考流传甚广的一个说法，即所谓“调用印刷《毛泽东选集》第五卷纸张印制高考试卷”说法的真实性作一考证和辨析，以使历史回归本真面貌。

一、说法的流传和演变

历史事实与历史传说、后来的文字叙述之间，不一定存在着完全符合的情况。有时在历史事件发生后不久，传说和文字记载便远离了历史客观事实，需要还原历史真相。关于1977年恢复高考时“调用印刷《毛选》五卷纸张印制高考试卷”的说法，就是一个大家熟知，却与历史事实不符的典型事例。

此说最初出现的时间目前无法确考。但至少在十几年前，这一说法已开始流行。1996年出版的《中国新三级学人》一书，便有以下文字：“1977年的中国没有冬天。这一年冬季和1978年夏季报考大学的人数，竟达空前绝后的1 160万！当时百废待兴的中国，居然拿不出足够的纸来印考卷。洛阳纸贵！为了解决77级的考卷用纸，中共中央决定，调用印刷《毛泽东选集》第五卷的纸张。”① 此书在恢复高考20周年的1997年广为发行，并被摘录到一些报章上，加大了这一说法的流传广度。

2000年，《北京青年报》的一则报道也说：“570万的考生却没有那么多

---

① 钟岩：《中国新三级学人》，浙江人民出版社，1996年，第10页。

的纸印考卷。当时教育部领导找到新闻出版署，请他们调拨一部分印刷报纸的纸张，但仍然不能解决问题，后经中央决定，允许动用印刷《毛选》第五卷的纸张印刷高考试卷。”①

又如，2005 年出版的《大学圆梦：我们的 1977，1978》一书说：“最终参加这届高考的考生，据统计一共有 570 多万，这就给国家出了一个大难题：由于执行了几十年计划经济，资源严重匮乏，如何解决如许考生参考的试卷纸张，竟然成了一个叫人头疼的大问题。问题最终反映到邓小平那里，他当机立断，决定将印刷《毛泽东选集》第五卷的计划暂时搁置，调配相关纸张，先行印刷考生试卷……”②

到了 2007 年初以后，随着恢复高考 30 年的纪念热潮不断升温，这一说法的影响面也日益扩大。以下略举数例。

《潇湘晨报》2007 年 4 月 6 日出版的《恢复高考 30 年》特刊，发表了一篇文章，题目就用《紧急调用印〈毛选〉纸张赶印高考试卷》。

有的学者说：“从 1966 年到 1977 年，十余年间‘积压’了大量的中学生，所以考生人数高达 1 000 多万！而‘文革’对经济造成的巨大破坏使国家一时竟拿不出足够的纸来印考卷，于是，中共中央果断决定调用印刷《毛泽东选集》第五卷的纸张。凡是经历过‘文革’的人，都能想见，此项决定是如何之不易。”③

2007 年 7 月出版的《高考年轮：恢复高考三十年民间观察》一书，对这一“决策”的意义又有进一步的诠释：“问题最终反映到邓小平那里，他当机立断，决定将印刷《毛泽东选集》第五卷的计划暂时搁置，调配相关纸张，先行印刷考生试卷，历史由此出现了极富喜剧色彩的一幕。斗争哲学不再吃香了，代之而起的是建立在知识尊严基础上的公平、竞争和自由。”④

还有许多网络文章高度评价“动用《毛选》第五卷的纸印考卷”这一“举动”，如说：“暂停印行《毛选》第五卷，让出印刷厂来印刷高等教材——在那‘两个凡是’的年代，这是何等的魄力。”“1977 年 12 月……开始了中

---

① 林靖：《招生处长讲述 1977 年的高考故事》，《北京青年报》2000 年 12 月 30 日。

② 《大学圆梦：我们的 1977，1978》，宁夏人民出版社，2005 年，前言第6 页。

③ 雷颐：《恢复高考三十周年记》，光明网 2007 年 2 月 14 日。

④ 马国川、赵学勤：《高考年轮：恢复高考三十年民间观察》，新华出版社，2007 年，第 8 页。

国历史上史无前例的冬季百万人大赶考壮观。由于时间仓促，据说印高考试卷的纸张都是小平同志特批先调用印《毛泽东选集》第五卷的专用纸。毛主席他老人家一贯爱民，在九泉之下想必也不会反对暂缓印他的选集而先让千万学子受益的。”……如此等等，不一而足，没有必要列举更多。

总之，“调用印刷《毛泽东选集》第五卷的纸张印制高考试卷”是一个流传极广的说法，它表明最高决策者曾高度重视高考，连印制《毛泽东选集》都可以为高考让路。这一说法具有传奇性，增添了恢复高考故事的动人色彩。然而，可惜的是，此说与其他一些史实相冲突，存在着难以解释的矛盾，特别是后来许多人对此“决策”的诠释更与当时的历史实际不符。

二、高考不可能搁置印制《毛选》计划

作为 1977 年考上厦门大学的知识青年，我对邓小平恢复高考的英明决断仍心存感激，原来我对“调用印刷《毛泽东选集》第五卷的纸张印制高考试卷”的说法也没有任何疑问。但为应约撰写恢复高考的研究论文，2007 年 4 月，我到图书馆查阅 1977 年的报纸，发现“调用印刷《毛泽东选集》第五卷的纸张印制高考试卷”是一个不准确而且被过度诠释的说法。

我的根据是，在 1977 年 10 月份公布恢复高考之前，《毛泽东选集》第五卷已经全部印制完毕。因此，“调用印刷《毛泽东选集》第五卷的纸张印制高考试卷”，特别是耽搁印制《毛选》计划，就成为一个没有必要也不可能发生的事情。

从 1967 年 7 月中共中央决定编辑出版《毛泽东选集》第五卷，到 1977 年出版，该书的编辑、出版贯穿了整个“文革”10 年时间。原拟选编范围为 1949—1962 年间的毛泽东著作，后来几经周折，延宕到了 1977 年 3 月才最后定稿，这个版本共 325 千字，收集了毛泽东 1949 年 9 月到 1957 年的著作 70 篇，选编文章时限比起初的计划缩短。《毛泽东选集》第五卷前面有 1977 年 3 月 1 日“中共中央毛泽东主席著作编辑出版委员会”的《出版说明》。4 月，开始正式向全国发行。4 月 14 日，《人民日报》发表《中共中央关于学习〈毛泽东选集〉第五卷的决定》。

在毛泽东逝世一周年前夕，1977 年 9 月 8 日，新华社发布了“《毛泽东选集》第五卷 2 亿册印制任务胜利完成”的消息，说从 4 月 15 日以后，“截至八月底，全国已经印制普及本、平装本、精装本共 2 亿册，繁体字竖排

本、大字线装本也将在国庆节前后出版。此外，还翻译出版了蒙古、藏、维吾尔、哈萨克、朝鲜五种少数民族文版，印制了盲文版，外文已经翻译出版发行了日文、英文版，法、俄、西班牙文版将陆续翻译出版。《毛泽东选集》第五卷从发稿之日起，到全部完成印制任务止，只用了短短五个多月时间，出版速度之快，印制数量之大，发行范围之广，在我国出版发行的历史上都是空前的”①。这一消息随后在全国媒体上发表。在此前后，全国还“掀起了学习毛选五卷的高潮”。

也就是说，实际上，在 1977 年 9 月份之前《毛泽东选集》第五卷已经全部印制完毕，而且是“胜利完成”两亿册的印制任务，所以 12 月份高考举行的时候，并没有而且也不可能耽搁《毛选》的印制任务。在 1977 年“两个凡是”还大行其道、个人崇拜仍然盛行的时候，高考还没有重要到能够影响《毛选》印制任务的程度。

如果去查阅一下《毛泽东选集》第五卷，通常只能找到 1977 年的版本，基本上看不到 1977 年以后的版本。该书收录有批《武训传》、批胡风、反右运动的一些文章，后来不仅没有再版，1982 年以后还停止发行。目前所能见到的都是人民出版社 1977 年版本，但当年多数还是由各省市出版社印刷，如北京的人民出版社、天津人民出版社、上海人民出版社、吉林人民出版社、辽宁人民出版社、河北人民出版社、山西人民出版社、山东人民出版社、河南人民出版社、安徽人民出版社、江苏人民出版社、湖北人民出版社、福建人民出版社、广东人民出版社、云南人民出版社、贵州人民出版社、宁夏人民出版社、新疆人民出版社等版本。各省出版社印制的《毛泽东选集》第五卷定价都是 0.78 元。

不仅《毛泽东选集》第五卷在 1977 年 10 月 21 日正式宣布恢复高考前已印制完毕，而且在 1977 年还出版了许多学习、宣传《毛泽东选集》第五卷的附属读物。这些读物在一些大一点的图书馆还可以找到许多，如中国青年出版社、辽宁人民出版社等编辑出版了《〈毛泽东选集〉第五卷学习体会》，北京师范学院、山东大学、石油学院等单位编印了《〈毛泽东选集〉第五卷词语解释》，厦门大学政治处宣传科编印了《〈毛泽东选集〉第五卷学习参考资料》两集，还有许多单位编印了《毛泽东选集》第五卷的专题语录、

① 《〈毛泽东选集〉第五卷二亿册印制任务胜利完成》，《福建日报》1977 年 9 月 10 日第 2 版。

主题索引、参考材料、学习参考材料、学习辅导材料、学习提要、名词词语简释、名词成语浅释、成语典故选释，等等，名目繁多，有些书仅有一字之差。这些《毛泽东选集》第五卷的衍生出版物数量达 200 余种，绝大部分都印刷于 1977 年，明白地显示出当时还处在“文革”刚结束的时代，政治挂帅的余风还很盛行，同时也证明 1977 年 12 月举行的高考没有而且也不可能搁置印制《毛选》第五卷的计划。

三、尊重事实　还原历史

我们从与高考直接相关的记录，也可以证明《毛泽东选集》第五卷在高考之前已印出来了。1977 年 6 月 29 日在太原召开的 1977 年高校招生工作座谈会上，教育部副部长李琦讲话开头就说“当前，全国形势令人振奋。……全国各族人民如饥似渴地学习《毛泽东选集》第五卷”，后来又说“我们必须认真学习《毛泽东选集》第五卷”，7 月 3 日的座谈会简报也说“几天来，代表们认真学习了《毛泽东选集》第五卷”。8 月 4 日的《教育部关于全国高等学校招生工作座谈会的情况报告》中，也提到“必须认真学习《毛泽东选集》第五卷”①。四川省 1977 年的作文试题是写《一个青年矿工的变化》一文的读后感，该文中便有“《毛泽东选集》第五卷出版后，吴秋生手捧宝书学不够”等文字。可见，就用 1977 年高考本身的文献，也可以证明决无可能搁置印制《毛选》第五卷的计划来印制高考试卷。

不过，也应指出，“调用印刷《毛泽东选集》第五卷的纸张印制高考试卷”这一说法也非完全空穴来风。邓小平在 1977 年 8 月 8 日的《关于科学和教育工作的几点意见》，即著名的“八八”讲话中，曾提到“现在纸张很紧张，而浪费纸张的现象又很严重，有些不必印的东西印得过多，该印的东西却不给印。合理安排很重要”②。他说的虽然是指要少发文件，保证学术刊物印刷用纸，但也反映出当时纸张紧缺的情况。

问题的关键在于，“调用印刷《毛泽东选集》第五卷的纸张印制高考试卷”这一说法省略了“剩余”二字。因为起初预计 1977 年高考报考者有可能达到 2 000 多万人③，这相对于“文革”前高考报考人数每年最多达 30 余

① 杨学为编：《高考文献》（下），高等教育出版社，2003 年，第 2、7、10、18 页。

② 《邓小平文选》第二卷，人民出版社，1994 年，第 58 页。

③ 杨学为编：《高考文献》（下），高等教育出版社，2003 年，第 50、52 页。

万人来说，2 000 万几乎是一个天文数字。正是基于对考生人数将异常庞大的估计，1977 年 10 月发布恢复高考的时候，有几个省曾打电话到教育部，问能否动用印刷《毛泽东选集》第五卷剩余的纸张来印制高考试卷。当时教育部经过请示，同意可以用印《毛选》第五卷剩余的纸张。但一些省市进行过地市考生初选，以及许多人准备不足或自认为无望考上放弃报名，11 月报名之后，真正要参考高考的考生是 570 万，这虽然也是个庞大的数字，但比起原先估计的 2 000 万还是减少了许多。因此是否有哪个省后来真正动用过印刷《毛泽东选集》第五卷剩余的纸张来印制高考试卷，仍是一个有待证实的问题。

考察“调用印刷《毛泽东选集》第五卷的纸张印制高考试卷”这一说法的真实性和准确性，可以看出，1977 年 10 月是曾有个别省份提出过动用印刷《毛泽东选集》第五卷剩余的纸张印制高考试卷并得到允许，但后来人们在回顾恢复高考的历史时，最初叙述者或者是忘记了这些纸张实际上是完成印制《毛泽东选集》第五卷后剩余的纸张，或者是不知道 1977 年印制《毛泽东选集》第五卷的时间，而接下来的叙说又不断地加以衍生，变成“搁置印制《毛选》第五卷的计划”，并赋予其越来越重要的意义。于是，一人传虚，百人传实，这一说法变成大家在谈论恢复高考时津津乐道的一个生动细节。当传到千百万人都坚信不疑时，多年来就是没有人去核实这一说法的真实性。其实，只要随便翻阅一下 1977 年 4 月到 9 月间的报纸，便很容易看出这一传说的问题所在。

本文作此小的考证，是为了尊重事实，还历史的本来面目，避免继续以讹传讹。该说法应加上“剩余”二字，虽然其决策的重要性和传奇色彩大大减低，但却符合历史事实。同时，通过考察“调用印刷《毛泽东选集》第五卷的纸张印制高考试卷”这一说法的流传演变，也让我们知晓一个道理：后人对一个历史事件的价值判断，往往会影响到对其本真的判断。即使是离我们不远的当代高等教育史，即使大多数过来人都还健在，也存在着历史叙说与客观事实不符的情形。它提醒我们，看待中国高等教育史上的文字记载，不能不信，也不能全信，一定要多加鉴别和考证，如此，才能写出符合历史真实的信史。

（原载《现代大学教育》2007 年第 6 期）

论高考的恢复与改革

高考是当代中国每年举行一次的举国大考，是一种盛大的社会活动和重大的民生议题。高考不仅是一种考试，它一头连着教育，一头连着社会，与千百万民众利害相关，因为高考实际上关系到每个人选择职业和未来生活的方式。因此，高考对中国人来说是一个永远不会过时的话题，今年是恢复高考30周年，高考更是成为一个焦点话题。在全国媒体对1977年高考的“集体性怀旧”时，我们既要涉及个人关于高考的回顾和高考故事的叙说，更应注重恢复高考的全景扫描和历史复原，尤其要关注对高考改革的学术探讨，以为未来的高考改革提供可资参考的理论资源。

一、恢复高考：从回归到新生

“除了国家诞辰的国庆日，恐怕当下中国没有哪个事件的纪念，能有‘恢复高考’这样的感召力和凝聚力，那样能唤起千百万人的复杂记忆，那样能激起几代人命运的转折和突破感，那样能牵动一个社会光荣与梦想的热烈情怀，那样能让为数众多的人感到温暖、激动和希望。”① 确实，1977年12月中断11年之后首次举行的高考就像“冬天里的一把火”，使1977年的冬天显得格外温暖。1977年高考是一段匆忙写就的历史，是一段激动人心的历史，是一段注定要永垂史册的历史，是一个绝无仅有的历史传奇，是冬日里谱写的春天故事，至今仍让人们追怀不已。

绝大多数人都十分肯定恢复高考的历史意义，还有许多学者认为其意义“无论如何评价都不会过高”。但也有个别学者对恢复高考评价颇低，认为恢复高考不过是恢复了“文革”前的老办法而已，是一次“没有完成的拨乱反正”，只是恢复了要重视教育、发展教育的尝试，没有思考面向未来的、新

① 本报评论员：《为了未来的纪念》，《中国青年报》2007年6月25日。

的、好的教育应该是什么样子。我认为，这实在是对历史的苛求。我们应历史地评价1977年的恢复高考，放在当时特定的历史条件下，邓小平主导的恢复高考，不仅将中国历史的发展方向重新拉回到正常的轨道上来，而且否定为特权阶层和利益集团把持的推荐上大学、撕开“两个凡是”的口子，其难度和所需要的魄力、勇气和智慧，远远比后来提出“教育要面向现在，面向世界，面向未来”大得多，历史意义也重要得多。

正是由于恢复高考意义重大，其影响也远远大于创立高考的影响，所以2002年高考制度建立50周年几乎没有引起人们的纪念，而2007年恢复高考30周年却引起人们的高度关注。因为1977年的高考不仅仅是恢复，还有突破。我认为其主要突破之处至少有两点。

其一是解决众多报考者与极低的录取率的矛盾。从1952年到1965年的14年中，每年高考的报考人数从未突破40万，1965年为35万，14年考生数总和也不过382.6万；录取率高的年份，1958年为96.9%，1952年为90.35%，最低的年份1962年为27.43%，1963年为33.36%，“文革”前最后一次高考，1965年的录取率为46.92%[①]。但是，1977年恢复高考，考生数是空前的多，录取率则是空前的低。起初预计报考者有可能达到二千多万人，原定计划招生20万人，录取率是1%[②]。后来不少省市采取了地区初试，按计划录取数的2～5倍筛选出来，参加正式的高考，结果这一年全国最后实际考生数为570万人。后来经邓小平提议，国家计委、教育部决定扩大招生，经过扩招本科2.3万人，各类大专班4万人，共扩招6.3万人，扩招比例达29.3%，最后录取了272 971人，按考生比例来算，是21∶1，录取率为4.8%。这是中国高考史上最低的录取率。高校招生规模远远小于学生报考人数，供求矛盾较“文革”前更为突出。当时为了让广大知识青年得到公平竞争的机会，不是像“文革”前那样限制人数，而是尽量考虑如何克服困难，为考生服务。当然，还在各种文件和通知中要求大家抱着“一颗红心，两种准备”的态度参加高考。高考实行预选考试，这在“文革”前是从未有过的，发展到1982年共有18个省施行，后来随着报考人数下降才逐渐取消。

其二是对考生放宽政审条件、家庭出身方面的限制，具有重大的指标意

① 杨学为：《中国高考与社会、经济的关系》，《中国考试》1997年第1期。

② 杨学为编：《高考文献》（下），高等教育出版社，2003年，第52页。

义。由于招生政策和讲究成分出身的制约，“文革”前统一高考的公平性优势体现得还不够明显。而经历“文革”中废除考试、实行推荐保送带来的弊端充分显现之后，就使得恢复高考的办法具有特别的意义。

1977 年 9 月 15 日，教育部向邓小平呈送了《关于一九七七年普通高等学校招生工作的意见（送审稿）》，受“文革”遗风的影响，其中关于报名条件，即政审标准写道：“政治历史清楚，热爱毛主席，热爱华主席，拥护共产党，努力学习马列和毛主席著作，有一定的阶级斗争、路线斗争和继续革命的觉悟，积极参加揭批四人帮的伟大政治斗争，坚持走社会主义道路，积极参加集体劳动，遵守革命纪律，联系群众，决心为革命而学习。”邓小平看了之后十分生气，大笔一挥全部抹掉。9 月 19 日对教育部负责人连说三个“繁琐”，厌恶之情溢于言表。他自己起草了一段报名条件，后来教育部给国务院再上报文件的时候就基本上照抄了邓小平的原话①。10 月份以后正式公布的报考政审条件为：“政治历史清楚，拥护中国共产党，热爱社会主义，热爱劳动，遵守纪律，决心为革命学习。”修改后的报考政审条件可以说是放到最宽，主要看本人政治表现，真是“不拘一格降人才”。

实际报考和录取时，虽然各地执行政策的情况不一，也有部分人还因政审被卡，但大部分地区是做到自由报考的，许多知识青年及其家庭通过 1977 年的高考改变了命运。因此，1977 年的高考，是渴求知识但没有背景和关系的学子的盛大节日②。意气风发的青年们紧紧抓住久违的平等，包括那些黑五类的“狗崽子”们。当时，胡风尚在狱中，他的儿子张晓山获得了高考资格。范长江尚未平反，他的儿子范东生也参加了高考，现任《华声月报》社长的他回忆说：“当时心里一点儿把握都没有，但是事实证明，这个高考制度给青年人的机会都是均等的，而不是看你出身怎么样。”③ 连当时还属于“中国最大走资派”的刘少奇的儿子刘源都经过努力考上了大学。

恢复高考破除了血统论，不仅为许多因家庭出身被挡在大学门外的人提供了公平竞争的机会，而且为后来平反一系列冤假错案打开了制度的缺口。在注重门第出身的魏晋南北朝，流传的《古诗十九首》中说：“郁郁涧底松，

---

① 杨学为：《中国高考史述论》，湖北人民出版社，2007 年，第 250 页。

② 刘海峰：《1977 年高考：一次空前的招生考试》，《教育发展研究》2007 年第 8A 期，第 3 页。

③ 孟盛：《“而立之年”看高考》，《廉政瞭望》2007 年第 6 期，第 7 页。

离离山上苗，以彼径寸茎，荫此百尺条。世胄摄高位，英俊沉下僚。”隋代科举制的建立，终结了“上品无寒门，下品无势族”的不合理现象。1977年恢复高考，也开始打破唯成分论的陈腐规定。到1978年以后，改变了“文革”前高考一向不公布分数的做法，使考生的分数公布于众，极大地减少了暗箱操作的可能。

可以说，1977年的高考是中国历史上最特别、最壮观的一次高考，不仅在中国历史上是空前绝后的，而且在世界高等教育史上也是绝无仅有的。恢复高考既是对原有制度的回归，更是拨乱反正后的新生。

二、改革高考：从理论到实践

从1977年恢复高考至今已经过去了30个年头，30年来，时代在变化，人在变化，但高考在中国社会和多数人心目中的地位却没有多少改变。尽管多年来出现许多对高考制度的质疑和批评，但高考依然是莘莘学子迈向高等教育殿堂的必经之途。

30年来，高考在许多方面都实行了改革，高考科目、内容、次数、招生录取体制、命题方式（分省）以及技术环节都经历多次变革。但是，这些探索有的经受住了考验，有的则无疾而终。总体分析，与考试技术相关的改革大部分比较容易取得成功，而制度性的改革往往历经反复，走过的是比较曲折的路。细节方面的高考时间调整，被普遍认为是高考更加人本的努力，而考试标准化、网上录取、网上阅卷，都是依托于现代科技的改革，也普遍得到肯定。但改革一旦涉及高考次数、科目、内容、招生考试主体，争议和反复就不断出现。

自20世纪80年代以来，高考至少有14次改革。如果计量标准更细化，把各地的试验也加入其中的话，起码有22次（种）改革，具体而言可分成以下四类：

一是那些留下的、我们至今还在享用其成果的有9项：1984年特殊专业（艺术类等）招生实行统考＋单考，1985年开始的高考标准化改革，1994年至1997年的招生并轨和学生缴费上学改革，1999年开始的网上录取，1999年的高校扩招，1999年开始探索的“3＋X”科目改革，1999年开始的英语加试听力，2001年取消高考考生年龄、婚姻限制，2003年高考时间由每年的7月提前到6月。

二是那些消逝的、成为历史的有5项：1981年固定下来的文科考6门、理科考 6 门的“六七模式”，1977 年部分省市高考预选改革，1991 年的“三南”（湖南、云南和海南）高考科目改革，1985 年开始实行的会考在多数省份已经名存实亡，从 1994 年开始的会考基础上的高考“3＋2”科目改革。

三是那些经历曲折和反复的、从终点绕回到原点的有 3 项：1984 年开始实行保送生制度、1999 年后规定保送生都必须参加综合能力测试，2000 年开始的春季高考多数省市已放弃，20 世纪 80 年代中后期开始的标准分记分办法，2002 年广西的本、专科高考分考只实行一年。

四是那些指向未来的、尝试还在进行中的有 5 项：2003 年自主招生，1985 年始于上海、2004 年推广的分省命题，2005 年上海开始实行的高职高专单独招考，2006 年复旦大学和上海交通大学实行的面试录取，2007 年四省区实行新课程改革后的高考①。

“细雨湿衣看不见，闲花落地听无声”被用作北京市 2007 年的高考语文试题的这句唐朝诗人刘长卿《别严士元》中的诗句，也可以用来形容 30 年来高考改革的变迁。其实，高考制度变化已经相当大了，只是有些人不了解而已。

实践是检验真理的唯一标准。许多改革从理论上说都没有错，但在实践中就是行不通，典型的如标准分的行废。标准分由原始分推导出来，用以说明考生的原始分在所属那批分数中的相对位置，是较为先进和科学的记分方法。在教育部考试中心的推动下，最多的时候有 8 个省区的高考采用标准分。但因中国的民众不习惯标准分的办法，觉得原始分更简便明了，且单个分数改变不会影响所有考生的分数排列因而可以查分，许多高校也觉得用标准分无法比较各省市之间同一科目的水平，结果多数省份在实行几年之后纷纷放弃。2007 年，最先实行标准分的广东转为采用原始分，最后只有海南省还在坚守。这有点像 1986 年—1991 年实行的夏时制，理论上说非常好，其他发达国家实行得也很好，但在当时的中国实行起来造成的纷扰远大于其益处。可见，理论正确的不一定是可行的，即使勉强实行，迟早也要败下阵来。只有在条件具备的时候，才能够顺利推行。

还有一个典型例子是广西的两次高考改革。2002 年，广西实行本、专科高考在时间和试题上的彻底分离，本科考完后再考专科。当年 7 月本科高

① 参阅周珣、原春琳：《30 年风雨：我们见证的改革和试验》，《中国青年报》2007 年 6 月 27 日。

考结束后，9 月 9 万多名学生投入了专科高考，其中不少是一年之内两次高考。这项旨在改变“一张试卷从北大清华考到高职高专”、给考生和学校更多选择的分层考试改革，得到了学界高度评价，却在实践中遭遇阻止。2003 年广西两会期间 11 名政协委员提案要求取消这项改革。他们在参考了不少群众“意见”后，开列了两次高考增加考生备考负担和心理压力等“劳民伤财”的五大罪状。此呼声和压力远比当时要求实行两次高考的呼声来得更大，于是，2003 年“两次高考”模式调整，本、专科高考采用了套题方式，必考科目同时同题考，选考科目不同试题不同时间考；2004 年再次进行调整，本、专科所有科目同时同题考，但标准分分开转化；2005 年，本、专科统考合一，使用同一分数录取。至此，广西高考全面“复辟”。

很少有哪个国家的高校招生考试制度像中国这样变化频繁的。自 1999 年起，高考改革试验进入频密期。然而，许多试验，就是由民间呼声构成的社会大众的力量在推动。正向的推动足够多，带来的问题则是，“呼声”常常只代表某一个利益阶层的愿望，它不太可能有完整的系统性考虑，在各种“呼声”推动下的改革，比较容易形成“头疼医头，脚疼医脚”式的改革，决策偶然，上马仓促，轰轰烈烈推出，撑不了几年，悄无声息结束①。确实不是所有改变都可以称之为“改革”的，如果将原先好的东西改掉，最后没有办法支撑下去又不得不回来，那只能叫“折腾”。南方某省高考科 5 年 4 变，让中学师生应接不暇。因此，有些中学教师说，他们最怕听到的就是又要推出“新一轮高考改革”了。

只有那些既有理论研究作改革准备，又有小范围的实验，成功之后再逐步推开的改革，才能长久地保存下来。还有，就是要符合中国国情和社会发展阶段、顺应主流民意的改革，才会得到民众的拥护，具有长远的生命力。

比较一下 2007 年与 1997 年前后关于高考的两次大型问卷调查结果，我们可以得到不少启示。在高考恢复 20 周年、30 周年的时候，《中国青年报》都进行了“回首话高考”的公开问卷调查。1997 年 7 月 19 日至 8 月 17 日的调查，回收了 6 652 份有效问卷。2007 年 5 月 22 日至 6 月 11 日，《中国青年报》又联合教育部考试中心、ATA 公司进行“恢复高考 30 年大型公众问卷调查”。由于互联网的兴起，这次调查得以通过中青在线、人民网或新浪网参与

① 周珣、甘冰、原春琳：《高考变革 30 年成败检讨》，《中国青年报》2007 年 6 月 27 日。

进行，尽管所设问题多达 60 个，还是有 38 087 名公众回答了问卷①，这是历来关于高考的规模最大的问卷调查。这里仅列出其中几项调查结果②。

1997 年问题	所占比例	2007 年问题	所占比例
目前的高考是否应该进行改革		你认为全国统一高考制度	
应该改革	88.3%	有缺陷，但仍是目前最好的办法，应改进	77.4%
不必改革	3.6%	很好，应当维持	17.6%
		应当废除	5.0%
目前高考对于合理选拔人才		你觉得现行高考制度公平吗？	
利大于弊	53.2%	比较公平	44%
有利无弊	5.4%	一般	23.4%
利小于弊或有弊无利	4.3%	不太公平	17.7%
利弊参半	37.1%	很不公平	9%
		很公平	5.9%
目前高考制度		在你看来，全国统考之外，让高校自主招生	
很合理	3.3%	不宜推行，高校招生和学生报考的成本都会增加，也为“后门生”开了口子	36.7%
比较合理	56.5%	有利于发现特殊人才，应该有限制、有选择地推进	38.2%
		应当执行，高校可以自主选择最适合自己的学生	25.1%
对保送生的看法		你认为现在的保送生制度（可多选）	
容易给不正之风以可乘之机，应该废止	54.5%	“后门生”挤占保送名额现象严重，有违保送制度初衷，应该废除	57.8%

① 仅新浪网截至 2007 年 6 月 8 日的调查，便有 25 084 人参加。

② 1997 年调查数据见《中国青年报》1997 年 9 月 26 日社会调查版，2007 年数据见《中国青年报》2007 年 6 月 28 日公众调查版。

续表

1997 年问题	所占比例	2007 年问题	所占比例
有利于高校选拔优秀生和特长生，应该坚持	35.0%	应该加强改进，完善后执行	49.0%
无所谓	10.5%	为争名校升学率，推良不推优	21.68%
		保证了一些特殊专业（如农林地矿等艰苦专业）人员的招生	21.48%
		保证了优秀学生能升入好学校，减轻了学生负担，应该继续执行	18.96%

两次调查结果特别值得注意的是：1997 年有 88.3%的人认为当时的高考制度应该进行改革，认为“不必改革”的仅占 3.6%。时隔 10 年之后，认为全国统一高考制度“有缺陷，但仍是目前最好的办法，应改进”的占 77.4%，而认为这个制度“很好，应当维持”的占 17.6%，两者相加达 95%，认为“应当废除”的只占绝对少数 5.0%。也就是说，经过 10 年的不断改革，高考方式在变化，人们对高考的态度也因社会变迁而发生变化，高考在人们心目中的信誉不仅没有降低，反而比以前更好了。由此看来，2007 年 3 月个别代表在全国人大提出的废止高考的提案，是一个脱离现实国情、违背多数民意的提案。

确实，经历过“文革”的沉痛巨创，经历过废止高考的混乱局面，经过最近十年的反复比较，中国人再也不会轻易废止高考了。虽然认为高考应该改进，但绝大多数人认为高考仍是目前最好的办法。因为全面考核、推荐保送的好处谁都知道，但其弊端谁也解决不了。自古以来，为了防止“人事因缘”和“人情嘱托”①，中国人就发明了考试这种公平竞争的办法，来排除人际关系对选才的困扰。这种选才方式有利于平民百姓。农村中学与一些大城市的学者对高考的看法是大相径庭的。不同的高考经历和家世背景的人对高考的看法往往也很不一样。有些从农村出来的学者指出：“农村人不会批评高考。对农村的孩子来说，不高考去哪里呢？这是我们向上攀登的一个非

① 葛洪：《抱朴子》外篇第 15 卷《审举》。

常重要的渠道。对当时的我们来说，似乎是唯一的道路。”① 山瘦栽松柏，家贫子读书。古代中国就有“家贫、亲老，不能不望科举”的说法，现在有些青年也有“无钱、无权，不能不靠分数”的想法。统一高考比单独招考给较低社会阶层的子女实现上向流动提供了更多机会，对广大普通家庭子女来说，高考作为一个自致性因素，几乎成为他们获得高等教育机会、实现阶层上向流动的一座最为公平合理的“独木桥”②。

高考是看学生本身的才学本事，推荐往往是看家长的关系本事。说到底，当今片面应试的根源，并不是高考制度太坏，而是我们习惯走后门的社会风气太坏；不是高考防止舞弊措施不得力，而是社会诚信不足；不是高考制度一成不变，而是我们的教育价值观一成不变。

三、未来高考：从现实到理想

高考是牵动千家万户神经的大事，是上至国家领导人、下至大众百姓都关心的大事。因为每个家庭在一定时候都可能与高考有关，各有各的立场和视角。高考是谁都可以说上几句、谁都可以骂的事情。但是，不了解以往的研究情况，只凭感觉和激愤就发表一通“高见”，往往会闹出笑话。例如，总是有一些对高考并无研究的人，指责“统一高考是计划经济的产物，现在是市场经济时代，统一高考必须废除”云云。这类考试是研究界或教育学界早已辩论清楚的问题，一而再、再而三地被不明就里的论者重复，对此说得轻一点是“外行话”，说得重一点则是知识性错误。

近年来，一谈到高考制度，有些人总是刻意强调高考制度存在的诸多弊端。有的人认为，30 岁的高考制度正由青壮年步入中老年，其局限性、弊病和负面价值已经暴露无遗，并提出以多元评价代替“一考定终身”③。其实，考试制度的年龄与人的年龄不同，科举制度几经存废之争，在中国历史上存在了 1 300 年。我认为，高考是适应中国国情的考试制度，“而立”之后并非步入中老年，而是还处在年轻时期，只要不断加以改革，与时俱进，肯定还有长远的生命力。

---

① 原春琳、周珣：《高考　阶层流动第一步》，《中国青年报》2007 年 6 月 25 日。

② 郑若玲：《高考对社会流动的影响——以厦门大学为个案》，《教育研究》2007 年第 3 期，第 46 页。

③ 《高考首份民间改革方案解密》，《广州日报》2007 年 8 月 2 日。

虽然高考制度导致应试教育的问题确实很大，但高考总的来说却是利大于弊，对促进整个社会的发展，特别是从“文革”以后由乱到治、拨乱反正，为整个民族的复兴起到了很重要的作用。在高考制度恢复 30 周年的今天，许多人通过回顾与反思，对高考的正面功能谈得较多了。高考最重要的是为人们提供了通过奋斗改变生存状态的机会，可以让人掌握自己的命运。人生的道路虽然漫长，但是关键的转折点往往只有几步，在社会上能够通过个人努力而改变命运的机会并不是很多，而高考是非常关键的一个。

人们看到围绕高考出现的许多现象和弊端，总想通过改革高考来加以解决。然而，有许多问题并非高考带来的，而是社会竞争日益加剧后通过高考体现出来的，因此无论高考如何改革都不可能解决这些问题。

在有关高考改革的指导思想方面，有两种态度，一种是能够改的尽量改，另一种是能够不改的尽量别改，两者的指导思想和方向不一样。我们应该明白，为什么高考有的方面总是“改不动”。改不动，说明其间必有存在的合理性，存在着不以人的主观意志为转移的客观规律。

千军万马争过高考独木桥、社会诚信不足，导致不得不以考试成绩一决高下，这是典型的中国式的问题。为什么有的国家就没有过度重视高考的情况？因为不同阶层收入差别不是很大，只有分工不同。我们处在社会主义初级阶段，你走哪条路，生活差别会很大。只有社会发展到人事制度、劳动制度、分配制度实现深层改革之后，人们才会接受“不是只有高考一条路”的观念。在恢复高考 30 周年之际，要求改革高考的呼声已经成为社会舆论的主旋律。这里既有高考本身“法久终弊”的原因，也有改革受到各方面制约，难有所谓“大突破”而使人们产生焦虑的因素，更因为有些人把一些深层次的社会问题、文化问题，简单地全部归因于高考，以为只要改革高考，其他问题就都能迎刃而解，从而对高考改革期望值过高所至①。非新无以为进，非旧无以为守。我们既不能患“高考改革恐惧症”，也不要患“高考改革急躁症”，要防止改革中的急躁情绪，以及对高考改革怀有过高的期望值。

高考改革如果不通盘考虑，极容易出现顾此失彼的局面。高考研究者和决策者一定要保持清醒的头脑，既不能因难度大而裹足不前，也不能迫于舆论压力盲目地为改革而改革。如何制定兼顾时代需求与易于遵行的高校招生考试制度，是我们应该认真思考与研究的问题。

---

① 宋晓梦：《理性对待高考改革》，《光明日报》2007 年 4 月 18 日。

高考改革中存在着一系列的两难问题，其实各种“两难”的实质只有两个：即理想与现实之间的矛盾、与不同利益之间的矛盾。高考改革是从理论出发、从理想出发，还是从实践出发、从现实出发，所得见解会有很大的不同。目前各方面提出的详略不同的高考改革方案已有十几种，但是很少有切中肯綮、切实可行的方案，真是“乱花渐欲迷人眼，浅草才能没马蹄”。提出一个符合教育理论的高考改革方案容易，提出一个既有创意又具有可行性的高考改革方案却谈何容易。一提到实验或试行，许多看似有道理的方案便显出其太理想化。要想真正为高考改革提供参考，还非得进行深入的研究，并将研究建立在对招生考试现实充分了解的基础之上。

改革应该选择与社会物质和文明水平相适应的方式和进度，这是目前高考改革应当遵从的现实理性。正如《中国青年报》在“恢复高考三十周年纪念特刊”所发的评论员文章《为了未来的纪念》指出：“高考必须改革，但改革必须理性健全。如果脱离现实，初衷再好，都只能是一种自说自话的浪漫理性。实践证明，浪漫理性主导的改革，很容易因为时机、条件或环境的原因发生扭曲和变异，而以善始，以恶终。”

高考是现代中国每年举行一次的举国大考，是一种盛大的社会活动。高考不仅是一种考试，也不仅仅是教育，在一定意义上说，高考还是一种文化。高考是中国文化的产物，是悠久的考试历史和特殊的传统文化背景下出现和形成的一种现象。高考本身也是一种文化活动，不仅以文化知识为主要考试内容，而且高考形式也包含着丰富的文化内涵，或者说高考包含了丰富的政治和文化意蕴。教育决策要和文化背景相结合，大学招考改革应充分考虑文化因素的制约，才能使改革不致引发更大的社会和教育问题。不全面考虑文化国情全盘移植外国的大学入学制度，可能会因“水土不服”而难以为继。高考制度的发展和改革，必然要受到政治、经济、文化、社会的制约，十分典型地体现出高等教育的基本规律。高考改革不能脱离中国的历史文化传统和当代的社会现实，而必须植根于中国社会的深厚土壤。只有如此，高考才能实现理论与实践的最佳结合，改革才不至于流于空谈。

高考改革的终极目标，并不是改成各高校单独招考，也不见得是以美国高校招考模式为样板。不少人十分怀念追慕民国时期高校单独招生考试方式，其实，时过境迁之后，再回到各校单独招考既无必要，也很困难。连迁台后继续按民国时期原有法规办学的台湾高校，都已无法也不愿意回到单独招考时代，大陆高校为什么或有什么必要回到单独招考方式呢？

公平与科学往往存在矛盾。大众对公平的注重与追求，使得高考追求科学性的努力受到制约。高考改革应以不变应万变。“不变”是它的公平和科学选才原则，而“万变”的是考试形式与内容可以不断推陈出新。高考改革万变不离其宗，尽量兼顾公平与科学，在两者产生矛盾时，尽量在两者之间求得基本的平衡。

理想的招生考试制度，是使所有的高校挑选最合适的学生，使所有的学生选择最合适的高校，体现双向选择原则的制度。但考虑现实中国的国情，不可能很快建立理想的招生考试制度。要逐步建立起以全国普通高校招生统一考试为主，与多元化考试评价和多样化选拔录取相结合，政府宏观指导、调控，高校自主招生、自我约束，社会有效监督的高校招生考试制度，还需要认真研究，稳扎稳打，逐步推进。

（原载《教育研究》2007 年第 11 期）

2007：中国的“高考年”

如果说在一定意义上，2005 年可以称之为中国学术界的“科举年”的话，那么，2007 年必将成为中国的“高考年”。

1977 年 12 月，中断 11 年之后首次举行的高考就像“冬天里的一把火”，使 1977 年的冬天显得格外温暖。1977 年高考是一段匆忙写就的历史，是一段激动人心的历史，是一段注定要永垂史册的历史，是一个绝无仅有的历史传奇，是冬日里谱写的春天故事。

恢复高考是中国现代教育史上的一件大事，标志着中国招生考试史的新纪元，也是中国教育史的新纪元，一直以来都是人们谈论和回忆的一个话题，高考改革也一直牵动着全社会的神经。今年是高考恢复 30 周年，也是高考改革讨论最热的一年，从年初就开始燃起的“高考热”将延烧到年末。今年高考不仅报考人数创历史新高，考生达到 1 010 万，而且开始在广东等四省试行新课改后的高考。各地举办了一系列的 77 级同学会、高考恢复 30 周年座谈会和纪念学术会议、高考改革研讨会；在纪念高考 30 周年的氛围中，又有个别人大代表在全国“两会”上不顾主流民意，提出废止高考的提案；还有个别考生再度步人后尘，试图故意以高考零分的举动吸引人们的关注；不少学者提出了多种多样的高考改革方案。这些客观上都增添了高考话题的热度。

从 2007 年初开始，有关高考恢复 30 周年的文字便不断出现。中国教育电视台在春节期间推出大型访谈节目《春天里的七次约会》。此后，各种媒体有关纪念高考 30 周年的报道、征文、问卷调查、纪念活动如火如荼地展开，风起云涌，波澜壮阔，呈现出一片热闹的景观。多数媒体都已开始或即将推出有关高考恢复与改革的专题，恢复高考过程中的史实和细节被发掘出来，30 年前的高考准考证、试卷、老照片被寻找出来，许多跌宕曲折的高考故事被人们津津乐道……与此同时，不少关于 1977 年高考的回忆录面世；杨学为主任撰著的《中国高考史述论》一书适时面世；通过华中师范大学出版社，我和我指导毕业的厦门大学高考研究方向的博士还将出版有史以来第一套“高考改革研究丛书”；还有许多学术刊物将出版高考 30 年纪念特刊、开辟高考研究专栏；特别是有关招生考试的专业刊物，更不会缺席纪念恢复高考 30 年的大联欢。

除了高考，很少有哪个教育活动会长久吸引举国民众的广泛关注，很少有哪个历史事件过了 30 年还会引发无数的回忆和感慨，因为高考与中国每一个地区、每一个读书人密切相关。年年岁岁“考”相似，岁岁年年人不同。高考改革议论年年都很多，改革措施也几乎年年都有，但真正对恢复高考进行认真回顾，2007 年是少有的一年。

严格地说，高考恢复 30 周年的重要时间点有在 1977 年 8 月 8 日邓小平关于恢复高考的讲话、10 月 12 日国务院批准恢复高考的文件、10 月 21 日正式向全社会发布消息，以及 12 月真正实施高考 30 周年的时刻。但由于中央和各地新闻媒体为抢新闻，赶早不赶迟，大部分都在 2007 年 6 月份之前行动了。结果看来 2007 年的“高考年”，总体而言上半年是以纪念为主，下半年是以高考改革讨论为主。

每年一次的高考，吸引着社会各方面高度关注的目光，每到考试和录取季节，更是各种媒体争相报道的中心。高考改革是一个长盛不衰的热点话题，今年高考改革更成为一个焦点话题。其实，对中国人来说，高考也是一个永远不会过时的话题。

然而，当今对高考制度，总体而言是新闻报导多、理论研究相对较少，一般议论多、深入探讨相对较少。高考是一个谁都可以说上两句的话题，又因为其利弊都十分显著，人们从不同的立场、不同的角度论说高考，往往会得出不同的看法。但是，对高考这样一个影响重大的国家考试制度，不能只凭一腔热情和激愤，还需要冷静和理性，否则所发言论就可能变得情绪化。由于高考是一个至为复杂的大规模选拔性考试，是一个“横看成岭侧成峰，远近高低各不同”的制度，站在某一种特定的立场去评说，从某一特定的角度去观察，可能所见都是事实，所言也都有一定道理，但也可能会出现盲人摸象、各说各话的情况。因此，在评价高考时，重要的是应全面和客观，而要理性地、全面地评价高考，提出切实可行的改进意见，就应该对高考作深入的研究。

欣逢恢复高考30年的盛事，在全国媒体对1977年高考的“集体性怀旧”时，我们既要涉及个人关于高考的回顾和高考故事的叙说，更应注重恢复高考的全景扫描和历史复原，尤其要关注对高考改革的学术探讨，以为未来的高考改革提供可资参考的理论资源。

（原载《湖北招生考试》2007年8月号）

我与高考的不解之缘

在中国学术界，大概我是与高考关系最密切的学者了。

从1977年两次参加高考，成为厦门大学历史系77级大学生，到后来研究中国古代的“高考”——科举考试，并长期研究和维护高考制度，直接参与国家高考改革方案的制定，历史注定我将与高考结缘一生。

一、上山下乡　求知若渴

每一个77级大学生都有自己独特的高考故事，一个个高考故事集合起来，构成了中国教育史上春天的故事。

1977年的高考是制造千千万万个故事的大舞台，虽然高考带给每个77级大学生的喜悦大体相似，但每个故事的戏剧性、曲折性或许都与众不同，这主要是由于此前每个人的经历和生存状态千差万别所导致。

我的祖籍是福建省惠安县峰尾镇（现属泉州市泉港区）。父母亲于1957年从福建师范大学中文系毕业后，到福建省龙岩县（现改为龙岩市新罗区）任教。我于1959年9月出生，上中小学的10年正好是“文革”的10年。当时的教育虽然不很正规，但学习成绩多数情况下都是全优。至今我还保存着自己从小班到大班各学期的《幼儿生活报告表》和一些中学时期的成绩单，以及一些“五好学生奖状”。记得上高中时，“开门办学”，每个学期都有学工、支农或学医的安排，文化课却很少上。我在班上的外号为“秀才”，印象特别深的是有一个学期到一七四医院学医，人手一本《赤脚医生手册》，还要实习扎针等，最后考试我也得了个全班第一。

1976年6月，我高中毕业。当时规定一个家庭可以有一个孩子留城工作。我们家有四个兄弟，作为长子，我义不容辞地上山下乡，到福建省龙岩县江山公社铜砵大队耕山队务农。江山公社其实离龙岩城不远，大概只有50里地，但却是一个非常“山”的公社，全公社15个大队中，只有4个大队通公路。

耕山队的农民都住在各自的家中，我被安排住进耕山队的一座两层楼的楼房，但却是一座“牛棚”，楼下两间真的关着水牛，楼上两间可以住人，楼板是木质的，可以说与牛很亲近地生活着。刚开始楼上只有我一个人住着一间，也没有电。到半年多以后另外来了一位知青，才接上电线。

衡量生命的价值不仅在其长度，而且还在其宽度与深度。我前后只当了1年零9个月的知青，比起许多老三届，我上山下乡“接受贫下中农再教育”的时间算较短的，但在农村这个广阔天地摸爬滚打，知青生活的各种艰苦我也都经历过。插秧、割稻、耘田、砍柴等各种农活，甚至连打石头、点炸药都干过。

相信很少有知青干过点炸药的事。1976年9月，全公社抽调劳力到村美大队修水电站，我们几个知青跟着一个师傅做修路和养路的工作。修路要清除一些大石头，需将其炸开再搬除。当抡磅锤打完炮眼之后，便装填炸药。为了节省，往往只留基本够长的导火索，因此点炸药是一个危险、考验人胆量的活儿，几个知青中只有我点过炸药。还有一次，我们在一块巨石下挖开泥土，我最后一个，刚离开，那巨石便滚落下来，现在想想还有点后怕。只要稍迟一步，今天就不会有坐在这里写文章的我，您也不会看到现在这篇文章了。

修水电站是较危险的一段生活，不过，我觉得并不是最苦的活，最苦的还是夏天“双抢”，即南方抢收抢种双季稻。烈日当头，上午下午都要在有蚂蟥的水田里弯腰割稻子各5个小时，之后还要从田里挑满满的两箩筐的谷子回队里，对我这瘦高个而言感觉特别辛苦。当时我对“幸福”二字有一个再简单不过的理解：“什么叫幸福？只要夏天不用割稻子就是幸福！”

不过，我也干过一些比较“幸福”的活，比如有一次安排我去晒谷子。还有，农闲的时候，放牛、守护瓜田、“看水”等等。所谓“看水”，即守住山间水渠，尤其是水渠分支处，确保不被其他生产队的人将渠道挖开引走渠水。这些活很轻松，但要耐得住寂寞。因为在方圆几里内没有人烟的山上，就你独自一人，要过上整整一天或者一夜，最多只有水牛做伴。这类活却很适合我，只是这样的机会并不很多。我印象最深的是，有几天我连续做“看水”的工，在万籁俱静的山沟里，将手头一本伏尼契的《牛虻》连续看了六遍，我觉得《牛虻》实在是一本写得很好、值得精读的书。

上山下乡的那段日子，虽然生活艰苦，但并没有泯灭我对知识的渴求，爱好文学和美术的我在工余仍坚持看书。晚上在孤楼上就着一灯如豆的光线看书的情形，至今仍历历在目。当时我们家住在母亲任教的中学，可以比一般人更方便到学校图书馆去借一些“文革”前出版的书。我每一两个月回家一趟，总会换上好几本文学类为主的书籍，周而复始。

到 1977 年，耕山队又来了几位知青，以及一两个下放干部，生活变得热闹起来。工余时间大家都在打牌或猜拳喝酒、抽烟聊天，我一个人独自看书显得很另类，不时可以听到“不要关在屋里做书呆子”之类的闲言。我想，如果靠推荐上大学或招工，“不合群”的我大概很难跟人比，但是若比试知识水准，自己肯定有优势。有时在山脚下的水田中割稻或插秧，抬起头出神地眺望着天际远处，看着那天尽头的蓝与地角边的绿相结合的地方，想想周遭平淡的一切，不知何年何月才能将自己的长处发挥出来……

二、两度高考　喜出望外

1977 年 9 月，农忙季节过后，我在读俄罗斯作家阿克萨柯夫《学生时代》一书时，在读书笔记中抄录了这句话：“一个从未受过中学和大学教育的人是一个有缺憾的人，他的生活是不完全的，他缺乏了一种他必须在青年时感觉到的、否则就永远感觉不到的经验。”从形式上说，我是受过中学教育了，可我的大学在哪里？上大学会不会永远是一个虚无缥缈的梦？

也就是在这时，听到了要恢复高考的传闻。只是开始我并没太在意，之后，传闻越来越多，10 月 12 日国务院批准恢复高考，10 月 21 日通过报纸和电台正式向社会发布。“忽如一夜春风来，千树万树梨花开。”恢复高考的消息发布以后，知识青年欢呼雀跃，奔走相告，顿然感到光明在前，生活充满了各种可能和希望。到这时，大家才确信这下高考是真的要恢复了，于是我们队里的知青都回到城里复习备考。

福建省招生委员会在《福建日报》公布招生简章是 11 月 5 日，考试时间是 12 月 16、17 日。临近考期只有 40 天，但所有报名的人都意气风发，分秒必争。大家都有一种兴奋、好奇、期待、憧憬的心理。经历过 11 年的中断，谁都不知道真正的高考会是什么样。虽然大家明白各高校招生人数不多，但没有人知道确切的招生名额，谁都觉得自己有可能考上，谁都觉得自己不见得能考上。

和当时绝大多数人一样，我也是抱着“一颗红心，两种准备”的心情走进考场的。不过，我的高考故事特别之处在于，我是参加过两次高考的 77

级大学生。一次是1977年11月举行的艺术类高考，一次是12月正式的高考。

除了素描写生等专业考试外，与现在艺术类考生（文化科目考试与参加普通高考）不同，当时艺术类考试文化科目是单独举行的。我至今仍记得，文化科考试主要是写一篇作文，题目与画画有关。我的作文以鲁迅的一句诗“愿乞画家新意匠，只研朱墨作春山”为结尾，用在那篇与绘画有关的作文中十分贴切，一定很受评卷教师欣赏。当时，龙岩地区共有300多人参加了美术招考，而福建师范大学的美术专业只招2人。我的文化成绩第一，美术专业成绩进入前四名（没有具体排名），但在四选二时，没有找任何关系的我最终却没被录取，于是我接着迎接正式的高考。

通常报考艺术类的考生文化科成绩较不理想，即使马上参加正式高考也很难考上大学。在77级大学生中，相信像我这样参加过两次高考的人在全国都很少。这是我的高考故事的一点独特之处。

我的父母亲都是福建师范学院中文系1957年毕业的，觉得学文科太容易受政治运动冲击，要掌握技术才有用，特别是母亲一直希望我能读理科，最好能学医。而我想读文科，双方一直讨论争辩着。起初，我按母亲的意思备考理化。但很长一段时期满脑子都被文学和艺术所占据以后，现在一看到数字啦、代号啦、公式啦，以及什么定律、光、角等等，就感到头疼。最后我跟母亲说，报理科我不一定能考上，报文科则很可能考上，于是母亲只好让步，我转为备考史地，这时离报考只有5天。我填报名表的日期是1977年11月17日，离高考时间12月16日正好一个月。

在临考前一段时间，大多数准备高考的考生和家长都有一种兴奋莫名的情绪，全民都在议论恢复高考这件事，整个社会的神经都被高考所牵动，到处洋溢着高考的气息。每个中学都为自己的各届毕业生组织辅导备考，每一场辅导课都挤满了听众，每一个精于辅导的老师都十分受人尊敬，每一个善于答题（尤其是数学题）的备考者都受到人们的钦佩。通过复习备考，大多数人都增加了许多文化知识，尤其是“文革”中没学过的历史和地理知识。

那年福建省的语文高考最重要的是作文，理科在100分的语文题中作文占90分，文科的作文占70分。福建省1977年的文科高考作文题为写《大庆见闻一则》读后感。这篇见闻是写1965年一位记者到大庆深入生活时，与铁人（王进喜）一起到家属基地托儿所时的所见和感想，从小事情中看出铁人的高大形象。我给作文起了一个《于细微处见精神》的题目，具体内容已记不起来了，但我还记得我在其中写了一句“一滴水可以反映出太阳的光辉”，这也是我作文中的一个亮点。1977 年高考是由各省命题，各个地区分别组织评卷，后来我听说，有篇被语文评卷组作为评分参考范文的作文，就是我的作文。多年之后，我看到印出来的当年福建省一位考生作文，题目取自《大庆见闻一则》中的一句话“这才是英雄咧”。窃以为我的作文题目要比这篇范文题目起得更好。

我在下乡时期常写一些随想录或文学素材，一般没有记下日期，但有一条随想录为：“成败在此一举 77.12.17.”这是我考完当天的文字记录。确实，这次高考对我来说太重要了，成败具有天壤之别。所幸，1978 年 1 月，我的名字进入参加体检的考生名单。

体检过后，我感到情况发生了变化：过去是考虑万一考上了怎么办，现在则是万一落选了怎么办。因为有好长一段时间处于亢奋的学习状态，或者成天在议论高考，若没考上，又要回到农村去干活，想想肯定有一批考上的人同时间将坐在大学教室中听课，自己在农村的生活或再度复习备考将变得对比很强烈而不是滋味。

1977 年外省高校在福建省招生学校和专业非常少，文史学科只有北京大学和复旦大学在福建的几个招生名额，福建省招收文科的高校也只有厦门大学和福建师范大学。每个考生可以填三个志愿，因为兴趣在文学，我的志愿也只在文史两个学科中选择，第一、第二志愿分别是福建师范大学的中文系和历史系，第三志愿是厦门大学的汉语言文学。在当时，如果能考上福建师范大学，对我这样上山下乡的知识青年来说，就是天大的好事了。所以我首要的问题是能考上，至于上什么大学在其次，不敢企望北大、复旦或厦大，将厦大放在第三志愿，是不想让志愿栏的第三格空着。当时如果有师专招生计划，我大概就会在第三志愿中填上师专。我的大弟弟刘海平也报考文科，虽然学习成绩略不如我，但因为他照顾留城，相对不担心考不上，因此志愿刚好跟我倒过来，第一、二志愿就敢报厦门大学中文系和历史系，第三志愿才是福建师范大学中文系。

按规定，1977 年高考与“文革”前一样是不公布分数的。但后来经过打听，我知道自己的高考成绩是：政治 85 分，语文 87 分，数学 62.8 分，史地 67.3 分，总分 302.1 分，这成绩在 1977 年算是相当高的，在同龄人中更是很高的。现在我知道当年国务院批转教育部《关于一九七七年高等学校招生工作的意见》中有这样的规定：“录取学生时要优先保证重点院校。”估计是考虑年龄分数比偏高，且在“是否服从统一分配”栏中，填了“服从分配”四个字的缘故（当时绝少人敢不填这四个字），结果我被录取到原来自己都不敢奢望的厦门大学。我虽然进的是没填志愿的厦大历史系（当时对学历史没有多少兴趣），但还是大喜过望，至今对厦门大学录取我仍心存感激。

录取的大学比自己填报的第一志愿更理想，这是我高考故事的另一点独特性。近年来，我了解到部分 77 级大学生也有此幸运。在我们厦门大学历史系 77 级同学毕业 30 周年聚会上，我才知道还有几位同班同学第一志愿也没有报厦门大学，而是填报其他一般的高校。近日知道李克强 1977 年高考第一志愿是安徽师范学院，第二志愿才是北京大学，结果被录取进北大法律系 77 级。大概只有 1977 年，高分考生才有这种幸运。

三、走进厦大　走近高考

许多事物深埋在岁月中便成了尘土，有的事物深埋在岁月中却成了琥珀。1977 年恢复高考，不仅是我个人命运的转折点，而且成为一个国家与时代的拐点。它是一段值得珍藏的历史，是一种历久弥新的记忆，是一个永留史册的传奇。

考上大学，对每个人来说都是一生的重大转折，尤其是对我们这些上山下乡的知青而言，更是翻天覆地的变化，好似鱼跃龙门。对我的家庭来说，也是扬眉吐气的一件喜事。

我母亲是福建省永定县“文革”前第一位女大学生，但因家庭成分问题，在中学工作中总是受压，政治上可以说始终处于社会的最底层。父亲的家庭出身“工商业”也“不好”，刚开始在龙岩师范学校任教，1958 年是创办龙岩师专（现龙岩学院）时最早调任到位的教师，尽管在写作和书法等方面很有才气，但“文革”开始时与其他两位作家一起被打成龙岩的“三家村”，也是长期不得志。1977 年的高考，是文化基础较好而家庭出身“不好”的知识青年的解放日，是渴求知识但没有背景和关系的学子的盛大节日。我是父母工作单位中 1977 年唯一考上重点大学的教工子女，随后我弟弟也被录取进到扩招 77 级而匆忙复办的龙岩师专，可以想见这为他们带来多大的安慰。

到厦门大学读书以后，一切便变得顺理成章。久处知识饥渴状态的 77 级大学生都有一种强烈的求知欲，看到过去无法借到的书籍，就像饿虎扑食般地享受知识盛宴。同学们都明白命运之神对 77 级大学生格外地眷顾，历史给了我们非常好的机遇，因而报效国家的使命感也特别强烈。

我的高考故事并没有在上大学后就结束。绝大多数 77 级大学生只与高考结缘一次，我却将与高考结缘一世。只是 1977 年我的高考故事是参加高考的故事，后来的高考故事则是研究高考的故事。

本科毕业，我直接考上厦门大学历史系的研究生，在此期间，经常认真查阅和研读《新华字典》，精读或背诵许多古代诗文，尽力弥补中小学时期的知识欠缺。1984 年硕士毕业，我到厦门大学高等教育研究所任教。从那时起，我便开始研究中国古代的“高考”——科举考试，继而又研究现代的高考制度。

到 2007 年，我已发表了 40 余篇研究高考的系列论文，其中最主要的是与取消或废止高考派学者作辩论，旗帜鲜明地主张中国应该坚持实行高考。有时这种辩驳还唇枪舌剑、针锋相对，具有故事性。

多年来，许多人对高考有各种误解，看到片面应试的一些消极现象，总是将其归罪于高考。面对许多批判高考的声音，自己感觉经常要“舌战群儒”，一波刚平，一波又起。回过头来想想，自己做的其实主要是澄清对高考制度的误解，帮助或促使一些论者理性认识高考、了解高考改革的复杂性而已。这有点像灭火，一处燃起了一把盲目批判高考的“大火”，我发表一篇指出其偏颇或空想之处的文章之后便熄灭了；可过不久另外一家报刊又发表一篇对高考义愤填膺的讨伐文章或报告文学，于是再次应战，去澄清事实，辩明道理。

人们对高考的议论存在许多误区，诸如“高考是计划经济的产物”、“高考是模仿苏联而来”、“高考造成了区域不公”、“高考是一试定终身”、“高考导致中国未能获得诺贝尔奖”、“实行社会化报名可以解决片面追求升学率问题”、“减少高考科目可以减轻学生负担”、“高考是素质教育的对立物”、“要像清末废科举那样废高考以寻找教育改革的突破口”等等，都属于似是而非的观点。

有关高考改革的争论，大体可以划分为激进派与稳健派。不研究高考的人往往是高考改革的激进派，研究高考的人往往是高考改革的稳健派。我们厦门大学的考试研究群体，被一些人视为维护高考派。2005 年秋，有家北京的刊物执行主编在打电话向我约稿时说“听说您是极力捍卫高考的一位学者……”，我接着就纠正道：“应该说我是理性维护高考的一位学者。”我认为，对高考这样一个影响重大的国家考试制度，不能只凭一腔热情和激愤，还需要冷静和理性，否则所发言论就可能变得情绪化。抓住高考的弊端，对高考大加批判，要求废除高考，出发点可能很好，也可以警醒社会，但无法解决问题。

同时，我还承接有许多高考研究课题，特别是作为教育部首批哲学社会科学重大课题攻关项目“高校招生考试制度改革的理论与实践研究”的首席专家，还带领一个团队在持续研究高考，可以说与高考结下了不解之缘。有一些 77 级大学生长期在从事高考实际管理工作和命题改进工作，但如果就中国学术界、理论界而言，大概我是与高考关系最密切的学者了。研究高考改革这样重要而复杂的任务，历史地落到了我这位 77 级大学生的肩上。这让我想起了中国科举史上最后一榜进士，1904 年末科进士中有 4 人后来出版过回忆或研究科举的著作。

四、高考之思　不只回忆

2007 年是高考恢复 30 周年，也是高考改革讨论最热的年份之一，从年初就开始燃起的“高考热”延烧到年末。2007 年高考不仅报考人数创历史最高，考生达到 1 010 万，而且开始在广东等 4 省试行新课改后的高考。各地举办了一系列的 77 级同学会、高考恢复 30 周年座谈会和纪念学术会议、高考改革研讨会。在纪念高考 30 周年的氛围中，又有人大代表在全国“两会”上提出废止高考的提案，增添了高考话题的热度。

在恢复高考 30 年之际，许多 77 级大学生沉浸在对当年高考的回忆当中，回顾壮怀激烈的高考场面，或写一篇关于自己的高考故事。而作为一个与高考关系特别深厚的学者，我不仅讲述我的高考，关注你的高考，还研究中国的高考；不仅回顾高考的过去，探讨高考的现在，还展望高考的未来，并与大家共同书写跨越时空的高考故事。

厦门大学教育研究院及教育部文科重点研究基地厦门大学高等教育发展研究中心，是中国高考研究的重镇。尤其是以研究院为依托的厦门大学考试研究中心，长期以来将高考改革作为主要的研究方向，是全国研究高考制度最多的研究机构之一。作为这些机构的负责人，我在 2007 年广泛地参与到纪念恢复高考 30 周年的活动中去。2007 年 7 月 14 日，在北京举办了由中国教育科研网、中国教育在线主办，厦门大学高等教育研究中心、《中国青年报》联合承办，新浪网独家支持的“1977—2007：纪念中国恢复高考 30 周年高峰研讨会”，我作为大会主持人，不仅主持了开幕式、主题演讲以及多场报告，还作了闭幕致辞，发表了《三十功名尘与土——从参加高考到研究高考》的演讲。《光明日报》于 2007 年 5 月 16 日起开辟了“纪念恢复高考 30 周年”专栏，以我的《跨越时空的高考故事》一文开始，每周发表一个人的高考故事。我在 2007 年发表了 10 余篇关于恢复高考和高考改革的文章，并通过华中师范大学出版社，主编出版有史以来第一套“高考改革研究丛书”，共 6 本，由我自己的著作《高考改革的理论思考》和历年指导通过答辩的高考研究博士学位论文为基础构成，这算是我这位 77 级大学生为纪念恢复高考 30 周年献上的一份礼物。后来该丛书陆续出版，至今已出版了 13 本专著。

我对 1977 年恢复高考的回顾主要不是个人怀旧和感慨，更多的是全景扫描和历史复原，例如关于“动用印刷《毛泽东选集》第五卷用纸印制试卷”说法的辨析，关于恢复高考意义的学术探讨等，并全面研究高考制度改革。我认为，高考实际上关系到每个人选择职业的方式以及未来生活的方式。对高考这么一个选拔了中国 30 年来大部分知识分子的制度，对一个与共和国命运息息相关的制度，对一个至今还在高校选才中发挥主要作用的制度，对一个利弊得失都十分显著的制度，在高考恢复 30 年后的 2007 年，我们不仅要回忆和纪念，而且要全面研究其改进办法，使之继续为高校选拔人才、为中国的经济起飞和社会发展服务。

五、研究高考　结缘一生

作为考试研究的“专业户”，我与高考具有特别密切的关系，对高考制度改革研究不止在 2007 年，而是持续不断的。2008 年，我在《教育研究》第 12 期发表《时代与人物的互动：77、78 级大学生群体扫描》一文，在回顾 77、78 级大学生成长历程的基础上，分析其群体特征，并探讨该群体的命运与作为。指出 77、78 级大学生，是一个多数人经历过上山下乡磨练的群体，是一个经历了最激烈的高考竞争后脱颖而出的群体。他们年龄差异巨大、社会阅历丰富，求知欲望强烈、学习格外刻苦，心态积极向上、敢于拼搏进取，但知识不够完整、外语基础较差。他们是改革开放的受惠者、推动者和维护者，其命运与改革开放息息相关。历史时代与教育群体之间存在一种互动互造的关系。作为一个在特殊历史时期产生的特殊群体，77、78 级大学生的经历和道路不可复制，其经验和精神却可以传承。1977 年恢复高考的重要意义，不仅仅是邓小平顺应时势的英明决断所赋予的，而且还是由

77、78级等恢复高考后考上大学的人才的所作所为体现出来的。

2009年，不少大学的79级大学生都在纪念入学30周年。可是，媒体似乎出现了集体性失语，几乎见不到相关报道。尤其是相较于2007年对77、78级大学生的“集体性怀旧”，更显得对79级的忽略。于是，我在《中国教育报》(2009年8月24日)发表了《不应忘记79级》一文，指出其实79级大学生与77、78级有许多共同之处，他们都属于70年代末通过高考入学的三个年级，所以有将他们称为中国的“新三级学人”的说法。从大的教育群体来分类，79级只能归入与77、78级相同的一类，而与80级及以后的有较大的不同。作为一个群体，“新三级学人”的命名具有深刻的社会内涵和鲜明的时代特色。不像一般大学生多为同龄人因而基本上同时退休，由于年龄差距很大，包括79级大学生的“新三级学人”的人才洪流，在一波“老三届”的人才洪峰消退之后，还将在中国历史舞台上持续上十年。“新三级学人”在中国改革开放30年的历史上留下了深刻的印记，其影响和作为，相信还将在未来的岁月中更加显现出来。作为一名77级大学生，特草此文，以祝福79级的学弟学妹们。

我担任首席专家完成的教育部哲学社会科学研究重大课题攻关项目的最终成果《高校招生考试制度改革研究》，2009年由经济科学出版社出版。该书在全面研究古今中外招考制度的基础上，提出了若干高考改革的政策建议及可供选择的具体改革方案。该书的观点和政策建议，部分被吸收进《国家中长期教育改革和发展规划纲要(2010—2020年)》，并为国家教育咨询委员会考试招生改革组制订高考改革总体方案所参考。该书于2011年获福建省第九届优秀社会科学成果奖一等奖，2012年获第六届吴玉章人文社会科学一等奖，这是该届吴玉章奖中唯一的北京以外学者获得一等奖的成果。至2012年，我已获得过部省级科研成果奖一等奖10次、二等奖3次，其中包括全国高等学校人文社会科学优秀成果奖一等奖2次、吴玉章人文社会科学一等奖1次、全国教育科学优秀成果奖一等奖2次、福建省社会科学优秀成果一等奖5次，而这些获得高层次科研奖的成果全是关于科举和高考研究的著作。

这些年来，我还不时接受许多媒体的采访或作演讲，传播自己关于高考改革的观点，如2006年6月，在凤凰卫视中文台“世纪大讲堂”作《从古代科举到当今高考》的演讲。我还曾到日本大学入学考试中心、中国教育部考试中心、一些省区教育考试院及哈佛大学、耶鲁大学、北京大学、中国人民大学等机构或知名大学作高考改革报告，并为教育部和部分省市的高考改革提供咨询。2010 年 11 月，我被国家教育体制改革领导小组聘为国家教育咨询委员会委员，2011 年，作为该委员会的考试招生改革组的委员，走访 10 多个省市区进行高考改革调研。2012 年 7 月，我被聘为国家教育考试指导委员会委员，更加直接地参与高考改革方案的顶层设计。

2012 年是中国高考制度创建 60 周年，但由于 1952 年建立高考制度离我们过于遥远，且没有戏剧性的转折故事，没有激动人心的奔走相告，加上许多参加第一次高考的人又早已退出历史舞台，所以几乎没有人记得这一重要的历史事件已经整整一个甲子。于是，我在《光明日报》《中国教育报》《高等教育研究》等报刊发表《1952—2012：高考制度的花甲记忆》等多篇纪念论文。我认为追溯高考制度的源头，就不得不回到 60 年前；要真正理解高考的利弊得失，就要明白创立高考制度的缘由；要展望高考制度的未来，就应理清其来龙去脉。1952 年的高考是今天高考制度的起始，它已经形成了高考制度的基本框架，开启了中国的高考时代，在中国高校招生考试史上具有开创之功，是我们不应忘却的一个重要创造。对于埋藏在历史深处的 1952，我们不应忘却，打开尘封多年的高考文献，我们就会意识到：没有 1952，就没有 1977。

将来我还会长期研究高考，一直延续到生命的尽头。参加过高考的人千千万万，但像我这样跟高考结缘如此之深的人可谓凤毛麟角，我的人生中充满了高考的元素。

1977 年，我走进了高考考场。30 多年后，我走进了高考世界。

（原载王辉耀主编：《那三届：77、78、79 级大学生的中国记忆》，中国对外翻译出版有限公司，2013 年 12 月）

五、高考改革访谈

素质教育与高考改革

记者：与以往开展素质教育的讨论一样，高考总是一个让人百般无奈的话题。究竟该怎样看待高考呢?

刘海峰：高考与素质教育既有对立的一面，也有统一的一面。既然经过这么多年的探索，大家都无法找到一种更好地选拔大学新生的办法，就说明高考是适应中国国情的考试制度。高考制度下的中学教育现状确实与我们的教育理想有距离，但我们一方面要追求教育理想，另一方面还要考虑教育现实。我们的主要任务是研究怎样改革它，使它对中学教育的消极影响尽量减少。

记者：很多人之所以认为高考是素质教育的障碍，一个重要原因是认为高考影响了学生的创新思维。对此，您怎么看?

刘海峰：在统一考试制度之下，求异思维是会受到一定的影响。但同时也应该看到，高考将优秀人才选拔出来，输送到高水平的大学接受教育，为他们进行创造性的研究提供了途径，这是科研创新的必要条件。

记者：认为高考加重了学生的课业负担，使得学校、教师、学生整天围着高考转，妨碍了德、智、体、美、劳的全面发展，这是批评高考的又一个主要观点。您认为是这样的吗?

刘海峰：这种批评反映了现实中的普遍情况，高考本身有其局限性，也确实存在着不少弊端，如诱导应试等问题，但是也不要把它绝对化。在看到高考弊端的同时，也别忘了它的积极作用。我认为高考至少可以提高考生这样几方面的素质：

一是以考促学，提高学生的文化素质。记得 1977 年刚刚恢复高考时，那时的考题今天看来简直太小儿科了。仅三四年功夫，试题的难度就大幅度提高，可考生仍然考得很好，说明这几年中，考生的文化水平有了很大提高，不能说这里没有高考的功劳。在大学若没有定下奋斗目标，学习可以较轻松。但那些想考研的、考托福的学生，一天都舍不得玩，放假都不回家。如果没有考试，他们怎么会那么刻苦呢？高中生更是这样，考上一所好大学，是广大考生刻苦学习的强大动力。再不肯学习的孩子，在这种氛围下，也要硬着头皮学一些文化知识，这对提高全民族的知识水平是有积极意义的。

二是高考可以提高考生的学习能力。特别是在临近高考的几个月，每一科都要复习，怎样做到既系统梳理，又突出重点；既配合学校的安排，又针对自己的弱点；在时间安排上，每科什么时间复习，各占多少时间；什么时间学习，什么时间睡觉，什么时间锻炼身体，都须要科学安排。所以很多经过高考历练的学生，比以前成熟了。

三是高考可以提高考生心理素质。很多考生说，他们在学校的 12 年中，就数这段时间受到的心理教育和磨练最多。面对家长的期望、埋怨，面对升学、落榜，可以说高考为在顺境中长大的孩子提供了一个用“真枪实弹”检验和磨练自己心理素质的机会，也为他们将来走上社会参与竞争提供了一次锻炼的机会。

四是高考对考生的品德也是一次教育的契机。如何以诚实的态度、顽强拼搏的精神，发挥出应有的水平，报效祖国，报效父母；如何在复习过程中发挥团队精神，互助友爱；如何处理与家长的关系，如何面对成功与失败，处理这方方面面的过程，都可以渗透良好品德的培养。

高考像一面镜子，照出了我们民族文化心理的优点和不足。中华民族是世界上最重视读书、最重视子女教育的民族之一。台湾一位作家说，台湾的年轻妈妈都是“教育狂热分子”，我们内地也一样。这自然有积极的一面，但任何事情超过一定的“度”，就要走向反面。不顾子女的实际条件，过高的期待，过严的要求都会给孩子造成过重的学习负担和心理负担。现在的主要问题是一些学校为了应试采取死记硬背，题海战术，将学生关进学校进行题海训练。因此，高考考 7 科，他要训练到极限；考 5 科，他也要训练到极限。减少高考科目根本不能减轻负担，学校下午 5 点钟放学跟 3 点钟放学，学生的负担基本一样，因为学校早放学，家长会送孩子去补习学校。

在美国，华人对子女教育的重视更是与其他一些民族形成了鲜明的对比。美国人对于子女就读大学与否或大学就读名校与否，持比较轻松的态度，仅少数人因升学而补习。如果中国人过度重视教育的价值观不改变，升学竞争激烈程度就不可能降低，即使是录取率达到百分之百的时候也是如此。中华民族望子成龙、望女成凤的民族文化心理延续了几千年，要家长实事求是地降低对子女的期望值，绝不是一朝一夕能做到的。所以仅靠减少几个考试科目，降低一点考试难度，就想减轻学生负担，恐怕不太可能。这种情况的改变，有待于我们的民族素质的进一步提高，文化心理的进一步成熟，当然这需要全社会共同努力。

记者：国外一些名牌大学，比如哈佛、斯坦福、牛津、剑桥等，不仅看高考成绩，还要看平时的成绩和平时的表现，这些经验对我们的高考向更有利于素质教育方向改革是否能有所帮助呢？

刘海峰：这些经验非常好。与只看高考成绩相比，这种做法能够更全面、更准确地选拔人才。他们看平时成绩的主要依据是在中学学习的班级排名；看平时表现的主要依据是校长或当地有名望的人的推荐信。这些做法都需要有社会诚信环境的保证。一些发达国家的名牌大学能多年来一直实施这种招考制度，说明这种制度与当地社会的诚信环境是相适应的。相反，台湾2002年为了改变高考一锤定音的局面，学习美国，实行大学多元入学新方案，除了考试以外，增加了推荐甄选、申请入学等形式。实验的结果，很多民众批评“多元入学”是“多钱入学”，费时、费力、费钱，还造假。例如当班长能加分，一个班一年能弄出十多个班长，反正你没规定班长当多长时间；推荐信全说好话，很难区分和取信，最后只好取消推荐信。我们类似的试验是保送生政策。开始是送优，后来是送良不送优，再后来一些地方异化为送官不送民。现在只好就保留“奥赛获奖者”和特别优秀运动员等保送项目，因为这些方面不容易做假。我认为，高考虽然有很多不好，但它起码能防止更坏的情况发生，这种更坏的情况就是让权力、金钱介入招生考试。弄虚作假进入高考，这对考生的心理、道德造成的伤害会更大，更不利于素质教育。因此，要参考平时的成绩和表现，定要先在小范围内实验，确实具有可行性，才可考虑推广。

记者：高考还应进行哪些改革，才能与素质教育形成更好的互动？

刘海峰：在形式上，要逐渐多样化，改变一张试卷既选拔学术性人才又选拔应用型人才的状况。在内容上，要逐步加大考能力的比重。比如说英语要增加听力，综合考试等其他科目要逐步加大考学生解决问题的能力，改变那种只考知识，只考记忆，不考能力的命题倾向。但这种改革推进的速度不能太快，因为我国城乡差距太大，发达和不发达地区的教育条件相差很远。例如英语，本来农村和边远贫困地区师资条件、教学设施、语言环境就差，如果考听力的比例占得太多，这些地区的考生就太吃亏，其他科目也类似。所以改革是必须的，但要掌握推进的速度和火候。

在制度上，我认为从长远看可以学习发达国家做法，即全国先进行一轮侧重基础知识的标准化考试，能通过的考生进入第二轮考试，到选报的学校去考，各校自己出题，体现学校和专业特色。这既增加了高校在人才选拔方面的自主权，又能丰富中学的课程结构，从而有利于学生良好素质的培养。这种模式有点像现在的硕士生入学考试。但这样做也要有条件，一是交通便利，二是民众特别是欠发达地区的民众经济收入要提高。像现在，有的贫困家庭接到录取通知书了还拿不出路费去上学，你还让他拿路费去考试，他怎么拿得出呢？所以，一种较理想的、更有利于素质教育的高考模式的诞生，有待社会的整体改善，否则，让高考改革单兵独进，会脱离国情的。

（记者宋晓梦、通讯员王琳，原载《光明日报》2005 年 10 月 24 日，题为《素质教育与高考改革——访厦门大学教育研究院院长刘海峰教授》）

高考三论

高考作为一项影响重大的国家考试制度，是各种教育与社会矛盾的集合点。上关乎国之昌运，下关乎民之命运。因此，高考改革必然是一项异常复杂、浩大、艰巨的系统工程。

2007 年，高考报名人数历史上首次突破千万。近日，本刊记者就高考引发的废存争论、现存利弊、改革的现实困难及探索等专访了国内高考改革问题研究学者、厦门大学教育研究院院长刘海峰教授。

争鸣篇

高考是一个世界性的难题，不存在十全十美或两全其美的招考办法。从某一特定的角度去观察，可能所见都是事实，所言也都有一定道理，我们只能在各种选拔方式中，众利相权取其重，众害相权取其轻。

高考应改革而非革命

记者： 近年来国内对高考制度的抨击此起彼伏，您怎么看待这一现象？

刘海峰： 高考是一个高利害、高风险的考试，长期受到高度关注很正常，更何况今年是恢复高考 30 周年。但我始终认为，不研究高考的人往往是高考改革的激进派，研究高考的人往往是高考改革的稳健派。抓住高考的弊端，对高考大加批判，要求废除高考，出发点虽很好，但无法解决任何实际问题，一些言论过于情绪化。

记者： 一些学者认为，高考是阻碍素质教育的罪魁祸首，也有论者说，高考是计划经济时代遗留的最后一个堡垒，还有的提出以水平考试代替选拔性考试。这些说法也不无合理之处吧？

刘海峰： 从某一特定的角度去观察，可能所见都是事实，所言也都有一定道理。责备高考阻碍素质教育如今已成了流行语言，但这种“单边论证”

很少顾及意见的可行性，较少从系统和整体的角度考虑问题的意识。

把高考和计划经济联系在一起更是荒谬。国外许多市场经济国家早都采用统一考试，只是统考分数在录取时权重不同而已。而过去实行计划经济的苏联从未统考，倒是在实行市场经济之后的俄国，最近几年也走上了统考道路。

提出以水平考试代替高考也是一厢情愿的善良愿望。社会永远是分层的，社会职业也永远是分类的，如今社会已从重“学历”变为重“校历”。这是水涨船高的结果，也是学历社会高等教育发展的必然规律。

记者：最近，教育部考试中心主任戴家干指出，高考需要改革而非革命。您赞同这种说法吗？

刘海峰：废除高考，所有的矛盾和问题照样存在，或更甚。高考的竞争、受高等教育机会的竞争归根到底是社会地位的竞争，高考竞争的加剧实际上是当今越来越激烈的社会竞争在教育和考试上的反映。世上没有灵丹妙药，若不以考试这种具有刚性标准的办法来竞争，就很可能用权力、金钱或关系来竞争，如果那样，弱势群体、社会资本较少的农村家庭的孩子想上大学就难于上青天了。

最终，应试的弊端解决了，其他恶性竞争的问题却浮现了。即使“将高考送进坟墓”，不久后还得将它重新请出来。

千古难题的历史轮回

记者：历史上科举制经历了千年，在清末被废前很长时间有“废科举、兴学堂”的争论，许多人把废除高考与之相较，您如何看？

刘海峰：科举制在中国历史上也曾发挥巨大作用，是隋唐以来封建社会中央集权的需要在人事制度上的反映。其实早在北宋时期就已发生过科举存废之争，甚至曾采用直接从学校取士以代替科举的办法，结果出现免试入学者多为当官子弟的现象。为此，苏轼力主坚持以考试取士的办法，认为尽管科举有不少局限和弊端，但“立法取士，不过如是”。

古往今来的实践一再证明，实行考试制度有其弊病，但废止考试制度必将造成更大的祸害。理论上说考试不一定是最好的选才方式，实际上却找不到更好的可操作的公平竞争方式，而考试的办法至少可以防止最坏的情况出现。

记者：历史往往有惊人的相似之处。说近点，时下的一些看法是否与1966年人们对高考的看法也很相似？

刘海峰：是的。“文革”废除高考后，许多高中生最先也觉得相当喜悦轻松。可是，随着时间的推移，痛苦就来了。竞争性考试就是这么奇怪，在竞争十分激烈的情况下，会产生许多应试的弊端，当你身处其中时，会感到巨大的竞争压力，巴不得解脱出来。可是当你挣脱考试的枷锁以后，往往会发现连同公平竞争的机会一起失去了。当陷入无序的恶性竞争环境之后，你又可能变得很怀念过去非常痛恨的考试制度了，“文革”前后“老三届”中学生对高考的看法转变便是这样。

利兮弊兮皆高考

记者：无可否认的是，高考制度确实存在许多弊病，您认为在教育层面有哪些较为突出？

刘海峰：在高考指挥棒之下，中小学教育的确出现很多不良现状：中学只抓智育而片面追求升学率而导致文理偏科、近视率攀升、体质下降，影响求异思维和个性发展，学校办不出特色，教改不易推行等，片面应试的消极影响造成智育一枝独秀，造成知识偏狭的弊病和学业成绩至上的功利心态，扭曲了高中教育的目标与理想。而以“升学主义挂帅”向下延伸甚至到幼儿园，有人曾说，中国的中学生成了世界上压力最大、最不快乐的群体之一。

记者：以应试教育为特征的高考导致中国人缺乏创新能力，所以国人在本土很难获得诺贝尔奖，对这一说法您怎么看？

刘海峰：与其说当今中国创新性人才的缺乏是高考的影响，不如说这是教学制度、学术管理以及其他非教育因素综合作用的结果。近年来日本接二连三获得诺贝尔奖的人都是在日式“应试教育”体制下成长的。没有公平合理的升学考试制度将优秀人才选拔出来，中国人离诺贝尔奖也许还更遥远。

记者：30年来回头看，您认为高考最大的功能是什么？

刘海峰：实际上，高考除了具有为高校选拔合格人才，还有维护社会公平、维护社会稳定、促进社会流动的功能，不单单有教育功能，还有政治功能，包括社会功能以及文化功能等等。总的来看，我觉得对中国教育和社会而言，高考制度是利大于弊。

记者：您认为高考与素质教育是一对矛盾体么？

刘海峰：关系是双重的。高考至少能够“逼迫”广大学子刻苦学习，能够提高考生的学习能力，经过高考历练的学生比以前成熟，今后再遇到什么艰难复杂的考试或其他需要统筹安排的活动，也较能应对，为顺境中长大的孩子提供了一个“真枪实弹”检验和磨练自己心理素质的机会，还是一次考生品德教育的契机。

困扰篇

高考改革是一个庞大的话题，需要从包括政治、经济、文化等社会全局的视野来探讨，如果高度重视甚至过度重视教育的文化传统没有改变，如果重人情与关系的社会氛围没有改变，如果诚信体系没有建立起来，如果激烈的竞争不可避免，那么高考改革必将伴随着文化传统缓慢的变迁速度，举步维艰。

困扰之一：人情网络难以突破

记者：有人认为，即使是“分数面前人人平等”的高考，其背后也交织着错综复杂的人际关系网。您赞同这个观点吗？

刘海峰：中国向来是一个人情社会，凡是竞争激烈的地方肯定是人情与关系最希望介入的地方。而大学招生是教育界竞争最激烈的领域，如何防止人情与关系的干扰是高考改革首先必须面对的问题。子女考大学如今是一个家庭的重中之重，只要有托关系的可能，很少有人会不加以利用的，许多家庭往往动员一切可以动员的力量，为自己子女升学问题奔走联系。

记者：如果连刚性的公平竞争都难以避免人情网的纠结，那么用非刚性指标衡量考生又将如何抗拒人情的干扰？

刘海峰：公平选才与全面考核之间往往难以兼顾，在以分取人与舞弊不公这对矛盾之间，人们往往宁愿公平竞争而接受艰苦的考试，也不愿接受理论上全面考核实际上容易为特权把持的推荐。

目前我国高校招生在主体高考机制之外，实际上也开辟了其他一些选拔渠道，比如保送生制度、艺术体育类的招生，还有些特殊专业的单招、特长生招考等。但这些渠道在推行中问题较多，也有些就改了回去或有所收缩。例如保送生制度，就存在有的中学“送良不送优”（“优”的留着要为学校考状元），还有的“送官不送民”。考生的平时成绩和平时表现都不是刚性指标，标准也不一致，更难避免人情干扰。

困扰之二：诚信缺失，防不胜防

记者：如今很多持高考反对论的人以美国招生模式为佐证，认为我国的高考改革可发扬“拿来主义”，是这样的吗？

刘海峰：我认为这种方式现在行不通，这里有个很重要的障碍，即诚信缺失问题。中国社会诚信缺失问题相当突出，实行申请入学或其他参考中学成绩、表现、老师或校长的推荐信作为录取依据的方式，有一个基本的条件是需要较高的道德水平作为依托，否则“好经”可能让歪嘴和尚念歪了，再好的设想都会出现走样和异化。如中学历年在校成绩多是由科任老师评定，随意性较大；当考试成绩与升学挂钩而竞争对象却不是本校学生时，这种考试便失真了；若规定必须以同校或同班学生中的排名作为录取依据时，权力、关系、金钱等就很容易介入其中。

另外，中学生的在校表现也可能因为没有可操作的刚性评价指标而失真，推荐信普遍夸大。在美国人们很重视一个人的信誉，中学成绩和表现较少弄虚作假现象；但在中国，家长替孩子捉刀做作业、假的竞赛作品和成绩等现象普遍存在，难辨真伪。

记者：在诚信缺失的情况下，如何防止花样百出的舞弊是否为高考改革难题？

刘海峰：即使是防止极少数人作弊，也不得不将所有的人一体看待，采取可以排除作假的方式来选拔人才，在公平选拔同时存在刻板的竞争与全面考核却同时存在舞弊不公之间，几乎存在着非此即彼的关系。高考要改革，必须突破此关。

困扰之三：激烈竞争不可避免

记者：与高考改革一脉相承的学生“减负”问题提了多年，中央三令五申发了许多红头文件，却越减越重，为何总不见成效？

刘海峰：这是不以人的主观意志为转移的，你可以说是某种规律在起作用，强大的传统教育价值观、家长望子成龙的期望在起作用。高考竞争是必然的，中国人高度重视甚至过度重视教育的价值观短期内很难改变，追求升学率在今后几年还可能愈演愈烈。

记者：独生子女政策是否也是竞争加剧的原因之一？

刘海峰：有影响。过去一个家庭通常有两个以上的孩子，当一个孩子没考上大学，还可以有另一个孩子努力，可能对一个孩子的升学希望只有百分之五十。但独生子女不同，考上就是百分之百的成功，没考上就是百分之百的失败，因此对孩子的期望和压力比过去更大。

记者：如今高等教育有大众化趋势，但为何依然存在激烈的竞争？

刘海峰：这种竞争有其社会性，参照具有高度重视教育传统的日韩和我国台湾地区的经验，即使高等教育毛入学率进入普及化阶段，名牌大学的入学考试竞争仍然相当激烈。所以说，无论采取什么措施进行高考改革，也无法避免激烈竞争。

探索篇

高考改革不得不面对一系列的矛盾：考测能力与公平客观的矛盾、灵活多样与简便易行的矛盾、扩大自主与公平选才的矛盾、考出特色与经济高效的矛盾。但在未来的改革探索中，高考必然会改变完全凭一张试卷检测所有层次、所有地区、所有类别的大一统状况，走上兼顾统一与多元的道路。

先求稳，再求进

记者：您认为高考改革的决策者们应该如何面对当前改革进退两难的困局?

刘海峰：非新无以为进，非旧无以为守。高考改革相当敏感且影响重大：一方面，决策者应有“因时制宜”的强烈的改革意识；另一方面，又必须保持循序渐进的平稳心态。不能翻来覆去，看到问题就想改，改了以后问题更大又倒退回去。特别是当前有的省的科目改革，在没有充分调研和深入探讨的基础上贸然进行，改得太快太频繁，令中学教学无所适从。所谓稳中求进，并非不思进取，无所作为，而是指改革高考这样重要的制度，应该在全面研究和长远规划的基础上渐进地推行。作为教育主管部门，应鼓励积极探索科学可行的改革方案。

既统一，又多样

记者：您认为当前高考改革的方向是什么?

刘海峰：兼顾统一性和多样性是高考改革的发展方向，统一高考制度的最大优点和最根本问题均出在“统”字上。统一招考，尽管存在偏重共性测量等不足之处，但能够在较大范围内为各校提供衡量考生文化水准和能力的标准尺度，具有可比性；可节省人力、物力、财力和时间，提高入学选拔的效率与可信度，减少因经济因素和招生舞弊所衍生的考试不公平现象。

我个人认为比较理想的招考方式是既有统一考试成绩，又有各校单考成绩的复合式两次考试录取模式。随着高等教育大众化进程的加快和终身教育体系的构建，高等教育对象的集中性也被打破，考生将来自各种年龄段和各行各业。高考若不与时俱进，“统一”的优点则可能逆转为其生命力的扼杀者。

记者： 您所理解的未来高考制度应是什么样子？

刘海峰： 高考的走势肯定是朝多样化、多元化的方向发展，对不同层次的高校区别对待，高端多元（自主选拔录取）、中间稳定（本科）、低端放开（高职高专等），形成一种科学、公正、合理、分层次、多元化的选拔人才的招生考试体系，逐步建立起以全国普通高校招生统一考试为主，与多元化考试评价和多样化选拔录取相结合及政府宏观指导、调控，高校自主招生、自我约束，社会有效监督的高校招生考试制度。

（记者孟盛，原载《廉政瞭望》2007 年第 6 期，题为《高考三论——本刊专访厦门大学教育研究院院长刘海峰教授》）

从统考历史存废看高考未来变革

科举为何比察举有生命力

记者： 近年高考制度受到越来越激烈的抨击，有人甚至主张废除。而你一直以来是极力捍卫高考的。是吗？

刘海峰： 应该说我是理性维护。主张废除高考不是什么新观点，1995年我就与废止高考派学者有过正面交锋，1998年全国“两会”期间已有人大代表提议要取消高考。我认为高考至今仍是一个适合中国国情、得到大多数人拥护的公平选才制度。高考是有许多问题，需要逐步改革，但不应轻言废止。

记者： 自古以来，便有关于考试选才利弊的探讨吗？

刘海峰： 古往今来，选拔人才的方式不外两类：一为推荐，二为考试，或者是两者的结合。中国是个考试大国，也是考试制度的创始国，我们的先民最早采用考试来选拔人才。先秦时提出一种精英治国理论，叫作“尚贤”，在儒家则称之为“学而优则仕”，即不管家世出身，学问优秀的人就来从政，这是后来科举制度产生的思想根源。到了汉代，有了制举，这是一种广义的科举。一般的选官是察举，时间长了，容易弄虚作假，以至有“举秀才，不知书；察孝廉，父别居”的民谣。科举制度在隋代出现，大业元年（公元605年）设立进士科，从伯乐相马式的选拔人才变为赛马式的选拔人才，有一个特征就是可以自由报考，不必经他人推荐，当时称为“怀牒自列于州县”，这是将从政权向平民开放。

记者： 单凭一次考试决定一个人才学的高低，在实行科举制的早期不是问题吗？

刘海峰：《新唐书》有记载说，“取人以一日试为高下”，就是今天说的以一场考试来决定录取与否。唐玄宗天宝元年（公元742年）对进士科考试加以改革，改为考试与推荐、自荐相结合，并参考举子平时创作的文章。刚实行时效果很好，但是一段时间后问题随之而来，一是走后门现象，依靠权势求取科第的办法大行其道，“公荐”变为私荐；二是考生呈送的平时的诗文作品有许多是假手他人而无法判明的。

保送制可能与举孝廉殊途同归

记者：你是说，结合平时表现，进行推荐的招生录取制度行不通吗？

刘海峰：林语堂说人情和面子是中国社会的两个女神。中国自古以来就是一个人情社会，我们的文化注重人事关系的协调，讲究人情、关系和面子。有时，人情大于法，大于天。为了有效制衡人情与关系的困扰，客观公平地选拔人才，中国人发明了考试，用考试的办法来排除人际关系的干扰，使社会不至于陷入无序的状态。魏晋时期的葛洪说，考试有一个功能，是可以排除“人事因缘”和“嘱托之冀”。考试选才让所有应试者接受同样的挑战，个人才学和能力放在首位，能破除血统论，解脱人情困扰，因而历来被视为“量才尺”。在一定程度上，考试制度是社会稳定的制衡器。

记者：所以无论在过去，还是现在，受人情因素的制约，推荐制度难以真正贯彻，是吗？

刘海峰：从理论上说，结合考生中学的表现与平时成绩的推荐保送制度最能选拔品学兼优的人才，但是实践一再证明，在我国的环境下，推荐制受人为因素干扰太大，无法客观反映出被推荐者的水平和表现。古代的察举推荐逐渐演变成结党营私的手段，“文革”中的推荐为走后门大开方便之门。现在高校招生的推荐保送生在部分地区从“送良不送优”变为“送官不送民”，以致后来规定保送生必须参加教育部考试中心统一命题的综合考试，以甄别保送生的真假优劣。在诚信缺失的情况下，推荐制度难以做到择优录取，却可能异化为“择权录取”或“择钱录取”。

科举六废六存缘于无方可替

记者：但历史上的科举制度却是走向消亡了的。它的一个致命问题，是命题上的吗？

刘海峰：科举的命题困境，和高考命题改革如出一辙。比如说八股文，在明代已经出现，当时规定在《四书》、《五经》中出题，在大约两百年的时间里，绝大多数人都说八股文好，而且通过考八股文也确实公平客观地选拔出了许多优秀人才。但到后来，问题产生了：《四书》、《五经》被钻研透了，一些题目会出现重复。《四书》、《五经》加在一起才 43 万字，到后来几乎所有参加考试的人都能背下来。为了拉开区分度，必须从边角的文字里出题，也就是出偏题怪题。

高考作为选拔性考试，与八股文考试类似，刚开始用明白正大的内容来命题便足够了，后来全体考生的水平上升，水涨船高之后，必须拉开区分度，于是各种琐碎的题目都出现了，难度也加大了，学生负担也就自然加重了。

记者： 统一考试的内容总是这样走向死胡同吗？为什么还能一直沿用到今天？

刘海峰： 实际上，关于一次性竞争考试决定去留的办法，在中国考试史上有过反复比较和争论。科举制度在历史上六存六废，除了元代比较特殊，几乎都是在应试弊端严重、人们对考试能否选拔真才发生疑问后出现的。

唐朝后期、北宋时期，已经发生过科举存废之争，甚至主张废科举以革除应试弊端，包括直接采用从学校取士以代替科举的办法，结果出现免试入学者多为当官子弟的现象。为此，苏轼力主以考试取士，认为尽管科举有不少局限和弊端，但“立法取士，不过如是”。

各次科举存废之争的结果，多数情况下都是坚持采用考试办法，即使短暂罢废科举，也会因为出现更严重的弊端很快又不得不回到科举的轨道上来。至于清末废科举，那是在西学东渐、东西方文明冲突背景下必然出现的结果，与古代情况不同。而且，科举可以停罢，但考试这种选才方式却没有而且也不可能被废止。

古往今来的实践一再证明，考试制度有弊端，但废除考试必将造成更大的祸害。理论上说考试不一定是最好的选才办法，实际上却找不到更好的、可操作的公平竞争方式，考试至少可防止最坏情况出现。

记者： 如同现在的高考。尽管诸多不满，但是很多人认为通过成绩选拔人才是唯一公平的途径。是吗？

刘海峰： 梁启超说，“世卿为据乱世之政，科举为升平世之政”。通过考试这种手段，为大家提供一个公平竞争的渠道和机会，提供个人奋斗可能改变命运的机会。考试是难得的主要靠自己、较少求别人的途径。因为高考提供了公平竞争的机会，在激烈的考场较量之后，名落孙山者虽然会有挫折感，但多数考生只能怨自己水平不够或运气不佳，无法怪他人或社会，如果通过其他渠道，例如推荐等来选拔，就有可能认为是不公平竞争而落榜，怨气就会指向政府和社会。

没有最完美，只有最合适

记者： 坚持现行高考制度，针对它的弊端可能有什么解决方案吗？

刘海峰： 只有不断改革考试的内容和形式，或调整考试成绩在高校录取时的比重，但是不应取消高考制度。企望再回头去找推荐举送制度的灵丹妙药，在现实中必然会出现比高考制度更多更严重的弊病。

高考招生中存在着一系列的两难问题，在公平选才与全面考核之间往往难以兼顾，但是在“以分取人”与舞弊不公这对矛盾之间，人们往往宁愿公平竞争，接受艰苦的考试，而不愿接受理论上全面考核、实际上容易为特权把持的推荐。

记者： 废除高考，是不是可以解决目前基础教育领域出现的问题，例如高考指挥棒、负担过重等？

刘海峰： 高考竞争带来一部分消极影响，比如说，考什么学什么，一定程度上造成知识褊狭的弊病和学业成绩至上的功利心态，扭曲了高中教育的目标和理想。但是，高考的竞争，是高等教育机会尤其是获得优质高等教育资源的竞争，归根结底是社会地位的竞争。高考竞争的加剧，实际上是当今越来越激烈的社会竞争在教育和考试上的反映。高考并非万恶之源，而是各种教育及社会矛盾的集合点。废除高考，许多教育问题不见得会迎刃而解。如果不以考试这种具有刚性标准的办法来竞争，很可能用权力、金钱或关系来竞争。

记者： 你理想中的高考改革是什么样子的？

刘海峰： 我认为，兼顾统一性和多样性是高考改革的发展方向。比较理想的是，采用两次高考模式，统一考试和各校单独考试结合，以统一考试成绩作为基本切线。2006 年复旦大学和上海交通大学开始的自主招生考试，是高考改革的有益尝试。

通过专业化考试机构实施的统一招生考试，对新生的文化素质有个基本掌握，之后，大学加入单独命题或采用面试，考出特色和能力。高校自主办学、招生，并非一定要自行举办招生考试。统一考试和各校单考成绩的复合式两次考试录取模式，比较适合。但实行此制度需要有一定的条件。

现实生活中很难有最完美的制度，只有最合适的。理论上正确的不一定是可行的，只有实际可行的才是有效的。对待高考改革，我们既要考虑科学性，还要考虑可行性。

（记者原春琳、周珣，原载《中国青年报》2007 年 6 月 27 日，题为《从统考历史存废看高考未来变革——对话厦门大学教育研究院院长刘海峰》）

与刘海峰教授谈“蒋多多事件”

河南省南阳市八中2006届考生蒋多多今年高考时，在所有试卷的自答题部分不写答案，却写下了约8 000字的对高考和教育制度的不满，还把自己的笔名“碎心飞魔”写在密封线外，并故意违反规定用双色笔填写。结果，总分只得到114分，其中文综为0分。她也因违规而受到处分。

消息传出，连日来，在以网络为主体的各种媒体上，声讨者有之，声援者有之。怎样看待“蒋多多事件”以及在这一事件中媒体、学校、社会等各方面的态度和作用？为此，记者采访了中国考试研究专家、厦门大学教育研究院院长刘海峰教授。

记者：网上不少人把蒋多多与“文革”中的“白卷英雄”张铁生相提并论，您怎么看？

刘海峰：我认为相提并论很自然，因为新中国成立以后的高考史上，在试卷上不答题而发泄不满又被媒体向社会披露的就这两位。从形式上看，两人的做法非常相似。张铁生被称为“白卷英雄”，是因为他在考卷上发泄对考文化知识的不满，结果被“四人帮”利用，成为他们推行极左路线、批判修正主义回潮的工具。就张铁生个人的命运而言也是个悲剧。他的起伏跌宕，是“文革”后期那个特定时代、特定政治背景造成的。“蒋多多事件”发生在30多年后，在考卷上批判高考制度和教育制度。用她自己的话来说，是要通过故意违规让人们发现高考缺陷，去创造、去完善更好的高考制度”。

但我认为两个事件形式上的相似并不等于可以完全等同。第一，时代和社会背景不一样。21世纪初与20世纪70年代初相比，中国在结束“文革”后已经发生了翻天覆地的变化。仅就高考而言，现在大部分省的录取率都已达到50％～60％以上，也就是说多数考生都有机会进入高等院校。第二，两人评论的内容也不完全一样。虽然都是抨击高考，张铁生有更强烈的政治色彩，而蒋多多主要是对教育、对高考制度不满。第三，政治环境不一样。因此两人的命运走向也一定不会一样。虽然蒋多多在考卷上不肯答题，发泄不满，以及做出其他违规行为，但有关部门也就是按考生参加国家教育考试违规处理而已。今后她要再考也不会因此而不被允许，不再考也悉听尊便。既不会有谁把她当做政治打手，更不会对她进行迫害，这在“四人帮”时代是不可想象的。蒋多多在特定的时间、地点，用失去考大学的机会来表达自己的观点，这是她自己的选择。我们应该尊重她的选择。

我国今年参加高考的考生有 850 万人，今后几年会达到上千万人，有个别考生出现问题，应以平常心对待。

记者：有些教授认为这件事媒体根本就不应该炒作。因为将这些不成熟的看法和做法炒向社会，会对一些不成熟的孩子造成误导。

刘海峰：我认为报道了也不足为奇。因为蒋多多毕竟是 30 多年后被媒体获悉的继张铁生之后用这种方式表达观点的第一人；毕竟是用丧失一次升学机会为代价来批评现行教育制度、高考制度的人，有这种决心的学生并不多见。这些都已构成了新闻价值。而媒体就是要找有新闻价值的素材，加上高考本来就是全民关注的问题。

媒体关注有积极的一面，可以促使大家进一步思考教育改革、高考改革；教育和高考制度的弊端客观存在，蒋多多的看法有正确的一面。但关注要有个度，过度关注会给她本人和她的家庭带来不必要的压力。现在媒体上一些言论有些偏激，赞成的对她评价很高，反对的挖苦得很刻薄。对一个十八九岁、涉世未深的女孩，我们既要看到她勇敢的一面，也要注意到她脆弱的一面。当她破釜沉舟的举动没有受到重视时，她也曾有过令人担心的举动。目前多多还不会上网，其他信息渠道也不算太畅通，一旦这些渠道在她面前打开，她是不是承受得了，是我们应该考虑的。多多需要时间成长、成熟，她今后还有很长的路要走，媒体有责任给予她更多的宽容和中肯的指正。

记者：多多的动机被一些人批评为是为了取得轰动效应，是一种病态心理；另一些人则认为高考本身就是病态的，她是用非常行为对待病态的高考。您怎么评价她的动机？

刘海峰：多多想引起教育部门的关注，搅动社会，直接原因是高二成绩下降，对高考制度产生怨恨和对立情绪，甚至对一些学习好的同学也产生对立情绪，认为他们都是死读书的傻子；加上看到校报上一些学生因承受不了高考压力而出走、自杀引发同情，进而自己做出极端的事情。我认为这种动机和举动都不应该鼓励。因为这涉及对高考的评价。如果高考制度是非常罪恶的制度，她的行动就应该赞扬，但我认为现行的高考制度，是有缺陷但适合中国国情的考试制度。她对高考的想法和做法都是偏激的，所以不能鼓励。假如今后许多估计自己考不上大学或考不上理想大学的学生，都仿效她那样在高考中走偏锋，那对考生自己和社会有什么好处？

记者：在近千万的考生中，多多的行为是个别的，但她的思想和情绪却有一定的代表性。您认为社会和学校应该对这些学生进行怎样的引导？

刘海峰：您用“引导”这个词我觉得非常恰当。“引导”就不是一味地批评和不切实际地赞扬，也不是不负责任地听其自然。怎么引导？我认为，第一，要教育学生树立正确的人生观。对于广大考生，上大学是一条成才之路，但不是唯一之路。可以走，也可以不走。上高职、技校都可以成为社会需要的有用之才，甚至不接受高等教育也可以自学成才。近些年这样的例子层出不穷。当然一般来讲后面这些路会较艰难。但如果自己选择了参加高考，就要认真准备，遵守规则，争取通过这条路获得成功。

第二，通过宣传让大家认识高考的功能。因为现在很多人包括高中生对高考的认识很不全面、不科学。例如，有人认为高考是折磨人的机器，是扭曲了教育目标的罪恶之源。应该让大家知道，高考竞争的激烈，不是高考制度本身造成的，而是社会竞争的日趋激烈在教育和考试中的表现。特别是近20年来，社会竞争的激烈在各行各业都能感受到。如果整个社会的竞争都在日益激烈，独独想让高考竞争的激烈程度降下来，是件不容易的事。高考的主要功能就是为升学提供公平竞争的途径。如果不通过这种途径竞争，还有更好的方案吗？在还没人能拿出可以取代的方案之前，高考是没办法的办法。

我一直认为，高考是有很多坏处，但它可以防止更坏的情况发生，即用金钱、权力、关系竞争，如果那样，对弱势群体特别是对像蒋多多这样的社会资本较差的农村家庭的孩子，上大学就会更难。

1966年高考前夕，当成千上万的考生从广播中听到废除高考的消息，大家欢欣鼓舞，庆幸“文革”砸烂了考试的枷锁。但随后几年，痛定思痛，大家发现在砸烂考试枷锁的同时，公平竞争的机会也没有了，转而怀念高考。“老三届”对高考态度的转变，对今天的青年学子认识高考是有借鉴意义的。

第三，要加强对学生进行心理素质教育，培养学生豁达的性格和健全的心理。就像体育竞赛，经得起压力才能取得好成绩。没有好的心理素质，害怕压力，害怕竞争，在人生的道路上，无论是否参加高考都很难成功。

第四，告诉大家，高考制度本身也要改革，从内容到形式都不完善。现在很多专家都在进行这方面的研究，很多省市正在进行这方面的实验。绝对完美的制度是不存在的，但我们有责任让高考制度更有利于人才的成长和选拔。

记者：今天爱好文学的多多选择了放弃高考，凭自己的能力去闯一片天，我们祝愿多多成功；如果经过一段时间的实践，多多愿意到大学去充电，我们也欢迎多多重回考场。一个多元化的社会应该用平常心对待人生道路的多种选择和多次选择。

刘海峰：非常同意你的看法。我觉得媒体也好，学校、家庭也好，都应注意自己的言行，别把多多死往一条道儿上挤；也希望多多在选择自己道路时要顾及至今还在为自己打工种田攒学费却年事已高的父母，别让他们太伤心。这样做不是多多在电视中所说的“自私、狭隘”，而是中华民族的传统美德和身为儿女的责任。一个社会的和谐非常需要包容。对刚刚成年的多多要保护也要教育。多多的父母要多付出辛苦也是没法子的事。但愿他们的付出，能换回一个身心健康、逐渐成熟又孝顺的女儿。

（记者宋晓梦，原载《光明日报》2006 年 9 月 6 日）

继续推进高考改革

记者：为了纪念高考恢复 30 周年，从今年初开始，各种报道、征文、问卷调查、学术研讨活动层出不穷。对于恢复高考的意义，有两种不同的评价，您对此有什么看法？

刘海峰：绝大多数人都充分肯定恢复高考的历史意义，但也有个别学者对恢复高考评价颇低，他们认为：恢复高考不过是恢复了“文革”前的老办法而已，是一次“没有完成的拨乱反正”，不过是恢复了要重视教育、发展教育的常识，没有提出面向未来的、新的、好的教育应该是什么样子。

我认为，这实在是对历史的苛求。我们应历史地评价 1977 年的恢复高考。在当时特定的历史条件下，邓小平主导的这一决策，其难度和阻力远远比后来在教育发展进程中遇到的问题要大得多，所需要的魄力、勇气、智慧，也要大得多，其历史意义当然也重要得多。

恢复高考不仅提升了高等教育质量，使中国的人才培养重新走上健康的轨道，而且在中国社会由乱而治的过程中发挥了至关重要的作用。因为高考是在“两个凡是”还没有被打破的情况下恢复的，它的意义已远远超出了教育领域，成为扭转“左”的思想、破除“两个凡是”，确立实事求是思想路线，否定“文化大革命”的突出典型，成为全国思想解放的先导。

记者：前一段有学者提出“民间高考改革方案”，您是如何看待这些方案的？

刘海峰：目前各方面提出的详略不同的高考改革方案已有十几种，但是真正切实可行的方案却很少。提出“应该如何如何”之类的理念和原则不难，提出如何实施的具体办法却很难；提出一个符合教育原理的高考改革方案容易，提出一个既有创意又具有可行性的高考改革方案谈何容易！一旦付诸实验或试行，许多看似有道理的方案便显出太理想化的问题。之所以这样说，是因为在这些方案中不少都曾经实验过。例如高考报名社会化的做法，上世纪 90 年代就已提出，并于 1998 年就试验过，后来无疾而终。方案提出者的动机是，借此减轻学校片面追求升学率。但这无异于用纸包火。因为不论在哪报名，任何中学都会毫不费力地知道，本校当年的高考升学率是多少，多少人考上了一流学校、重点院校。现在的研究生考试实行的就是社会报名，而哪一所高校、哪一个年级、哪一个班会无法统计研究生的录取情况呢？这一研究成果去年 12 月发表在权威的教育研究刊物上，相关学术刊物做了转载。

还有诸如高考的存废问题、全国统一录取分数线问题等等，这些公开发表的理论成果、试验成果不可谓不丰富，在各种有关的学术刊物或网站很容易查到。要想真正为高考改革提供有价值的参考方案，就得进行深入研究，并将研究建立在对招生考试历史与现实充分了解的基础之上。

记者：作为国家高考改革课题组的领军人，能介绍一下你们今年的成果吗？

刘海峰：我们推出了一套“高考改革研究丛书”。这套丛书由 10 本著作构成，有我自己写的《高考改革的理论思考》，还有罗立祝著的《高校招生考试政策研究》、覃红霞著的《高校招生考试法治研究》、李立峰著的《中国高校招生考试中的区域公平问题》、刘清华著的《高考与教育教学的关系研究》、唐滢著的《美国高校招生考试制度研究》等。

当今对高考制度，总体而言是新闻报道多、理论研究相对较少，一般议论多、深入探讨相对较少。高考是一个谁都可以说上两句的话题，又因为其利弊都十分显著，人们从不同的立场、不同的角度论说高考，往往会得出不同的看法。但是，对高考这样一个影响重大的国家考试制度，不能只凭一腔热情和激愤，还需要冷静和理性，否则所发言论就可能变得情绪化。由于高考是一个至为复杂的大规模选拔性考试，是一个“横看成岭侧成峰，远近高低各不同”的制度，站在某一种特定的立场去评说，从某一特定的角度去观察，可能所见都是事实，所言也都有一定道理，但也很容易出现盲人摸象、各说各话的情况。因此，在评价高考时，重要的是应全面和客观，这是我们推出“高考改革研究丛书”的主旨。

记者：您认为未来高考改革应该如何进行？

刘海峰：虽然高考导致应试教育的问题确实很大，但因为它具有公平、高效和有可比性的优点，因此总的来看是一个利大于弊，是适应中国国情的招生考试制度。我认为，未来相当长的时间内，中国还应坚持高考，改革高考。目前教育主管部门和许多省市在积极探索各种高考改革模式，其中有不少是值得期待的有益尝试。例如，一些研究型大学自主招生的改革试点，还有上海和北京部分高职院校自行举办的招考，都取得了一定的经验。目前中国的高考改革方向应是由统一向多样化发展。当前，应稳住中间大部分高校的招生，放开两头（国内一流高校和大专高职）的招考实验。另外，应该深化考试内容改革以及录取模式的改革。要最终建立起政府宏观指导、调控，高校自主招生、自我约束，社会有效监督的高校招生考试制度，还需要认真研究，稳扎稳打，逐步推进。

（记者宋晓梦，原载《光明日报》2007 年 12 月 26 日，题为《继续推进高考改革——访高考专家刘海峰》）

高考制度中的千古难题

记者：每年的六七月份，公众的高考情绪都会被准时激发。每到这时，“几家欢喜几家愁”的场面就会出现，各界对于高考的关注甚至指责也会不期而至，今年也不例外。您认为人们目前对高考的评价大概有几种声音？

刘海峰：高考是中等教育和高等教育之间的衔接点，参加高考是中国学生从高中升到大学的一个关键步骤，它上关国家安定和民族前途，下系青年学生的个人命运和千家万户的喜乐哀愁，因而高考不仅受到考生、家长、教师的重视，而且历来是中国教育界乃至全社会关注的一个焦点。

对高考的评价，大体上说分为赞扬、批评和不好不坏三大类。而赞扬与批评的声音还相当对立。在有关高考改革的各种争论中，最为根本、言辞最为激烈的争论是关于高考存废问题的争论。有人认为高考很坏，要彻底改革高校招生考试方式；有人则认为高考制度功德无量，应该充分肯定高考的作用。由于高考往往是各种矛盾的集合点，不同的人从不同的立场出发，往往会得出不同的观点。加上高考制度的影响相当复杂，因此人们也容易见仁见智。

记者：华东师大曾做过一次调查，被调查对高考表示满意与不满意的比例分别为60%和40%。乐观的人说，有六成人表示满意，这已经代表了多数人的态度；悲观的人则说，都已经有接近一半的人表示不满了，高考制度确实民怨颇深了。在这个问题上，您是怎样看待的？

刘海峰：高考与广大民众的关系太密切了，谁都能够对高考问题多少谈出自己的看法。无论高考怎么改革，都可能会影响到一部分人或特定群体的利益，因而高考改革要让所有人都满意是不可能的，只能是在有利于高校选才的同时，尽可能考虑到最大多数人的利益。

我认为，高考是中国高等学校招生考试发展到一定阶段的产物，是适应中国的政治、经济和国情而建立的招生考试制度。它必须不断改革，但不应轻言废止，因为高考是相对较好的选才办法。昨天，我与一位资深高中教师交谈时，我问他觉得现行高考制度合理吗？他脱口而出说不合理。接着我问他：那你认为应该用哪一种办法来招生？他好一会答不上话来。因为他像许多人一样，看到了高考的弊端，想当然地认为高考不合理，但并没有进一步去想如果不用高考制度，是否有其他更好的办法可以替代高考。有些理论上是非常好的办法，例如考查平时表现和成绩作为录取依据，但因为实施起来会走样失真，结果无法实行。

记者：也正因为这样，所以有人说，考试制度是中国最大的民主，您怎么看？

刘海峰：考试是中国的一大发明。中国的社会历来是一个讲究人情的社会，为了有效地制衡人情与关系的困扰，客观公平地选拔人才，中国人发明了考试。由于能破除血统论、解脱人情困境，考试选才让所有应试者接受同样挑战，将个人的才学和能力放在首位，因而历来被视为可以客观公正地选取优秀人才的公平尺度，或称“量才尺”。当今中国普通老百姓盼望的高考改革是以公平为本，也就是说，高考应该排除人为因素的干扰，保证高考竞争的公平性和高招录取工作的公正性。

记者：尽管这样，但高考制度中的确有许多令人隐隐作痛的弊端，比如我们抨击高考移民现象，但它的背后隐藏着的却是各地高考录取比例不一、难度不一的制度性缺憾，类似的现象怎么能说服考生、家长平静地接受？

刘海峰：有一系列的内部和外部矛盾或两难问题存在于高考之中。考试公平与区域公平的矛盾就是一个自宋代以来就争论不休的千古难题。考试公平是指完全依据考试成绩来公平录取考生，区域公平是指通过区域配额来调控各地区之间考中人数的悬殊差异，在中国这么一个幅员辽阔的大国，这是一个古今大规模考试都遇到的一个棘手的问题。

近年来，随着各省市之间高考录取分数线差异逐渐显现，分省市定额划定高考录取分数线的办法和问题越来越受到教育界和社会舆论的关注。如果将录取公平问题放到历史的长河中去考察，便可知道在考试公平与区域公平之间长期存在着两难选择，不可能有一种两全其美的办法，我们不要企望完美的解决之道，只能在考试公平与区域公平两难之间尽量取得相对平衡，找出一种相对合理的办法来。考生和家长肯定会觉得倾斜的高考分数线不公平，但大家要明白这是很难完全解决的问题，用全国统一分数线只会造成更大的不公，因为可能会有部分省区很少有考上顶尖大学的学生。分省定额录取本来就是为解决区域公平问题才逐渐形成的，现在这个问题也只能通过逐步调整招生计划和高校布局渐进地解决。

记者： 在中小学，高考似乎成了素质教育、课程改革的死敌，当改革推行到高考层面时几乎成为强弩之末。高考真的能从“应试教育的指挥棒”转变为“引导中小学实施素质教育的指挥棒”吗？这条路有多长？

刘海峰： 考试是一种测量工具，就像体能测试或体育比赛可以测出一个人的体能和体质强弱一样，考试让所有应试者接受相同的挑战，将个人的才学和能力放在首位。高考的积极作用是以考促学，即促进学生努力向学，提高民族文化水平。1977 年恢复高考以后，每年都有数百万青年学生参加高考，全社会的读书学习热情在高考制度的促进下得以持续发展。恢复高考的最初两年，尽管试题不难，但有许多考生连最基本的题目都不会答。可是几年之后，试卷难度提高不少，从答卷反映出考生文化水平已大大提高，可见高考极大地调动了千百万青年的学习积极性，有力地促进了中华民族文化素质的迅速恢复和提高，被“文革”摧残的文化教育很快得到复兴。因此我不认为高考与提高学生的素质一定对立。

反对统一高考的人一般都提出以各高校单独招考或高考成绩加中学表现及学业成绩来取而代之，以利于素质教育的推行。确实，理想的招生制度是能在德智体美全面考核的基础上择优录取，结合考生中学的表现与平时成绩的推荐保送制度最能选拔出品学兼优的人才，但实践却证明这一理想很难完全达到。当然，随着高等教育大众化时代的到来，多元录取方式比过去有了更好的实行条件，我们还是应该积极地尝试。

记者： 看来，中国考试制度的改革应该是势在必行的，但关注高考的人想知道的是高考改革是颠覆式的还是改良式的？

刘海峰： 高考是中国教育的一项基本制度，是适应中国的社会政治、经济、文化而产生的高校新生选拔制度。1958 年和“文革”中废止高考都以失败告终，充分证明高考在现代中国具有顽强的生命力。多年来，我一直主张高考改革应在全面研究和长期规划的基础上渐进地推行，在稳中求进，因为渐进的改良往往要优于突变，对社会和学校造成的震荡较小。

（原载《现代教育报》2004 年 6 月 14 日，题为《高考制度中的千古难题——访厦门大学高等教育研究所所长刘海峰教授》）

从古代科举到当今高考

曾子墨：欢迎走进“世纪大讲堂”，这里是思想的盛宴，这里是学术的殿堂。

1977年中国内地正式恢复了高考制度，迄今为止，已经有将近30年了。随着时间的推移，高考制度的各种利弊得失都在逐渐地显露出来，所以现在甚至有人主张，要像一百年前废除科举制度那样来废除高考制度。那么现行的高考制度面临的问题到底有哪些？和科举制度进行比较，它的相同之处、不同之处有哪些？如果把两者进行对照，我们是不是能够从中找到一些改革的良方？今天的“世纪大讲堂”，我们就非常荣幸地邀请到了厦门大学教育研究院院长刘海峰先生。

欢迎您！

刘海峰：谢谢！

曾子墨：我们首先还是一起通过大屏幕来了解一下刘海峰先生。

1977年，18岁的刘海峰考入厦门大学历史系，从1984年以来的20多年时间里，他从未间断自己在科举和高考方面的研究，他首创了科举学，强调理性评价科举，主张为科举制度平反，并且因此被新浪网评选入围2005年度文化人物。在高考改革问题上，他主张务实渐进，在统一高考的前提下，推进高考内容与形式的改革。现在刘海峰先生担任厦门大学教育研究院院长，不断地以做大学问为期许，他非常欣赏竹的品格，认为竹是一种刚柔相济、外柔内刚的生物，既坚韧不拔，又淡泊谦冲。

曾子墨：看过了这个短片，我们知道您从大学就开始学习历史，然后这期间又不断地去关注科举制度。但是我也曾经注意到，您说您走入历史这个行当其实是一种历史的误会，不知道为什么这么说？

刘海峰：我1976年高中毕业以后上山下乡，在1977年恢复高考的时候，我也是以一个知识青年的身份来参加高考。我在福建省一个县里面下乡，当时可报和可选择的学校很少，专业也很少，我第一志愿就是福建师范大学中文系，结果大概是因为分数考得比较高的缘故，被录取到了我没有填报的厦门大学历史系。所以刚进去的时候，提不起兴趣来，就是没有专业思想。因此基本上都是应付那些课程了事，我学着用瞿秋白《我的自白》里面的一句话，就是“历史的误会”来安慰自己，当时很想转专业，但是不让转。后来学到三四年级才培养出兴趣来，所以我说是从历史的误会变成历史的选择。

曾子墨： 不知道在整个历史这个领域中，选择研究科举是不是算是一种历史的选择？

刘海峰： 也不完全是选择。1984 年，我硕士毕业的时候，在厦门大学高等教育研究所有一个工作机会，因此我就选择到了厦门大学高教所。由于自己从历史专业毕业，又在教育研究所任教，这样就自然选择教育史。科举是中国古代教育的一个重心，自然而然会研究它。越研究下去，相对其他专题来讲我觉得特别有意思。因为教育是一个渐进的过程，比如说你天天读书、教学、做作业，但是考试是一个转折，古代和今天都一样，这个转折会造成很多考生的喜怒哀乐，古代一些文人参加科举，一般知识分子参加科举以后留下了很多有趣的故事，那么研究起来就特别有意思。加上它研究的意义非常重大，所以慢慢地就更集中于研究科举，当然其他教育史的问题，包括现代高等教育的问题，我也涉及。

曾子墨： 您刚才谈到了现在高等教育一些制度方面的问题，包括像高考的问题等等，您自己又是 1977 年的考生，如今 30 年过去了，今天的高考，根据您的了解，和那时候相比有什么不同吗？

刘海峰： 从本质上来讲，没有根本的区别，都是通过一种公平竞争的手段来选拔大学新生。但是具体到复习来讲，那有很大的不同。1977 年、1978 年参加高考的学生，当时基本上是靠老底子，或者临时准备，临阵磨枪。但是现在的高考竞争过于激烈了，就从高中，高三的毕业生的竞争一直往下延伸，可以延伸到进重点幼儿园，甚至延伸到胎教，竞争过于激烈以后，造成很严重的应试的弊端，所以跟 1977 年、1978 年的时候相比，这个方面还是相当不同的。

曾子墨： 刘海峰先生研究历史这么多年，特别关注科举制度，您一定有很多研究方面的思考、心得，您又亲身经历过 1977 年的高考，现在同样还在关注着中国的高考制度，所以将两者进行对比，将两者放在一起进行研究，一定有很多新的思考角度今天和我们来分享。所以接下来，我想请大家用热烈的掌声，一起来欢迎刘海峰先生给我们进行今天的主题演讲——《从古代科举到当今高考》。有请……

刘海峰：今天我很高兴能有机会到“世纪大讲堂”来阐述自己的学术观点，谈谈从古代科举到当今高考这个问题。科举是一个离我们越来越远的古代的考试制度，但是在科举逝去一百年以后的今天，我们许多人仍然对科举有一定程度的了解，甚至连乡间不识字的老太太，对科举都有某种程度的了解。比如说古时候哪个村或者临近的村庄，谁考上了进士，或者说考上了秀才，以及民间口耳相传的戏曲、故事、谣谚等都涉及科举。因为科举是中国古代人文活动的首要内容，可以说对当时社会的影响无所不在。科举对中国传统社会的政治、教育、文学，包括文化、社会心理和民间习俗等方面都产生了非常重大而深远的影响。那么高考是我们今天社会关注的一个热点，到六七月份的时候更是一个焦点问题，它关系着千家万户的切身利益和在座的每个人，和我们社会上的许多人都有直接或者间接的关系。所以从古代的“高考”——科举到今天的高考都是影响重大的考试制度。从本质上来说，它们有某些相通的地方。

今天具体地谈，我觉得科举类同于高考，也就是说从几个方面来看，两者是非常相似的。其一，两者都是竞争性的选拔考试，它们不是一种水平考试，因为考生总是超过要录取的人数，那么一旦是选拔性的竞争，用考试是相对最为公平的一种手段或者途径。两者的本质都是公开考试，择优录取，以考试成绩作为录取的依据，就是不管你平时的表现怎么样，不管你平时的学习成绩怎么样，我只看你考场上发挥出来的水平，就是把分数作为录取的主要依据，甚至是唯一的依据，这一点两者是相同的。

其二，科举和高考都是由国家、由政府来举办的，具有高度的稳定性，也有相当的权威性。另外，高考和科举有很多方法方面的相似之处。比如说现代高考所采用的报名、编号、闭卷、密封、监考、回避、入围，以及评分、复查等办法，在科举时代都出现过，这些方法可以说是科举制对现代考试的影响，当然这些方法不仅仅被高考所沿用，其他考试也都在采用这些方式、方法。另外，现代中国高考制度的建立和发展，在一定意义上和科举有文化渊源关系，虽然高考制度的建立者，比如说 1952 年设定准备推行统一高考制度的人，他不一定是有意识地一定要借鉴科举来建立中国的统一高考制度，但是他毕竟是中国人，是中国传统文化影响下生长起来的人，因此他的文化基因里面含有传统文化的因子，有考试文化的因子，这样他不管是有意识也好，还是无意识也好，必定会受到传统文化的影响。因此科举对现代高考的建立，应该说是有一定文化渊源的。

关于古代的科举和现代的高考的争论也有很多方面有惊人的相似之处，比如说我举三个方面的例子。

一个是关于考试利弊、存废之争，就是要不要考试，考试有什么利、什么弊。现在高考出现了非常多的负面因素，应试教育的弊端大家有目共睹，确实造成了很大的问题，所以很多人都抨击高考制度，认为必须彻底改革高考制度，因为现今的高考对我们的教育，尤其是高中包括中小学的教育造成相当大的负面影响，因此有不少人提出应该彻底改革，甚至说要废止高考制度。这种情况实际上在科举时代也长期出现过。科举是从隋炀帝大业元年，也就是公元 605 年建立的，废止于清光绪三十一年八月初四日，也就是公元 1905 年 9 月 2 日，整整在中国历史上存在了 1 300 年之久。这 1 300 年之间也有起伏，概括起来，至少有六次科举存废之争。

(1) 唐代宗宝应二年（763 年），礼部侍郎杨绾提出改科举为察举孝廉，以避免应试弊端。争论的结果是科举未废。

(2) 唐文宗至唐武宗时期（827—846 年），宰相李德裕、郑覃先后反对科举制度。结果科举并未废除。

(3) 北宋中叶（1069 年前后），朝中众臣卷入科举改革存废之争，其中包括司马光、欧阳修、王安石、苏轼等，结果科举仍未废除。

宋徽宗崇宁三年（1104 年），蔡京当权，兴学校罢科举，众多官宦子弟因此进入仕途。停五科之后不得不恢复。

(4) 元惠宗元统三年（1335 年），由于政治斗争和民族矛盾，蒙古族官员彻尔特穆尔提出废除科举，结果废止了两科。

(5) 明洪武六年（1373 年），朱元璋认为科举选拔人才没有行政能力，改科举为荐举，但弊端更甚。十年后重新恢复。

(6) 清乾隆三年（1738 年），兵部侍郎舒赫德针对八股考试弊端提出废除科举，但结果未废。

光绪三十一年（1905 年），直隶总督袁世凯、湖广总督张之洞等上奏《请废科举折》，1 300 年的科举制度宣告终结。

从这六次的科举存废之争来看，就是由于科举与当时社会的政治、文化以及地区利益集团的关系过于密切，所以要具体实施时，都是牵动了高层领导，最后都是最高领导拍板。高考实际上也是这样。你看，1966 年废除高考是毛泽东决定的，到 1977 年恢复高考是邓小平作出的英明决断。所以对这种影响重大的考试制度，如果要废除或者恢复，都是一个非常重大而深远的举动，要牵涉到最高层。所以利弊存废之争，对我们现在高考的改革和认识高考制度，我觉得有特别的借鉴意义。

第二个是关于考试公平与区域公平之争。科举制度刚实行的头几百年，这个问题是不存在的，当时人们不大关注区域公平问题。在唐五代时期，几百年间，实际上到北宋中叶，特别是在唐代，考上的绝大部分是中原人，因为当时南方还没有充分开发出来，文化教育也相对比较落后。到北宋中叶，由于经济重心已经移到南方，文化发达程度，南边比北边强得多，因为北方经过唐末五代的战乱以后，经济和文化教育都受到相当程度的影响，整个教育程度不如南方，考上的人大部分是南方人。当时司马光就于 1066 年首先发难，他认为完全看考试成绩有问题，考上的大部分是南方人，而北方人太少。他提出一个定额取士的办法，就是说不管你是哪一个州、哪一个地方的人，比如说每十五个人录取一名，按考生比例来，而不按成绩来。司马光是山西人。而南方出生的人，如在江西考上进士后当了大官的欧阳修则认为，既然是考试，就是应该“一切以程文定去留”，也就是我们现在讲的分数面前人人平等。不管你哪里来的，既然是要考试，当然依水平来录取，而不能说你那个地方水平差，只是你那边报考的人多就应该多录取，这是第一次关于区域公平和考试公平的争论。不过在北宋的时候，并没有一个结论，这种情况一直维持下来，到明代还是这样，每次考试考上的人多数还是南方人。

明洪武三十年，也就是公元 1397 年会试的时候，主考官是一个南方人，叫刘三吾，还有其他的副考官，当时叫同考官的这些人一起参加主考。但由于试卷是弥封糊名的，完全是一种不知道考生身份籍贯的评卷，结果评出来以后，录取的全是南方人，没有一个北方人。于是北方的考生闹事，说这是考官偏袒南方的考生，因为考官是南方人。朱元璋觉得问题很严重，就叫其他考官来重新评判试卷。重新评判以后还是这些人，没作弊，南方考生就是水平高。后来北方考生又闹事，最后朱元璋杀了两位考官，还处死了状元，叫陈郊，福建人。接着重新再考，考后录取的全是北方人，当时称为“南北榜事件”。

这个事件出现以后，引起人们的反思，长期这样下去行不行？但是“南北榜事件”发生以后，实际上不了了之，第二年也没有定出一个办法来。一直到明宣宗的时候，就是 1427 年的时候，才真正形成一种“南北卷制度”。

就是把考卷全部标明是南方的还是北方的，名字和籍贯看不到，但至少区分了一个南北，而且在南北之间还划出一个中卷，就是除北方和南方省份以外，还有中间省份，比如长江流域，主要是四川，还包括广西、云南、贵州以及安徽的一部分，这个叫中卷。比例为南方的省份占55%，北方的省份占35%，中部、中卷占10%。这样的定额，分区定额录取，后来就基本上形成制度，虽然有一些反复，但一直延续到清代。

可是这样施行以后还是有问题，同样是北方还有区别，南方也一样。中卷也分来分去，有的时候中卷还分成上中、下中。到了康熙年间，出现南卷里面有一两个省连续几科没有人考上的情况，所以到那时候正式确定分省定额录取制度，就是分区录取，越分越细，分到康熙五十一年，也就是公元1712年，代之以分省定额录取制度，这个就跟我们现在的高考分省定额录取是非常相似的。我们现在高考的分省定额录取是一种自然而然形成的，不是说非要这样做不可。中国科举史上逐渐演变的历程说明：整个科举发展是越到后来越从考试公平向区域公平发展。

第三个是关于考试科目与内容的演变等，科举时代的考试跟我们现在的高考有许多相似之处。比如说我们现在的语文高考有很多问题，据说现在的试题让一些文学家、一些大学中文系教授去做，结果都做不及格。说明语文高考非常褊狭，都是拼音、词句、语法什么的，非常琐碎。所以有的人就提出，应该只考一篇作文，看他的写作能力，看他的求异思维，看他的想象能力。但是这有很大问题，它也是一个两难问题，在科举时代就出现了。就是说考作文也好，但这种主观试题的评分误差非常大，不同的人看同样一篇作文，见仁见智，可能这个人给60分，那个人给30分，甚至还有人认为偏离主题，只给20分，这种情况在高考评卷中常常出现。后来采取了一些办法，情况稍微好一点。在科举时代也是这样，刚开始用策论，就是考开放性的试题，但很容易猜题，后来就发展成一种八股文。八股文在明代正式出现以后，它实际上是古代的一种标准化的作文考试文体，这种文体有利于考官公平地、客观地评卷。它有一个比较刚性的指标，而且高水平的考官能够一眼就看出文章的高下，这是很有利于控制主观题的评分误差的。但是因为八股文当时的命题范围都局限在《四书》《五经》，即当时的教材里面，题目还是有限的。特别是《四书》，比如《论语》《大学》《中庸》《孟子》这些内容，出了几百年的题目以后，这些考生都背得滚瓜烂熟了。那么科举毕竟是一种选拔制度，就像现在的高考，语文如果就是那些教材，大家都考90分，谁上北大，谁上一般的学校？那么就只好加大难度才能够拉开区分度。因此，八股文的命题就从光明正大、纯正典雅慢慢地走向偏难、琐碎，包括怪题、偏题都出现了。就像现在的高考的语文试卷一样，有一些很偏的题都出现了。这是竞争性考试或者说选拔性考试必然会出现的情况，如果教材不变，命题范围不能超纲，不能超本，那么就会出现这种命题趋难，考题逐渐走向偏、怪、碎这样的情况，古今如出一辙。

当然高考也不完全等同于科举，我们讲高考有如科举，只是类似，它们还有很多根本的区别。首先，选拔目的不同，科举时代，参加科举的目的是选拔官员，而高考是选拔大学新生。即高考是纯教育考试，而科举主要还是一种文官考试，或者相当于我们现在说的公务员考试，当然它也具有一定的教育考试性质。除此以外，两者的考试内容当然有根本的差异。还有一个是报考条件不同。我们现在高考年龄放开以后，应该说是开放性很强，以前是规定不超过 25 岁，科举时代没有年龄规定，可以考到七八十岁，甚至于一百零二岁的人参加科举考试。比如说我们这里也有七十岁的人参加高考，国外有七八十岁的人去读大学，但他不是一种功利的、现实的目的，科举时代也类似。但是毕竟报考条件不同，在科举时代还有规定，有一些限制，比如残疾人不能报考，还有犯人不能报考，还有娼妓的子女，即使她从良以后也不能报考，因为如果她的儿子一旦考上，要光耀门楣，要把他的祖宗三代都给他公布出来，如果他的祖先所从事的是在当时被认为是一种不好的职业的话，就很难堪了。还有其他比如说看犯人的狱卒，这些人的后代都不能参加考试。当然还有其他如考试题型、考试模式、评分办法、阅卷手段等都是随着时代在发展，不可同日而语。因此我们讲，高考并不等同于科举，特别是考试目的、考试内容不同，所以不能够以废科举的事例引申到现在来讲要废高考。有的人认为清末废科举是教育发展的一个突破口，我们现在就应该废高考，作为中国教育改革的突破口，我觉得这个不能简单地比照。

高考改革现在应该何去何从呢？应该怎么改，各种意见很多。应该说每个人都有自己的观点，从不同的立场、不同的角度看，可能都有道理，可能每个人都是高考改革专家，但是每个人可能看得并不一定很全面。现在对高考改革的议论，总的来讲是新闻报道多，理论研究少；一般的议论多，深入的探讨少。你若深入分析下去，高考里面是有很多学问的，很多的两难问题，因为高考是一个高利害、高风险的大规模的考试，其改革应该非常慎重，不然会造成很大的负面影响。

我分析过，高考改革中至少有四对矛盾，后来又发展成八对矛盾。这八对矛盾，除了我刚才提到的外，实际上还有一些，比如说统一考试与选拔德才兼备人才的矛盾。实际上高考、科举存废之争就是这样的。之所以很多人主张废科举，就是因为科举只看考试成绩，不看平时表现。我们现在讲看德，还有讲体，这样的问题怎么解决呢？在科举时代就有这个争论，现在也是一样，它是一个两难问题。如果只看成绩有弊端，但是如果要综合考察，考察平时表现、平时成绩，一是可能造假，二是会标准不一，这是一个两难的问题。此外，我刚才提到的考试公平与区域公平，是一个典型的两难问题。还有，比如刚才讲的保持难度，就是保持一定的区分度和减轻学生负担之间也是一对矛盾。你要减轻负担吗？但选拔性考试是一种竞争性的，大家都把自己的能量、自己的努力发挥到极致，发挥到极限，那么就加重学生负担了。就是八股文和现在我刚才讲的语文高考例子都是这样，试题难度是层层加码；但另一方面你要减轻负担，现在中小学生确实太累了，这也是个两难问题。

还有一些两难问题。第一是考测能力与公平客观的矛盾。我们再以高考语文的命题作为例子。语文的命题，特别是作文命题是比较开放的，现在都是材料作文，让考生自己来定题目。应该说这种命题方式很有利于考生培养求异思维，发挥他的主观能动性，但是也有一个问题，它对公平客观地选才会造成一定的伤害，因为它很容易导致猜题和套题，就是考生平时背好了一二十篇范文，考试时，稍微把角度变换一下，自己拟一个题目就可把范文套上去。这几年的高考语文评卷有些满分作文，实际上很多都是套题的结果。所以你要考测能力，但是和公平客观会形成一定的矛盾。

第二个是灵活多样与简便易行的矛盾，我们希望高考能够多样化、多元化，但是过于多样，过于多元，会和考试的简便易行的原则造成一定的冲突。因为太多样就没有可比性，而且它具体操作起来非常烦琐，这个我不详细讲。

第三是扩大自主与公平选才的矛盾，我们高考的指导方针，前几年一再提“三个有助于”，就是有助于高校选拔高质量的人才；有助于中学推行素质教育，克服应试教育弊端；有助于高校扩大自主权。扩大自主权这个问题，再扩大，那就各个大学自己命题好了。但是这个会和公平选才产生矛盾。各个学校自己命题，自己考试，很容易造成人情关系的介入，因为中国向来是一个人情社会，人情、关系和面子在我们社会生活中起了非常重要的作用，如果你单独命题，很难保证能够教考分离，做到公平客观。这点我想很容易理解。

第四是考出特色与经济高效的矛盾。真正要考出特色，体现招生考试的多样化，就应该施行各校单考，但是这和高考的经济高效原则会形成一定的矛盾。因为中学生学的课程就是九科，如果一两千所高校都自己来命题，实际上会造成很多的重复浪费。统一考试是有很多弊端，但是它也明显地具有公平、客观，具有可比性和经济高效的优点，所以考出特色和经济高效之间也会有矛盾，这个也是两难问题。

我举了这四个两难问题，怎么解决这些矛盾呢？高考改革的难度就难在这里，它是牵一发而动全身的。很多问题之所以叫两难问题，就是说不可能有两全其美的解决办法，只能相对合理地慢慢调整。其他的两难问题，实际上也很难有一个完美的解决之道。

目前，高考又是我国的一项基本的教育考试制度，怎么来解决上述问题呢？我曾经提出一个方案，实际上有不少人也提出了类似的办法，就是两次考试模式，类似于美国和日本的高校招生考试制度，都是施行第一次共同试，就是等于统一高考；第二次考试，就各个学校根据自身的情况决定要不要举行第二次考试，多数学校举行第二次面试，或者单独命题。这样，一方面有一个全国可比的公平客观的尺度，还有就是能够筛掉一批水平实在达不到高校的条件的考生，就是减少考生的压力。如果是自由报考，完全是单独考的话，会有太多考生，比如北大要招 4000 人，可能会有 20 万的人要报北大，那北大怎么招架得住这么多人来这里面试，来这里参加单独考试？所以可以采取两次考试模式。但是采用这种模式要有一定的条件。比如现在的统一高考，它至少有一个好处，很偏远的地方，如新疆的某个学生，不用花几天坐火车也可以报考北大，报考清华；在云南的很偏远一个少数民族地区也可以这样。但如果是要到高校来考，贫寒家庭的学生，不一定有路费来考，更不可能报考几所学校，这是非常艰难的事情。两次考试模式在经济和交通发展到更高程度的时候才可推行。当然，在一些发达的省市，尤其是一些直辖市可以先行一步进行试点。

我觉得由于高考影响重大，我们对它的改革应该非常慎重，就像老子所说的“治大国若烹小鲜”，你不能随便翻来翻去，煎这个小鱼，经常翻来覆去，都给煎碎掉了。任何重大决策的出台都应该慎重，高考也是这样，如果改革不当，会影响一届甚至几届考生的利益或者部分人的前途命运。所以我们的改革，也应该像“烹小鲜”一样十分慎重，任何重大的改革推行都应该在小范围的实验的基础上，确认具有可行性了再来推行。总之，高考改革应该在全面研究和长远规划的基础上渐进地推行，这样才能使高考改革的震荡减到最小，使考生能够非常安心地来准备，对我们国家选拔人才继续起到积极的作用。

曾子墨：感谢刘先生今天在演讲中从回顾古代的科举制度一直论述到今天的高考制度。在这里想和您讨论一下您刚才所提出的这个建议，包括两次高考制度。我一直都觉得只要我们不把分数当作一个唯一的标准，人情在中国可能是一个绕不过的坎儿，它存在于选拔人才的领域当中，它存在于任何的领域当中。像您刚才所谈到的，比如说第二次考试这些交通问题，可能还有后勤方面的问题，这些也许通过一些技术的发展是能够解决的，但是只要增添了其他的因素，怎么样去绕开这些人情的坎儿，怎么样保证这个过程是绝对公开、透明、公正的，没有出现腐败？您有没有好的建议？

刘海峰：确实高校招生考试是教育界最容易滋生腐败的一个环节，如果没有一个公平、客观的方式来把关的话，会造成很大的问题，而且不单单影响社会公平，甚至影响社会的秩序、社会的稳定，所以我们说高考改革一定要慎重。两次考试的设想，我觉得可在一定范围实施，比如在上海这样的地方实施，上海现在高考录取率很高，比如说北京录取率也很高了，交通不成问题。而你刚才说的，是一个人情关系这种金钱或者权力介入，可能会滋生腐败的问题，可能更严重，但是我想好在至少有第一次考试的把关，如果没有第一次考试，直接用各校单考，那造成的弊端可能更严重。

曾子墨：既然是多年传承下来的文化传统，我想在一朝一夕之内去改变它肯定是非常的不容易，所以把高考的分数当作一个硬性的标准，它可能还会存在相当长的一段时间，那么面临高考制度带给我们这些问题应该怎么办？我们这边还有一个网友提出了一个问题，他的名字叫作“可怜啊现在的孩子”，他说中国的小孩子从幼儿园的时候就被灌输了一个道理，那就是长大了要考大学，说这样才能够出人头地，所以上大学就成了他们成长过程当中的唯一目标，那一切都为了高考，学习当然就为了应对考试，所以孩子就变成了考试机器。有什么样的考试可能就会有什么样的人才，有什么样的人才就会有什么样的国家，所以由此培养出来的人才成为将来国家的栋梁，这个国家我们要怎么去看待它，这个问题我们要怎么去解决它？

刘海峰：这个是一个非常难回答的问题。我们的社会风气、我们的这种文化中的一些消极的方面对我们现在的高校招生考试选拔造成的负面影响确实很大，但是又很难杜绝。我可以说是多数人都喜欢，或者说习惯于去走后门，找关系，托人情，促使我们高考不得不用这种完全按分数、分分计较来录取人的办法，使我们中小学生就是在这种高考的重压、在应试的重压下来学习，没有欢乐的童年和少年。在一定意义上，可以说是大人的过要小孩去受，是这样。

曾子墨：的确是一道难解的题啊，不过还是非常感谢您和我们网友做的交流。谢谢！接下来我想请我们在座的各位和刘先生沟通一下。

观众：刘教授，您好！我是北京大学马克思学院 05 级的本科生。我问您一个问题，您认为对高考移民有什么好的解决措施吗？

刘海峰：第一个问题是关于高考移民的问题。高考移民问题这几年日益凸现出来，媒体的报道很多，百姓的议论也多，如果无限制地接受这些移民，虽然当地的户籍管理部门可能得到一些利益，或者中学的高考升学率上去一点，但是对当地的考生造成了一定的利益伤害。在古代就有这样的问题，叫“冒籍”，冒充籍贯。怎么解决这个问题？当地的人自然会出来反抗、反对，因为侵犯了本地的考生、本地的学生的利益。后来做出各种限制，比如说在清代，当时台湾回归，即郑成功收复台湾以后，清政府也开始实行科举制度，福州当然文化教育发达，福建省其他州县也是文化比较发达，比台湾发达得多，好多人就移民到台湾去，认为在那边比较容易中秀才，中了秀才以后就有机会参加乡试考个举人就回来，比本地考容易得多，所以很多人想移民过去。到了一定时候，那边人就强烈反对了，所以后来规定，你的籍贯不仅要在这里，你的祖先的坟墓还要在这里，后来甚至有规定说你要入籍 20 年。我们现在很多省市规定说要多长时间，有的规定三年，以前曾经要求入籍 20 年。但这个问题我认为也是两难，是不可能完全解决的，只能相对解决。

观众：谢谢刘老师给我们带来的精彩的演讲。科举制度在中国延续了一千三百年，它延续这么长时间，一定有它的合法性，包括刚才刘老师讲的从社会上来说、从这个文化上来说的合法性，那么我更想听一听高考制度存在的政治合法性是什么。谢谢。

刘海峰：北大的学生就是很会提问，高考存在的政治合法性，我觉得说合理性就可以了。高考实际上有它存在的价值。首先，它追求公平；其次，我们讲到政治的问题了。实际上因为统一考试有一大好处，既然是一种公平竞争，考上的人欢欣鼓舞，考不上的人，一般来讲是怪自己，最多怪自己出身不好，或者家境贫寒，他不怪政府，不怪社会。因为这是一种公平竞争，如果哪个考生差一分没上，最多认为运气不好。但如果是通过其他方式，看到人家的金钱和权力能够起很大作用，自己虽然天资比较聪颖，也很刻苦，可是却不能上大学，或不能上重点大学，那么他的不满就不是怪自己、怪父母了，他怪的是社会，怪的是政府，就会造成社会的不安。所以我们讲统一考试在古代和今天，都是具有维护社会公平和社会稳定，当然也包括政治的效用，就是我们讲的合理、合法性都有。这个问题我只能简单地回答。

曾子墨：在我们节目即将结束之前，我还想请您简单地对电视机前将会参加高考、准备着参加高考的学生及其家长说几句话。

刘海峰：人生的道路虽然漫长，但是关键的转折点往往只有几步，在社会上能够通过个人努力而改变命运的机会并不是很多，而高考是一个可贵的途径，所以如果你是即将高考，或者说你是将来参加高考的学生，我希望大家能够珍惜这个公平的竞争机会。祝你们成功！谢谢！

曾子墨：谢谢！我想尽管高考制度能做到的只是一个相对的公平，尽管它还非常地不完善、不完美，但是我想通过刚才刘先生给我们的这番演讲，我们也能够体会到，对于中国这样一个人口众多、幅员辽阔的国家来说，无论是在选拔人才这个领域，还是在其他的任何领域，要想建立一个非常完美的制度、一个最优化的制度，并不像我们说起来那么容易，所以我觉得更需要我们很多的民众，包括我们在座的很多学生，以及刘老师这样的学者，还有很多的官员，更积极地去参与，去思考，去讨论。虽然道路可能相当地曲折，但我们还是希望已经走过了30年的高考制度能够渐渐地摸索到、寻找到一个既能够公平地来选拔人才，又能够培养真正意义的人才的改革之路。再一次感谢刘先生今天光临“世纪大讲堂”！也非常感谢我们今天在座的北京大学的各位老师和同学们！

（演讲在香港凤凰卫视中文台2006年5月27日、28日“世纪大讲堂”栏目播出，文字记录原载《世纪大讲堂》，辽宁人民出版社2007年版，第51～66页）

六、高考新制访谈

高考是一种适应中国国情的考试制度

记者：刘教授，您好！

您是1977年恢复高考的受益者之一，后来长期从事高考制度研究，并直接参与国家高考改革方案的制定，可以说您与高考结下了不解之缘。明年是高考恢复40周年。近40年来高考制度历经多次变革，您认为高考改革的“变与不变”各体现在哪些方面？

刘海峰：高考恢复30周年的时候，全国几乎所有媒体出现了集体性怀旧，对恢复高考30周年做了一些回顾、反思，也出版了很多纪念性的文章和著作，我也写了一篇《2007：中国的“高考年”》。明年是高考恢复40周年，是一个很重要的纪念年份。厦门大学教育研究院作为考试研究的一个重镇，当然不能缺席，也在积极筹备。一是明年打算在厦门大学召开“恢复高考40周年暨高考改革学术研讨会”，这是一个比较高层的会议，可能会跟北京一些媒体联合主办，初步考虑邀请国家教育咨询委员会考试招生制度改革组的几位委员，我也是其中之一。二是明年准备推出两套研究丛书。一套是我主编的“高考改革研究丛书”，现已出版16本，预计在今年底明年初增加到22本，由华中师范大学出版社出版，另外一套是由浙江教育出版社约我主编的“高考制度变革研究丛书”，初步计划出8本。两套丛书加起来共30本，是一个很壮观的关于高考改革研究的系统工程，这是给恢复高考40周年献上的一份厚礼。我向来认为高考非常重要，对社会方方面面的影响很大，关系到千家万户的切身利益。但是，全国对这方面的研究不是很多，特别是不够系统，我们想做一个比较全面、系统、深入的研究。

将近40年来，高考“不变”的方面最主要体现在始终坚持公平性。社会大众对高考最大的期望是能够发挥公平选才的作用。高考的主要机制是公平竞争、择优录取，与以往的推荐等其他选才方式不同。尽管高考制度经历了各种各样的变化，但是这种公平竞争、择优录取的机制还是基本保留下来，始终以高考成绩作为录取的重要依据，自主招生、推荐面试、三位一体综合素质评价等其他招生方式在总的比例中还不是很高。

高考“变”的方面很多。从考试时间来看，1977 年高考是 12 月份。1978 年是夏天，后来大部分是 7 月份的 7、8、9 日三天。2003 年开始改为 6 月份，时间提前。从考试的组织形式来看，1977 年是分省命题，各地级市评卷，而不是全省统一评卷，这是很特别的。1978 年实行全国统一命题，分省评卷。1985 年，上海市单独命题、单独评卷。2004 年，有 11 个省份分省命题，后来发展为 16 个省份自主命题。2015 年开始向全国统一命题回归，2016 年有 26 个省份回归全国统一命题。考试题型也有很大变化。20 世纪 70 年代末 80 年代初大部分是记忆类题型，比较简单。20 世纪 80 年代中期，从英语科目开始引入标准化考试，就是我们讲的 ABCD 选择题。这种客观的选择题后来运用到所有学科。作文命题更是变化很大。从高考科目来看，1977 年考 4 科，后来增加到文科 6 科、理科 7 科，现在逐渐发展为“3＋X”“3＋2（文综、理综）”。2014 年是一个很重要的高考改革年份，国务院出台了《关于深化考试招生制度改革的实施意见》，上海、浙江出现了“3＋3”的科目模式。

到目前为止，高考制度进行了近 40 次大大小小的改革。技术性的改革大部分取得了成功，如网上阅卷、网上录取等，并且一直保持下来，但是不少制度性变革走了弯路或还原，没有获得成功。

记者：为什么高考要逐渐回归全国统一命题？

刘海峰：我曾经发表过一篇论文《小事件引发大改革——高考分省命题的由来与走向》，对 2004 年高考实行分省命题的原因进行了说明。2003 年四川南部县发生高考试卷失窃事件，当时中国开始进入互联网时代，因为担心造成重大的全国性公共安全事件，那一年中央高层就考虑要不要推迟高考。后来决定从 2004 年开始实行分省命题，最初有 11 个省市，后来扩大到 16 个省市。各省市命题情况不大一样，有些省份命题质量不错，也有部分省市认为自主命题压力很大，面临考试安全、命题质量、命题成本等一系列问题，希望把命题权交还给教育部。此外，部分省市的高考自主命题质量、科学性不如全国统一命题的质量、科学性。各省市的命题教师来源有限，身份难以保密，隐性泄题的可能性大大增加。地方高校的命题教师总量也不多，命题科学性难以保证。在这种背景下，高考命题才又从分省命题逐步走向全国统一命题。

记者： 您如何评价当前一些省份出台的高考改革方案？

刘海峰： 上海、浙江作为试点省份，在 2014 年 9 月中下旬发布了高考改革方案。其他省份纷纷前去了解、取经。2015 年 3 月份、12 月份，由国家教育体制改革领导小组办公室安排，国家教育咨询委员会委员、国家教育考试指导委员会委员和其他一些专家分别到上海、浙江进行专题调研，全面了解改革情况。上海市副市长、浙江省教育厅厅长分别做了很详细的介绍、汇报。我们还到一些中学、高校召开了座谈会。

2017 年启动高考综合改革的四个省市分别是北京、天津、山东、海南。最近教育部代表国家教育体制改革领导小组办公室安排 3 个专家小组，对上海、浙江、北京、天津、山东、海南 6 个省市，进行落实国务院《关于深化考试招生制度改革的实施意见》的督查。4 月底、5 月中旬我们这个组去海南、山东进行督查，两个省的教育厅进行了详细介绍，并召开高校、中学校长座谈会。

总的来看，各省高考改革方案大同小异，对中西部人口大省和贫困地区的农村考生进行扶持、清理高考加分、自主招生规范化等方面都在稳步推进。现在最关键也最难的是各省要推进的“3＋3”科目改革。对海南省高考改革方案深入了解后，我认为海南省是择善而从，它的特点是尽量简洁化。例如，“6 选 3”的 3 门科目考试时间，浙江、上海是安排在高考之外的时间考，而海南是安排在高考之后紧接着考，即在 6 月 9 日、10 日考。除了外语一年两考现在中央还没出台最后确定的办法，其他科目，海南只考一次，不像浙江可以考两次。

记者： 您曾说过：“不研究高考的人往往是高考改革的激进派，研究高考的人往往是高考改革的稳健派。”这两个派别很鲜明吗？

刘海峰： 至少原来是这么鲜明的，这些年有所调和。从 20 世纪 90 年代末一直到 2007 年前后的十几年时间里，推行素质教育，反对应试教育，很多人对高考制度进行强烈抨击，有的甚至直接提出应该废除高考制度。我认为提出废除高考制度、彻底改革高考制度的人都属于激进派。我举几个例子。美籍华裔学者黄全愈写了一本书——《高考在美国》，他认为中国高考造就的是考生，美国高考造就的是学生。提出民间高考改革方案的北京学者杨东平原来对高考制度的批评也比较多，很多媒体把他当作激进派的代表，把我当作稳健派的代表。1998 年，福建师范大学孙绍振教授专门发表过一篇文章《炮轰全国统一高考体制》，对高考体制进行了强烈批判。2007 年，宁波大学外语学院院长范谊在全国人民代表大会上公开提出“废除高考”的提案。

2005 年，《北京文学》发表了一篇报告文学《高考殇》，作者直接提出要把高考送进坟墓。文章发表后，该杂志主编给我打电话，希望我以高考研究专家的身份写一篇文章。我当时就写了一篇《高考不是万恶之源》，文章的第一句话就是“不研究高考的人往往是高考改革的激进派，研究高考的人往往是高考改革的稳健派”。为什么这么说呢？不研究高考的人，只看到高考有很多弊端，如造成学生学习压力大、负担重，没有快乐的童年、少年等一系列问题，因此认为要废除高考，要彻底改革高考制度。那么，不高考，怎么招生？用什么办法招生？不通过高考来招生，出现的问题一定更大，弊端也更多。因此，我在很多媒体上一直强调，中国一定要坚持统一高考制度。研究高考的人为什么会成为稳健派呢？因为研究下去，才知道高考改革的难度很大，若只注意问题的一个方面，改了以后出现的弊端有可能比原来更大。在中国，高考存在很多问题，但是不高考会出现更多问题；高考有许多弊端，但是没有高考一定会出现更多的弊端；高考很坏，但是不高考一定更坏。高考是一种“必要的罪恶”，确实有很多问题，但是可以防止最坏的情况出现。许多学者研究高考以后，发现他原来设想的东西大部分不可行。高考改革如果没办法保证公平性，那么老百姓不会答应，社会不答应，最后还得退回来。高考是一种适应中国国情的考试制度，文化国情决定了高考模式。有什么样的文化环境，就可能造成什么样的招生考试制度；有什么样的国民、什么样的教育传统，就可能形成什么样的招生考试模式。

记者：“考试招生改革总体方案 ”提出，逐步推行基于统一高考和高中学业水平考试成绩的综合评价与多元录取机制，这一机制具体应如何推行？应注意哪些问题？

刘海峰：这只是一种提倡。现在一般说的是“两依据一参考”，一是依据高考成绩，二是依据高中学业水平考试成绩，参考的是学生成长记录、综合素质评价。“两依据”中，高考成绩看语数外三科总分，高中学业水平考试成绩可以参考，例如所有科目都要合格。现在大家最关注的是“6 选 3”，一旦选为选考科目，将三门高中学业水平考试的成绩带入高考计分录取，那么这三门科目的性质其实发生了变化，实际上已经不是学业水平考试，而是选拔考试，也就是属于高考科目了。这就会产生各种各样的问题，如不同选考科目能不能等值、选考科目与报考专业的匹配度问题、志愿调剂问题等。

2011年，我们为了制定高考改革方案进行了大规模调研，去了14个省(区、市)，对16个专题进行了讨论。在会上我曾多次提出可以参考借鉴台湾“加权计分”的招生方式。比如说学生选考了物理、化学、生物三门学科，如果他报考化学专业，那么高校在录取时就可以对他的化学考试原始成绩进行加权计分，如乘以150%或其他比例，从而凸显化学学科的重要性。

在实际操作过程中，最难的是将综合素质评价作为高考录取参考。因为每个学生的综合素质表现是不可比的，容易出现科学性问题、造假问题。综合素质评价缺乏客观、刚性的标准。一个学生的道德表现、成长记录一般是用文字来陈述、呈现和表达的，难以进行比较。当然，在小规模的自主招生中可以参考，但是在几十万、几百万人大规模的招生录取中，拾金不昧、孝敬父母等综合素质评价难以客观比较。一旦要可比，必须量化。一旦量化，就会出现造假、失真。在中国诚信缺失的情况下，这种评价是很难实行的。

记者：您认为此次高考改革是最系统、最全面的一次，正所谓“牵一发而动全身”，此次高考改革对基础教育、高等教育将产生哪些深刻性影响？

刘海峰：高考改革对基础教育的影响是最大、最直接的，涉及方方面面，包括高中教学计划、学生选考科目、班级组合方式等。这一改革打破了长期以来高考的文理分科，对增加学生的选择性、高中办学的特色化和多样化等方面，都将产生重大的影响，如学生根据兴趣和专长选学选考，高中进行分层教学、走班制将普遍实行等。

高考改革对基础教育也带来一系列的挑战。例如，一些学生选考的科目不是真正根据自己的兴趣和专长，而是趋易避难，导致有的科目选考者众多，有的科目选修的学生相对较少。选考科目两次考试如何等值？如何调整不同科目的教师人数与选修人数不匹配的问题？如何避免条件较差的县以下中学或一些薄弱学校在高考竞争中进一步处于不利地位？选修和走班制度十分多样和复杂，教师和管理人员的工作量将大大增加，如何增加人员编制或经费以保证其工作的积极性？

在高等教育方面，高考改革促进了高校录取学生方式的多样化，在考试成绩换算、高校不同专业对学业水平考试科目的要求、录取时不同科目组合的可比性和调剂等方面，也产生了明显的变化。例如，浙江省在高考录取环节是志愿填报专业优先，而不是按照以往的先学校、再专业来填报志愿。

高校要根据不同系科提出不同的选考科目要求，从而倒逼一些高校对薄弱专业进行优化或调整。根据浙江、上海的相关统计数据，目前有53%左右的高校专业没有提出任何选科要求。主要原因是担心限制多了，到时合格考生不够，造成生源不足等问题。此外，录取时若出现选考科目与高校指定科目的招生计划不匹配的情况，应如何调剂才不会影响招考的公平性？这些问题都需要进行认真、细致的调研，有些还应未雨绸缪。

记者：近年来，随着我国自主招生规模不断扩大，自主招生中的问题逐渐暴露出来。为何在国外运转良好的自主招生模式，在中国难以达到预期效果？国家应如何进一步完善自主招生政策？

刘海峰：中国是一个人情社会，自古以来讲究“天理国法人情”。在这样的社会环境下，如果没有刚性的考试分数把关，就很容易造成人情的介入，干扰招生考试的公平性与客观性。实行自主招生的初衷是为了弥补完全靠考试分数录取的不足。仅仅靠考试分数录取确实存在一些弊端，导致考什么就教什么、学什么，不考什么就不教什么、不学什么，不注重平时的表现、成绩，学生学习负担重、知识偏狭，体育不受重视等一系列问题。国家想通过自主招生，选拔一些有学科专长、发展潜力比较好，也许考试分数不一定很高、发展不是很全面的学生。然而，偏才、怪才的人数还是很少，各高校还是希望招收比较全面、比较优秀的学生，这些学生在高考中同样也可以取得高分。自主招生后来演变成大部分高校的“掐尖之战”。自主招生确实也选拔了一些人才，但是很多时候成了提前抢优秀生源、降分录取的一种招生方式。此外，自主招生的一些材料可能造假，有些材料无法准确判断。自主招生中出现的腐败案件，也对招生的公平性造成不良影响。民众对自主招生过程中可能出现的权力寻租等问题非常关注。

近年来，国家对自主招生制度进一步规范、完善。一是压缩自主招生的比例。除了北京大学、清华大学的比例较高，其他高校自主招生的比例严格控制在招生总数的5%以内。二是要求阳光招生。要求在自主招生的多个环节进行公示，公示的信息、材料要尽可能完整、详细，包括学生的姓名、籍贯、来源学校等。也有人提出能不能公布自主招生的面试成绩。纪检监察部门也应全程跟进、监督，真正起到检查、督促的作用。

记者：在推进教育公平方面，高考改革还有哪些方面需要进一步探索？

刘海峰：推进教育公平是高考改革始终坚持的方向。例如，对中西部地区的招生倾斜政策，无论是高考的录取率还是高水平大学指标的比例，都在向中西部人口大省及贫困地区的农村学生倾斜。此外，清理高考加分，规范自主招生制度，也是保障教育公平的重要举措。进一步推进教育公平，我认为未来最主要的是坚持高考在高校录取中的主体地位，这一点很重要。不管录取率提高多少，社会怎么变迁，老百姓对公平的关注还是第一位的。科学选才当然很重要，但是一般民众更关注公平性。万变不离其宗，高考不管怎么改，始终要坚持公平性，公平还主要靠分数来保障，没有分数刚性把关，很容易受人情、金钱、权力的干扰。即使将来有可能降低考试分数的重要性，高考招生还是要坚持以考试分数为主，这样的改革才能得到大多数人的支持和拥护。

（原载《教育评论》2016 年第 7 期“名家访谈”，题为《高考是一种适应中国国情的考试制度——刘海峰教授访谈》）

高考指挥棒现状很难改变

在一篇回忆性的文章中，刘海峰把自己称作“中国学术界与高考关系最密切的人”。刘海峰从1977年两次参加高考，成为厦门大学历史系77级大学生，到后来以厦门大学教育学院院长、国家教育咨询委员会委员的身份，长期研究高考制度以及直接参与国家高考改革方案的制定，历史注定刘海峰与高考结缘一生。

在2014年新的高考改革方案出台之际（2014年9月5日下午），刘海峰在搜狐总部接受了搜狐教育的独家专访，畅谈他对改革方案的看法。被认为是教育改革稳健派的他始终坚持：高考纵有千不是万不是，但它仍是目前相对最公平的考试，“高考不改不行，但是，急于求成也不行”。

一、高考指挥棒现状很难完全改变

记者：您是“文革”后1977年恢复高考后的第一届考生，您也曾经说过，您跟高考结缘很深，1977年两次参加高考成为厦门大学的学生，到后期长期参与研究高考改革，并参加国家高考改革政策的制定。首先请您谈一下，上世纪70年代末的高考和现在的高考有哪些不同？

刘海峰：70年代末的高考跟现在的高考相比，差异是非常大。那时候百废待兴，从1977年10月20号前后恢复高考的决定到12月中旬正式高考，不到两个月时间，时间非常短。当时各个省是分省命题、分省考试，直到1978年才是全国统一命题。

经过“文革”十年的中断，很多人都不知道高考是怎么回事了，而且在“文革”中“读书无用论”盛行的情况下，考生总体文化水平不高，当时的考题在现在看来简直是“小儿科”，大概相当于小升初的考题，当时没有外语，只有报考外语专业的人才学外语。经过30多年到现在，高考难度跟当时完全不可同日而语，无论科目还是难度都有很大不同。

记者： 千呼万唤的高考改革方案在今年9月初终于亮相，您研究高考改革多年，在看到方案全文后，令您印象最深刻的内容是什么？

刘海峰： 我印象最深刻的不是哪个点，而是觉得整个方案非常成系统，有一个总体思路。因为以往也不断有关于高考的各种各样的改革，但多数都是单向的或者某一个侧面的改革，而这次有一个比较宏观的思考，考虑到了考试招生的方方面面，且兼顾公平和科学。

记者： 您认为高考指挥棒的现状会因此改变吗？

刘海峰： 很难完全改变。严格来说，一考定终身不是非常科学的说法，我十几年前发表过论文，题目直接就是《高考并非一次定终身》，即使从1977年开始就有人考上大学、专科学校或一般学校，他们也有可能会复读，所以“定不定终身”主要是个人选择。

目前来讲，高考在中国人的受教育、进大学的过程中是至关重要的，尽管我们提倡综合评价、多元录取，但是我认为高考是适应中国国情的一种考试制度。不管怎么改，只要中国公众高度甚至过度重视教育的这个教育价值观没有改变，并且如果重人情关系和面子的这种社会风气没有根本改变的话，我认为用统一考试的这种办法来录取大学生就还是主渠道。在这种情况下，它对中小学一定会有指挥棒的效应，要改变一考定终身可以在某些方面进行，但是要全部改变很难。

二、使用全国统一卷省份增加不是倒退

记者： 方案中提到“2015年前增加使用全国统一命题试卷的省份”。这个让我们想到了2001年“新课改”鼓励各地开展教育改革，并逐步放开分省命题，现在开始有人质疑这是否意味着“倒退”，您的看法是什么？

刘海峰： 我认为不是倒退。分省命题大面积推广是在2004年，当时的背景是部分省份已经推行了高中的新课改，因为要和新课改的进度匹配，所以高考各个省的推进略有不同，这是一个方面；但更主要的因素，是2003年发生了“四川省南部县高考试卷失窃”事件，在这种时代背景下，2004年推行了分省命题，当时有16个省市进行分省命题，在推行中分散了考试风险。因为如果以前是全国统一命题，失窃的试卷放到互联网上就会造成全国大范围的泄题事件，所以分省命题分散了考试风险，这个是有好处的。另外还体现出一些省市的特色，这也有它的积极意义，但也出现一些问题。首

先是有的省份命题科学性不够，无论是题目的难易程度还是区分度都不好把握，考题难免出现“大小年”现象。如今年考的容易了，但是一路拼命抨击太容易了没有区分度，结果第二年压力之下一下子又变得很难，造成大家都考不好，又失去了考试选拔梯次。这种科学性在有的省份命题中是体现不够的。另外分省命题也增加了成本。

世界上大部分国家的高校招生考试都是由一到两个全国性的考试中心来命题。比如日本只由一个大学录取考试中心来命题，美国主要有两个 SAT 和 SCT 成绩，俄罗斯，还有台湾地区都是一个。中国大陆有 16 个考试中心，在一定意义上中国高考的多样性已经超过统一考试的国家，而且有些省在单独命题过程中感到压力很大，保密工作压力很大，命题老师也不容易找。一个省内命题老师数量有限，隐性泄题的可能性大大增加。这些年有四五个以上的省份提出希望由教育部考试中心命题，所以出现了方案中高考统一命题省份增加的情况。

记者：从公平性方面来讲，全国统一命题是不是会相对公平一些？

刘海峰：考试要有可比性才公平，同一张试卷有客观统一的尺度，公平性才能体现出来。当然，我觉得短时间内不可能回到全国统一命题，即使回到统一命题也很难说完全用统一考试的成绩来录取最公平。因为中国向来是分省定额录取，首先各个省的评卷不是在一起的，高考以来从来没有全国统一评卷，中国幅员辽阔，每年考生几百万人之多，没办法在一个考试中心或者一个场合来评卷。分散在各个省评卷，无论答案多么标准，评卷宽严程度不可能一样，完全按统一成绩来录取也不是很容易做到的事情。

三、“考试法”立法很有必要

记者：2015 年年前自主招生安排在全国统一高考后进行，对此很多学者呼吁在高考成绩公布以后由大学自主提出申请成绩要求，达到成绩要求的学生自主申请若干所大学，大学独立进行录取，也就是说一个学生可以同时获得多张大学录取通知书。您觉得这种提法是否可行？

刘海峰：这个问题现在人们不断在提，实际上多数国家也是采取这种办法。中国在 1952 年实行高考制度之前，考生是同时可以拿到几所大学的录取通知书，现在经过这么多年发展下来，一个考生只能得到一所大学录取通知书，应该说选择性是不如以前了。但是中国要实行一个考生同时可以拿到几所大学录取通知书，这是一种理想，要达到这个理想可能还要经过一个过程，不是短时间内能做到的。为什么？以前在单独考试的时候可以有多所大学录取通知，比如 1951 年、1950 年，还有民国时期，造成很多学校实际上录取的人数跟报到的人数差距很大。1952 年为什么建立统一高考制度？其中一个很重要的原因，就是希望各个学校能够招满学生。

现在如果中国要实行一个考生拿到几个录取通知书，这里面有几个条件。第一，中国有着世界上超大的考生群体。日本一年全国参加第一次大学录取共同试，也就是我们讲的类似于统一高考这样的，每年总共最多几十万人，从来没超过一百万人，台湾地区十几万人，而我们最多的时候有 1 050 万人，现在也有九百多万人，这个群体太大了。

第二，如果要几所大学同时给一个学生发送录取通知书，我们可以参考美国大学的例子。美国大学录取后大概有一个月时间让考生确定，一些学校还会给被录取的学生提供亲自来校园了解情况的机会，会向他们提供免费住宿，希望能吸引他们最后选择，这个过程很长。中国每年六月份高考，八九月份录取，这中间的时间比较短，更主要是工作量很大，所以短期内是不容易做到的。

记者：不管是综合评价考试还是自主招生考试，还有农村子女上重点大学比例，它们的公平性都一直遭受质疑。我们 8 月份做过一个网络调查，有 90%的网友呼吁招生考试立法，您怎么看这个问题？

刘海峰：我也赞成进行考试立法或者教育考试立法，实际上政府也一直想进行考试立法。当出现考试作弊的时候怎么进行处罚，确实是一个问题，很多情况下出现无法可依的情况。如果是命题人员泄露了试卷，会被判处“泄露机密罪”，但面对考生就没有一个可以刚性衡量的处罚办法。

过去出现考生考试作弊只是笼统地说取消当年高考的全部成绩，这种处罚等于没有处罚，这个处罚力度太低没有震慑力。后来出台普通高等学校招生考试违规的处罚条例等办法以后，现在一般要求作弊考生三年不得参加高考，这个处罚力度当然比过去是有明显的加强，但是还是不够。

多年来一直有人提出应该进行考试立法，至少是招生考试立法或者教育考试立法。实际上教育部一直在努力，但是现在出台还不容易，难度很大。我也曾经参与起草《中华人民共和国考试法》，2007 年已经有一个雏形，因为《中华人民共和国考试法》涉及的面太广，不单单是高考，还有公务员考试、司法考试等各种各样的资格考试，要考试法统一涵盖所有考试，情况非常复杂，难度很大，所以当时没有正式提交人大常委会讨论，就被暂时放在一边。现在不断有人提出：既然全国性综合性的考试法出台有难度，能不能先行制定招生考试法、教育考试法，我认为可以。就这个问题来讲，我不仅赞成，而且本来就是推动者和参与者之一。

四、“高招扶贫”或造成反向高考移民

记者：新的高考制度向中西部倾斜增加了农村学生上大学的比例，但是据我所知各高校并没有拿出一个统一的具体方案，这个方案具体应该怎么样来实行？怎么来保持它的公平性？

刘海峰：这次的考试制度改革实施意见很重视促进公平，继续实施支援中西部地区招生计划，特别是东部地区的高校安排专门的招生名额招收中西部学生，包括招收农村贫困地区的考生计划，总的来讲设计是非常科学、非常有道理的。中西部文化教育水平确实有所差异，有一定的差距，特别是农村考生，中国在这么一个城乡二元结构的社会里面，很多农村的学生受教育条件远远不如大城市里面的学生，起跑线不同。

如果不考虑政策倾斜的话，一些重点大学近些年对于农村学生的录取比例有所下降。从近年来开始出台这些政策，我觉得是必需的，应该要有维护社会公平的意识。高考制度它本身就有维护社会稳定、促进社会阶层流动的功能，现在这个背景下出台这个政策非常有必要。但是怎么来做确实还需要进一步的考虑，看看有没有可能制订一些比较具体的可操作的细则或者办法。这样做的好处是，至少不会出现一些重点大学尤其像北大、清华，有的县多少年录取不了一个，高度集中在一些省会城市的那些所谓超级中学或者明星高中里面，重点大学的录取人数地区分布相对均衡一点。

我们现在出台了面向农村、面向中西部重点大学的招生指标倾斜政策，但是怎么来做确实需要制订一些更细的、可以遵照的或者可以操作的办法。因为如果没有一个很明晰的办法，如果笼统说农业户口的就可以，现在农业户口慢慢取消了，户籍改革也取消了，如果什么地区的考生都可以，会不会出现有的城市里面的考生反向高考移民，把户口迁到农村，原来上不了北大、清华，但是如果把户口迁到农村，可能一下子成了县里面的第一名，倾斜政策的名额实际上被这样的人拿走了，如果出现这样的情况，也是需要全面考虑的。

记者：以考试招生制度改革为突破口的考试、招生相对分离的办法是推进高考改革的核心，但是这次高考改革方案出来之后新的改革方案并没有明

确提出招考分离这项内容，今天有媒体如《21世纪经济报道》说招考分离未能实现，您怎么来看这个问题?

刘海峰：招考分离是我们的一个提法。我认为，一定意义上来说现在已经是招考分离了。现在有的学者提出，高考改革最重要的是要政府退出高考，退出考试招生，完全还大学以自主权，这个才是真正的改革，要不然改革好像都是不彻底的。

但我不这么认为。各个省的考试院不完全是政府机构或者不是政府机构，它们不是公务员编制而是事业单位编制，虽然有一定的政府色彩，实际上只是一个专业的考试机构。它们来管理这些招考的事务实际上为很多大学提供了方便。如果没有这些机构的存在，招考事务由各个学校自己来做，学校将不堪重负，而且很容易出纰漏和麻烦。现在主要的原因，是完全以分数录取这种体制造成高校看上去没有自主权，因为实行平行志愿，招生办变成了“接生办”。

记者：高校是否应该争取更大的自主权呢?

刘海峰：我认为应该是。但是高校首先要意识到招生是学校的重要任务，而不是只要录取高分学生就完事。其实这对很多高校来说是最轻松省事的办法。真的走向招考分离，高校要投入大量的人力、物力来做，不能像我们目前很多大学的招生办几个人、十几个人就行了，而是要像有些西方国家一个招生办要几十个人甚至要上百号人参与其中，来做繁重的招生甄别工作，工作量是很大的。

中国社会人情关系盛行，而且金钱权力干涉很大，需要考试院监督制约。如果政府要退出招考，仅仅防止高考作弊就没办法。现在，中国每年高考要动员近20个部门，从公安、消防、安全、武警、交通等全部都参与其中，即使这样还很难防止作弊。理想化的学者提出政府应该完全退出，退出之后中国的考试会变成什么样?要考虑中国的现实，我认为中国的高考是适应中国国情的考试制度，在中国存在有它的合理性。如果中国的社会风气没有改变，重人情关系和面子的社会文化氛围没有根本改变，还有诚信体系没建立的话，你想着用西方那套搬过来根本不可行。有什么样的国民就有什么样的招考制度，有什么样的社会风气就可能有什么样的招考模式，我们是文化国情决定了招考模式，现在的高考制度就是我们这些历史传统和社会现实慢慢形成的。

（原载搜狐网“搜狐教育”，2014年9月17日）

高考改革不可能得到一致掌声

一年一度的高考已经过去两周的时间，公众曾经高涨的关注度也迅速转移到了激情似火的世界杯上。然而对于教育界而言，对高考的思考没有也不应因为公众视线的转移而转移。今年的高考相比以往有哪些新的变化？近些年的高考改革究竟给我们的高校招生带来了什么变化？这些问题，很值得每一个关心高等教育的人士反思。

带着这些问题，记者采访了厦门大学教育研究院院长、厦门大学考试研究中心主任、长江学者特聘教授刘海峰。

难以平衡的高考利益

记者：每一年，国内高考政策都会出现一些新的变化。在您看来，今年的高考政策相较以往，有哪些新的特点呢？

刘海峰：今年的高考政策跟往年相比，变化相对较小。在我看来，能称得上“变化”的大概只有三个小的方面。

首先是关于高考加分的调整。按 2010 年教育部等五部委颁布的《关于调整部分高考加分项目和进一步加强管理工作的通知》的要求，今年各省市奥赛加分被大幅度削减，但同时有多个省份将思想品德中的“见义勇为”列入加分项，这一政策也引起了很大争议。

其次是今年异地高考的人数激增。去年，全国只有 12 个省份的 4 000 多人参加了异地高考；今年有 28 个省的 5.6 万考生在居住地参加了高考。

第三是今年有些省份的高考作文题目要更具新意一些。但严格地说，这算不上什么大的变化，主要变化还是前面两个。

记者：近几年，高考政策似乎每年都在调整，但几乎每次调整都会引来不满和非议，公众对高考的满意度也并未提高。您认为这其中的原因是高考调整尚未触及根本，还是公众太过“心急”？

刘海峰：高考是一个高利害、高风险、高竞争的考试，其积极作用和消极影响都非常大，我曾将其比喻成为选拔人才的“双刃剑”，因此对其评价也很容易出现见仁见智的情况，对同一个问题，从不同立场、不同角度观察会有不同观点。另外，对于高考，每个人都可以发表自己的看法，这些不同的看法，五花八门，且和每个人的利益切身相关，很难取得一致意见。高考改革不可能得到一致掌声，更没有一个十全十美的政策，因为高考本身存在一系列的两难问题，有些问题至今没有两全其美的方案。

记者：您是否认为，在这方面公众的期望值不必太高？

刘海峰：高考牵扯到一个人的人生道路选择问题，在各行各业竞争愈加激烈的情况下，高考的竞争主要是顶尖大学入学机会的竞争。在这一方面，竞争实际上比过去要更激烈，许多人的诉求是不一致的甚至是相反的。在这种情况下，无论什么方案出台，都会有相当多的人是不满意的。

以异地高考为例，各地的指向甚至是完全相反、尖锐对立的。以北京、上海为代表的外来人口聚集区，外地考生和本地考生与家长的矛盾本身就不可能调和，只能相对折中。

每项政策都会带来问题

记者：作为研究考试制度的学者，您个人对近年来国内高考改革的成败是如何看的？您满意吗？

刘海峰：应该说，近几年高考改革在许多方面都有很好的进展。十几年来，中国高考在向多样化的方向发展，自主招生也逐渐成为高校招生的重要手段，加之“阳光招考”政策的实施，乃至于为了避开酷暑和可能的洪涝灾害，考试时间也从 7 月移到 6 月，这些都是“以人为本”的表现。

但正如前面所说，高考本身是双刃剑，有利也就会有弊。比如自主招生的实施，就对高考的公平性产生了一定影响，尤其是在中国人民大学因招生问题被调查后，很多人对自主招生都提出疑问。应该说，招生考试中如果出现非刚性标准和可以自由裁量的因素，就很可能有人情关系的介入。此外，自主招生在一定程度上也更有利于城市重点中学学生。虽然近两年招生政策在向农村倾斜，但总的来讲，对于自主招生，因为缺少社会资本和文化资本，且由于没有经济实力到各大城市去面试，农村孩子还是比较难以享受这一政策的积极成果。

总的来说，每项政策的颁布都会带来一些问题。在一定程度上，考试制度越多元，越强调面试，对弱势群体就越不利。

改革不能伤害公平性

记者： 您似乎一直在强调高考制度中的利弊问题。那么在您看来，在未来的高考改革中，我们究竟应该怎样平衡“公平”和“效率”之间的利弊取舍呢？

刘海峰： 在中国历史上，从科举以来的事例一再证明，考试从来都是利弊共存的。至于下一步的高考改革，从《规划纲要》来看，相关部门还是要强调综合评价、多元录取，认为单一录取很容易导致分数至上和应试教育，我们需要兼顾学生的综合素质和平时成绩，但这是一件做起来很难的事情。

在我看来，高考政策朝多元、自主方向的发展一定要循序渐进地进行，要符合社会发展的现实，比如社会风气的好转，诚信体系的建立，以及民众对公平本身认识的深入。因为至少从目前来看，公众依然十分强调在分数方面的绝对公平，否则就难以接受。另外，分省定额录取模式也不利于某些省区，需要渐进地加以调整。总之，高考改革要在全面研究和长远规划的基础上渐进推行，这种改革要有试点，确定具有可行性后再来推广，否则很容易产生不必要的麻烦。

记者： 既然如此，您认为这几年国内的高考改革的步伐快慢如何？

刘海峰： 这是一个因人而异的问题，有人认为太慢，认为改革没有触到核心问题，高考还是应试的天下。但我觉得十几年来，我们的考试制度已经有了不少改变，虽然统一考试、统一录取的根本格局没有改变，但通过自主招生、推荐保送，实际上已经有相当一部分考生不完全靠分数入学了。

在我看来，这些年我们想通过改革改变高考激烈竞争的状况是不可能的，但需要注意的是，高考本身是一场才干和学识的竞争，一定要防止其蜕化为学生家长的金钱和关系的竞争。从这个意义上说，在目前国情下，我们无论怎么改，统一考试还应该是主流。

此外，我们还要考虑到高考改革是巨大的民生工程，民众对公平的诉求也比过去更加强烈，因此我们的改革既要符合教育公平理念，又不能伤害改革的公平性，考试制度是一种公平竞争、择优录取的制度，其根本精神是公平，如果伤害了公平，公众很难接受，改革也就很难进行下去。

（记者陈彬，原载《中国科学报》2014 年 6 月 19 日）

高考改革不可能获得全民喝彩

教育部部长袁贵仁在2014年全国教育工作会议上表示，教育部年内将出台高考改革总体方案和关于外语一年多考、高中学业水平考试、综合素质评价等五个配套实施意见。由此可见，本次改革要“动”的不仅是具体考试方式，而且是作为一个有机整体的考试招生制度。

相比于公众高涨的期许及热情，刘海峰显然有着更为理性的看法，因为高考改革牵一发而动全身，不可能获得全民的喝彩。

学术视角下的高考改革

记者：众所周知您是研究古代科举制度的专家，有种说法认为高考脱胎于古代科举，对此您认同吗？

刘海峰：高考脱胎于科举在一定意义上可以成立，高考犹如现代的科举，科举犹如古代的高考。首先它们都是竞争性的选拔考试，它们在公开考试、公平竞争、择优录取的机制方面古今如出一辙，关于考试的利弊存废等方面的争论都有类似的地方，所以有人把高考称为新科举。当然高考只相当于科举考试的一个部分，科举很复杂，既有教育考试又有文官考试。

记者：结合您多年来对高考课题的研究来看，高考改革的根本目的是什么？

刘海峰：高考改革的根本目的是改变应试教育完全以考试分数来决定录取与否这种体制，当然这种体制比较公平客观，但会造成分数至上、升学主义盛行等状况，希望改革能够减轻学生的学习负担。

记者：作为一位著作等身的学者，想必您接触过大量师生、家长，在您看来，学生、教师、家长这三方对于高考改革的诉求分别是什么？

刘海峰：学生与家长的诉求基本是一样的，就是希望能够有一个公平竞争的环境，考上更理想的大学，教师总是希望自己的学生能够成才。有些教育理论工作者认为完全以分数为目的的教学导致中国人太看重分数，很担忧，所以他们的诉求比较注重在效益方面。总体来看，学生及家长注重公平，对考试科学不科学，相对不怎么关注。

改革进程中的“变”与“不变”

记者：教育部的高考改革总体方案即将出台，您认为该方案与之前的一系列政策相比，会有哪些新变革呢？

刘海峰：我觉得会有以下几方面的变化：第一个是分类高考，报考高职院校的学生可不参加高考，学校依据其高中考试成绩来录取；第二个是推行高中学业水平考试和综合素质评价，改变目前片面重视学业成绩，忽视学生体育、德育表现的局面；第三个就是外语科目不在统一高考时举行，实行社会化一年多考，由学生自主选择考试时间、考试次数；第四个是探索减少考试科目，探索文理不分科。

记者：高考由于其重要性确实可以长期牵动公众的神经，从另一方面看，改革说了这么多年还在老生常谈，是不是方法和成效有问题呢？

刘海峰：高考改革是牵一发而动全身的，难度大且非常敏感，制度自身存在很多两难问题，不管怎么改，本身很多矛盾难以解决。大家都想上最好的大学，但是优质高等教育资源永远是有限的，不管怎么扩招，无论怎么改，都不可能让所有人上到满意的大学。高考改革只能减缓竞争的激烈程度，改变完全以分数论英雄的局面。

记者：寄希望通过一个方案来彻底消除制度弊端，显然是不现实的，或许公众有些操之过急了。看待高考改革，公众应有怎样的心态？

刘海峰：提倡用一种理性的态度来看待高考改革，要有全局观，要看到难度与复杂性，不能把自己的诉求当绝对真理。虽然每个师生家长都能对高考改革说出一点道道，但是要避免主观性。有些去大城市务工的家长认为他们的子女应该能够正常升学，参加公平竞争的高考，和当地人一样，然而却遭到了本地家长的强烈反对，认为外来务工人员子弟占用了他们的资源，所以说不同群体对同一个问题有不同看法。

公平性的沉思

记者：请您从招生、考试等方面谈谈高考改革的走向。应该说种种措施最终目的是为了打破“一考定终身”的体制，对此，您认同吗？

刘海峰：关于高考改革的未来走向，第一个是招生考试多样化，分省命题、自主招生等制度正在不断完善；第二是录取方式多样化，目前正逐步形成综合评价、多元录取的考试招生制度；第三是弱势群体入学将得到更好的保障，很多高校针对农村考生纷纷推出帮扶政策，如清华大学的“自强计划”等。

另外，其实现在已经不是“一考定终身”，有20%的考生不是通过高考升学的，只是说主流还是靠分数，比如体育和艺术也不是“一考定终身”。当然高考越不看分数，越容易走后门。

记者：2014年各省发布的高考新政显示，奥赛、体育等高考加分项目被大幅“瘦身”，然而却有13个省将“见义勇为”列入加分项目。您认为这种对品德的量化式考核，是否会引发一系列怪象出现？

刘海峰：教育部等五部委要求规范高考加分后，像奥赛、航模等加分减少了，4年前的航模、奥赛加分出现过很大问题，那些学生家长非富即贵，导致决定能否加分的不是学生的动手能力，而是有没有钱能买到高级航模或奥赛获奖。

今年出台的新政显示，有十多个省对见义勇为有10至20分不等的加分，从社会导向来说，是应该鼓励这些见义勇为的行为，比如最近江西宜春高三学生夺刀救人的事迹。然而大部分中小学生都是未成年人，因此做起来要注意方式方法。从另一方面来看，品德考核没有刚性指标，如果量化或许会出现造假，例如学生将零花钱交给老师却冒称是捡来的等现象，希望引起教育界关注。

记者：高考作弊屡禁不止，甚至已形成了产业链。有人认为这是对高考制度的消极抵抗及反讽，您觉得呢？

刘海峰：有考试就可能有作弊，中国是一个考试古国，作弊相对严重，我们科举考试就有不少作弊现象。但话说回来，高考虽然有作弊现象，但不能将之归为对高考制度的评价，高考的按指纹、摄像等都是为了提供公平竞争的环境，因此作弊现象的出现主要是考生的个人道德问题，而不是制度的问题。

政策落地面面观

记者：多数省份已出台各自的高考改革方案，您印象最深刻的是哪个？对于我们浙江省从2011年开始实施的“三位一体”综合评价招生体系，您作何评价？

刘海峰： 2013 年 11 月北京市出台的关于高考改革的征求方案，计划将外语科目从 150 分降到 100 分，计划将语文从 150 分提到 180 分，让我印象深刻，可以理解为当地教育行政部门开始更加重视本民族文化，并试图让英语回归到工具属性。浙江省“三位一体”综合评价招生制度算是综合评价、多元录取的尝试，从目前来看取得了一定成效，但民众对其认可程度如何，还需要多方面了解。

记者： 教育部部长袁贵仁年初在全国教育工作会议上提出，外语实行一年多考，退出统一高考。为何对外语科目率先改革，各个地区该如何组织外语自主考试？

刘海峰： 外语科目在高考中主要指英语科目，我国自上世纪 80 年代从西方引进英语标准化考试到现在，积累了成熟的标准化考试经验，而且国际上对英语语言类测试都有很好的经验及技术，能有效支持一年多考的实现。与此同时，英语毕竟只是一种交流工具，但学生在英语学习上却占用了太多时间，因此有必要对其进行改革。

实际上有些省份已经在探索外语自主考试，比如浙江省高考英语听力从 2009 年开始就有两次考试机会，择高分录入。各省应根据区域实际情况来安排英语考试，一年多考的关键是要注意不同次考试基本等值、难度相当。

记者： 异地高考作为高考改革的重要环节，至今已卓见成效。您如何看待异地高考？

刘海峰： 异地高考的目的很明确，就是给进城务工和流动人口随迁子女提供在居住地高考的机会。从中央来讲，政策很明确，主要是落实的问题，北京、上海、广东和其他各省差异就很大，每个省应该因地制宜出台政策，像今年有 16 个省区市开始推行异地高考，去年 12 个省，加起来有 28 个省。有的地区放得很开，比如今年江西省，只需一年学籍，不需户籍，结果今年江西参加异地高考的人数为全国各省之冠，但当局必须重视随之可能出现的高考移民问题。

（记者刘挺，原载《新侨报》2014 年 7 月 17 日）

怎样看待“高考工厂”中的考生家长

回顾2014年的教育领域，“高考改革”是当之无愧的热点。9月份国务院出台《关于深化考试招生制度改革的实施意见》明确了改革的方向，12月17日教育部发布高考改革配套方案，继续规范高考加分和自主招生，为高考改革再添一把火。

作为研究考试制度的知名学者，厦门大学考试研究中心主任、长江学者特聘教授刘海峰在接受光明网记者采访时反复强调，高考制度虽然受到诸多诟病，但仍是当今中国促进阶层流动、维护社会公平和稳定的最重要途径。

而谈及改革方案中所提及的建立综合评价、多元录取的考试招生模式，刘海峰提出了自己的观点。在他看来，在诚信缺失的社会大环境下，推行综合评价体系并不乐观。“综合评价很难作为刚性的评价维度，可以作为参考标准。以分数作为评价，至少从程序上看是最公平的。”

综合评价难以量化操作 或出现造假等新问题

记者：高考改革方案中提到建立综合评价、多元录取的考试招生模式，不少人认为是打破“唯分数论”，是高考改革的一大亮点。您是怎么看的？

刘海峰：实行“综合评价、多元录取”目的就是要打破所谓的“一考定终身”的局面。原有的高考体制最受世人诟病的方面就是“唯分数论”，这和素质教育的理念背道而驰。但是，需要承认的是，以分数作为选材标准受到普通老百姓的欢迎，特别是对那些弱势群体、信息不对称的家庭，高考实际上为他们提供了一个改变命运、实现向上流动的主要途径。

综合评价是高考改革的重要方面，但也是最难实现的方面。落实到实际操作层面，我对这个模式并不乐观。尤其是在中国社会风气还不大好，诚信体系还没建立的情况下，比如注重品德表现、社会服务等就有可能出现造假。综合评价可以做一个参考，但不宜作为一个刚性的指标。因为若是成为录取的依据，必须量化才有可比性。而一旦量化就会将道德表现与升学挂钩，就会变得功利性。

以分数作为评价标准，至少从程序上看是最公平的。综合评价、多元录取出发点是好的，但究竟如何具有可行性、可信度还需要在实践中探索。

“高考工厂”中的考生家长大部分是弱势群体，应得到“同情之理解”

记者：若高考完全以分数作为标准，就有可能出现诸如衡水中学、毛坦厂中学那样的“高考工厂”。您如何看待引发争议的“衡中模式”？

刘海峰：外界对衡水中学看法很不一致。我认为衡水中学能放出“高考卫星”，除了刻苦应试之外，也有些积极因素在里面，比如教师教学方法得当、学生认真读书、考试得法等方面。我们不应该只是批评。

其实，类似毛坦厂中学那些所谓“高考工厂”里的复读考生和陪读的家长大部分是弱势群体，他们没有什么其他渠道去改变命运，高考是一个他们希望能够通过个人刻苦努力，能够改变命运、实现阶层流动的机会。对于那些艰苦复读的考生、在条件很差的环境下含辛茹苦陪读的家长，对于那些烧香拜求孩子多考一些分数的母亲们，公众应该有一定程度的“同情之理解”或“理解之同情”，不要一味地讽刺和挖苦。

我认为，在当下中国高考还是一个能够促进阶层流动、维护社会公平稳定的最重要的途径。毕竟这是一个公开报名、公平竞争、择优录取的体制，还是为社会中下层的孩子提供了一些改变命运的机会。

高校独立录取、学生多元选择难适应中国国情

记者：刚刚出台的高考改革配套方案规定自主招生在高考之后举行，这是否意味着高校自主招生权空间缩小了？高校独立录取、学生获多张录取通知书的局面在以后会出现么？

刘海峰：自主招生经过多年试点取得了经验，但确实也存在不少问题。以前自主招生安排在高考前，对一些重点中学来说，就有很多优秀学生去参加自主招生考试，这对正常的教学计划有一定影响，自主招生甚至变成了“小高考”，给学生带来了额外负担等。现在规范自主招生，将其放在高考后进行，我认为很难说是对高校自主招生权的收回，但自主招生的重要性可能

有所下降。

至于今后是否会出现高校独立录取，学生同时接到多所大学的录取通知书供选择的局面，我觉得在小范围内可以实现。但若是在拥有 900 多万考生的中国广泛地推行则需要一个很长的过程。这么庞大的考生基数，要实现类似国外的录取方式，有很多的技术问题要考虑，高校的经费投入、考生成本、时间成本等众多因素都需要考虑在内，短时间内并不容易实现。

其实我一直强调的是，现在的高考体制学生并不是就没有选择性。实际上，对于各省高考分数靠前的那些优秀考生，多所名校都会主动抛出橄榄枝，只不过形式上没有同时接到多家录取通知书而已，实际上他们是可以任意选择上大学的。其他批次的高考学生也不是没有选择空间。

记者：回顾 2014 年在教育改革创新方面，您感受最深的事件是什么？对教育改革有何期待？

刘海峰：今年中国教育界最重要的事情就是国务院出台关于深化考试招生制度改革新方案。高考改革是各方面改革中最复杂、最敏感也最重要的一个改革。高考改革牵涉到千家万户，牵一发而动全身。这次改革是恢复高考三十多年来最全面、最系统的改革，它有一整套的顶层设计和落实办法。

我希望未来中国的教育能够既注重公平，又注意人人成才和科学选才，两方面都要兼顾。这样，教育才能对国家的发展、社会的进步起到基础性的作用。

（记者李平沙，原载光明网“光明教育”2014 年 12 月 23 日）

关于高考区域公平与高校布局

如何破解现在高考招生中存在的入学机会区域失衡的问题？现行的招生体制是否还有改革的空间？高等教育资源调整是否是治本之策？就这些问题，本报记者专访了国家教育咨询委员会委员、厦门大学考试研究中心主任刘海峰教授。

记者：对于现在高考招生中存在的入学机会区域失衡的问题，您怎么看？

刘海峰：类似目前高校招生区域不平衡的问题，在中国一千多年的考试历史中一直存在。如何既保证考试的公平性，又能维持不同区域间录取率的相对平衡，这是一个古今大规模选拔性考试都会遇到却不易解决的两难问题。我称之为人才选择中的“千古难题”，不可能完全解决的。

记者：我们注意到东部一些省份的高考录取分数要比中西部地区低很多，国内很多一流大学在不同省份的招生名额投放也有很大差别，之所以存在这些“怪现状”，其主要原因在哪里？

刘海峰：主要还是因为高校布局的问题，现在国内高校的格局源于上个世纪初，大部分高校集中在沿海。抗战时期高校内迁，之后高校布局有所平衡。但一直到1950年代推行的大规模院校调整，东部沿海地区学校还是比较聚集，而中西部很多省份高校很少，尤其是高水平的大学。比如河南这样的人口大省，有近1亿的人口规模，到现在为止仅有1所“211工程”大学。现在教育部为了解决高校招生区域不均衡的问题，也采取了一系列的举措，比如说省部共建地方高校、东部拿出更多的名额给西部地区等，试图缩小区域之间的差距。

但高校布局调整非常难，不是政府想在哪里办一所高水平的大学就可以的，而是与当地高校的自身积累有密切关系。20世纪50年代初期的那次院系调整之所以能够推行，是与通过强硬的行政手段推进有着密切关系的，以现在的社会发展来看，已经不具备当年的条件了。举个最简单的例子，如果在青海建一所“985 工程”大学，能有多少高水平教授愿意去那里当老师？你无法用行政手段强制一些教师去。所以这个问题不可能在短时间内完全解决。

记者：高校布局调整如果搞“大动作”很难，那么做一些小幅度的“常规动作”是否可行？毕竟这是解决目前高校的区域失衡的关键所在。从长远来看，您觉得什么样的政策设计具有可行性？

刘海峰：从长远看有一个可能的解决办法，即尝试在一些中西部人口大省建设若干所“985 高校”。其实地方上有一些高校基础还是不错的，在类似河南这样的人口大省里边，如果能够提升一所学校为“985 工程”大学，可以在相当程度上平衡现在高考录取的地域不均衡问题。在民国时期，像云南、河南这些省都曾经设有国立大学，云南是云南大学，河南是河南大学。或者如果国家能够在一些人口大省升格一些现有基础不错的省属“211 工程”大学为部属重点大学，也可以解决很大的问题，这比教育部从东部地区拿出几百个招生名额来给河南要立竿见影得多。其实，一些地方政府对于建部属大学是有期待的，关键在于决策部门的态度。

记者：但教育部负责人曾明确表示“985 工程”暂时不再扩大了，为何会有此表态？

刘海峰：这跟“985 工程”制定的初衷有关。这项工程最初入围的仅有北大、清华两所，后来扩展到 9 所，再后来是 20 多所，最后又发展到现在的 39 所的规模。因为这项工程是中央掏钱的，所以不可能有太多高校入围，中央财政也不可能无限度地支出。同时，也为了符合建设世界一流大学的初衷，后来教育部就明确规定“985 工程”大学“关门”，不再发展新的。“985 工程”制定时，其实并没有平衡区域发展的政策诉求。之前的“211 工程”高校政策的推出，其实已有这方面的考虑，明确规定各省市都至少有一所，比如西藏就有一所“211 工程”高校西藏大学。但总体看来，东部发达地区跟中西部地域之间在高等教育资源的配置方面还是有很大的差距。

记者：所以，您提出增加“985 工程”高校是一个“长远的打算”吗？

刘海峰：没错，目前的改革肯定是渐进的。但从长远来讲，类似于“985 工程”扩容是比较大的动作，如果在远期内能够尝试的话，可以解决很大的问题。如果“985工程”不能扩容，也可以考虑在部分中西部人口大省建教育部直属高校。

（记者马晖，原载《21世纪经济报道》2012年6月27日，题为《可尝试在中西部人口大省设若干“985高校”》）

关于异地高考

随着城镇化的加快，人口的流动是大势所趋。改革开放使一些城市的非户籍人口急剧地膨胀，现在全国进城务工人员已经达到2.5亿，随迁子女的异地高考问题逐渐突显，那么，如何解决好进城务工人员子女平等接受教育、确保教育机会均等的问题？各省根据省情和教育发展情况出台了异地高考方案。可以说，异地高考走出了关键一步。有人说，北京、上海、广州的门槛高。也有人表示，门槛高无可指责，因为必须考虑城市对人口的承载能力。此外，异地高考也引发社会上对于高考移民、全国统一试卷的一些讨论。

记者：第一个问题，许多专家认为，出台异地高考方案必须考虑城市的承载能力。请问您是如何看待这一问题的？

刘海峰：异地高考是目前中国教育最受社会关注的一个问题。教育改革有方方面面，但高考改革尤其重要和敏感，广受社会大众的关注，其中异地高考可以说是热点中的热点。这个问题牵涉到很多方面，不仅仅是考试问题，也不仅仅是教育问题，实际上是一个社会问题，非常复杂，可以说牵一发而动全身。

目前，全国绝大部分省市都已经出台了异地高考方案，但是各个省市之间的方案的差别很大，这有它必然的原因。因为像有的人口大省或者说考生特别多的省份，它本身也是流动人口输出的省份，它在异地高考方面压力就非常小，它的异地高考方案可以早出台。有些省区或者直辖市，比如像北京、上海，或者像西藏、新疆这些边远地区的省区，这些地方都是我们讲的“高考洼地”，它们接受的流动人口和高考移民的指向是不一样的。所以，它们的异地高考方案当然也是大不一样。

刚才您提到北京市交通状况的问题，其实还不单单有交通状况，因为异地高考还牵涉到城市承载能力以及社会福利等问题，像北京、上海它们是特大城市或者超大城市，人口的承载能力、交通问题只是一个方面。而北京跟上海相比尤其不同的一点是作为北方的缺水城市，水资源特别匮乏，人口是政府想极力控制的一个方面，但人口还是一再地突破，所以这方面是必须要考虑的情况，那么各地异地高考方案必然是不一样的。没有异地高考讨论之前，像以前的高考移民都是移到新疆、宁夏、青海这些省区，包括海南。而像河南、山东，考生比较多，但重点大学录取比例相对又比较少，因此有很多人想移民出去。所以各个省区市的异地高考方案自然是不一样的。

记者：以前有一句话，当然是内部流传，就是基础教育看上海，高等教育看北京。北京的高等教育优质资源还是比较多的，所以北京的异地高考方案也是备受关注的。那么，我想讨论的第二个问题是，随着高等教育规模的扩大，高等教育利益相关者在增加，不同的利益群体有着不同的诉求以及不同的价值取向。以北京为例，异地高考该如何兼顾北京考生和进城务工人员子女这两方的利益呢？

刘海峰：你的问题是以北京为例，实际上现在集中的焦点还不单单是北京，我们讲的北、上、广（即北京、上海和广州），广州不是直辖市，但外来务工人员是最多的，现在包括常住人口，好像是全国第一大省了，但因为它的范围比较大，所以不像北京、上海是一个特大型城市构成的一个区域。

以北京为例，兼顾当地考生和外地考生的利益，是一个两难的问题。在中国这么一个幅员辽阔、人口众多，各地的经济、文化和教育水平差距很大的一个国度里面，考试公平与区域公平的矛盾，我认为可以说是千古难题。考试公平是一切以考生的水平、才学或者成绩作为标准决定学生是否能够选拔和录取；区域公平是指要兼顾不同地区的均衡，不能完全看考试成绩，而是兼顾区域的格局、教育状况来决定学生能否录取。所以，这对矛盾不是现在才出现的，而是千古难题。

如果完全看考试成绩，各个地区之间是很不平衡的，有些高校就可能有的地方是多年一个考生都考不上。你要考虑区域均衡的话，就要考虑有一部分指标或固定一部分指标给特定区域的考生，以前科举时代就是这样。现在是高考时代，中国是实行户籍制最严格的国度之一，两千多年前就有户籍制度了，到现在户籍制度虽然有所松动，但仍然是非常重要。对升学来讲，目前还是以户籍地作为报名的基本条件。比如以北京为例，如果全面放开，就会有很多外地学生到北京来，因此会与本地考生形成利益冲突。

那么，怎么才能兼顾两方面的利益呢？我觉得同时兼顾很难，但总要部分考虑，比如说进城务工人员或者说实际上有些家长就是白领，他们的子女也在北京接受了小学、中学教育后想要升学，他们在北京长期生活，而且有学籍，只是没有户籍，这一部分人的升学要求非常强烈。无论是进城务工人员，还是其他企事业单位白领，他们为这个城市的发展做出了很大贡献，如果他们的子女不能在这里就地参加高考，确实从情、理、法三方面来讲，都说不过去，应该解决这一部分人强烈的民意诉求。

但是，如果放开户籍政策，北京等城市的考生数就会增加很多，有相当部分的进城务工人员或者白领，他们的子女在这里要升学，如果政策不够严格的话，会有大量的人陆续跟来，该怎么解决这个问题，需要慎重考虑。如果解决现有的考生，也不是绝对不可能的，但后面再跟进的怎么办？怎么来兼顾？我觉得，只能在相对平衡的情况下渐进放开，特别像北京和上海这样的城市，应循序渐进、逐步放开；但怎么制定政策，还要各个地方政府和相关的管理部门做出判断。

记者：刘院长作为对高考最熟悉的专家谈到了千古难题，就是考试公平和区域公平的问题。我们想知道怎么办，有没有什么好的建议？比如说各地出台了异地高考方案，在这个基础上教育部怎样调整招生计划，来确保本地常住人口上好学校不受影响？

刘海峰：异地高考是很敏感的问题，比如说本地的考生和进城务工人员的子女之间的矛盾，可以说是完全对立的，如果大量照顾进城务工人员，就可能损害本地考生和家长的利益。你刚才提到的问题是，要怎么样来确保本地常住人口上好学校不受影响。我觉得用词还应该更准确一点、更平衡一点，不要讲“确保”，不要讲肯定要保证。因为你讲“确保”，让人感觉你是站在本地考生这个角度或者北京家长和考生的角度看这个问题，而且我们这个访谈正好没有进城务工人员的家长，别人就会觉得有失偏颇。我们的讨论应该比较中立、客观、全面，从全局观的角度看，这增加了这一部分进城务工人员上学校尤其上好学校的机会，但又不能影响或者至少不要大面积地影响本地常住人口，因为太大的影响肯定会引起激烈的反对。

在这种情况下怎么调整？有些人提到这样的方案：比如进城务工人员，从某一省来北京的，今年在北京参加高考假设有 1 000 人，录取了 300 人，是不是可以从该省调 300 个名额到北京来？当然，像河南这样的省份是人口大省，而高水平大学的招生指标本来就很少，比如“985 工程”或者“211

工程”的大学招生数本来就不多，招生指标要调出来难度很大，但是教育部新增的指标怎么来调呢？从增量的部分进行调整和弥补，我觉得可以做到。

记者：我们的改革如果既没动存量，又在增量上做了改革，那么就可能是皆大欢喜的改革。

刘海峰：当然也有一些进城务工人员上访，他们的诉求提到了一点，就是几个直辖市，尤其是北京、上海，上大学的适龄人口下降了很多，考生最近几年下降很多，从比例来讲机会已经增加很多，那么再增加一点考生有什么要紧呢？这种情况不仅仅是直辖市，实际上沿海一些省市他们总的招生数这些年增加了不少，而考生数下降，所以高考录取率上升得非常快，包括北京、上海，尤其是高职高专学校近几年招生有相当一部分招不满。在这种情况下，放开进城务工人员子女报考，高职高专这一块放得比较开。但问题是，社会大众最关注的是好学校，“985 工程”大学或者“一本”高校，这一块放开了就特别敏感，难度较大。

我知道，海南以前长期是高考移民的目的地。所以，一方面要真正让近期移民海南的人员的孩子能够报考，另一方面又不能太大损害本地考生的利益。据我所知，海南早些年放开的时候是从高职高专开始的。外地人过来读几年之后可以参加考试，但只限于“一本”以下的学校。如果“一本”高校全放开，那么在当地文化教育水平不是很高的情况下，就会出现高考状元被移民考生拿走了，所以他们渐进地从高职高专做起，这样矛盾会小一点。

记者：我们再讨论第四个问题就是，推进异地高考的时候如何避免高考移民现象的出现呢？

刘海峰：推行异地高考这个政策现在最大的问题就是，要怎么防止大量的高考移民跟进，特别是集中优质高等教育或者名牌大学的直辖市，还有主要是西北和西南的少数民族地区、边疆自治区，它们以前就是高考移民的目的地。我曾经在 2004 年就发表过文章谈过这个问题，西部地区高考移民的问题当时就很严重，十几年前已经很严重了。现在中国出现了大范围的人口流动，就是你们刚才提到说有 2.5 亿的农民工和其他的流动人口，因为高考移民或者说以参加竞争性考试为目的的这种移民自古就有，像科举时代冒籍的考生。但是这么大范围人口的流动以致他们孩子的升学产生这样的问题，是我们这个时代才出现的，以前科举时代人口流动没有那么大。

要解决这部分流动人口子女受教育和升学问题这是必要的，但又不可能完全解决。究竟能解决到什么程度？如果放得太开，大量的高考移民就会接踵而来；但完全不放也不行，所以现在才会出台异地高考的方案。不管北京、上海的异地高考怎么受诟病，至少比原来完全没有还是有所进步吧。但是要怎么放开？这就是一个度的问题，放得太开，高考移民多了，人口和城市的承载量根本无法负荷。但是不放开也不行，那么怎么放开？我讲是要因地制宜，各个地方根据自己的情况渐进推行。可能压力小的城市就放得比较开；压力大的城市，特别是这几个直辖市，尤其是北京、上海就难以放开。天津相对好一点，因为天津原来的人口就没有那么密集，还有它的优质教育资源或者最好的大学不像北京、上海那么多，高考移民的压力没有北京、上海那么大。所以各个地方差异很大，政策自然应该有所不同。

记者：第五个问题就是，高考公平的前提在很多人看来应该是全国统一高考试卷，怎么看待这个问题？

刘海峰：有不少学者提到，应该回到全国统一高考的试卷，用一张试卷来考，这样可以解决异地高考问题，或者说可以借考。比如说在这里没有户籍，但我长期在这里居住，我在这里考完以后回原地区录取。现在很多人觉得非常纠结、非常难办的就是，我在这读了十几年书，但是要回到哪一个省区，因为新课改推行的进度不一样，教材不一样，有 16 个省区是单独命题，不是用全国统一试卷，那他回本地区就很难参加高考。在这样的情况下，没办法做到我们讲的借考，比如在北京考、回本地录取。

有一些学者，包括最早提出异地高考方案的北大教授，他们都提到应该实行全国统一的试卷。但我觉得这是很难的一个问题。还有一些人提到，全国统一试卷是完全按成绩决定，这样最好的大学就录取最好的考生，比如北大、清华就录取最好的，不考虑哪一个省录取多少名，很多人提到这样的设想。我觉得，这是一个善良的愿望，实际上很难操作。因为在中国，各个省区本身教育水平的差距很大。不是现在才这样，自古以来就是这样。如果全国一张试卷，完全按考试成绩来决定录取的话，那么就可能出现考上最好大学的（如北大、清华），很大部分集中在少数的一些省区，如可能集中在江南，就是江苏、浙江这些地方。因为他们从五六百年前，明清时代以来人文教育水平就超出其他省区，历史事实就是这样的。

而且，统一按考试成绩来决定录取，不考虑区域因素的话，从北宋中叶开始就已经出现这样的问题：当时 90％考上进士的人全是南方人，只有 10％是北方人。所以，从山西考上进士、在朝廷中当官的宰相司马光，提出一个提案，就是根据分区定额录取，根据行政区划来决定录取的比例，他提出不能统一看成绩，要考虑人口因素和区域因素。

而从江西考上进士在朝廷中当官的南方人欧阳修则指出，既然是考试，当然看才学、看水平，不能因为他在的那个地方成绩都低就录取他。欧阳修就反对司马光的提案。这个事情后来不了了之，还是完全按成绩录取。这个情况到了明代初年更突出，洪武三十年，也就是公元 1397 年那一榜的会试，当时都城在南京，发榜以后发现录取的百分之百是南方的，没有一个是北方举子。于是北方的举子觉得不公平，就闹事，说因为考官大部分是南方的，有舞弊。所以后来派另一拨考官重新评卷，这些卷子都是密封并且誊录，重新评卷的程度也完全是客观的，确实考上的人水平都很高，再次发榜以后，还都是南方人，北方举子继续闹事，说复评的考官也都是南方人，他们偏袒南方人。闹了以后，朱元璋龙颜大怒，说这里面肯定有作弊，实际上当时没作弊，结果把它弄成一个政治事件，把南方考上的状元（还是我们福建福州人）以及考官都杀了。于是重新考，再录取全是北方人。这在历史上叫“南北榜事件”。后来到明中期只好分区定额录取，分成北、中、南三个区。后来分区还不行，南方所有的卷子标“南”，有的时期连续几科，有的省份一个都没有，所以，到了康熙五十一年，也就是公元 1712 年，决定分省定额录取，按每个省的人口、赋税和文风高下不同，来定录取名额。当时也不是完全按人口比例，比如你刚才讲按人口千分之一比例，因为各省交的赋税不一样，且江南文风比较高，录取比例会多一点。但即使这样，还是南方水平高，所以分省录取也是逐渐演变的。不过，现在重点大学在各省录取的名额原来不是政府确定的，是各大学在各省投放录取名额汇总后自然而然形成的分省定额的录取模式。

20 世纪 20 年代，北京大学有的年份有 10 个左右省的考生没有考上北大，因为它统一看成绩，所以民国时期教育部就提到要均衡，区域录取不平衡不是现在才有的。所以，这是一个两难问题，如果全国统一试卷，我估计被最好大学录取的考生可能 50％会集中在江浙一带。有人说那就划出一定名额照顾边疆，那跟现在的分省录取有什么区别呢？其实都是一样的。还有，如果全国统一试卷那评卷怎么办？中国从来没有全国统一评卷，从 1952 年建立高考制度以来就没有全国统一评卷，现在都是分省评卷，如果评卷不一样，那宽严程度不可能一样，统一按考分来录取不现实，所以这是很难的问题。

记者：还有最后一个问题，就是教育改革是一个综合性的改革，在很多人看来异地高考正在倒逼户籍制度改革。对于户籍制度改革，您有什么建议？

刘海峰： 现在异地高考的改革，表面上看好像是考试或者教育问题，实际上它是一个社会问题，特别是户籍管理的问题。如果你户籍管理跟进了，人口可以比较自由地流动，而且比较容易获得户籍，那么我们现在高考政策就不需要改变。反正你获得了户籍，那我就让你考。比如在北京住了三年五年，就可能取得户籍，那就没有什么异地高考问题。现在问题是，我们的户籍管理比较严格，有的在这里住了十几年，也有房，但还是不能拿到户籍，高考跟户籍挂钩的话就会造成很大问题。

现在因为社会大众高度关注异地高考，这样必然把压力传导回户籍管理这边。户籍管理或者户籍制度不改革，那么异地高考的压力要压到那个地方。现在倒逼回去，就是户籍管理怎么与时俱进。不过，即使是这样，户籍改革还是会碰到大城市跟一般省区差别很大的问题，还会碰到资源、环境、交通的承载能力问题。但户籍又不可能放得太开，这又是一个两难问题。

（记者唐景莉，原载《中国教育报》2013年4月2日，题为《异地高考：如何兼顾改革力度和社会可承受度》，本文为节录）

后 记

自从 1977 年恢复高考以来，高考已经历过 40 次，很快就要迎来恢复高考 40 周年纪念。这让我想起恢复高考 30 周年的时候对高考的评价，近十年来，高考制度的社会环境发生了很大的变化，人们对高考的认识也更为冷静和理性。

曾几何时，一些论者将高考看成是素质教育的对立物，大加挞伐，甚至提出要废止高考。2007 年，我在《三十功名尘与土——从参加高考到研究高考》一文中写道：面对许多批判高考的声音，自己感觉经常要“舌战群儒”，一波刚平，一波又起。回过头来想想，自己做的其实主要是澄清对高考制度的误解，帮助或促使一些论者理性认识高考、了解高考改革的复杂性而已。这有点像灭火，一处燃起了一把盲目批判高考的大火，我发表一篇指出其弊端或不足之处的文章之后便熄灭了。可过不久另外一家报刊又发表一篇对高考义愤填膺的讨伐文章或报告文学，于是再次应战，去澄清事实，辨明道理。

然而，近年来情况已经有了很大的改观，社会上对高考的评价氛围好了许多。大家认识到以高考为核心的考试招生制度是国家的基本教育制度，是人才培养的枢纽环节，关系到国家发展大计，关系每一个家庭的切身利益，关系亿万青少年学生的前途命运。特别是 2014 年 9 月 4 日国务院印发的《关于深化考试招生制度改革的实施意见》就明确指出：“改革开放 30 多年来，我国考试招生制度不断改进完善，初步形成了相对完整的考试招生体系，为学生成长、国家选才、社会公平做出了历史性贡献，对提高教育质量、提升国民素质、促进社会纵向流动、服务国家现代化建设发挥了不可替代的重要作用。这一制度总体上符合国情，权威性、公平性得到社会认可。”多年来我一直主张高考是适应中国国情的考试制度，如今已得到广泛的认可，看到这段话，感到十分欣慰。

虽然高考体制下也还存在“唯分数论”影响学生全面发展、“一考定终身”使学生学习负担过重、中小学择校现象较为突出等问题，高考确有其局限和弊端，但人们已逐渐认识到，中国还是离不开高考，因此很少像2007年以前十多年间那样对高考地激烈批判了。近十年来，我也很少有必要再写维护高考制度的辩论文章，可以腾出时间和精力深入研究高考，为高考改革出谋划策。

为了回顾和总结高考改革的经验，思考高考的发展方向，并为我主编的“高考改革研究丛书”作一宏观引领，2007年我在华中师范大学出版社出版了《高考改革的理论思考》一书。该书是从已发表的高考研究论文中选择出较有分量和价值者编纂成一本具有内在逻辑体系的著述。十年后，在修订、充实的基础上重新规划和整体推出的“高考改革研究丛书”（22卷本）获得国家出版基金的支持，于是我在原书基础上进行调整，并补充不少新的篇章，尤其适应高考改革新阶段的访谈方面的内容，形成《高考改革的理论和历史》。

本书内容分成六个部分。第一部分“高考改革理论”，论述了高考制度的一些基本理论问题，是我为高考辩护的真实记录，主要是澄清许多对高考制度的误解和强加给高考的不实之词。第二部分是关于“坚持统一高考”的内容，系统地论述了中国为什么不应改为各校单考而应坚持统一高考的道理，有些观点是与某些观点唇枪舌剑、针锋相对的。第三部分“推进高考改革”，重在揭示高考改革中的关系、矛盾和规律，希望能有助于理性认识高考改革。第四部分“高考历史记忆”，则收录了纪念高考恢复30周年、高考制度建立60周年的历史记忆以及我个人参加高考和研究高考的经历的文章。第五部分为“高考改革访谈”，为2007年前后接受媒体有关高考改革的采访，或者在电视上做关于高考改革的演讲的记录。第六部分“高考新制访谈”，收录的是自2012年制定高考改革新方案的近几年来，本人对高考新制发表看法的一些代表性访谈文字，以反映自己高考研究的一个侧面。为了保存历史真实，编纂成书时基本上一仍其旧，只作了些微的删改，主要是删去了少量重复部分。

从科举到高考，一转眼我研究考试已有三十余年了。这三十多年来，我认识的无论是教育部分管领导、高校学生司领导、考试中心领导及其他工作人员，还是省市招生办或教育考试院领导，都换了很多拨，而我还始终在研究考试。就像老话说“铁打的营盘流水的兵”，也可以说是“铁打的学者流水的官”。不过，持之以恒地研究某一专题的学者也不多，毕竟行百里者半九十。自己坚守在考试研究这一亩三分地，长年耕耘不辍，总会有所收获。而且考试研究是一片学术沃土，只要耕耘得当，更会有丰收的喜悦。

我读中小学的时候，正好是“文革”的十年。当时的教材十分简单，而且政治色彩非常浓厚，中学开始学英语，要学的有“万岁”、“贫下中农”、“无产阶级”等英语世界基本上不用的中国特色的词组。许多教材都很浅显，有些内容根本没有什么用。不过，在语文课本上倒是学过一篇荀子的《劝学篇》，我一直记得其中“锲而不舍，金石可镂”等名句。时隔 40 余年之后，今年 9 月初，我到厦大图书馆去查阅资料，在图书馆一进门的门墙上，是用优美的文字呈现出《劝学篇》的内容：“积土成山，风雨兴焉；积水成渊，蛟龙生焉；积善成德，而神明自得，圣心备焉。故不积跬步，无以至千里；不积小流，无以成江海。骐骥一跃，不能十步；驽马十驾，功在不舍。锲而舍之，朽木不折；锲而不舍，金石可镂。蚓无爪牙之利，筋骨之强，上食埃土，下饮黄泉，用心一也。蟹六跪而二螯，非蛇鳝之穴无可寄托者，用心躁也。”我细细品读之后，深有感触。两千多年前，我们民族的先贤，竟然已写出这么精炼而富有哲理的文句来，无论历经多少岁月，仍有其恒久的价值。

“温故而知新。”今天重读荀子的这段话，比年少时学习这段话，认识深刻许多。做学问也是如此，要一步一个脚印，积跬步以至千里。绳锯木断，水滴石穿，成大事不仅在于力量的大小，而且在于能坚持多久。如果能自强不息、坚持不懈，便可能达至“神明自得”的境界。因此，自己将来还将沿着考试研究的路径，一条道走到黑。

刘海峰

2016 年 11 月 24 日